CONFLUENCES

DU MÊME AUTEUR
DANS LA MÊME COLLECTION

F. ROSENZWEIG, *Foi et savoir. Autour de l'*Étoile de la Rédemption, introduit, traduit, et annoté par G. Bensussan, M. Crépon et M. de Launay, Paris, Vrin, 2001.

BIBLIOTHÈQUE DES TEXTES PHILOSOPHIQUES

Fondateur : Henri GOUHIER — Directeur : Jean-François COURTINE

F. ROSENZWEIG

CONFLUENCES

POLITIQUE, HISTOIRE, JUDAÏSME

Textes introduits, traduits et annotés
par

Gérard BENSUSSAN, Marc CRÉPON
et Marc de LAUNAY

Ouvrage publié avec le concours
du Goethe-Institut Inter Nationes
dans le cadre du programme franco-allemand
de coopération avec la Maison des sciences de l'homme

PARIS
LIBRAIRIE PHILOSOPHIQUE J. VRIN
6, Place de la Sorbonne, V^e
—
2003

ROSENZWEIG : *Gesammelte Werke,* Band III, ISBN 90-247-2507-0

Monarchie, Republik und Entwicklung, p. 249-251
Vox Dei ?, p. 267-282
Cannä und Gorlice, p. 283-295
Globus, p. 313-368
Zeit ist es, p. 461-481
Bildung und keine Ende, p. 491-503
Neues Lernen, p. 505-510
Das Frankfurter jüdisches Lehrhaus, p. 515-517
Das Wesen des Judentums, p. 521-526
Geist und Epochen, p. 527-538
Der Jude im Staat, p. 553-555
Der jüdische Mensch, p. 559-575
Anleitung zum jüdischen Denken, p. 597-618
Apologetisches Denken, p. 677-686
Die Bauleute, p. 699-712

ISSN 0249-7972
ISBN 2-7116-1651-7

INTRODUCTION

ROSENZWEIG ET LE « TOURNANT » DE LA GUERRE

La pensée de Franz Rosenzweig présente un étrange paradoxe. Elle est, à plus d'un titre, hantée par l'image de la guerre alors que cette dernière ne semble pas constituer pour lui une expérience décisive. Sans doute, les premières pages de *L'Étoile de la Rédemption* qui évoquent, avec une rare intensité dramatique, l'angoisse des hommes devant la mort, ne peuvent être lues sans que leur lecteur se rappelle aussitôt qu'elles ont été écrites par un philosophe engagé dans la guerre, habitué, comme de rares lettres en témoignent, à voir des soldats de son unité disparaître au gré des engagements successifs. Ensuite, la guerre elle-même fait l'objet de plusieurs développements, à la fin du premier livre de *L'Étoile*, au titre d'une réflexion sur les traits constitutifs d'une politique messianique[1]. Le sens de la guerre y constitue alors l'un des éléments qui permettent de différencier la place du christianisme et celle du judaïsme dans l'histoire. Mais surtout, au cours de l'année 1917, alors qu'il se trouve toujours en Macédoine, Rosenzweig occupe une part non-négligeable des loisirs que lui réserve le service à la rédaction de plusieurs essais et conférences qui traitent directement de la guerre, de ses origines, de ses innovations stratégiques et de ses objectifs. Trois essais majeurs sont rédigés, à quelques semaines de distance : *Globus (Études sur la théorie de l'espace dans l'histoire universelle)*, *Vox Dei ? (Le cas de conscience de la démocratie)* et *Cannes et Gorlice (Une explication du concept stratégique d'espace)* – trois essais, dont la genèse de *L'Étoile* ne peut être entièrement dissociée.

Et pourtant, à plusieurs reprises, avec la fermeté dont il faisait preuve dans sa correspondance, Rosenzweig prend soin de dénier à cette guerre le

1. Cf. *L'Étoile de la Rédemption*, trad. fr. A. Derczanski et J.L. Schlegel, Paris, Seuil, 1982 et 2003, p. 457-466.

caractère d'une expérience cruciale. Il refuse, alors même qu'il est encore au front, de reconnaître qu'elle constitue un tournant ou une coupure dans son existence. Ainsi écrit-il à Rudolf Ehrenberg, en octobre 1916 :

> Pour moi, la guerre ne signifie nullement une coupure; en 1913, j'avais déjà tant vécu que, pour m'en imposer, 1914 eût dû au moins déclencher la fin du monde. [...] 1914 n'a pas non plus été un tournant pour toi – tu avais déjà eu 1911-1912 –, mais du moins une ouverture, un accroissement, un accomplissement. Moi, en revanche, j'ai été contraint à subir un système d'ignorance auquel j'ai obéi sans faillir jusqu'à aujourd'hui. Même le peu que je pouvais exploiter positivement grâce à la guerre, l'occasion, bien perçue par toi, de rejeter les inhibitions, les pusillanimités, les finasseries, modestes mais tenaces, donc l'occasion de me traiter moi-même par-dessus la jambe –, même cela n'était précisément qu'occasion saisie, et se situait donc tout à fait dans le droit fil de l'état qui est déjà le mien. *Je n'ai donc pas vécu la guerre, j'ignore tout d'elle (et sans doute en raison de l'assurance, qui parfois me surprend moi-même, et que j'ai eue d'emblée quant à la connaissance objective de son cours); je n'attends ni ne désire rien d'elle*[1]; je porte mon existence, comme Cervantès son œuvre, à travers elle (pas même dans la main gauche, mais bien dans la droite; je ne maîtrise de la guerre que ce que je maîtrise de la main gauche). J'ignore si seront bonnes pour moi ces vacances de la responsabilité face à l'entrée dans la vie qui m'angoissait déjà beaucoup et m'angoisse encore; j'en jouis d'une certaine manière, car je ne les retrouverai pas. En jouir *complètement* ce serait vivre la guerre, or c'est ce que m'interdit précisément cette vie à venir qui va m'échoir et dont je suis l'esclave, même actuellement, dans tous les instants de liberté que me laisse le service[2].

On aurait tort de considérer cette lettre comme une simple dénégation de l'expérience, voire comme l'aveu contradictoire d'un désintéressement ou d'une indifférence pour les événements du front. À lire l'importante correspondance que Rosenzweig aura échangé pendant la guerre avec ses parents, sa famille et ses amis, trois choses peuvent être précisées, qui donnent à cette lettre un éclairage plus précis et en expliquent le caractère paradoxal. Si l'on compare ce que Rosenzweig dit et raconte de la guerre avec d'autres discours et témoignages contemporains, il apparaît aussitôt que c'est moins avec la guerre elle-même que l'auteur de *L'Étoile de la Rédemption* entend marquer ses distances, avec ses souffrances et ses drames, qu'avec le discours idéologique qui l'accompagne, avec les engagements affectifs et intellectuels qui sont censés être ceux des combattants, les former et les transformer – c'est à cette formation et cette transformation

1. Nous soulignons.

2. Rosenzweig, in *Gesammelte Schriften*, vol. 1, *Briefe und Tagebücher* (désormais BT, 1), 1900-1918, La Haye, Martinus Nijhoff, 1979, p. 242-243.

communes qu'il refuse de reconnaître toute incidence sur son existence propre. À cette guerre, en effet, il fut, dès le début, courant et commun de reconnaître la dimension positive d'une nouvelle *Bildung*. Ce n'est pas pour rien que le sang coulait, que les morts, les mutilations, les blessures étaient le lot commun de centaines de milliers d'hommes. Le sacrifice d'autant de vies avait un sens : il contribuait à la formation d'une nouvelle communauté ou, plus exactement, il restaurait le sens de la communauté perdue. Il promettait un autre avenir. C'est ainsi que Max Weber pouvait écrire, dès 1916 :

> La guerre, comme réalisation de la menace de la violence, crée justement dans les communautés politiques modernes un pathos, un sentiment communautaire (*Gemeinschaftsgefühl*), suscitant ainsi un dévouement et une communauté inconditionnée du sacrifice parmi les combattants[1].

Dans l'idéologie de la guerre, celle-ci représentait bien, en effet, une coupure. Elle était censée mettre fin aux divisions qui avaient cloisonné la société en classes hostiles les unes aux autres, elle rassemblait les hommes dans une même fraternité et une même solidarité, que la perspective d'un sacrifice commun au profit de la communauté auréolait d'une dimension spirituelle, sinon mystique.

C'est d'abord à une telle mystique que Rosenzweig ne souscrit jamais. Cette fraternité, cette solidarité, au service d'une communauté nationale ressoudée n'ont pas de sens, ou n'ont plus de sens pour lui – à la veille de la guerre déjà, elles ne constituaient plus un horizon d'espérance –, c'est pourquoi la guerre ne saurait être à ses yeux une coupure, au sens des idéologues qu'on vient d'évoquer. La distance ici n'est donc pas de l'indifférence, encore moins une dénégation qui trouverait son explication dans le traumatisme des tranchées. Que la guerre conduise à se croiser et à vivre dans une étroite proximité des individus qui, auparavant, n'étaient pas destinés à se rencontrer, que tout même séparait, Rosenzweig le reconnaît; mais cette proximité n'a rien d'une évidence et elle ne renvoie à aucune communauté mythique de sang, d'esprit ni même de destin pour l'avenir. Elle ne crée pas non plus d'obligation particulière – à commencer par celle de reconnaître dans les autres combattants, au nom de l'expérience du front partagée, des « camarades » ou des « frères ». En témoigne la lettre qu'il

1. Max Weber, *Gesammelte Aufsätze zur Religionssoziologie*, Tübingen, Mohr, 1978, p. 548. Cf. Domenico Losurdo, *Heidegger et l'idéologie de la guerre*, Paris, P.U.F., 1998, p. 22, et voir aussi, sur l'engagement des philosophes dans la guerre, P. Soulez (éd.), *Les Philosophes et la guerre de 14*, Presses universitaires de Vincennes, 1988, ainsi que l'essai de Marc de Launay, « Professorenkriegsliteratur », in *Philosophies nationales, controverses franco-allemandes*, *Revue de métaphysique et de morale*, septembre 2001, n°3, p. 83-100.

adresse, toujours à Ehrenberg, à la fin de février 1916, alors qu'il se trouve vraisemblablement au camp de La Fère :

> Ce qu'il y a de plus remarquable dans la guerre, c'est à quel point on se frotte à toutes sortes d'hommes. C'est *cela* que j'en ai retenu : nous nous sommes par trop facilité les choses avant la guerre – ou plutôt : les choses *nous ont été* trop faciles; nous n'avons fréquenté que des gens comme nous, aussi avons-nous appris à sous-estimer les difficultés – le chemin qui conduit à une mutuelle estime (ce qui implique de la tolérance avec quoi *tout est réglé*) est parcouru avec infiniment plus de rapidité entre deux universitaires dont les points de vue sont radicalement opposés qu'entre moi et un grand commerçant rhénan qui se qualifie d'idéaliste. Et cela n'est rien comparé à la fréquentation de petits-bourgeois ou de prolétaires qui refusent (et *à juste titre*, comme on le comprend alors aussitôt) qu'on soit autre chose qu'un membre de l'autre *condition sociale*. Mais je ne crois pas qu'on doive tirer les conséquences (pratiques quant à notre avenir) de ce constat. Car on ne doit pas s'exposer à un second danger quand le premier nous cerne (la guerre doit nous enseigner uniquement qu'au-delà du premier cercle il y en a bien d'autres). Ne doit rechercher l'ultime cercle (moine mendiant, ermite) que celui qui a *percé*, en quelque sorte sans rencontrer de résistance, les cercles qui lui étaient le plus proches : il ne faut pas devenir saint (un homme du cercle ultime) par choix, mais en raison du destin, d'une vocation[1].

Et de fait, c'est bien davantage et de façon contrastée, une expérience de la solitude qu'évoque Rosenzweig, au fil de sa correspondance[2], lorsqu'il est question de la guerre. Pour l'intelligence des textes qui sont ici présentés, il n'est sans doute pas inutile de rappeler comment il traversa ces quatre années. Il est d'abord engagé dans la Croix rouge, dès le mois de septembre 1914 et affecté comme infirmier en Belgique, avant d'entrer dans l'armée régulière en 1915. En février 1916, il rejoint une unité de défense anti-aérienne qui est envoyée dans les Balkans, le mois suivant. Il y restera jusqu'à la fin de la guerre. Ses lettres n'évoquent que rarement la vie au front. Elles sont bien davantage émaillées de demandes de livres et de compte rendus de lecture[3]. À plusieurs reprises, l'auteur de *L'Étoile* ironise sur le fait que, engagé dans une unité de défense anti-aérienne, il ne voit jamais d'avions à l'horizon. Il a même le temps de se remettre à jouer du

1. Rosenzweig, BT, 1, p. 186.

2. Entre septembre 1914 et la fin de la guerre, c'est plus de 300 lettres que Rosenzweig aura écrites, dont certaines sont de véritables essais (sans compter l'énorme correspondance – un bon milier de lettres – qu'il adressa à la femme de son ami Rosenstock, Margrit, surnommée « Gritli »).

3. C'est ainsi qu'on apprend que, au moment même où il rédige l'essai *Globus*, l'une de ses nombreuses lectures est *Le Verdict* de Kafka, qui venait d'être publié à Leipzig.

violon, le soir. Fuyant l'automatisme du commandement et de l'obéissance, il demande à ne pas être relevé d'un poste d'observation dans le Dub, où il passe une partie de l'automne 1916 – menant une vie quasi-érémitique[1], occupée pour l'essentiel par la lecture de Tertullien et l'apprentissage de l'araméen. Et lorsque, plus tard, son unité se trouve davantage engagée dans des combats meurtriers, leur dureté et les pertes subies ne sont évoquées que fugitivement.

C'est donc avec un sentiment quasi-permanent d'étrangeté et de décalage que Rosenzweig passe, en Macédoine, les années de la guerre – une étrangeté et un décalage qui trouvent leur origine dans une résolution antérieure à la guerre. Quand il écrit qu'il n'a pas vécu cette guerre et qu'il ignore tout d'elle, c'est non seulement par refus de souscrire à son idéologie, mais aussi parce qu'il est d'ores et déjà (en 1914) engagé dans une double réflexion sur l'opposition du judaïsme et du christianisme et sur la création d'une institution d'enseignement du judaïsme (un « *Lernen* nouveau ») qui permette de retrouver le sens d'une existence juive[2]. La guerre n'est pas une coupure, parce qu'elle est, au contraire, cette période intermédiaire qui permet de mûrir la décision prise en 1913 de « tout consacrer à son être juif ». Elle suspend la responsabilité d'avoir à choisir immédiatement la manière d'assumer cette décision et de lui donner un contenu concret. Elle permet aussi d'en éclairer et d'en approfondir la justification théorique[3].

Que Rosenzweig ait traversé la guerre, les yeux tournés vers le judaïsme, en témoigne le fait que la rencontre la plus significative, dont fait état cette « correspondance de guerre » n'est pas celle d'autres soldats, de « camarades de combat » ou d'officiers, mais de Juifs séfarades, croisés dans les Balkans. S'il est une expérience humaine qui s'avère marquante et décisive pour l'avenir, c'est la découverte de la spiritualité et de la culture propre à ces Juifs des Balkans, si éloignés des milieux assimilationistes aussi bien que sionistes de Francfort et de Berlin. En témoigne la lettre

1. Cf. La lettre du 24 novembre 1916, à ses parents (BT, 1, p. 296) : « Je suis, hélas, un mauvais soldat, car je suis si peu pratique, si peu habile (le premier défaut ne vaut qu'en rapport avec le second, car je serais "bureaupratique") ; pourtant je m'amuse. L'époque de contemplation érémitique où j'étais observateur a comblé tardivement un souhait romantique d'enfant : "être seul" sur une haute montagne, et jouir d'une vue grandiose ». Voir aussi, sur ce point, la lettre d'octobre 1916, adressée à Rudolf Ehrenberg (BT, 1, p. 239-240).

2. Sur ce point, cf. *infra*, p. 17-30, Gérard Bensussan : « Le *Freies Jüdisches Lehrhaus* de Francfort ».

3. Sur ce point, c'est, bien sûr, la correspondance avec Rosenstock qui constitue le document le plus significatif. Cf. notre traduction de cette correspondance *in* Rosenzweig, *Foi et savoir. Autour de* L'Étoile de la Rédemption, Paris, Vrin, 2001. Voir aussi Stéphane Mosès, *L'Ange de l'histoire*, Paris, Seuil, 1992.

enthousiaste que Rosenzweig adresse à ses parents, le 6 avril 1917, alors qu'il séjourne à Usküb[1] :

> [...] J'ai même vu beaucoup de séfarades, et j'ai rendu visite au responsable de la communauté; un commerçant, très digne, mais l'air plus roué que digne; sa femme n'a pas l'air juive; ses filles, racées; l'aînée, Oro (Dorée!) a été à l'école allemande de Salonique; la cadette, Fortune, quatorze ans, ne sait pas encore l'allemand. Ils savent tous le français; entre eux, ils parlent l'espagnol que les hommes écrivent en caractères hébraïques, les femmes en bulgare; on comprend assez facilement avec l'italien parce qu'est c'est du vieux castillan. Culture juive = zéro; en revanche, vie juive toute naturelle; ne se fréquentent qu'entre eux; se perçoivent, à juste titre, comme une élite, mais sont (quant à l'hospitalité, etc.) la preuve que nous ne supportons pas que les choses aillent trop bien pour nous. C'est le jugement général, mais qui s'est trouvé confirmé. Au lieu de rencontrer des rabbins, bougonne le *hasan ("khakham")*, vous feriez mieux de commencer par assister au service à la synagogue. Le chef de famille s'appelle Navarro ! Imaginez le mobilier d'une fruste chambre-garnie ; on est reçu dans une chambre à coucher ! Leurs noms sont tout à fait prestigieux, par exemple, Isaac Calderon [...]. Les enfants ici sont très bien. Ceux qui disent que les séfarades sont une autre race que nous mentent. Mais ils ont connu un autre destin[2].

Faut-il considérer alors les trois textes mentionnés plus haut comme une réflexion accessoire? S'agit-il de simples textes de « circonstance », qui n'auraient rien à voir avec l'*opus magnum*? Ce serait oublier que ces textes ont en commun avec *L'Étoile de la Rédemption* de porter, au moins en filigrane, la marque de sa confrontation ambivalente permanente avec la pensée de Hegel[3], et, plus explicitement encore, avec sa philosophie de l'histoire. Comme on s'en souvient, l'œuvre de Rosenzweig comprend un premier lieu de confrontation avec cette pensée. Lorsqu'il s'engage dans la guerre, il sort à peine d'un travail de longue haleine : la rédaction pratiquement achevée de sa thèse : *Hegel et l'État* – un livre qu'il présentera lui-même, en 1920, dans une préface tardive, comme un « témoignage de l'esprit des années d'avant-guerre[4] », c'est-à-dire aussi de l'esprit qui s'est

1. Aujourd'hui : Skopje.

2. Rosenzweig, Lettre à ses parents du 6 avril 1917 (BT, 1, p. 380-381). C'est donc un certain Navarro qui aura fait découvrir à Rosenzweig la simplicité tout naturelle de la vie juive. Voir aussi la lettre du 29 septembre 1917 (BT, 1, p. 448), dans laquelle Rosenzweig raconte à ses parents sa visite de la synagogue à Üskub. Pour quelques autres précisions sur ces rencontres, cf. Pierre Bouretz, *Témoins du futur, philosophie et messianisme*, Paris, Gallimard, 2003, p. 139 *sq*.

3. Sur cette confrontation, cf. « Hegel et Rosenzweig, la différence se faisant », in *Philosophes et philosophies du XXe siècle*, Paris, Seuil, 2003.

4. Rosenzweig, *Hegel et l'État*, trad. fr. Gérard Bensussan, Paris, P.U.F., 1991, p. 10.

préparé (ou qui a été préparé) à la guerre. Quand, dans sa lettre à Hans Ehrenberg d'octobre 1916, Rosenzweig lui fait part de l'étrange assurance qu'il a ressentie, dès le début des hostilités, quant à « la connaissance de son cours », c'est donc, très vraisemblablement, à l'autorité qu'a pu lui donner sa connaissance de la philosophie hégélienne de l'histoire, à l'intelligence des événements qu'elle rend possible qu'il fait allusion. Si le penseur, dont les yeux se tournent déjà vers de tout autres horizons, s'estime, malgré tout, habilité à donner des conférences aux armées, c'est au titre de ce savoir réservé, de cette compétence particulière qu'est censée lui avoir donnés sa connaissance approfondie de l'histoire – une connaissance qui est restée, compte tenu de sa formation, de facture hégélienne.

En ce sens, les trois essais *Globus*, *Vox Dei ?* et *Cannes et Gorlice* sont d'abord tributaires du travail accompli par Rosenzweig avant la guerre. Ce sont les essais d'un historien, dont la méthode commune est toujours de comprendre le présent (le sens de la guerre, la nature de la stratégie, le partage des pouvoirs) à partir d'une remémoration du passé et de la connaissance par anticipation du terme de l'histoire – l'investissement de tout l'espace, terrestre et maritime, de la planète – autant que des moteurs qui conduisent à cette fin (appropriation territoriale par l'État, opposition entre peuple et élite du peuple, tension entre statique et dynamique). La guerre s'éclaire ainsi dans un mouvement de récapitulation, dans un regard rétrospectif qui laissent davantage de place à des comparaisons historiques (entre différentes formes de traités, de stratégies, d'appropriations de l'espace, etc.) qu'à la saisie singulière de ce que cette guerre-ci, précisément, peut présenter d'absolument nouveau, d'incomparable et d'incommensurable. Ni les innovations techniques de la Première Guerre mondiale (auxquelles, par exemple, Karl Kraus sera si attentif), ni les capacités de destruction accrues, l'extension inédite de la guerre dans les airs (avec les effets multiples des combats aériens) et sous les mers (avec les enjeux de la guerre sous-marine), ni l'ampleur jamais égalée des pertes humaines (le traumatisme d'une génération, plongée durablement dans la nuit[1]) ne retiennent particulièrement son attention.

L'intérêt et l'enjeu de ces textes sont donc ailleurs. Ils ne peuvent apparaître que si l'on se souvient, comme on le rappelait à l'instant, qu'il

1. De ce point de vue, on peut se demander dans quelle mesure, les interprétations de Rosenzweig échappent au jugement que portera beaucoup plus tard (avec le bénéfice d'un recul et d'une connaissance globale du siècle que ne pouvait posséder Rosenzweig) Jan Patočka sur les « explications » de la guerre de 1914 : « Les explications de la guerre de 1914 sont toutes fondées sur les idées du XIXe siècle. Or ce sont là les idées du jour, de ses intérêts et de sa paix. Il n'est pas étonnant qu'elles n'aient pas réussi à éclairer le phénomène fondamental du XXe siècle qui, à la différence du XIXe, est une époque de nuit, de guerre et de mort. », in *Essais hérétiques*, trad. fr. Erika Abrams, Paris, Verdier, 1981, p. 130.

existe, dans l'œuvre de Rosenzweig, un troisième lieu de confrontation avec la pensée hégélienne et sa philosophie de l'histoire: *L'Étoile de la Rédemption*, elle-même. Si les essais *Globus*, *Cannes et Gorlice* et *Vox Dei ?* portent l'écho du travail accompli dans *Hegel et l'État*, ils présentent aussi un gauchissement de l'interprétation hégélienne de l'histoire, une « autre » lecture de l'histoire universelle qui sont celles-là mêmes que l'*opus magnum* met en œuvre dans le même temps. Ces essais, en effet, ont tous un point commun : ils font de l'appropriation conflictuelle de l'espace et du déplacement des frontières le sens de l'histoire universelle. La guerre de 1914, ce n'est alors rien d'autre qu'un avatar supplémentaire, d'une extension sans précédent, de cette appropriation. Ainsi l'essai *Globus* définit-il son projet de la façon suivante :

> Il semble donc qu'elle [la guerre] soit, du point de vue de l'histoire universelle, une transition qui conduit d'une époque européenne révolue vers une époque planétaire à venir. Ainsi se trouve justifié le regard rétrospectif porté sur les conditions d'élaboration de la scène où se déroulent les événements dont nous sommes les témoins. Car dans la vie intérieure des États, pris un à un, ou dans leur vie extérieure, prise en totalité, le moteur premier et le plus décisif de tout ce qui arrive, c'est la frontière, la scène. Ce que nous appelons histoire universelle n'est rien d'autre que la transformation de la terre en un espace historique fermé, un « monde »[1].

D'où l'hypothèse que, loin d'être des textes de circonstance, ces essais constituent un véritable laboratoire pour une compréhension de l'histoire universelle, à laquelle *L'Étoile de la Rédemption* n'est pas étrangère. Que signifie l'idée de faire de la « frontière » le moteur de l'histoire ? En quoi le discours philosophique qui s'y attache s'accorde-t-il avec l'ambition profonde du livre que Rosenzweig rédige à la fin de la guerre ? L'idée de frontière est liée, en grande partie, au phénomène sans l'intelligence duquel la guerre reste incompréhensible : « le nationalisme ». Elle y est doublement présente. Elle est à la fois un élément clé de son discours (ce dont il parle tout le temps), mais elle est aussi et plus fondamentalement, son unique raison d'être, ce qui lui donne son sens. Le nationalisme (qui précipite les peuples dans la guerre) parle de la sauvegarde ou du redécoupage des frontières, il réclame que soit autrement dessinée la carte des territoires, mais il en est aussi un effet direct. Il n'y a de « nationalisme » que parce que l'*essence* même des peuples chrétiens est d'aspirer à un bouleversement du tracé des frontières. Ils ne savent pas et ne peuvent pas vouloir, espérer, « attendre » autre chose. Quand Rosenzweig écrit à Hans Ehrenberg qu'il n'attend et ne désire *rien* de la guerre, ce *rien* est, en réalité,

1. *Globus*, *infra*, p. 39.

un *rien* déterminé. « Rien », cela signifie que l'auteur de *L'Étoile de la Rédemption* ne se sent pas concerné par cette sauvegarde ou cette extension des frontières, que cette « scène » de l'histoire universelle n'est pas celle où il entend jouer sa propre existence.

Mais pour qu'une position aussi radicale soit possible, il faut montrer que toute autre explication de la guerre est illusoire – qu'elle ne donne rien d'autre à attendre ou, mieux encore, qu'elle ne « promet » rien d'autre. C'est à quoi contribuent les essais *Globus*, *Vox Dei ?* et *Cannes et Gorlice*. Ils participent de cette clarification nécessaire de « l'horizon d'attente » historique des peuples chrétiens – une clarification qui constitue déjà, comme on le sait, l'un des enjeux cruciaux de la correspondance que Rosenzweig échange avec Eugen Rosenstock[1], durant l'année 1916 (dans les mois qui précèdent leur rédaction). Dire de la guerre qu'elle n'a d'autre sens qu'un « autre » partage du monde, une appropriation de l'espace qui rejoue le tracé des frontières, c'est rendre caduque toute autre forme de justification du conflit – comme, par exemple, l'idée, si répandue chez les philosophes de l'époque, de part et d'autre du Rhin, qu'elle opposerait le bien au mal, la culture à la civilisation, etc. C'est se trouver, une fois de plus, en porte-à-faux avec l'« idéologie de la guerre », de quelque côté qu'on la regarde. C'est substituer à toutes les explications ou interprétations « nationalistes » de la guerre[2] – à toutes celles qui font de l'une des nations combattantes le défenseur de valeurs que l'autre (ou les autres) menacerait – une compréhension de la guerre à partir de l'essence du « nationalisme[3] » : la rivalité des peuples, en vue d'une élection, dont seul l'agrandissement de leur territoire, la constitution d'un empire peuvent leur donner l'illusion qu'elle est effective[4].

C'est ici que les réflexions de Rosenzweig sur la démocratie (*Vox Dei ?*), le concept stratégique d'espace (*Cannes et Gorlice*) et sur l'espace dans l'histoire universelle (*Globus*) s'accordent avec *L'Étoile de la Rédemption*. Trois fils, ici, doivent être tenus ensemble. Le premier consiste à montrer que la relation qu'entretiennent les différents peuples chrétiens, dans

1. Sur cette correspondance, sur laquelle, nous ne revenons pas dans ces pages, voir notre introduction à *Foi et savoir. Autour de* L'Étoile de la Rédemption, trad. fr. Gérard Bensussan, Marc Crépon et Marc de Launay, Paris, Vrin, 2001, notamment p. 7-21. Voir aussi Stéphane Mosès, *L'Ange de l'histoire*, Paris, Seuil, 1992.

2. Ce qui ne signifie pas que Rosenzweig soit exempt de tout parti-pris. En témoigne l'essai *Vox Dei*, dont on laisse au lecteur le soin de découvrir jusqu'à quel point Rosenzweig souscrit encore à des argumentations et des visions propres à la propagande de guerre.

3. Sur cette question, cf. Marc Crépon, « Traduction et Rédemption, la question du nationalisme dans l'œuvre de Rosenzweig », in *Le malin génie des langues*, Paris, Vrin, 2000.

4. On constate ici une étroite proximité de vues avec le Max Weber de *L'Éthique protestante...*, qui montre à quel point la vision rosenzweigienne du christianisme ne vaut pour l'essentiel que pour le protestantisme.

l'histoire, doit être comprise comme une rivalité pour cette élection qui leur assure l'éternité[1]. Le second que cette rivalité, dans laquelle se joue la survie des peuples[2], implique la domination d'un territoire[3] et prend donc, en réalité, le sens d'un conflit pour l'appropriation de l'espace (cf. *Globus*) et que, par exemple (cf. *Cannes et Gorlice*), l'une des caractéristiques stratégiques fondamentales de la guerre mondiale est l'incorporation de cette appropriation à la stratégie de chacun des belligérants, au moyen, notamment, d'une guerre de positions. Le troisième fil, enfin, qui apparaît déjà comme l'un des thèmes majeurs de la correspondance avec Rosenstock, mais ne trouve sa pleine élucidation que dans *L'Étoile de la Rédemption*, concerne l'étrangeté du peuple juif à cette histoire. Le peuple juif, seul peuple « naturellement » élu, dont l'éternité, garantie par la « communauté de sang », n'a besoin d'aucune appropriation de la terre[4] pour être assurée et qui, pour cette raison même, n'est en rivalité avec aucun autre.

Du coup, on comprend mieux qu'elle est la place de ces essais dans le travail et l'existence de Rosenzweig, durant ces années si décisives (1916-1918). Le paradoxe qu'on présentait, au commencement, n'en est pas un. Les textes que Rosenzweig consacre à la guerre n'entrent pas en contradiction avec sa revendication d'une réelle étrangeté et son affirmation qu'il n'a rien à « attendre » d'elle. Bien au contraire, ils mettent en perspective (au prix d'un gauchissement certain de la pensée hégélienne) ce qui est « en attente » dans l'histoire des peuples chrétiens, vers quoi tend cette histoire (la disparition de toute frontière dans une domination sans partage, l'unicité garante de l'éternité), et montrent à quel point la guerre actuelle, en dépit de ses innovations, confirme cette attente. D'une telle confirmation, ni l'histoire ni les peuples qui la font ne sortent grandis. La guerre (cette guerre) n'est décidément pas une noble cause – pas plus du reste que ne l'est la paix qu'elle prépare (sur laquelle Rosenzweig ne se fait guère d'illusions[5]).

1. Cf. *L'Étoile de la Rédemption*, éd. cit. (2003), p. 460 : « Et à cause du christianisme précisément, de telles idées d'élection se sont plus ou moins fait jour dans les différents peuples et, avec elles, nécessairement aussi une revendication d'éternité ».

2. Cf. *L'Étoile de la Rédemption*, éd. cit., p. 459 : « Un peuple qui entre en guerre assume le risque de sa propre mort ».

3. Cf. *L'Étoile de la Rédemption*, éd. cit., p. 418 : « Au sol et à sa domination, au territoire, s'accroche fermement leur volonté d'éternité [celle des « peuples du monde », par opposition au peuple juif] ».

4. Cf. l'analyse de la Terre Sainte, comme non-propriété, in *L'Étoile de la Rédemption*, éd. cit., p. 419.

5. Cf. la lettre à ses parents du 17 août 1916 (BT, 1, p. 204) : « [...] La guerre n'est pas moins immorale (donc pas "moins irréligieuse") que la paix. Ce sont les *hommes* qui sont bons ou mauvais. Le pacifisme est, précisément *pour cette raison*, une conviction si abjecte parce qu'il croit que le bien ou le mal se situeraient dans l'état objectif des choses et non dans les dispositions intérieures des hommes. L'idée que la religion se fait de la paix (pour autant

S'il n'y a rien à en attendre, il n'y a rien non plus qui retienne, qui doive ou qui puisse retenir le peuple juif et Rosenzweig, en particulier, sur une voie qui n'est pas la leur – celle de la conversion. La décision prise, avant la guerre, de ne pas se convertir au christianisme et de retrouver dans la pratique et dans un «*Lernen* nouveau» le sens d'une existence juive, n'avaient sans doute pas besoin de la guerre – mais celle-ci ne peut que la renforcer. Elle ne saurait avoir d'autre effet que de tourner un peu plus les yeux et l'esprit de celui dont la main droite veut tout ignorer de la guerre vers une autre attente : l'attente messianique de la Rédemption.

Marc CRÉPON et Marc de LAUNAY

LE *FREIES JÜDISCHES LEHRHAUS* DE FRANCFORT

La fondation du *Freies Jüdisches Lehrhaus,* dont les enseignements commencent à Francfort dès octobre 1920, peu après le retour de guerre de Franz Rosenzweig, constitue pour celui-ci l'aboutissement pratique effectif d'un long et sinueux travail de pensée. Non pas simplement l'illustration pédagogique d'une pensée, l'exposition d'une doctrine qui se donnerait simplement un lieu et des collaborateurs, mais véritablement la *vivification* d'une pensée, d'une «nouvelle pensée», dont la nouveauté, précisément, ne pourrait se soutenir qu'en se faisant vivante, c'est-à-dire partagée, échangée, dialoguée, appropriée. Cette vivification effective serait en même temps reviviscence d'une *tradition* antique et oubliée sous les formes mêmes qui prétendent en assurer la continuité[1]. Le nouveau de la « nouvelle pensée » ne se fera donc vivant, renouveau, qu'en retrouvant le

qu'elle ne désigne pas ainsi, simplement par analogie, une disposition de l'âme individuelle) n'est que l'idée d'un achèvement : la paix survient dès que les hommes sont parvenus au terme de l'histoire; c'est pourquoi la religion ne considère pas cette paix finale comme une œuvre humaine, mais comme l'action immédiate de Dieu, et qu'elle la fait précéder de guerres ultimes dont le caractère effroyable est inconcevable; ces guerres n'ont pas pour effet de donner aux hommes une idée du caractère effroyable de la guerre (ils ont cette idée dès le début, c'est-à-dire tant qu'il y a des guerres, donc tant qu'il y a histoire, donc tant qu'il y a des hommes – les animaux ne font pas la guerre, pas plus qu'ils ne prient, rient, composent); au contraire, ces guerres ultimes provoquent l'ultime séparation "définitive" des hommes (des individus) en bons et en mauvais; elles sont la dernière et la plus puissante des tentations à laquelle l'humanité soit confrontée. Il suffit de dépoétiser quelque peu la chose; par exemple, au lieu de parler de "guerre finale", de dire "guerre en général" ("essence" de la guerre), pour avoir un condensé de toute la philosophie de la guerre ».

1. Sur le rapport de Rosenzweig à la tradition « donneuse d'ordres », voir la *Directive*, p. 291 du présent volume.

passé de la mémoire juive en tant qu'il est toujours présent dans sa transmission plus ou moins ininterrompue dans un enseignement.

Ce passage à la vie, cette mise au monde d'une pensée, qui ne peut être nouvelle au sens de Rosenzweig que sous la condition d'un tel passage, *l'Étoile de la Rédemption* l'annonçait très clairement, programmatiquement même. Comme on sait, le livre s'ouvre sur deux mots, *Vom Tode,* et s'achève par deux autres, *Ins Leben.* Mais, selon le mouvement de réversion articulé autour du moment central, entre mort et vie, de l'amour, il faudrait dire plutôt qu'il se ferme ou qu'il se resserre en son commencement (la sphère de la pensée conceptuelle inaugurée par la mort et par la crainte de la mort) et qu'il s'ouvre, comme en éventail, ou en entonnoir, sur le « Porche » de la fin du troisième livre de *l'Étoile*. Tout livre, tout livre « juif » plus exactement, aurait pour vocation de porter son lecteur au-dehors de lui-même. *Tout livre* en tout cas *ne vaut que par son hors livre.* C'est ce que dit expressément Rosenzweig dans *Formation sans fin*[1], un des grands textes qu'on appellera pédagogiques par commodité, ici rassemblés. De la mort à la vie, cette ligne, cette courbe que dessine tout du long *l'Étoile,* peut aussi s'entendre comme : de la mort du judaïsme embaumé dans les livres et le savoir qui le traitent en *objet* à sa résurrection comme *enseignement* vivant. La question de la création d'une institution porteuse et animatrice de cet enseignement, sa nécessité, est donc cruciale pour Rosenzweig, bien plus décisive que toute production livresque – quel que puisse en être l'intérêt conjoncturel. Il lui consacre d'ailleurs les quelques années de vie qui lui restent entre la fin de la guerre, la publication de *l'Étoile* et sa mort en 1929 – en même temps qu'il se voue au travail de traduction de la Bible hébraïque. Ces deux tâches sont à ses yeux parfaitement concomitantes. Dans ses textes des années 1920, on trouve en effet, insistante, cette idée *qu'enseigner, c'est traduire,* surtout dans les conditions de l'émancipation, où le « juif » sonne comme une langue étrangère aux oreilles des Juifs eux-mêmes. Enseigner, c'est traduire. Au sens de Hamann, qui disait déjà que parler, c'est traduire, au sens encore de la « méthode » goethéenne de la « conversation »[2], au sens de Rosenzweig lui-même enfin : projectuellement, enseigner, c'est parler, enseigner *dans* le judaïsme, c'est s'engager dans une parole ouverte, risquée, où la pensée s'avance traductivement. Telle est la signification foncière de toutes les considérations personnelles et de toutes les recommandations que Rosenzweig adresse aux enseignants du *Lehrhaus.*

L'attestation biographique de ce mouvement – conversion du livre au hors livre, du savoir à l'apprendre (enseigner et être enseigné) – se trouve

1. Cf. p. 249 *sq.*
2. « Paralipomena » in *GS*, 3, p. 92.

dans la belle lettre à Meinecke d'août 1920. Sur un ton qui est parfois celui de la confession, Rosenzweig explique à son vieux maître que l'effondrement de l'Allemagne et de sa culture protestante-humaniste, fut pour lui précédé par un effondrement personnel datant de l'immédiat avant-guerre, dont l'effet, après-guerre, après l'épreuve mortelle des champs de bataille, fut sa transformation, sa conversion là encore, de l'historien académique *(habilitierbar)*, de l'universitaire qu'il aurait pu être, en philosophe inacadémique *(unhabilitierbar)*, extra-universitaire, soit en penseur de la pensée nouvelle. Lequel considère désormais que la connaissance ne peut plus être à elle-même sa propre fin, simplement curieuse, comme peut l'être la pulsion esthétique, qui fut aussi une tentation[1], mais qu'il lui faut se faire « *service* ». Si l'on suit de près Rosenzweig au cours de ces quelques années si remplies qui vont des tranchées à l'inauguration de Francfort, la fondation du *Lehrhaus* constitue bien pour lui ce *service comme hors-livre*, cet *ins-Leben*, cet envoi à la vie, en tant que « dette » ou « devoir » pour reprendre un mot de Derrida commentant un poème d'Angelus Silesius enjoignant très significativement de devenir soi-même l'écriture. Devoir ou dette qui consisterait, selon Derrida, à « se rendre par la lecture au-delà de la lecture »[2], à passer le Porche, mais pas même pour arriver à bon port, institutionnel ou substantiel. *Ouvrir* le *Lehrhaus*, c'est nécessairement en faire un lieu transitionnel[3], un lieu de passage, un Porche et « seulement un Porche »[4].

La fondation du *Freies Jüdisches Lehrhaus* a donc été pour Rosenzweig ce service qui fait sortir du livre, et de cette institution centrale du livre, du livre comme centre, qu'est l'Université ou la Science. Ce service est sans doute service de la pensée, mais bien davantage service de la Tora, laquelle « n'est pas un livre »[5]. C'est de tout autre chose qu'il s'agit dès lors. Rosenzweig accepte en août 1920 de prendre la direction de ce qui s'appelle encore la *Volkshochschule* de la communauté juive de Francfort. Il est soutenu par un petit comité auquel appartiennent notamment l'avocat Eugen Mayer, le rabbin Salzberger et Paula Nassauer, une travailleuse sociale active et appréciée. Le comité est soutenu par une personnalité communautaire francfortoise prestigieuse, le rabbin Néhémiah Nobel qui enseignera au *Lehrhaus*, sans que Rosenzweig, fort exigeant sur les modes, les contenus et même les styles d'enseignement, goûte toujours ses interventions. La communauté est hostile au projet rosenzweigien, elle y voit

1. Cf. *Directive*, p. 287 *sq.*, où est esquissée une histoire sociale et idéologique de cette tentation.
2. *Sauf le nom*, Galilée, 1993, p. 28-29.
3. Cf. p. 298.
4. Cf. *GS*, 3, p. 579.
5. Cf. p. 185.

même une « entreprise fort nocive »[1]. Elle est en effet accoutumée, en profondeur, à la forme *Volkshochschule,* c'est-à-dire à la forme « allemande » de l'enseignement juif, alors que Rosenzweig s'empresse de débaptiser l'institution. « Il fallait que cette expression insensée de *Volk* disparût », écrit-il dans sa longue lettre à Rudolf Hallo de décembre 1922. De façon explicite et répétée, il explique qu'il s'agit de construire « un *Beth Ha-Midrach* modernisé » et recommande même à son correspondant d'user de cette question du nom (« Volkshochschule » *ou* « Lehrhaus ») comme d'un « schibboleth » pour distinguer, en quelque sorte, entre les anciens et les nouveaux.

La « Libre Maison d'étude juive », appellation finalement retenue, devait donc renouer avec l'antique tradition du *Beth Ha-Midrach.* Ce mot de *midrach,* avec à sa racine le verbe *darach,* recouvre et rassemble des significations agglutinées : scruter-chercher, traduire-enseigner, pratiquer dit aussi le Livre d'Esdras (7, 10) qui, toutes ensemble, ont valeur de programme pour Rosenzweig. L'herméneutique rabbinique fait remonter cette tradition de l'étude et de la Maison d'étude bien plus loin que ses mentions explicites dans le texte biblique (le Livre d'Esdras ou encore le Siracide), jusqu'à Jacob notamment, lui qui « demeurait dans les tentes » (= étudiait) alors que son frère Esaü « chassait en courant la steppe » (Gn, 25, 27). Que signifie, pour un penseur comme Rosenzweig en 1920 en Allemagne, renouer avec la tradition et la pratique du *Beth Ha-Midrach,* soit avec cette transmission continue de Jacob à Yohanan ben Zakkaï, puis de l'époque talmudique à nos jours ? Pour l'essentiel, il s'agit alors de trouver, retrouver ou réinventer une voie, une façon de vivre, un mode d'étudier, une existence où l'observance des *mitzvot* s'inscrirait dans son sens le plus immédiat, dans cette immédiateté quotidienne qui redonnerait vie, justement, à du figé[2]. On notera que Rosenzweig et Buber, dans leur traduction de la Bible hébraïque, ne rendent pas Tora par *Gesetz,* mais par *Weisung, Lehre, Lebenslehre* – quelque chose qui, par les associations suscitées, évoque plutôt le Tao que le Joug de la Loi. Le constat rosenzweigien, très sévère sur l'état de la communauté (« nous n'avons pas d'enseignants [...], nous n'avons pas de science, pas de système d'édu-

1. *GS,* 1, II, p. 850.

2. Cf. *Il est grand temps,* cf. p. 227 *sq.* Le thème de la pétrification (que Rosenzweig partage remarquablement avec Péguy) est omniprésent dans les textes qui suivent – la pétrification étant elle-même saisie par l'instant qui ne cesse de la défaire par le renouvellement du monde, cf. p. 278, 284-286.

cation, pas de recherche... »[1]) se conclut par la désignation d'un manque, la vie, la vie absente[2].

Tenter d'en redécouvrir le fil, réanimer un judaïsme perçu à tort ou à raison comme moribond, rejudaïser les Juifs passe donc désormais par la reconstruction du rapport à l'étude, au texte, à la langue, l'invention d'une liturgie de l'enseignement oral, ce qui implique évidemment que soient établis des principes méthodologiques et pédagogiques entièrement neufs – ce à quoi s'emploie « politiquement » *Il est grand temps*[3]. Ce qui implique aussi, préalablement, que soient critiquées les impasses concurrentes et complémentaires du sionisme et de l'assimilation. Ce souci constant d'évitement *et* du différentialisme *et* de la réduction au même, ces deux modes de l'oubli juif de l'éternité juive comme le montre *l'Étoile,* ces deux types d'abdication, signent la façon rosenzweigienne de penser la situation du Juif allemand. Ne rien abandonner, ne rien renier, écrit-il, c'est-à-dire ne pas céder, quant à la double et fort lourde responsabilité contenue dans la détermination « Juif allemand », au « ou bien / ou bien » de « l'entêtement obstiné en soi (sioniste) et du déni de soi (des assimilationnistes) »[4].

L'émancipation et l'assimilation – c'est une seule double ligne – ont repris mais détourné la tradition de l'étude et de la transmission en la convertissant-transférant sur le travail intellectuel et la réussite académique, ce qui vaudrait aussi pour le judaïsme, un judaïsme désormais transformé en un simple objet de science. Telle est la pointe de la critique rosenzweigienne de la *Wissenschaft des Judentums,* finalement vouée, explique-t-il avec une férocité sue, à toujours courir après la Science, et à prendre pour « dernier cri » ce qui pour celle-ci est déjà « vieux jeu », écrit-il en français dans le texte. Ce mimétisme serait le propre de l'assimilation ou de la simulation du même, aussi impuissant que ruineux. Car au bout du compte, et ce serait sa croix si l'on peut dire, la Science du Judaïsme n'est ni allemande ni juive. La critique de « l'autre parti extrême », le courant sioniste, est principiellement aussi vigoureuse que celle de l'assimilation. Rosenzweig, faisant usage de métaphores médicales, y décèle cependant une vraie capacité à poser un diagnostic, à décrire une pathologie, mais une inaptitude foncière à prescrire un bon traitement thérapeutique. Il y voit en tout cas le péril d'une constitution artificieuse de « formes internes et externes d'exterritorialité », soit de constitution en Europe d'un très inquiétant développement séparé. Il faut s'attarder davantage sur la critique

1. *Formation sans fin*, p. 253, et également *Il est grand temps*, p. 239.

2. *Formation sans fin*, p. 253, et *Il est grand temps*, p. 245 *sq.* et 229, où Rosenzweig associe (problématiquement) « la vie » au « propre » et à l'« originaire » qu'il faudrait « traduire » ou retraduire pour surmonter le manque.

3. Cf. p. 227 dans l'exorde à Cohen.

4. *Formation sans fin*, p. 259.

de l'assimilation. Elle seule est en effet « universelle », c'est-à-dire « communautaire ». Elle emporte et engage donc le plus décisif pour ce qui concerne la « plate-forme de vie juive »[1], et en particulier le programme d'un enseignement juif entièrement rénové, soit l'apprentissage fidèle d'un savoir, non pas *du* judaïsme, mais juif ou dans-le-judaïsme, d'un *service*. L'émancipation historique, ce que Rosenzweig appelle le mode de déploiement du judaïsme dans le cadre de la communauté nationale-étatique *(völkisch)* allemande[2], a produit des formes instituées d'éducation, des lieux, des écoles, des cours « d'instruction religieuse » par exemple. Ces institutions et les pratiques qu'elles portent sont dépendantes et associées à une représentation du judaïsme comme « religion », « confession », « culture » – toutes définitions fermement récusées par Rosenzweig qui n'y voit que des délimitations contingentes, des auto-enfermements, des produits historiques confondus et transformés en « essence » du judaïsme, expression qui suscite également sa forte méfiance car elle correspond selon lui à un moment historique (au sens d'une histoire nécessairement nécrophage) où la perte de l'être est consignée à titre posthume : ci-gît l'essence du judaïsme en quelque sorte. « Aussi longtemps qu'on est, écrit-il, on ne questionne pas l'essence »[3] – ce que répétera Levinas à propos de l'identité (ces deux mots d'essence et d'identité, sous ces deux plumes, désignent d'ailleurs à peu près la même chose un peu douteuse).

Les programmes du *Lehrhaus* se fixeront comme perspective de réinsuffler un peu de cette « vie » manquante, de cette « vie » ensevelie sous une « essence » pierre tombale. Idéalement, ils ne devaient comporter, dans le contenu des enseignements, ni visée apologétique (ce qui restaurerait sur un autre plan l'entêtement national du sionisme) ni cours consacrés expressément à la relation entre le domaine juif et[4] les domaines non-juifs (où, de façon rebattue, la mauvaise universalité de l'assimilationnisme trouvait son expression la plus courante). Cet idéal rosenzweigien d'un

1. *Formation sans fin*, p. 255.

2. *Il est grand temps*, p. 246. Rosenzweig va jusqu'à reconsidérer, à la fin de ce même texte, la constitution corporative de la « juiverie » envisagée par les milieux réactionnaires et antisémites du XIXe siècle, comme un contre-point significatif, par-delà les « mauvaises intentions régressives », de l'égalité juridique formelle qui fut, tout compte fait, « d'un maigre gain ».

3. *L'essence du judaïsme*, p. 155. En bonne part, ce texte s'attache à déconstruire la notion d'essence appliquée au judaïsme, pour lui substituer l'unité de la vie, tout en laissant place cependant à un compromis politiquement nécessaire : « la masse (des Juifs) doit encore croire à une "essence" parce qu'elle ne déploie pas encore cette essence » (*weil sie noch nicht west*) », p. 161.

4. Cf. p. 240, ce « et » (« les Juifs et… ») représente pour Rosenzweig l'abdication de tout « propre » et la perte de la « communauté » dans une universalité insuffisamment articulée sur un plan théorique.

nouvel universalisme juif, « a-rabbinique » et « antighettoïque »[1] ne fut toutefois partagé que par de très proches collaborateurs, des jeunes gens la plupart du temps, souvent eux-mêmes non universitaires, non philosophes, non rabbins également, mais avocats, médecins, parfois étudiants, comme Richard Koch, Eduard Strauss, Rudolf Hallo, Rudolf Stahl ou Martin Goldner. Ils représentaient par ailleurs une assez large palette des tendances et courants du judaïsme allemand et européen d'alors. La rejudaïsation par l'étude repensée et rénovée, par la réinvention de la forme maison d'étude, allait de pair selon Rosenzweig avec une certaine pratique, souvent extra- ou à tout le moins non communautaire, de la réunification du judaïsme sans exclusive et, précisément, autour des textes, de la langue et de la pensée vivante des sources scripturaires. Au *Freies Jüdisches Lehrhaus* ont enseigné aussi bien des « hérétiques » comme Buber, des sionistes comme Nathan Birnbaum, lui-même ensuite passé à l'ultra-orthodoxie, des « libéraux », mais au-delà encore certains spécialistes au sens académique du terme (par exemple le spinozien Carl Gebhardt) qui côtoyaient, Rosenzweig y tenait beaucoup, de jeunes intellectuels comme Leo Strauss, Leo Löwenthal, Siegfried Kracauer, Erich Fromm. Espace de transition entre l'ancien et le nouveau dans la pensée, dans l'apprentissage, dans la pratique juive, la Maison d'étude abritait aussi des enseignements qui ne satisfaisaient pas, c'est le moins qu'on puisse dire, son directeur, lequel y consentait cependant pour des raisons d'intérêt ou plutôt de stratégie communautaire. Dans la lettre déjà citée à Hallo, il est très sévère, et même féroce pour les conférences du rabbin Nobel qui à ses yeux, en tentant une synthèse bâtarde entre la doctrine talmudique, la tradition mystique et Goethe, cumulaient le travers apologétique et la fausse révérence à la *Bildung*. Il faut préciser que la figure du rabbin Nobel jouissait d'une considération et d'un respect incontesté dans la communauté francfortoise, que sa stature intellectuelle était reconnue et que ses enseignements étaient fréquentés par des centaines de personnes dès l'ouverture du *Lehrhaus*. Seul Buber réunira autant de monde un peu plus tard. Les prestations de Rosenzweig, qui suscitait plus la curiosité que l'intérêt, attiraient beaucoup moins d'auditeurs (six seulement un jour dans un cours sur la *Religion de la Raison* de Cohen). Son objectif stratégique était d'attirer pour commencer et sans lésiner sur la méthode, le public bourgeois de la communauté francfortoise – public qu'il qualifie avec une pointe de mépris, toujours dans la même lettre, de « public de concert » ou de « public crêpe-de-chine »[2] – afin d'imposer progressivement mais fermement la

1. *GS*, 1, II, p. 862.

2. C'est devant ce public, pédagogiquement malmené si l'on peut dire, que se sont tenues les treize séances de la *Directive*. Rosenzweig entendait expressément « agacer » ses

forme Maison d'étude jusqu'à la faire prévaloir sur la forme *Volkshochschule* et d'ainsi faire entrer dans la pratique pédagogique ce qu'il appelle «(sa) rupture avec le mode de l'époque de la *Volksvorlesung*»[1]. La première année de fonctionnement du *Lehrhaus* le déçoit beaucoup et il se plaint très amèrement de l'inertie intellectuelle et de la passivité à peine curieuse et jamais studieuse des auditoires. Nahum Glatzer raconte qu'il lui confia même qu'il songeait à quitter Francfort pour Hambourg, plus ouverte, plus «anglaise», lui aurait-il dit. Pour mieux comprendre cette réaction – qui va d'ailleurs s'atténuer, se reprendre par la suite –, il faut revenir sur ce qui devait faire selon lui le «propre», la «manière propre» du *Lehrhaus*: «entre-questionnement» *(Zwischengefragtwerden),* «non-magistralité» *(das nicht Vortragsmässige),* «parole apprenante» *(das mehr Lehren als Reden)*[2], le tout dans un «esprit parfaitement inapologétique»[3]. Cet «esprit» en effet consisterait à allumer, par et dans l'enseignement juif, des contre-feux à ce que *l'Étoile de la Rédemption* repérait comme les dangers inhérents à la position nucléaire du judaïsme comparée à celle, irradiante, du christianisme: «Dans la mesure où il disperse ses rayons au-dehors, le christianisme court le risque de se volatiliser dans des rayons particuliers, très éloignés du noyau divin de la vérité. Le judaïsme qui se consume au-dedans court le risque de rassembler sa chaleur en son propre sein...Dans le christianisme, les dangers avaient nom: spiritualisation de Dieu, humanisation de Dieu, mondanisation de Dieu; ici [pour le judaïsme] ils s'appellent dénégation du monde, mépris du monde, étouffement du monde»[4]. Le *Lehrhaus* avait pour office précis d'aider à retrouver un juste rapport au monde qui ne soit ni dans le déni de son altérité (apologétique) ni dans l'engloutissement dans sa mondanité (assimilation).

Comment, sur quelles bases, ce «*Lernen* nouveau»[5] est-il envisagé par Rosenzweig? Il faut d'abord remarquer que l'auteur de *l'Étoile* a assez continûment manifesté un intérêt philosophico-culturel pour les questions d'éducation, de pédagogie et de contenus des disciplines enseignées. Il a conçu, par exemple, en 1916 un véritable projet de réforme du système scolaire allemand, *Volksschule und Reichsschule*[6], animé d'un esprit

auditeurs «idéalistes» en prônant, contre la philosophie et sa pratique du «au fond» (transfert de l'effectivité sur une pseudo-essence), une pensée du «bon sens», une sorte de maïeutique de la rudesse, cf. p. 271.

1. Soit avec le mode magistral et scolaire de la conférence en chaire (*GS*, 1, II, p. 865).

2. *GS*, 1, II, p. 866.

3. Cf. p. 299.

4. *L'Étoile*..., p. 479-480.

5. Cf. p. 263 *sq.*

6. *GS*, 3, p. 371-411. Dans le cercle rosenzweigien, ce texte était appelé le «*Putzianum*» car il fut suscité par des réflexions du cousin Victor Ehrenberg, dit «Putzi».

quelque peu humboldtien, européen et antinationaliste. Un an plus tard, en 1917, depuis la Macédoine où il fait la guerre, il rédige ce qu'il nomme lui-même le « contre-point juif » à ce projet. Le titre donné à ce texte, « Il est grand temps »[1], indique explicitement une situation d'urgence et de déshérence. Il se rapporte au verset 126 du Psaume 119, l'un des plus beaux sur l'amour de la loi : « Il est temps d'agir pour le Seigneur : ils ont violé sa loi ». On ne saurait être plus tranché. Au-delà du constat déjà, ou à nouveau, dressé dans ces pages (tarissement de l'étude, affadissement de la transmission en « culture », alignement des formes d'enseignement et de culte sur le modèle de la *Bildung* et du Temple protestant, constitution d'un savoir de qui ne peut plus être éprouvé comme pratique dans quoi des existences s'engagent, etc.), la question rosenzweigienne du renouement « modernisé » avec le *Beth ha-Midrach* s'articule et se déploie autour de ce qui peut apparaître comme un principe pédagogique général mais qui engage cette pratique si essentielle d'un savoir parlé, extra-livresque, « vécu » pourrait-on dire aussi [2], où justement viendrait s'inscrire dans une forme semi-institutionnelle l'au-delà du texte de *l'Étoile* ou de la *Nouvelle Pensée*.

Ce principe, si simple en apparence et si difficile à appliquer de façon vivante, c'est l'oralité dialogique du rapport enseignant/enseigné, comme nous dirions. Pour être vivant précisément (ce qui ne peut évidemment valoir que dans le cadre strict du *Lehrhaus)*, sa pratique devra défaire la fixité des places, laquelle, dans la séquence temporelle comme dans la disposition spatiale, serait consubstantielle à la forme établie d'un savoir clos et immobile qui n'appellerait qu'à sa transmission passive, à une diffusion univoque de qui sait à qui a à savoir. « Pour nous », écrit Rosenzweig[3], c'est-à-dire dans le judaïsme, « le savoir s'égale à enseigner et être enseigné », à apprendre au double sens, selon une double directionnalité. Dans une lettre à son cousin Hans Ehrenberg, converti en 1911, il explique : « L'apprendre juif *(das jüdische Lernen)* n'est aucunement une théologie [au sens littéral d'une logique du dieu, ou d'un discours sur la divinité]. Dans sa signification, il correspond à peu près pour nous à ce qu'est pour vous un *sacrement* »[4]. Dans cet esprit (qui a inspiré dès les années 1930 et jusqu'à ce jour toute une série d'institutions de ce type), un institut d'études juives n'est certainement pas un lieu où se dispensent par des spécialistes des enseignements spécialisés *sur* le judaïsme, mais un ou des lieux où la « pensée parlante » devient effective dans l'échange

1. Cf. p. 227.
2. Au sens que confère Rosenweig à ce terme lorsqu'il en use en l'orthographiant *er-leben* (ce qui vivifie en étant vécu), voir note 7, p. 294.
3. *GS*, 3, p. 579.
4. *GS*, 1, II, p. 728.

enseignant, où elle s'effectue dans l'intersubjectivité. L'interruption, l'entrequestionnement, l'indistinction relative du maître et de l'élève, l'interdépendance pédagogique produite par la nécessaire « réciprocité » de principe[1] emportent le suspens momentané et répété d'un dispositif didactique convenu, sans doute indispensable mais déterminé, donc muable. Cette fluidité, cette plasticité assureraient le possible retour à ce savoir juif, comme service-dans-le-judaïsme. Le judaïsme n'y est nullement un objet constitué comme dans les *Volkshochschulen* juives ou, aussi bien, dans les facultés de théologie catholique ou protestante. Il est, c'est le mot de Rosenzweig, « une méthode ». Dans une autre lettre au même cousin Ehrenberg, il écrit en effet : « Je ne suis pas plus spécialiste de choses juives que Max Weber. L'élément juif *(das Jüdische)* est ma méthode, pas mon objet »[2]. Par vocation, le *Lehrhaus* ne sera donc pas une simple académie où se diffuserait une « pensée sur le judaïsme », même du meilleur aloi, wébérien par exemple, mais une « pensée dans le judaïsme ». Le judaïsme, ou plutôt *das Jüdische,* c'est-à-dire un panjudaïsme élémental, est de plus en plus (l'organisation des enseignements du *Lehrhaus* semble souvent l'attester) un « *-sein* » et de moins en moins un « *-tum* », un être et non pas un « isme »[3]. Non pas, bien sûr, l'être nu et sans qualités des ontologies mais une expérience de l'être-toujours-déjà déterminé et éprouvé, *Judesein,* comme dit et écrit de plus en plus Rosenzweig, être-Juif. Il établit ainsi, dans ce même texte, une stricte équation entre cette « pensée-dans-le-judaïsme » et « l'apprendre ». Le judaïsme comme méthode est donc essentiellement un apprendre.

La forme *Beth Ha-Midrach* devra donc tendre à ressourcer le judaïsme dans l'échange polymorphe de la parole enseignante et de la parole enseignée, dans l'interruption, de quelque façon mise en dispositif, d'une dispensation d'un savoir positif par une prise ou une reprise questionnante, une sorte de retournement, du côté des enseignés supposés purs récepteurs, de leurs questions en questions qui enseigneraient l'enseignant et ne feraient pas que le renseigner sur l'état physique d'une masse. Rosenzweig multiplie les expressions qui ont pour but de surinsister sur ce *change* (*schülerhafte Lehrer*, jeux sur les participes *gelehrt* et *gelernt,* qualification

1. Cf. p. 298.

2. *GS*, 1, II, p. 720. Cf. la *Directive*, p. 269, où Rosenzweig explique à des auditeurs sans doute décontenancés qu'on n'apprendra rien, dans ses cours, sur les « penseurs juifs » mais qu'il s'agit de tenter de « penser juif », ce qui est une tout autre chose.

3. Cf. *Pensée apologétique*, p. 204, et les passages de la *Directive* où Rosenzweig expose la logique idéaliste qui préside à la genèse des « -ismes » à quoi il oppose très radicalement une pensée de la nomination, de la parole (*Wort*) et de la réponse (*Ant-wort*). « Juif » (c'est l'un des trois exemples qu'il donne avec « Elsa » ou « Allemagne ») nomme ainsi une singularité appelée.

du statut de cet enseignant d'un nouveau type comme *Meisterschüler* et *Schülermeister,* etc.)[1]. Pour battre en brèche la prédominance des conférences et des cours magistraux, impossible à neutraliser complètement car elle répond aux attentes du public « crêpe-de-chine », sont mis en place des groupes de travail, des groupes d'interventions parlées multiformes, auxquels les enseignants doivent participer comme étudiants. Tout ceci est comme ramassé dans une petite annotation de 1922[2] où le judaïsme presque en son entier est ressaisi en son cœur, lequel est dit « éthique de l'enseignant enseigné », *Lehr- und Lern-Ethik.* Dans cette qualification rosenzweigienne du *judaïsme comme méthode* et du *savoir juif comme enseignement,* il y a certainement une entente singulière, mais extraordinairement fidèle au jaillissement originel de son sens, du fameux *naassé venichma,* « nous ferons puis nous entendrons » (Ex., 24, 7). L'entendement ou l'intellection dans la forme d'un savoir ne peut que suivre un « faire » qui consiste, en l'occurrence, en une oralité studieuse et partagée autour d'un texte, de sa lecture, de son commentaire[3]. Commencer par faire exiger impérieusement que soit repensé, dans la réinvention d'une maison d'étude, non seulement les contenus, non seulement la forme des enseignements, non seulement le rapport avec les publics, etc., mais surtout les modalités dialogales, existentielles, d'une présence du judaïsme à tous les présents assistant à un enseignement interprétant, d'une coprésence attestée dans la vérité d'une parole échangée, dans l'unité d'un temps et d'un espace parlé sous la dissémination des lieux effectifs où se dispensent les cours. Telle est d'ailleurs la caractérisation la plus constante et la plus claire du *Lehrhaus* fournie par Rosenzweig. Qui veut aider le judaïsme à revenir à soi, écrit-il (et c'est l'office, on le sait, de la Maison d'étude), ne peut que mettre à disposition des « formes vides », espace et temps, où quelque chose peut effectivement advenir. Ce qui peut être mis à disposition n'est « vraiment rien d'autre que ceci : un lieu de parole, un temps de parole. C'est la seule chose qu'on puisse, par avance, “organiser”. En somme très peu »[4]. Ce très peu lui-même ne fut pas si facile à mettre en place et Rosenzweig, dans les derniers temps de son enseignement, avant d'être absolument empêché par la maladie, finira dans la situation très contrariante d'un enseignant monologueur.

Lorsqu'il en propose une description plus théorique, il relie en une constellation très significative des concepts qui sont l'exact contre-

1. Cf. p. 298.

2. *Foi et savoir. Autour de* L'Étoile de la Rédemption, Paris, Vrin, 2001, p. 254.

3. Dans l'échafaudage des cours du *Lehrhaus* comme dans le projet de réforme d'*Il est grand temps*, Rosenzweig donne une priorité absolue à la connaissance de l'hébreu et, par elle, des sources scripturaires.

4. Cf. p. 259.

point d'une autre chaîne (savoir / culture / concept / système / enseignement académique, etc.). On se contentera ici d'en signaler partiellement le réseau : la « mise à disposition » sert la *disponibilité* active de ceux qui en bénéficient; celle-ci construit peu à peu une *confiance*[1], un être-prêt accueillant une parole apprenante, et permet donc une *ouverture,* c'est-à-dire un questionnement à... et, du coup, un contre-questionnement de celui qui questionne; ce mouvement dialogal exige à son tour une nouvelle ouverture, soit une *publicité* absolument nécessaire et à la production d'un savoir nouveau, et à l'émergence, dans l'organisation de ce change, de nouveaux maîtres. *Formation sans fin* répète en quelques lignes condensées[2] tout ceci, qui répond exactement à ce que Rosenzweig appelle la vie, cette *vie vivante,* cette *Lebendigkeit* qui fait selon lui cruellement défaut au judaïsme allemand, ou européen. Il ne suffit pas que l'enseignant qui enseigne au *Lehrhaus* « sache », ni même qu'il « sache enseigner ». Il faut qu'il sache aussi faire tout autre chose, qu'il sache « désirer ». Dans la même salle (*Sprechzimmer*: lieu de parole) et dans le même cours (*Sprechstunde* : heure ou temps de parole) où se trouvent les élèves seront aussi découverts les maîtres. Peut-être le même sera-t-il reconnu dans le même cours comme maître et comme élève. C'est lorsque cela adviendra qu'il est sûr qu'il s'avérera comme un bon maître. Le préalable, c'est que l'espace de parole (*Sprechraum* = le lieu d'enseignement) soit un seul et même espace [idéalement: toute la Maison d'étude]. Le cours doit être public (= ouvert: *öffentlich).* Qui entre, attend dans le *Sprechraum.* Il attend jusqu'à ce que vienne l'instant, où il parle à son tour. Le cours devient alors entretien, parole.... Cette chronotopographie de la parole enseignante requiert évidemment bien des dispositions matérielles et immatérielles favorisant le change, change quasi civilisationnel, de l'Académie au *Beth ha-Midrach,* d'Athènes à Jérusalem, de Jérusalem dans Athènes. On a presque à faire à l'invention d'une scénographie de l'ouverture, de la liberté et de la réciprocité, facile et utopique à la fois, et finalement en bonne part impratiquée à Francfort. Un commentateur avisé de Rosenzweig va jusqu'à en comparer la structure à la forme brechtienne de la pièce didactique, du *Lehrstück,* qui entendait aussi enseigner, si possible sans endoctriner, en ouvrant la scène au public et échanger les rôles et les places des acteurs et des spectateurs[3]. La comparaison, même si elle trouve assez vite sa limite, paraît intéressante dans la mesure où elle

1. Rosenzweig ne cesse d'opposer cette confiance à la « défiance » (par rapport à la langue, au soi du sujet, à la vie, etc.) qui caractérise foncièrement la logique idéaliste, cf. par exemple, p. 276.

2. Cf. p. 260.

3. W. Schivelbusch, « Das Freie Jüdische Lehrhaus » in *Intellektuellendämmerung. Zur Lage der Frankfurter Intelligenz in den 20er Jahren*, Francfort, 1985, p. 43.

resitue le projet rosenzweigien dans le cadre plus général des avant-gardes intellectuelles allemandes des années 1920. Le *Freies Jüdisches Lehrhaus* fut sans doute, sous certains aspects, l'École de Francfort du judaïsme allemand.

La Maison d'étude aura donc été, on le disait en commençant, l'œuvre, l'ouvrage vivant, d'une pensée se mettant elle-même à l'épreuve de son effectivité. On conclura, moins circulairement qu'il n'y paraît, en rappelant brièvement à quel point le « nouvel apprendre » n'est rien que la « nouvelle pensée » considérée sous un angle plus particulier. Cette nouvelle pensée est un *Sprachdenken,* une « pensée parlante ». Cette thèse irrigue, on le devine, l'ensemble de ce qui précède. Comme l'enseignement oral au livre, le grammatologique au logique, la sonorité langagière au mutisme de l'abstraction, la pensée parlante s'oppose à la pensée pensante sur deux points au moins que relève expressément *La nouvelle pensée* : le besoin d'un autre et la contrainte du temps, ce qui est tout un, car le rapport à autrui est une expérience diachronique au sens de Levinas. Le temps de l'autre, si je le prends vraiment au sérieux comme dit Rosenzweig, vient bouleverser et faire effraction dans ma propre intériorité recluse. Or penser, dans le sens de la métaphysique essentialiste refusée par l'*Étoile* sous la catégorie générique d'« idéalisme », c'est penser pour personne en particulier, pour aucun autre, et ne parler à personne, à aucun autre en particulier – ce qui est ici nommé « personne » étant l'appellation triviale de ce que les philosophes appellent universel ou universalité. Parler au contraire, parler et entendre parler bien sûr, c'est forcément le faire à et pour quelqu'un, un « quelqu'un qui est toujours un quelqu'un entièrement déterminé, qui n'a pas simplement des oreilles, comme l'universalité, mais aussi une bouche »[1]. Une pensée parlante serait donc une pensée capable d'inventer un modèle inédit d'universalité fondé non plus sur l'abstraction impersonnelle du concept, mais sur l'expérience du nom. Le concept se rapportera toujours à mon propre concevoir solitaire, ce que je saisis par la saisie conceptuelle. Le nom devra se nommer. Du concept, j'irai au jugement (éventuellement au jugement sur le concept). Du nom, j'irai au mot, au mot parlé, entendu, répété, retourné[2].

La nouvelle pensée, la pensée parlante, ou encore expériençante, fait constamment effort pour retrouver dans le travail même de la pensée l'expérience d'autrui, du temps et de l'existence. Il va de soi qu'il ne suffit pas de parler pour cela. C'est de pensée qu'il s'agit, mais, désormais, d'une « pensée de l'occasion qui se présente »[3]. Je peux très bien parler comme un

1. *Foi et savoir ...*, éd. cit., p. 158-159.
2. Cf. *Directive*, p. 273-274.
3. Cf. *Pensée apologétique*, p. 203.

livre, par concepts sonorisés si l'on peut dire, par paroles gelées. C'est exactement ce qui se passe dans la *Vorlesung*, le cours *ex cathedra,* la forme magistrale, la seule qui soit d'ailleurs conforme à l'essence même du concept, à son « mode » et à son « époque ». L'« idéalisme » radiographié dans la première partie de *l'Étoile* qualifie la tendance dominante de la philosophie occidentale à transformer tout ce qu'elle touche en idées, aussi bien au sens trivial qu'au sens technique du terme. Il cherchera donc à l'arrière du monde, ou sous son apparence, son *Eigentlichkeit*, ce que le monde est, en propre, au fond, son essence donc[1]. Ce savoir de l'essence des choses que le philosophe prétend détenir ne peut se divulguer ou se prodiguer que d'en haut, même si les formes de cette maîtrise sont variables, depuis la position magistrale de celui qui sait et qui fait sa leçon à ceux qui ne savent pas et qui reçoivent. De fait, cet anti-modèle négatif ne cesse de faire référence ou contre-référence dans ce que dit et écrit Rosenzweig à propos du *Freies Jüdisches Lehrhaus,* lequel est censé y faire pièce en mobilisant la pensée parlante dans un nouvel apprendre. Que le savoir juif tienne dans cette éthique de la parole enseignante-enseignée, voilà ce qui rend urgent pour Rosenzweig que soit tout à la fois pensée une nouvelle pensée, « juive », et pratiqué un nouvel apprendre, « juif ».

Gérard BENSUSSAN

1. Cf. *Directive*, p. 269 *sq*. Je tiens ici à remercier mes amis Doris Weiss et Norbert Essmann pour les lumières qu'ils ont apportées à quelques passages obscurs des notes de cours et conférences de Rosenzweig.

SOURCES
(selon l'ordre chronologique)

Théologie athée

Le texte fut écrit au début de l'année 1914 à Cassel, à l'instigation de Martin Buber, pour le deuxième volume d'annales « Sur le judaïsme ». L'article fut refusé parce qu'il s'attaquait vigoureusement, sans le nommer, à ce que Martin Buber avait exposé dans ses *Discours sur le judaïsme*. Par ailleurs, ce volume d'annales n'a pas non plus vu le jour. Le texte fut repris dans les *Kleinere Schriften*, 1937.

Il est grand temps...

Écrit au début 1917 en Macédoine, le texte est paru dans la maison d'éditions des *Neuen jüdischen Monatshefte*, fin 1917; la deuxième édition est parue au printemps 1918 (repris dans *Zweistromland* en 1926, et, en 1937, dans les *Kleinere Schriften*). Dans une lettre à Hans Ehrenberg du 10 mai 1917, Rosenzweig montre que ce programme visait directement la pratique : « Donnez moi 10 jeunes Juifs et 11 chaises ! ».

Globus

La première partie de l'essai, « Œukoumène. Sur l'histoire du monde historique » a été écrite en janvier 1917. En décembre de la même année, Rosenzweig écrivit le pendant de cette première partie, ses considérations sur la politique maritime : « Thalatta. Hégémonie maritime et liberté des mers ». Ces deux parties furent rassemblées tout d'abord sous le titre « Sphaïra », puis sous le titre « Globus ». L'ensemble n'a jamais été publié.

Cette édition se fonde sur les documents suivants :

– « Œukoumène » : outre un dactylogramme, 146 pages d'une photocopie du manuscrit corrigé de la main de Rosenzweig (copie au net avec intertitres dans la marge), ainsi que 132 pages doubles de la photocopie d'un premier brouillon au crayon qu'on a pu consulter pour écarter certaines lectures douteuses ;

– « Thalatta » : un dactylogramme parfois corrigé à la main auquel on a pu comparer trente pages de la photocopie d'un brouillon manuscrit, qui, manifestement, fut modifié par la suite.

Le fait que Rosenzweig était particulièrement satisfait de ce texte est attesté surtout par une lettre à Eugène Rosenstock (11 mars 1917). Par la suite, dans un passage de son Journal, en date du 9 juin 1922 et qui fait figure de testament, il destine « Globus » à être publié.

Vox Dei ?

Écrit en 1917 en Macédoine. Une première partie générale fut publiée dans les *Kleinere Schriften* en 1937. Le texte donné ici est la version intégrale.

Monarchie, république et évolution

Écrit en 1917 en Macédoine, ce fragment a été rédigé sur des cartes postales de l'armée.

Cannes et Gorlice

Écrit en décembre 1917. L'abondance des corrections manuscrites faites par Rosenzweig sur son texte manuscrit montre qu'il avait l'intention de le publier.

L'essence du judaïsme

Ébauche d'une conférence tenue à Cassel en décembre 1919.

L'esprit et les époques de l'histoire juive

Conférence donnée à l'automne 1919 devant la société « Humanité » de Cassel.

La deuxième partie, abrégée, parut dans l'almanach des éditions Schocken de l'année 5698 (1937/1938), et l'ensemble du texte fut repris dans les *Kleinere Schriften.*

Le Juif dans l'État

Esquisse d'une conférence donnée à Cassel, en décembre 1920, devant l'Union de la jeunesse. La présente édition a été établie à partir d'un dactylogramme, faute de disposer d'un original.

L'homme juif

Esquisse d'une première série de cours à la Libre Maison d'étude juive, d'octobre à décembre 1920. Le texte n'avait jusqu'à présent pas été publié. La présente édition s'appuie sur une copie dactylographiée de l'original qui n'était pas accessible.

Formation sans fin

Écrit à Kassel, au début 1920. Ce texte a d'abord été publié au printemps 1920 (Francfort/M., J. Kaufmann) avant d'être repris dans *Zweistromland*, en 1926, et dans les *Kleinere Schriften*, en 1937. Il s'agit d'une esquisse programmatique pour la Libre Maison d'étude juive de Francfort.

Un Lernen *nouveau*

Esquisse, écrite en 1920, du discours d'inauguration de la Libre Maison d'étude juive de Francfort (le 17 octobre 1920). Le texte fut publié dans l'almanach des éditions Schocken de l'année 5695 (1934/1935), et repris dans les *Kleinere Schriften*, en 1937 (à cette occasion, les responsables de l'édition lui donnèrent son titre actuel).

Directive pour la pensée juive

Ébauche d'une série de conférences à la Libre Maison d'étude juive de Francfort de janvier à mars 1921. L'Almanach Schocken a donné quelques extraits de ce cycle de conférences en 1938-1939, sous le titre « Fragments posthumes ».

Pensée apologétique

Le texte fut écrit au début de l'été 1923 à Francfort. Il est paru dans la revue *Der Jude*, juillet-août 1923, avant d'être repris dans *Zweistromland*, en 1926 et dans les *Kleinere Schriften*, 1937.

Les bâtisseurs

Écrit durant l'été 1923 à Francfort, le texte a paru dans *Der Jude*, août 1924, puis en brochure aux éditions Philo-Verlag, 1925 (repris dans *Zweistromland*, 1926, et dans *Kleinere Schriften*, 1937).

La Libre Maison d'étude juive

Écrit au début de 1925, c'est l'article introductif des feuilles de la Libre Maison d'étude juive, projetées mais jamais réalisées. Le texte est paru dans les *Kleinere Schriften* en 1937.

PREMIÈRE PARTIE

GUERRE ET POLITIQUE

GLOBUS

ÉTUDES SUR LA THÉORIE DE L'ESPACE DANS L'HISTOIRE UNIVERSELLE

INTRODUCTION

Le premier homme qui borna une partie du sol terrestre pour en faire sa propriété et celle des siens, inaugura l'histoire universelle. Car, en disant cela est mien, il ne faisait pas seulement du sien le sien, il faisait de tout le reste le leur de tous les autres : avec le mien, il créait le tien et le sien. Avec le tracé de la première frontière, l'humanité prit possession de la terre. Toute l'histoire universelle n'est que le prolongement de cette première frontière, n'est que l'empiètement permanent du mien, du tien et du sien, la formation toujours plus prégnante des relations *je* et *tu*, à partir du chaos indifférencié du *ça*. De même que le premier *je* limité et son extension également limitée en un premier *nous* décrivent le premier moment de l'histoire, de même le dernier *nous* sans limite et son approfondissement tout aussi illimité jusqu'au dernier *je* en sont l'ultime phase. C'est entre ce matin et ce soir que les frontières se meuvent sur le sol, et elles répondent à qui s'interroge en lui indiquant à quelle hauteur se situe le soleil au ciel de l'histoire.

Ainsi la Terre est-elle destinée par la Création à être de tout temps couverte de frontières. Être délimitée par des frontières est sa nature, l'absence de toute frontière n'est que sa fin dernière. Mais il en va ici comme des fins dernières de l'histoire qui ont leur soubassement ferme et sûr dans les objets de la nature. L'absence de frontière qui reste la fin dernière de la Terre est le propre de la mer, dès le commencement. Avec la mer, la nature offre à l'homme l'image de l'unité, dont il doit imprégner la terre par le rude travail qu'accomplit, jour après jour, l'histoire universelle. Rien qu'une image. Car l'unité de la mer infertile n'est pas l'unité mouvante du lieu où réside l'humanité dernière. Mais une image tout de même. Et tant que luira un éclat de cette image, il sera impossible à l'homme de se vouer, satisfait, à une terre aux frontières durables, et de se confiner dans le mien; de la mer émane sans cesse un éclat rayonnant qui enchante d'un dehors inconnu son âme prête à s'endormir. Éternellement réveillé et poussé de son ici vers un ailleurs, il continue de garder, dans ce qu'il possède, le souvenir de ce qui n'est pas possédé, il ne désapprend donc pas à désirer.

Ainsi, dans les deux cas, sur terre et sur mer, l'unité du globe terrestre est la force motrice du devenir historique. Sur mer, c'est patent dès le commencement. Sur terre, c'est subrepticement, et même lorsque cette unité est pressentie, elle n'échappe pas au doute de l'incrédulité. La réflexion sur cette première unité doit remonter au plus ancien souvenir de l'humanité. Elle conduit d'une image du monde à une autre, et c'est seulement dans les transitions de l'une à l'autre qu'ont lieu les grandes découvertes de la terre. La réflexion sur l'autre unité ne peut intervenir qu'au moment où le pressentiment des prophètes s'allie à la réalité de l'Empire, et où, pour la première fois, le monde s'offre, pour les hommes de bonne volonté, à la réalisation de cette volonté. La réflexion se développe alors d'une action mondiale à une autre, et c'est seulement dans les grands tournants qu'on rencontre les idées qui préfigurent un monde. Ces deux réflexions doivent s'arrêter lorsque l'ombre du cadran solaire indique aujourd'hui. Lire l'heure reste la dernière chose qu'elles sont en droit de tenter, tout comme le besoin de le faire fut, je l'avoue, la première chose qui les a déclenchées.

L'Œcoumène
L'État mondial et le monde des États

Monde

Je ne sais pas si la guerre actuelle sera encore décrite par nos arrière-petits enfants comme les contemporains de son éruption l'ont décrite : une guerre mondiale. De grandes portions du globe terrestre demeurent encore extérieures à la zone de feu : le monde américain n'y prend part que de façon médiate, et de façon superficielle le monde de l'est asiatique. De même, les forces qui s'y mesurent sont encore exclusivement originaires de la vieille Europe. Il est vrai néanmoins que les enjeux de la lutte ont une extension qu'ils n'eurent jamais auparavant. Si ce ne sont les forces en présence, leurs fins du moins justifient certainement le qualificatif de la guerre actuelle. Il semble donc qu'elle soit, du point de vue de l'histoire universelle, une transition qui conduit d'une époque européenne révolue vers une époque planétaire à venir. Ainsi se trouve justifié le regard rétrospectif porté sur les conditions d'élaboration de la scène où se déroulent les événements dont nous sommes les témoins. Car dans la vie intérieure des États, pris un à un, ou dans leur vie extérieure, prise en totalité, le moteur premier et le plus décisif de tout ce qui arrive, c'est la frontière, la scène. Ce que nous appelons histoire universelle n'est rien d'autre que la transformation de la terre en un espace historique fermé, un « monde ». Chaque époque a son concept de monde, d'« œcoumène », quand bien même, par moments, ce concept ne circonscrit qu'un espace restreint qu'on embrasse d'un coup d'œil, quand bien même il se fût maintenu jusqu'à l'époque de l'empereur Auguste, avant de s'éveiller, justement dans le mot « œcoumène », à la conscience de soi historique.

ORIGINES

Ce n'est pas comme un tout que l'empire d'Auguste, pénétré et vaincu par le christianisme dans les premiers siècles de notre ère, est devenu la scène des événements à venir. Ce n'est pas par une transmission héréditaire directe que le monde d'aujourd'hui en est issu. La circonférence de l'œcoumène qui, dès le commencement, embrassa deux mondes séparés, le monde hellénistique d'Alexandre, héritier des empires et des prétentions à la domination de l'Orient antique, et le monde romain des Scipions et des Césars, héritier de la domination de Carthage – ce cercle fut rompu. Sur les deux moitiés de l'Empire, la vague germanique déferla, mais c'est seulement la moitié occidentale qu'elle submergea. Elle se brisa sur le trône de Justinien. C'est le fait majeur qui fonde toute l'histoire ultérieure : c'est seulement sur le sol de l'Empire d'Occident que se produisit le mariage infiniment fructueux entre l'empire des Césars christianisé et les peuples et royautés nationales des Germains. À l'est, l'œuvre de Constantin resta intacte, durant un bon millénaire, mais dépourvue de force génératrice. Avoir les Francs comme amis, mais de préférence pas comme voisins, était une maxime d'État. À l'ouest, Charles[1], roi des Francs, entra dans des relations d'étroit voisinage avec la puissance spirituelle qui s'était emparée

1. Charlemagne (742-814) qui fut couronné Empereur d'Occident, en l'an 800.

du trône déserté des Césars. Le pape et l'empereur, la chrétienté et la germanité partagèrent désormais le *nomen romanum*.

L'EMPIRE, L'ÉGLISE ET LES NATIONS

Le *limes* écossais, l'Elbe, l'Adriatique formèrent, à partir de cet instant et pour longtemps, les frontières de ce monde. Au sud-est, il se tint provisoirement sous la protection de l'Empire de Constantinople qui, en même temps qu'il défendait sa propre existence contre les nouvelles formations d'Asie, faisait office de rempart au profit du monde romain-germanique qui se trouvait sur ses arrières. Alors que la nouvelle vague asiatique pensait rencontrer, à l'angle sud-ouest du bastion de ce monde, une moindre résistance, la puissance impériale des Francs se mit elle-même en travers de son chemin, et elle s'opposa à son assaut en créant la marche espagnole. De la même façon, sur son flanc oriental ouvert, l'Empire repoussa aussi ses limites, avec lenteur et persévérance, le long du Danube et jusqu'aux rives de la Baltique. La marche autrichienne prit naissance avec les seigneuries slaves et hongroises qui se tenaient aux avant-postes et se convertirent aux mœurs occidentales, ainsi que les marches de Haute-Saxe et du Brandebourg, avec le vaste domaine contrôlé par les Chevaliers teutoniques prussiens. Toutes ces marches sont l'œuvre accomplie par l'Empire que fonda Charles. Mais alors que la couronne de Charles passait en Allemagne et que la force des tribus allemandes se consumait pour moitié dans la consolidation des frontières ouvertes de l'Europe, pour le reste, dans des luttes pour le concept d'Imperium, avec le co-héritier historique de ce concept, un espace s'ouvrit, entre l'empereur et le pape, pour une troisième puissance en Europe. Les forces propres des nations, autrefois réduites au silence par la puissance effective de l'empire romain, puis encore étouffées par l'ombre de cet empire, se firent pleinement jour. Elles trouvèrent leur scène à l'ouest de l'Europe occidentale, dans cette région protégée de l'extérieur par le rempart que lui faisaient les massifs de l'Empire. Ainsi est-ce, dans une certaine mesure, sous le coupe-vent du pape et de l'empereur, que les nations occidentales ont pu se développer, en luttant pour s'approprier le sol français. Lorsque, au milieu du XVe siècle, l'Angleterre dut quitter ce sol, ce retrait eut pour conséquence deux présupposés de l'avenir : une nation anglaise, insulaire et « isolée », une nation française engagée dans des « connexions » continentales. Elles furent les deux premières, dans le monde romain-germanique, à constituer des formations totalement débarrassées de toute visée supra-nationale, les deux premières à n'être plus subordonnées à de telles aspirations. L'Angleterre, sur son île, fut tout d'abord poussée à la périphérie des événements, tandis que la puissance française se tenait au centre de la scène européenne. Le destin de l'empire devint tributaire de la façon dont il se confronterait à ce premier royaume indépendant en Europe. Et le destin de la papauté tint au fait que l'empire avait désormais un autre rival. Car c'est une loi du devenir historique qu'un ensemble d'oppositions intriquées se fondent en une guerre pure et simple. Vouloir être le troisième signifie se mettre soi-même hors du circuit des événements historiques. Ici ne vaut que celui qui constitue un parti. Il est significatif que, dans le monde romain-germanique, ce soit uniquement à l'occasion de ce problème que l'idée césaro-papiste put d'abord voir le jour. Charles-Quint a su concevoir cette idée à laquelle, à l'époque des combats les plus violents, aucun Hohenstaufen[1] n'avait songé : poser soi-même sur sa propre tête la triple couronne. À ce double destin qui intervint dès l'enfance de l'Europe au XVIe siècle – le retrait de la puissance de l'Église hors de l'histoire et l'entrée de la nationalité dans l'histoire – il faut ajouter encore deux déterminations contemporaines et d'ordre extérieur : avec la chute de l'empire romain d'Orient, la frontière sud-est de l'empire se trouva exposée à une menace très lourde ; c'est alors que, pour la première fois, toute la violence du choc, jusqu'alors amorti par la puissance de l'empire romain d'Orient, s'abattit sur les forces sud-orientales de l'Empire. Et c'est également à cette même époque que le regard de l'Europe se tourna, au-delà des mers, vers des contrées dont l'avenir était imprévisible.

EMPEREUR ET ROI

Sous le règne de Charles-Quint, ces destins et ces déterminations se précipitèrent tous ensemble. Avec l'Espagne, son empire se chargea des perspectives atlantiques ; avec l'Autriche et la Hongrie, de l'armée turque ; avec les Flandres et les prétentions de l'Espagne comme de l'empire sur l'Italie, de l'opposition à la France. Le double grand mouvement européen – Renaissance et Réforme – s'est développé dans le même cadre déterminant. Pour ces deux courants, Charles-Quint fut « l'homme fatal ». Son opposition fit abandonner à la Réforme son orientation première, celle d'une rénovation générale de l'Église, pour la contraindre à s'orienter vers une Église particulière, d'abord territoriale, avant de devenir directement individualiste. La Renaissance, elle aussi, complétant ce mouvement de réforme, fut contrainte à quitter son orientation originellement individualiste, pour devenir la « contre-réforme », la force motrice d'une nouvelle formation publique, et la créatrice de l'État moderne. L'empire de

1. Famille qui donna à l'Allemagne plusieurs empereurs : Frédéric Ier Barberousse, Henri VI, Philippe Ier de Souabe, Frédéric II, Conrad IV et Conrad V qui fut le dernier. La chute des Hohenstaufen en 1254 entraîna le Grand Interrègne (1254-1273).

Charles-Quint, lui-même, représente la première tentative (qui, du point de vue d'une *Realpolitik* en quelque sorte, était pleine de promesses) de réaliser l'idéal médiéval d'une communauté européenne hiérocratique en rassemblant, entre les mains d'un seul, toutes les marches de l'Europe, à l'est et au sud, contre l'Islam, et, avec elles, les nouvelles possibilités d'extension au-delà des mers. Et l'ennemi auquel il se trouva confronté, au lieu d'être un « rival » spirituel, la papauté, fut, au contraire, un « rebelle », le royaume français. Aucun empereur médiéval n'a autant tenu le pape en son pouvoir que celui qui accorda sa protection au « meilleur des Allemands », Martin Luther. D'un autre côté, aucune politique jusqu'alors n'avait rejeté de façon aussi essentielle et résolue, l'idée d'une communauté occidentalo-chrétienne que celle de François Ier, lorsque, en 1535, il conclut une alliance avec le sultan[1]. C'est en s'opposant au dernier empire qui prétendait faire valoir le concept de monde hérité du Moyen-Âge, que surgit le premier royaume voué à réaliser, en grand style, le concept d'État propre à une époque nouvelle.

France, Espagne, Angleterre

La France de François Ier, bien au-delà de ce qu'il pouvait lui-même souhaiter, est incontestablement associée, ne serait-ce que par cette opposition historique où elle s'est mobilisée, à toutes les puissances de l'avenir. En Allemagne, elle aide l'État érigé sur une base régionale à s'opposer à la suprématie de l'empire hispano-autrichien. Alors même que chez elle, on brûle les hérétiques, elle assure un avenir à la doctrine de Luther. Elle parvient aussi à ne pas se fermer, y compris chez elle, à cette doctrine neuve venue d'Allemagne. La nouvelle culture séculière des Italiens trouve en France un accueil empressé et, au contraire des relations étroites que lui offrent les petites patries de la péninsule, des possibilités de rayonnement formidablement étendues. La Renaissance prouve ici pour la première fois, détachée de son terreau natif, sa capacité à devenir un style national. C'est là que le gothique commence à capituler sans condition. Machiavel avait déjà mis en évidence, dans cette puissance capable d'user sans ménagement de tous les moyens, par opposition à l'empire de Maximilien, inhibé par d'innombrables contraintes internes, le cas d'école du nouveau concept d'État. C'est la France qui, indirectement, a contribué à briser

1. Rosenzweig fait allusion, sans doute, à la diplomatie de François Ier en Orient, qui scandalisa l'Europe chrétienne protestante et catholique. En 1536, des capitulations furent signées à Constantinople, qui donnaient aux commerçants français, dans tout l'Empire ottoman, les privilèges dont ils jouissaient déjà à Alexandrie. Sept ans plus tard, la collaboration militaire franco-turque apparût évidente, lorsque la flotte ottomane vint hiverner à Toulon.

l'empire des successeurs de Maxence. Le partage de l'empire entre l'Autriche de Ferdinand et l'Espagne de Philippe a été finalement arrêté lorsque, avec le secours de la France, les principautés allemandes se sont soulevées avec succès contre Charles. Des deux puissances, résultant de la division du premier et du dernier empire médiéval, l'Autriche hérita, avec la couronne de l'empereur, du vestige des prétentions universelles de l'empire, mais sans la moindre perspective de réalisation ; tandis que l'Espagne héritait de l'essence véritable du pouvoir et de la volonté de parvenir à la domination du monde de par son alliance spéciale avec l'Église. L'Autriche fut renvoyée sur le théâtre allemand, tandis que l'Espagne, assise sur une solide base nationale, et associée à la puissance universelle de la pensée catholique, fut le deuxième État moderne à faire son entrée sur la scène politique où la France avait été jusqu'alors protagoniste. Tandis que la France s'était mise en devoir de réaliser ni plus ni moins que le concept d'État moderne, l'Espagne l'adopta, renforcé et en même temps grevé par son alliance avec la puissance spirituelle du Moyen-Âge. Mais, juste à ce moment-là, la France sombra, un siècle durant, dans une vague de troubles intérieurs, dont elle n'émergea passagèrement qu'à deux reprises pour recouvrer la maîtrise de son nouvel idéal – celle de la toute puissance de l'État face aux puissances de la vie spirituelle et religieuse tolérées et enrôlées à son service : l'État de Henri IV, d'abord, puis celui de Richelieu constituent la première apparition du grand État moderne national, se tenant au-dessus des confessions, et qui, par la suite, connut enfin son époque classique durant la première période du gouvernement autocratique de Louis XIV. Les combats que menèrent en son sein les forces déchaînées des temps modernes, avant que la victoire de l'État sur les deux partis et, avec elle, la victoire de la nouvelle pensée étatique ne fussent décisives, donnèrent au pouvoir espagnol, profondément homogène et tirant la force de sa vie spirituelle d'une unique source ancienne, un champ d'intervention significatif. En paralysant l'ennemi personnel de l'Espagne, à savoir la France, le temps qu'elle mène la lutte à son terme, ces combats offrirent à une troisième puissance la place vacante d'adversaire de l'Espagne : l'Angleterre d'Élisabeth, vouée au protestantisme en raison de son opposition à l'Espagne, fit sa première entrée sur la nouvelle scène de l'histoire universelle. Car, nous devons le souligner, lorsqu'une puissance, qui jusqu'alors s'était bornée à n'être qu'un allié ou tout au plus un arbitre peu affecté par les fluctuations de la balance de l'histoire, concentre en elle, devenue chef d'un parti, toute la charge de l'opposition (parce que, pour l'heure, le protagoniste s'est retiré de la scène, donnant au « tiers-agoniste » la possibilité d'y faire son entrée), la forme simple du dialogue à deux réapparaît comme étant la forme du drame joué par l'histoire universelle.

L'Autriche

Et pourtant, cela n'empêcha pas la liste des rôles de s'élargir : trois jeunes puissances pleines de vie, sorties de l'ombre du vieil empire, se virent inscrites sur l'affiche ; la scène de l'histoire fut presque entièrement déplacée vers la côte atlantique de l'Europe, et c'est alors, avec le commencement du siècle nouveau, que l'ancien chef du monde occidental, l'Allemagne, commença à reprendre vie. L'empire d'Autriche, jusqu'alors presque entièrement absorbé par la nécessité de défendre ses marches orientales contre les Turcs, profita de ce que, sous le règne des successeurs de Soliman, la puissance turque passait, un siècle durant, à l'arrière plan, pour tourner à nouveau ses regards vers l'empire ; et, conformément à sa mission, l'Autriche se raccrocha à nouveau, d'elle-même, au fondement spirituel universel de sa puissance. Que dans le monde de la vieille Europe, le protestantisme n'ait jamais occupé la place d'une grande puissance sera le malheur de l'Allemagne. Les seules puissances, dont le protestantisme se soit véritablement développé de l'intérieur, les puissances scandinaves, pouvaient au mieux être considérées comme des États d'ordre intermédiaire, et elles restaient en dehors de la scène de l'histoire qui ne s'était pas encore véritablement élargie au-delà des frontières de l'empire romain d'occident. L'Angleterre, à l'inverse, avait assimilé le protestantisme de façon plus extérieure, en fonction de l'inertie propre aux antagonismes politiques. Et ce fut, pour ainsi dire, au moment où les Habsbourg mettaient en cause l'existence du luthéranisme, que débuta le débat intérieur sur l'avenir protestant de l'âme des Anglais. Ainsi l'Autriche se trouva-t-elle pratiquement sans rival, au moment où elle se décida à suivre son idéal, d'autant plus que l'Espagne, grâce en particulier à la position qui était désormais la sienne, était encore une alliée naturelle, et que, si elle avait dans la France un ennemi, celui-ci était momentanément empêtré dans des désordres intérieurs. Même si c'était, après tout, sur une scène bornée et avec un objectif limité, l'ancienne idée universaliste redressa encore une fois la tête.

La Suède

La mort prématurée de Henri IV eut pour conséquence que la Suède ne rejoignit pas d'emblée, comme on pouvait s'y attendre en 1610, le groupement des puissances de la première moitié du XVIe siècle. C'est peu à peu seulement que la guerre, d'allemande qu'elle était, prit les dimensions d'un conflit européen. Cet effet de retardement devint justement l'une des causes qui contribua au déplacement ultérieur des frontières de l'Europe vers le nord-est. Car, c'est après que l'opposition aux Habsbourg, dont la confiance dans un secours anglais fut bientôt trompée, eut été assumée par les principautés germano-protestantes, agressées les premières et vaincues, après que la puissance septentrionale la plus proche eut entrepris, sans plus de succès, la défense du protestantisme; c'est après cela que la Suède intervint, qu'elle retourna le sort des armes et le destin allemand, ouvrant du même coup une brèche décisive dans les anciennes frontières de l'Europe. Car avec la Suède, c'est une puissance, dont les intérêts étaient restés jusqu'alors extérieurs à la scène européenne, qui y fit son entrée. De la campagne qu'il projetait de mener en Pologne[1], Gustave-Adolphe[2] détourna sa flotte, pour la diriger vers le sud. Les impératifs de la nouvelle croyance et cet éclat mystérieux de la plus haute noblesse propre à la vieille Europe l'attirèrent hors de la scène naturelle de la politique suédoise, les côtes de la mer Baltique, vers le cœur du vieux monde. C'est, indirectement, à partir de cette date, que se décida l'élargissement futur de l'Europe à tout le territoire auquel aujourd'hui nous donnons ce nom.

LE BRANDEBOURG

Certes, l'intervention de la Suède dans les affaires européennes fut d'entrée de jeu brillante et décisive, mais, en tant que second rôle, elle fut de courte durée. Car, durant cette même décennie, l'héritier de l'opposition aux Habsbourg retrouva les coudées franches pour sa politique extérieure, après que Richelieu eut apaisé les luttes intestines ranimées par la mort de Henri IV. Dans sa deuxième moitié, la guerre de Trente ans devint apparemment une réédition des guerres de Charles-Quint, à ceci près que vinrent combattre au côté des Français, outre le protestantisme allemand, la Suède également, à titre de puissance auxiliaire. Comme à la fin du XVIe siècle, après l'achèvement de la guerre au centre de l'Europe, il subsista un résidu de conflit entre l'Espagne et la France. Mais la nouveauté qui se préparait ce fut, conséquence de l'intervention de la Suède, l'entrée réussie de la marche de Brandebourg dans le courant dominant de la grande politique, après que, par manque de courage, la Saxe[3] eut rompu avec la puissance prépondérante du nord-est allemand. Cette grande politique, ce n'était plus bien sûr une partie de la politique du Reich, puisque par sa relation avec la Suède, elle avait au moins un de ses centres de gravité au

1. Dans les décennies qui précèdent la guerre de Trente ans, la Suède est régulièrement engagée dans des conflits avec le Danemark, la Russie et la Pologne pour la domination de la Baltique.

2. Gustave II Adolphe (1594-1632), roi de Suède. Il engagea son pays dans la guerre de Trente ans et se fit le champion des protestants face aux Impériaux, en alliance avec la France. Les victoires auxquelles Rosenzweig fait allusion, un peu plus haut, sont vraisemblablement celle de Breitenfeld (1631) et surtout celle de Lützen, qu'il remporta contre Wallenstein et au cours de laquelle il perdit la vie.

3. Celle-ci sortit considérablement affaiblie de la guerre de Tente ans.

nord-est de la Baltique, à l'extérieur de l'Europe. Cette bipolarité intentionnelle de son être politique engagé dans les conflits pour le trône de Pologne et dans la lutte interne pour la domination de la Prusse orientale – bipolarité que ses ennemis mirent au compte de ses faiblesses – se révéla, après la bataille décisive de Fehrbellin[1], comme la force même du nouvel État. Le successeur[2] du Grand Électeur[3] forgea, sur le versant extra-européen de sa puissance, le titre de « roi de Prusse ». Ainsi fut brisée la barrière qui fermait l'Europe au nord-est.

L'ÉTAT ABSOLU

Pas davantage. Car, dans ces mêmes décennies, la France s'éleva au sommet de sa puissance et elle fit, une fois encore, de l'ouest le centre de la politique européenne. Comme on l'a déjà dit, c'est, dans le fond, un héritage du Moyen-Âge que la France recueillit : la royauté nationale, en tant que rébellion de l'État contre la domination du monde par l'idée impériale. L'irruption des temps modernes, que le livre de Machiavel, *Le Prince*, salua comme le chant du coq de l'histoire du monde, fut pour cette même raison l'aube de la France. Mais, après de multiples préludes anticipant le cours des choses, il fallut encore un siècle et demi avant que les forces libérées précisément par ces temps modernes s'apaisent dans un travail commun pour ériger un État moderne promis à durer. Sous Louis XIV, dans les décennies suivant l'année 1660[4], ce n'est pas seulement la France qui parvint à son âge classique, mais aussi l'État moderne, en tant que tel. Ce qui se produisait ici à l'intérieur d'un pays devint tout simplement exemplaire pour les États de tout le domaine qui formait autrefois l'Europe. C'est justement en cela que consiste le grand héritage politique de la Renaissance : elle ouvrit aux nations la voie de leur propre idéal classique. Au lieu de l'idéal d'unité propre au Moyen-Âge, le recours à l'Antiquité pré-ecclésiale ouvrit aux nations la possibilité d'une pluralité de classicismes propres. Si l'on fait abstraction du classicisme espagnol du siècle de Philippe II, encore médiéval dans son imprégnation romantico-chevaleresque, la France fut le premier peuple à s'élever à ce niveau qui, comme tout classicisme, ne peut durer qu'un court moment dans la vie effective de l'histoire. Tandis que la puissance impériale renonçait définiti-

1. Dans cette ville située au nord-ouest de Berlin, Fréderic-Guillaume, électeur de Brandebourg, remporta une victoire écrasante sur les troupes suédoises en 1675.

2. Il s'agit de Frédéric Ier (1657-1713). Il prit le titre de roi de Prusse en 1701.

3. Il s'agit de Frédéric-Guillaume (1620-1688), considéré comme le véritable fondateur de la puissance prussienne.

4. De l'année 1661 date le début du gouvernement personnel de Louis XIV, avec notamment l'institution du Conseil royal.

vement, par les traités de Westphalie[1], à ce que la force de l'Empire vienne à bout de l'indépendance des princes allemands, et que, en revanche, il ne s'en trouvait, parmi eux, aucun qui, dans un premier temps, fût assez puissant pour être capable à lui seul de représenter en toute indépendance la politique européenne; tandis que l'Angleterre, après que, sous Cromwell, les contours de son avenir eurent brièvement bénéficié d'un éclairage prophétique, s'empêtra de nouveau, avec la Restauration, dans des oppositions internes, et redevint, pour cette raison, une puissance de second rang; il ne resta plus à la France qu'un seul ennemi parmi les anciennes puissances: l'Espagne. Et, au moment même où le jeune Louis prit, des mains de Mazarin, les rênes du pouvoir, ce dernier ennemi, en signant le traité des Pyrénées[2], se retira, et de façon définitive, du cercle des grandes puissances. Ainsi, au cours des décennies suivantes, la France, jouant l'atout simultané de son alliance avec la Suède temporairement plus forte et avec la Turquie, également renforcée, pour un temps, par des ministres remarquables, put-elle, presque sans effort, tout aussi bien parfaire son territoire à l'extérieur, s'enrichir à l'intérieur et progresser politiquement et commercialement au-delà des mers. L'État national parut triompher de l'idée d'Europe dont l'empire des Habsbourg s'était fait le frêle champion. C'est alors qu'une aide lui vint du côté où elle ne l'attendait pas.

1688[3]

La venue du tournant majeur dont l'Europe se rapprochait alors n'est pas sans rapport avec le fait que la France renonça elle-même, peu de temps auparavant, à l'idée qui avait fait sa grandeur et qu'elle avait, presque seule, incarnée en Europe: l'idée de l'État moderne, tolérant en matière de

1. Il s'agit des deux traités qui mirent fin à la guerre de Trente ans en 1648. Le premier fut signé par les catholiques à Münster; le second, par les protestants à Osnabrück. Il profita essentiellement à la France, à la Suède et au Brandebourg, dont il concrétisa l'ascension. Le grand perdant fut l'empire que le triomphe des particularismes réduisit à l'impuissance. En ce qui concerne la France, ces traités faisaient d'elle la garante des « libertés germaniques » et du nouveau statut donné à l'empire. Ils donnaient au roi la faculté d'intervenir dans les affaires allemandes pour contrecarrer la politique des Habsbourg.

2. Traité signé par Mazarin et Luis de Haro, en 1659, dans l'île des Faisans, sur la Bidassoa. Il mit fin aux guerres franco-espagnoles, après la défaite de l'Espagne aux Dunes. Par ce traité l'Espagne cédait divers territoires: l'Artois, certaines places de Flandres, du Hainaut et du Luxembourg. L'événement essentiel restait le mariage de Louis XIV avec l'infante Marie-Thérèse. En échange de la renonciation de cette dernière au trône d'Espagne, Louis XIV obtenait la promesse d'une dot de 500 000 écus que l'Espagne était alors incapable de payer. Ainsi se trouvait ouvert le problème de la succession d'Espagne.

3. Il s'agit de la date de la « Glorious Revolution », qui chassa du trône le roi Jacques II, absolutiste et catholique intransigeant, et installa sur le trône Guillaume III d'Orange, mari de l'héritière du trône: Marie, fille de Jacques II.

religion. La révocation de la *Magna Charta* de cet État, l'Édit de Nantes[1], fut le commencement de la fin du « siècle de Louis XIV[2] ». C'est dans le nord de l'Allemagne qui, suivant la conjoncture, s'était tenue jusque-là du côté de la France, que se noua l'intrigue européenne d'une entreprise, par laquelle fut imposée au règne de Louis son « jusque-là mais pas plus loin ». Lorsque Guillaume III[3] monta dans le vaisseau qui devait le conduire au trône d'Angleterre, il s'appuyait sur la puissance de l'empire et sur celle de la Hollande, ainsi que sur la force de la nouvelle idée politique, au développement de laquelle les journalistes de ce petit État avaient donné de grands objectifs : celle de l'« équilibre européen ».

ÉQUILIBRE

Durant un bon quart de siècle, on combattit pour cette idée, sous l'impulsion de l'Angleterre, qui fit alors durablement son entrée sur la scène de la grande politique pour ne plus jamais la quitter. Lorsque le combat toucha à sa fin – Louis XIV, lui-même, eut encore la possibilité de connaître cette fin – une nouvelle Europe était née. La pensée de « l'équilibre » est seulement une autre manière de décrire ce qui était arrivé. La conception médiévale de la communauté organique du *corpus christianum* se trouvait définitivement ruinée. Et c'est de façon tout aussi nécessaire que la nouvelle idée « machiavélienne » de l'indépendance absolue de l'État avait pu brutalement s'imposer. Ce n'est pas la conception d'une vaste communauté, ancrée en dernière instance dans la spiritualité, qui avait mis en échec la conception médiévale, mais celle d'un système mécanique de forces dotées d'une égale légitimité, c'est-à-dire, en un certain sens, les conséquences même de cette conception. Ce qui ainsi devint dominant, ce fut, avec cette précision mécanique, une conception véritablement moderne, on peut même dire tout à fait ouest-européenne. Elle devait nécessairement faire sauter les frontières de la vieille Europe, celles-là mêmes qui s'étaient inconsciemment calquées sur celles de la catholicité latine. Cela se produisit selon deux directions : tout d'abord l'élargissement de l'Europe politique au-delà des mers ; puis l'élargissement du cercle des peuples qui avaient composé jusque-là l'aréopage européen.

1. Il s'agit de l'édit signé à Fontainebleau en 1685, par lequel Louis XIV supprimait tous les avantages accordés par Henri IV aux protestants. Leur culte se voyait interdit et les pasteurs bannis. Les persécutions avaient en fait commencé beaucoup plus tôt.

2. Allusion au livre de Voltaire qui porte ce titre et fut publié en 1756.

3. Guillaume III d'Orange-Nassau (La Haye, 1650-Londres, 1702). Stathouder de Hollande (1674-1702), roi d'Angleterre, d'Écosse et d'Irlande (1689-1702). Après avoir résisté à l'invasion de la Hollande par les armées de Louis XIV, en 1672, il se posa en champion du protestantisme face à l'hégémonie française catholique. Lors de la révolution d'Angleterre, il fut appelé pour partager la couronne avec Marie II.

ANGLETERRE, FRANCE ET AMÉRIQUE

Jusqu'alors l'extension coloniale ne s'était pas encore imposée comme un élément de la grande politique. Elle était considérée, d'une façon générale, comme tout à fait subsidiaire. On ne se battait pas pour des questions de pouvoir colonial, on se battait pour des questions de pouvoir en Europe. Les choses se mirent à changer. C'est alors seulement que, pour la première fois, au commencement du XVIIIe siècle, l'œuvre des grands explorateurs et navigateurs de la Renaissance révéla toute sa signification dans l'histoire universelle. En même temps que s'effondraient les murs de la vieille Europe latine, les pays au-delà des mers, jusqu'alors le domaine des marchands et des missionnaires jésuites, devinrent un enjeu pour les diplomaties européennes et un lieu où elles s'affrontèrent. Parmi les anciennes puissances, comme on l'a rappelé, l'Angleterre fit son entrée sur le devant de la scène dans le rôle dominant. En luttant contre Louis XIV, elle avait jeté les bases de sa position dans le monde. En même temps, elle connut aussi, du point de vue de sa constitution intérieure, son époque classique. L'Angleterre du XVIIIe siècle représente la part de l'esprit anglais qui s'est coulée dans l'évolution des peuples européens en y jouant un rôle d'exemple : ce n'est pas un hasard si, dès la première moitié du siècle, parurent, au pays de l'adversaire refoulé, les deux écrits qui transmirent cette influence sur le continent : *Les Lettres anglaises* de Voltaire et *L'Esprit des lois* de Montesquieu. Voltaire devint le représentant des Lumières anglaises en matière de religion. Montesquieu fit connaître l'image idéale de la politique intérieure anglaise : le parlementarisme. L'implantation de ces idées eut encore des retombées dans la deuxième moitié du siècle passé ; un puissant courant d'intériorisation religieuse et la volonté d'une organisation rationnelle du monde y répondirent partout. Et pourtant, il fallut une guerre européenne de vingt-cinq ans, pour qu'elles puissent avoir une efficience générale. Tandis que, dans la première partie de cette période de guerre, l'État prenait, en France, le parti d'exercer une domination purement absolutiste sur les esprits, l'Angleterre donna naissance, à la fin de cette même guerre, à l'État qui fut le creuset où s'enflammèrent ces idées nouvelles. De même que l'œuvre de Colomb prit alors, pour la première fois, une importance universelle, celle de Luther connut son premier tournant dans « l'individualisme démocratique » – tournant grâce auquel le protestantisme, de puissance confessionnelle privée, devint finalement et malgré tout une puissance structurant le monde. Mais cette réflexion entraîne déjà au-delà d'un premier aspect de la révolution de 1688 – l'entrée définitive de l'Angleterre et des perspectives d'outre-mer dans le cercle de la politique européenne – ; l'autre aspect du processus, l'effondrement, au nord-est, des frontières de l'Europe se situe également à ce moment de l'histoire.

RUSSIE

Presque sans aucun lien avec la guerre à l'ouest, il se produisit à l'est, à la même époque, autour de 1700, des bouleversements d'une égale importance. Que la puissance turque ait alors été définitivement acculée à la défensive par les armées autrichiennes s'inscrivait encore, étant donné l'alliance historique de la France avec le sultan, dans le cadre de l'ancienne politique européenne; mais, d'autre part, le grand acte qui inaugura le bouleversement des relations antérieures, l'heureuse délivrance de Vienne[1], esquissa pour la première fois les contours de l'alliance de l'Autriche, du nord-est allemand et de la puissance slave dominante de cette époque, la Pologne, c'est-à-dire, dans une certaine mesure, de ce qui allait devenir les «puissances de l'est» – alliance qui, néanmoins, se réalisait encore strictement dans les limites de l'ancienne chrétienté latine. Mais l'autre grand événement de l'époque qui eut lieu à l'est, fit voler en éclats ce cadre traditionnel : la montée en puissance de la Russie. Dès que Pierre le Grand imposa à son pays un nouvel État sur le modèle de celui que Louis XIV avait porté à la perfection, on vit pour la première fois se développer, sur un sol que n'avait pas atteint l'Église romaine, une grande puissance conforme au modèle occidental. La géographie lui montra dans le cours des grands fleuves à quels axes devait obéir sa croissance : au sud, elle se heurta à la puissance turque, au nord à la Suède. C'est précisément dans son combat contre la Suède[2] – car le territoire polonais coupait la Russie des terres des Habsbourg – que la Russie s'est élevée au rang des relations européennes. La Pologne et les puissances du nord-est allemand qui étaient intéressées par elle, la Saxe et la Prusse, constituaient les membres intermédiaires qui assuraient la liaison. La Prusse, en particulier, fut la puissance qui, à l'époque, prit part simultanément à deux guerres : la guerre de la succession d'Espagne[3] et la guerre nordique – ou, vu du point

1. Tout au long du XVIIIe siècle, Vienne vécut dans la hantise que ne se reproduise le siège que le sultan Suleyman le Magnifique avait imposé à la ville en 1529. C'est ce qui se produisit en 1683. Les faubourgs furent incendiés et la situation semblait perdue, lorsque le 13 septembre, la ville fut délivrée par l'armée de Charles de Lorraine et de Jean Sobieski, roi de Pologne. C'est à cet épisode que fait allusion Rosenzweig.

2. Rosenzweig fait ici allusion, sans doute, à la bataille de Poltava (1709), au cours de laquelle le roi de Suède, Charles XII, fut vaincu par Pierre Le Grand. Cette victoire mit fin à l'hégémonbie de la Suède sur la Baltique. L'enjeu de cette guerre était la conquête de la Pologne. La Suède se heurtait à une coalition qui rassemblait la Russie, la Prusse et la Pologne.

3. Il s'agit de la guerre qui fut provoquée par l'accession au trône d'Espagne de Philippe V, le petit-fils de Louis XIV. Celle-ci se heurta à l'opposition de Léopold Ier,

de vue de la Prusse, la guerre occidentale et la guerre orientale. À vrai dire, ce ne fut rien de plus qu'une concomitance, car, le fait est que ces deux grands embrasements ne se rencontrèrent pas alors pour former un seul incendie. Pourtant, et du moins avec les puissances de l'Allemagne du nord, la Russie avait désormais instauré des relations politiques constantes ; avec la Prusse, celles-ci étaient même frontalières. Il suffisait que l'une de ces puissances soit entraînée dans de grands mouvements européens pour que la Russie soit tout simplement contrainte d'y prendre part. Ce que Pierre avait commencé à faire dans le domaine de l'organisation intérieure devint irrévocable dans la grande guerre qui engagea l'existence de l'État nouvellement fondé : les frontières orientales de l'Europe ne couraient plus le long de la Leitha et de la Vistule, mais de la Save et de la Volga.

AUFKLÄRUNG

C'est seulement à ce moment-là que fut rompu le périmètre latin qui avait jusque-là circonscrit l'Europe. C'est alors que s'accomplit l'œuvre commune de Machiavel et de Luther: détacher l'État du catholicisme œcuménique de l'Église. Après que l'empire né du grand schisme antique fut intégré à la communauté des peuples européens, le protestantisme perdit le caractère rebelle dont, jusqu'alors, il était constamment affecté au sein de la latinité. Les trois confessions chrétiennes eurent désormais, juxtaposées dans des sociétés régies par l'État, un même statut: la base du siècle de l'*Aufklärung* européenne était ainsi jetée.

ANGLETERRE, FRANCE, AUTRICHE, PRUSSE, RUSSIE

Le grand antagonisme politique qui avait dominé les deux siècles écoulés – celui des Habsbourg et celui des Bourbons, le vieil empire et la première royauté – portait encore les traces de l'origine médiévale de ce premier monde moderne. L'opposition qui domina la politique européenne, à partir de 1688 et pour plus d'un siècle, fut la première opposition véritablement moderne, la première qui eut lieu effectivement dans le monde dont Machiavel avait été le prophète : l'Angleterre contre la France, royaume contre royaume, État contre État. C'est ainsi que, pour les deux puissances antagonistes, le siècle devint l'âge des guerres coloniales. Non pas au sens où chacune s'est efforcée d'obtenir la formation d'un empire en tant que tel au delà des mers : la guerre pour les colonies fut une guerre pour le commerce. Le concept d'État restait attaché au sol européen; seul le

empereur d'Allemagne, qui rallia à sa cause presque toutes les têtes couronnées d'Europe, le roi d'Angleterre, l'électeur de Hanovre, le roi de Prusse Frédéric III, le roi du Portugal, le duc de Savoie. Elle se solda par d'importantes défaites pour la France.

concept de puissance étatique attira dans son orbite toute la surface de la terre. Dans le système des puissances, tel que le siècle le comprenait, l'affaire de chaque État était d'acquérir purement et simplement de la puissance, non pas au nom d'une quelconque idée absolue ni pour dominer le monde – les vestiges de l'idée médiévale d'un empire embrassant le « monde » avaient disparu –, mais pour se faire une place dans un monde européen, dont la pluralité des foyers de puissance était admise sans réserve. Étant donnée cette conception de la puissance qui ne trouvait pas ses limites en elle ni dans une idée du monde, mais uniquement dans la puissance des autres, des voisins, ce fut l'élément le plus extérieur de la vie intérieure de l'État, ce fut l'économie, ressource intérieure auxiliaire de la puissance extérieure, qui d'elle même passa au premier plan, alors qu'elle était l'élément le plus extérieur à la vie interne de l'État. Jamais encore la politique n'avait été à ce point déterminée par des considérations économiques comme ce fut alors le cas : le concept d'économie publique remonte à cette époque. Les anciennes comme les nouvelles oppositions entre les autres États durent alors s'adapter au cadre des grandes guerres commerciales qui opposèrent la France et l'Angleterre. C'est au sein de cette opposition que la Prusse, tout d'abord, s'est efforcée de devenir la grande puissance du nord-est germanique. De même que, d'un autre côté, et au même moment, le Piémont jetait, en mettant à profit la même constellation mais au sud, les bases de l'indépendance nationale d'un État italien. Par la suite, c'est le grand événement de 1755 – le *chassé-croisé*[1] autrichien des alliances[2], où la Prusse fut automatiquement entraînée – qui fit apparaître l'Europe nouvelle en toute clarté, tant il est vrai que, en 1688 encore, celle-ci était encore masquée par la persistance de l'ancien groupement des partis. Que l'Autriche était devenue une pure puissance étatique et que l'empire ne déterminait plus que les formes diplomatiques auxquelles les Habsbourg obéissaient sur le versant allemand de leur politique, voilà qui fut désormais patent du fait qu'elle renonça à son hostilité pour ainsi dire classique à l'encontre de la royauté française, et qu'elle put faire d'un problème de pouvoir purement autrichien, la question

1. En français dans le texte.

2. Rosenzweig fait vraisemblablement allusion à ce qu'on appelé le renversement des alliances (1748-1756) et, plus précisément, aux différents traités de Versailles (1756, 1757), qui concrètisèrent l'alliance de l'Autriche et de la France contre la Prusse. Celle-ci fut la conséquence du rapprochement esquissé en 1755 entre la Prusse et l'Angleterre et de la volonté autrichienne de se trouver des alliés pour récupérer la Silésie. Le premier traité de Versailles comportait un traité de neutralité par lequel la France s'engageait à respecter les Pays-Bas autrichiens, une alliance défensive, une convention d'aide militaire au cas où un allié de l'Angleterre envahirait les domaines de l'une des parties contractantes.

silésienne[1], l'axe de sa politique. En se désintéressant effectivement du grand conflit entre les puissances de l'ouest, pour mener sa lutte avec la Prusse, Marie-Thérèse[2] remit l'État, après une pause de plus de cent ans, dans la voie qu'avait empruntée la politique des Ferdinand[3]. Mais tandis qu'était conçue cette politique d'inspiration nettement plus catholique qu'autrichienne – politique qui signifiait la reprise de celle de Charles-Quint, mais sur des bases plus étroites parce qu'exclusivement autrichiennes – la guerre de plus de cent ans que Marie-Thérèse engageait n'était plus, d'emblée, une guerre pour l'« empire », mais pour la « suprématie » : elle n'avait pas pour but de restaurer la position de l'ancien empire dans le monde, mais de garantir au nouvel État autrichien les ressources de la puissance allemande. Ainsi la Prusse, qui avait réalisé son ascension, en faisant profit, avec timidité puis avec hardiesse, des rapports entre les puissances européennes, vit-elle soudain, et sans l'avoir pressenti, son existence mise en cause lorsque l'Autriche, libérée de son principal ennemi, se précipita sur elle de toutes ses forces. Et, ce, d'autant plus durement que, parmi ses ennemis ligués, la Russie[4] nourrissait elle aussi de grandioses espérances quant au partage du butin. De même que, par le passé, la montée en puissance de la marche prussiano-brandebourgeoise avait établi un lien entre la vieille scène européenne et le nord et l'est, grâce à la manière héroïque dont Frédéric II sut s'imposer, les nouveaux liens de la Prusse furent un fait accompli et durablement efficient. La guerre de Sept ans est la première guerre qui ait mis en mouvement l'ensemble du nouveau système des États, mobilisés non seulement en même temps, mais de la même manière et dans les mêmes proportions.

AUTRICHE, RUSSIE, PRUSSE

Tandis qu'en Amérique la balance semblait pencher du côté de l'Angleterre, grâce à l'acquisition du Canada, sur le continent, avec le traité de Hubertusburg[5], tout semblait apparemment en rester au *statu quo*. En

1. La possession de la Silésie fut l'un des enjeux du renversement des alliances et de la guerre de Sept ans qui opposa la Prusse et l'Autriche.

2. Marie-Thérèse fut impératrice d'Autriche de 1740 à 1780. Son accession au trône fut à l'origine de la guerre de la succession d'Autriche (1740-1748).

3. Il s'agit des Empereurs Ferdinand II et Ferdinand III de Habsbourg qui engagèrent et continuèrent la guerre de Trente ans (voir *supra*), afin de consolider la position des Habsbourg.

4. Durant la guerre de Sept ans, à laquelle Rosenzweig accorde une importance considérable, la Russie fut l'alliée de la France et de l'Autriche contre la Prusse et l'Angleterre.

5. Traité signé par l'Autriche, la Saxe et la Prusse qui mit fin à la guerre de succession d'Autriche (1763). L'Autriche renonçait à la Silésie qui passait à la Prusse, et celle-ci rendait son électorat à Auguste III de Saxe.

vérité, la démonstration de force à laquelle s'était livrée la Prusse ne signifiait ni plus ni moins que la naissance d'une nouvelle grande puissance, la cinquième. Quant à l'Autriche, qui voyait compromise sa mainmise sur l'Allemagne, elle réorienta son extension, avec ce nouveau partage, vers le sud-est. Mais elle s'y heurta pour la première fois à une concurrence européenne sérieuse. Entre temps, la Russie, à son tour, avait, de par ses territoires avancés, durement heurté l'empire Ottoman. Les guerres turques des décennies suivantes furent conduites par une Autriche et une Russie encore en partie alliées. Leur rivalité naturelle trouva encore un dérivatif momentané dans leur commune mainmise sur la Pologne[1]. Dans la mesure où la Prusse y prit part, les trois puissances orientales s'apportèrent, pour un temps, une mutuelle caution qui ne permit pas à la nouvelle opposition entre l'Autriche et la Prusse au sujet de la politique impériale de se développer tout à fait. C'est justement la raison pour laquelle la question polonaise, qui fut ainsi abordée dans l'esprit de la pure politique de puissance propre au siècle, engendra par la suite une Némésis historique singulière.

L'Amérique du Nord

Dans l'ensemble, l'âge de l'humanité qui suivit la guerre de Trente ans se caractérise par une séparation temporaire en deux moitiés bien distinctes. De même que, d'un côté, le début des questions orientale, allemande et polonaise fut traité presque exclusivement par les grandes puissances au premier chef concernées, de même, d'un autre côté, la poursuite du grand conflit pour le commerce mondial ne se déroula essentiellement, durant ces années, qu'entre les deux adversaires. Ce n'est plus sur le sol d'Europe centrale que l'on combattit pour l'Amérique; mais ce qui fut nouveau et décisif durant ces années, ce fut que, dans ce conflit, l'Amérique cessa d'être un simple enjeu. En même temps qu'elle créait en Amérique un centre indépendant, la guerre d'indépendance américaine privait l'antagonisme franco-anglais de ce qui avait été son principal contenu, depuis la disparition de son moteur premier: la suprématie de Louis XIV. En un certain sens, les deux puissances se virent à nouveau renvoyées vers le sol européen. Le regard politique que l'Europe, au début du siècle, avait porté sur le globe terrestre, se brouilla de nouveau. Des problèmes intérieurs, du type de ceux que la pensée politique du siècle

1. La Prusse et la Russie s'étaient déjà alliées pour imposer leur prétendant (contre la candidature saxonne) dans la succession de Pologne, en 1763, à la mort d'Auguste III, électeur de Saxe et roi de Pologne. Mais ici, c'est surtout au premier partage de la Pologne que fait allusion Rosenzweig. Décidé à l'occasion du traité signé à Saint-Petersbourg (1772), il conférait à l'Autriche la Galicie; à la Prusse, la Prusse polonaise moins Thorn et Dantzig; à la Russie, la Russie blanche avec Mohilev et Smolensk.

éclairé avaient portés à maturité, surgirent dans chacun des deux États. En France, cela déboucha sur une éruption violente. Les conséquences en furent immenses. La société formée par les États de cette époque, fondamentalement atomisée, se trouva à nouveau confrontée à des questions d'ordre universel. L'idée de l'équilibre perdit son sens. L'unité conjoncturelle de l'Europe moderne dut faire face à l'exigence d'être à nouveau ce que, d'une certaine manière, l'Europe ecclésiale du Moyen-Âge avait été : une communauté[1].

RÉVOLUTION ET GUERRE

On croit en général que les bouleversements qui font époque dans le domaine des idées et les ébranlements des puissances suscités par les guerres sont liés dès l'origine : la guerre apposerait ainsi le sceau de l'action sur l'idée de révolution. Cette représentation, fondée principalement sur les événements qui marquent le tournant du XVIIIe au XIXe siècle, n'est qu'une demi-vérité. La guerre est une transition. Elle ne décide pas seule du destin des forces qui y prennent part, elle est aussi déterminée, très secrètement, par le pouvoir des idées, dont elle est censée favoriser la venue au jour. Les raisons plus profondes d'une guerre reposent aussi bien dans son origine que dans son issue, et sans doute même plus encore dans la seconde que dans la première. Par exemple, il est erroné de ne voir, dans la guerre de Trente ans, qu'une lutte du protestantisme pour l'existence. Elle est tout aussi bien la naissance de la forme de l'État absolu. De même, c'est la menace que constituait la croissance de la France de Louis XIV – c'est-à-dire, dans une certaine mesure, l'idée de l'État moderne encore isolée et non intégrée au système des États – qui embrasa l'Europe à travers les grandes guerres à la fin du XVIIe et au début du XVIIIe siècles. C'est donc d'abord dans ses conséquences que l'on peut reconnaître le sens propre de cette lutte : à savoir la naissance d'un système d'États qui sortît définitivement l'Europe de ses limitations médiévales et, correspondant à cet affranchissement, l'ouverture d'un espace libre où pût se développer, dans ces mêmes États, l'esprit de l'*Aufklärung*. La vague guerrière du milieu du siècle qui, même d'un point de vue très superficiel, n'eut pour conséquence, en Europe, pas la moindre transformation de la carte politique, et, en Amérique, aucune qui fût véritablement décisive, offre aussi, sur le plan des idées, dans son origine autant que dans sa fin, la même absence de contenu. Ce fut une guerre qui confirma l'état du monde et non une guerre qui le transforma. C'est pourquoi la figure de Frédéric le Grand, telle

1. Rosenzweig joue ici sur l'opposition entre *Staatengesellschaft* (la société des États) et *Gemeinschaft* (la communauté).

qu'elle se forma, précisément, durant la guerre de Trente ans – celle d'un héros résistant et persévérant – est, en un certain sens, également symbolique du sens séculier de toute cette guerre. Au contraire, les guerres révolutionnaires qui se déroulèrent entre 1792 et 1815 donnent à leur tour l'exemple de ce qu'est la guerre comme bouleversement. Elles tirèrent leur force des idées du XVIIIe siècle concentrées, pour le dire rapidement, dans l'exigence démocratique, sans avoir pour autant leur origine en elles. L'histoire des premières années de guerre montre à quel point la pensée politique de l'époque avait perdu l'habitude de considérer que des principes et des idées devaient être les critères auxquels obéiraient les prises de position en matière de politique extérieure. On se sentait trop loin du temps des guerres de religion pour pouvoir vraiment croire soi-même, quand bien même on y appelait, à une croisade légitimiste. Les vieilles rivalités de la politique des puissances, celle qui opposait l'Autriche et la Prusse à propos de la Silésie, celle entre les trois puissances qui s'étaient partagé la Pologne, paralysèrent la première coalition; on peut même affirmer, en s'appuyant sur ce dernier point, que la venue de Napoléon n'a été possible que grâce à la rivalité des puissances au sujet de la Pologne, et qu'une telle politique a très vite dû payer son tribut historique. La guerre contre la France ne pris corps que lorsqu'elle s'adapta de nouveau au schéma politique familier du siècle passé – lorsque l'Angleterre entra en scène. Dès lors, la rivalité franco-anglaise resta, jusqu'au champ de bataille de Waterloo, la base et le cadre des événements, encore une fois et pour la dernière fois, car son temps expira en fait avec la formation de l'Amérique libre. La France perdit à cette époque les possessions qu'elle avait jadis consolidées en Amérique du nord. La tentative que fit Bonaparte en Égypte pour menacer ce qui n'était encore que le noyau de la puissance coloniale anglaise, la possession des Indes, se perdit dans les sables. La flotte de guerre française disparut de la scène à Trafalgar. Ce n'était pas simplement, des deux côtés, comme le disait le penseur allemand à propos de Napoléon, une « chimère héroïque », mais le parti-pris de conforter un antagonisme qui, sur le plan politique, avait au fond perdu tout contenu. Sans contenu du point de vue de la politique de puissance, et, de même, sans contenu du point de vue des idées. Car la Révolution fut-elle autre chose que l'irruption des idées anglaises ou, à tout le moins, anglo-saxonnes dans la solide structure de l'État de Louis XIV ? Et c'est seulement de façon artificielle, uniquement pour se donner un but de guerre que, durant ce quart de siècle, l'Angleterre différa la démocratisation, au seuil de laquelle son propre développement interne et l'expérience nord-américaine avaient déjà conduit le pays. Mais dès qu'elle entra dans la coalition anti-française, elle brandit aussi la bannière des idées contre-révolutionnaires. Le livre de

Burke[1] est la source, à partir de laquelle elles se sont répandues dans toute l'Europe. La France à son tour, en menant la guerre contre son ennemi classique du siècle passé de plus en plus comme une simple guerre continentale, et, pour finir – en dépit d'une pause de cinq ans, le temps de son alliance avec le tsar Alexandre –, en menant une guerre contre la Russie, la France, portée partout par le flot des idées révolutionnaires, déchaîna contre elle une force aussi bien nouvelle que fondamentalement universelle, une force transcendant les États singuliers : le jacobinisme de la légitimité. Car les guerres nationales, en Espagne, au Tyrol et, finalement, en Russie, ne furent rien d'autre que cela; la Vendée a fait d'un événement français un concept européen général. Les deux « terreurs » antagonistes, la rouge et la blanche, ont toutes deux surgi, aucune n'étant vainqueur, aucune vaincue, de la confusion de ce quart de siècle, grosses encore de forces inemployées pour des combats à venir. Mais ce fut un autre pouvoir, vraiment jeune, qui sortit du combat, un pouvoir presque inaperçu avant l'époque révolutionnaire, un rejeton des deux forces qui s'étaient mesurées pendant la Révolution, issu d'elles mais les dépassant toutes deux, et jetant pour la première fois les bases de l'Europe du XIXe siècle. Il naquit en Allemagne et il fut, en 1813, l'accoucheur des événements qui mirent un terme aux spasmes révolutionnaires.

1813

Lorsque, en dépit de la résistance concertée de son entourage russe borné, Stein[2] entraîna le tsar au-delà de la frontière entre la Prusse et la Russie, provoquant ainsi le dernier combat de l'Europe contre Napoléon, il contraignit, par ce simple fait, les légitimistes, liés à leur sol national, à une action dont le sens débordait les limites essentiellement européennes. L'idée qui faisait converger, en les détournant de leur trajectoire, l'idéal étatique restreint et l'idéal révolutionnaire européen était restée totalement étrangère au siècle passé : l'idée que chaque État avait une obligation européenne, l'idée que la puissance avait un sens historique universel qui était de se mettre au service de l'histoire; c'est au fond l'idée nationale de Fichte. Ce n'est pas la résistance, hostile à tout mouvement, des forces populaires depuis longtemps établies ni le « Vendéen » européen de part et d'autre isolé qui étaient capables de briser la puissance de Napoléon à

1. Il s'agit des *Réflexions sur la Révolution française* (1790), qui connut onze éditions en moins d'un an et dont les traductions françaises et allemandes furent presque immédiates.

2. Karl von Stein (1757-1831), homme politique prussien qui, après avoir servi Frédéric Guillaume III et l'avoir poussé à des réformes libérales, fut contraint de démissionner et de se réfugier en Autriche (1808). Il fut appelé par le tsar Alexandre et parvint à décider Frédéric-Guillaume III à signer un traité d'alliance avec la Russie en février 1813.

laquelle le nouveau sens universel des idées révolutionnaires avait donné des ailes. Partout en Europe, cette pensée rencontrait un terrain qui n'était déjà que trop préparé, et c'est trop avidement qu'il en recueillit la semence. Elle se brisa contre la force d'une pensée aussi bien européenne qu'outre-passant les limites continentales, la pensée de l'État appelant ses propres forces populaires à lutter contre l'ennemi de l'Europe.

LÉGITIMITÉ ET RÉVOLUTION

Quelle Europe ? À quoi ressemblait cette communauté qui brillait comme la finalité de la guerre. Il s'agissait d'abord et superficiellement de la « Restauration ». Les anciennes puissances, le système du XVIIIe siècle semblaient promis à renaître. Néanmoins, le lien intérieur qui avait assuré la cohésion de ce système, l'idée d'un équilibre entre des puissances dont le centre de gravité était seulement déterminé par la masse et non par un contenu interne propre, ce lien interne avait fait faillite. L'État avait noué des relations amicales ou hostiles avec des puissances culturelles. Il put sembler d'abord que ce type de rapports serait décisif pour le groupement et le rassemblement nouveaux des différentes puissances. Pourtant, il suffisait d'un regard superficiel sur l'ensemble du conflit pour comprendre qu'il s'agissait finalement d'une guerre du principe contre-révolutionnaire faite au principe révolutionnaire. Si, dans un premier temps, les anciens États présentèrent un front uni contre la France, on vit, dès le Congrès de Vienne, s'amorcer la séparation entre puissances conservatrices orientales et puissances occidentales parlementaires, et, comme on put le constater, en fonction du seul « principe ». Même si la teneur de cette opposition suivant les convictions partagées alors par les cercles gouvernants de France et d'Angleterre, d'un côté, autant que par ceux de Prusse et même de Russie de l'autre, était plus que douteuse, une chose en tout cas était sûre : la constellation politique de 1688 avait pris fin avec l'éclatant épilogue de la décennie napoléonienne ; le nouveau regroupement des parties n'était plus lié aux noms de la France et de l'Angleterre. Que, surtout, la véritable nature du système européen, la fondation de l'État non plus sur les frontières qu'il rencontrait dans la puissance de ses voisins, mais dans les forces populaires intérieures qui lui étaient données et à qui il prêtait sa structuration interne – accompagné d'un idéal de l'État national « saturé », par opposition aux puissances étatiques du XVIIIe siècle essentiellement insatiables – que tout cela donc ne soit pas apparu au traité de Vienne tint au fait que, par la suite et en raison de la puissante résistance de l'Autriche, ni la nationalité allemande ni l'italienne ne purent se doter d'une forme étatique. À cause des guerres révolutionnaires, le regard de l'Autriche était à nouveau entièrement braqué sur ses frontières occidentales ; elle ne pouvait admettre que se forment des nationalités au centre de l'Europe. Son propre intérêt s'accordait surtout avec la fiction d'un intérêt commun des puissances « légitimes ». Il est significatif que le concept de puissance orientale se soit dissous à Vienne, dès que les grands « Jacobins » de la Prusse mirent le cap, pour un temps énergiquement, sur la prédominance allemande de leur État. C'est là que se profila pour la première fois, l'espace d'un instant, la constellation Prusse-Russie contre Autriche-France, sous laquelle, plus tard, Bismarck put réaliser l'unité allemande, et Victor-Emmanuel celle de l'Italie. Que, pour finir, un compromis a pu résulter de ces journées de janvier 1815 constitue la principale raison pour laquelle, durant plusieurs décennies désormais, l'Europe, au contraire du XVIIIe siècle, se présenta dorénavant tout à fait comme une communauté – mais au lieu d'être une famille de formations étatiques nationales, elle se présenta comme la communauté des peuples chrétiens soumis à leurs souverains légitimes, et comme la communauté de la révolution, travaillant souterrainement contre cette Sainte Alliance[1], comme la « jeune Europe ».

Puissances orientales et puissances occidentales

Pour autant que l'opposition entre les idées gagnait en réalité politique, elle devint l'opposition entre puissances orientales et puissances occidentales. Dans ses répercussions, elle s'est prolongée jusqu'en 1878, et même, si l'on veut, jusqu'en 1890, bien qu'elle n'ait tourné qu'une fois, au milieu du siècle, à l'affrontement guerrier et encore de façon partielle. L'Italie put réaliser l'essentiel de son ascension, durant cette période, en mettant à profit cette opposition. Pourtant, cette dernière ne fut véritablement dominante que dans les premières décennies, en tout cas jusqu'à la fin de la guerre de Crimée. Déjà la participation de la Russie à la naissance des deux premiers mouvements d'indépendance nationale des Balkans, les troubles des années vingt en Grèce[2] et en Serbie, l'avait ébranlée. Tout comme la

1. Allusion de Rosenzweig au Traité de la Sainte-Alliance, rédigé par le tsar Alexandre Ier et amendé par Metternich, signé par les « souverains chrétiens » en 1815. Ce traité était censé créer entre les princes signataires, tous membres d'une même famille chrétienne, une véritable fraternité, conformément aux Écritures qui font à tous les hommes une obligation de se considérer comme frères. Il s'agissait en réalité, d'une part, d'une manœuvre du tsar pour contrer les ambitions maritimes de l'Angleterre, en faisant valoir un système universel qui ne comporterait ni vainqueurs ni vaincus et grouperait dans une même organisation internationale la totalité des puissances continentales et maritimes, d'autre part (comme le souligne Rosenzweig), d'une sorte de police internationale contre les aspirations révolutionnaires et nationales des peuples.

2. L'intervention des puissances (Angleterre, France, Russie) au secours de la Grèce, en lutte pour son indépendance, se solda par un rapprochement franco-russe qui mit fin au système de Metternich (opposé à toute intervention des puissances en faveur d'un mouvement d'indépendance nationale).

prise de parti de l'Angleterre[1] contre la France dans la fondation de l'État belge. Pourtant, le siècle ne commença à montrer son véritable visage qu'avec le déclenchement, en son milieu, d'une nouvelle période de guerres et de révolutions, à partir de 1848, et pendant presque un quart dé siècle.

1848

L'idée de nationalité, telle qu'elle s'est établie, dans sa signification secrète, entre les puissances en lutte, révolution et contre-révolution, et telle qu'elle semblait destinée à concilier les oppositions en apparence irréductibles de la démocratie et de la légitimité, mais aussi de l'État individuel et de la communauté d'États, cette idée fut d'origine allemande. Elle fut le fruit mûri par le vaste mouvement intellectuel que l'Allemagne avait connu depuis la fin du XVIIIe siècle. Dès que la politique allemande commença à se saisir de cette idée, en 1848, l'Allemagne revint au cœur des événements européens. Certes, c'est de la France que vint l'impulsion de ce nouvel ébranlement de l'Europe; mais tandis que, dans ce pays, l'idéal national depuis longtemps accompli permettait à la révolution de se tourner vers des questions de politique sociale – c'est-à-dire, compte tenu du degré atteint alors par le développement du commerce international, des questions intérieures –, la question sociale n'a joué, dans l'Allemagne de 1848, qu'un rôle encore tout à fait marginal : le premier plan était occupé par la question nationale qui relevait de la haute politique. Le destin de cette révolution fut que le Piémont allemand, pour lequel s'appliquait encore la vieille assurance mutuelle des puissances orientales, se trouva, à terme, disposé à tourner ses forces contre l'ouest, sans cesse taraudé par l'hésitation si la décision concernant son avenir national devait être prise en fonction de l'alternative suivante : choisir entre les deux alliés de l'est ou s'opposer aux deux.

En principe, la solution d'une alliance avec l'Autriche contre la Russie eût été tout aussi réalisable que celle d'une alliance, avec la Russie contre l'Autriche. La première fut rejetée par l'Autriche elle-même qui, ayant à peine retrouvé une sorte d'équilibre, s'engagea résolument à Kremsier[2] dans la voie de la rivalité; la seconde se heurta à la volonté contraire de la

1. La France et l'Angleterre s'étaient accordées sur l'indépendance de la Belgique (1831). Mais elles furent opposées sur le choix du souverain. Surtout, l'Angleterre protesta vivement auprès de la France, lorsque, à cause du refus du roi de Hollande de reconnaître le traité et de son invasion de la Belgique, Louis-Philippe fit intervenir ses troupes. Elles finirent par s'entendre pour faire reconnaître l'indépendance de la Belgique à l'ensemble des puissances européennes.

2. Cette ville (Kromeriz en tchèque), située en Moravie, fut, en 1848, le siège du parlement autrichien.

Russie qui, parvenue, à ce moment-là, à l'apogée de sa puissance, s'opposait à un renforcement de l'Europe centrale. La troisième possibilité eût été de combattre, avec le soutien de l'ouest, à la fois les deux puissances orientales. Le roi de Prusse ne put se résoudre à cette rupture de la tradition de 1815, dans laquelle il avait grandi. Il fallut que l'opposition entre l'ouest et l'est, où l'Europe s'était empêtrée, soit réglée une bonne fois dans le sang pour qu'on admette l'impasse de sa doctrine, et pour qu'on laisse se manifester les véritables intérêts du siècle ainsi que les forces créatrices de l'État.

La guerre de Crimée

L'opposition des puissances orientales et des puissances occidentales fut représentée par la Russie, d'un côté, et par l'Angleterre, de l'autre. Le point d'intersection des intérêts de ces deux puissances était la Turquie européenne. La Russie faisait de la possession de Constantinople, dont ne serait-ce que le titre de tsar impliquait la revendication, une question d'honneur politique. Les Dardanelles représentaient pour elle l'accès à la Méditerranée et, par là même, une possibilité d'intervention immédiate dans les destinées de l'Europe. D'un autre côté, l'Angleterre avait compris, depuis le coup de main de Napoléon sur l'Égypte, que la Méditerranée signifiait la voie des Indes. Même l'Entente cordiale entre les puissances occidentales avait failli se rompre de nouveau à cause des nouvelles prétentions de la France en Égypte. Avec la domination turque des Dardanelles, l'Angleterre défendait donc l'accès à l'une des voies nécessaires à sa puissance. Il s'ensuivit alors une alliance naturelle avec l'Autriche qui, pays riverain, était fortement intéressée à ce qu'une politique coloniale russe au sud ne lui ferme pas l'aval du Danube – voie dont l'acquisition était nécessaire à sa propre existence en tant qu'État moderne. Dans cette guerre des puissances occidentales contre la Russie, l'Autriche se vit poussée, en raison de cette situation de ses propres intérêts, à adopter davantage qu'une position indécise à l'égard de « l'ami » russe. La Prusse, en revanche, bien qu'elle fut tentée de résoudre à cette occasion la question allemande, comme Cavour, au même moment, préparait la solution sarde[1] de la question italienne en prenant part à la guerre au côté des puissances occidentales[2], la Prusse, donc, resta loyale envers le voisin russe ; et, en empêchant ainsi l'Autriche de se lancer dans les hostilités, on peut même dire qu'elle fut le sauveur de la Russie. Dès cette époque, donc, et pour l'essentiel sous l'influence de Bismarck, les conditions internationales

1. La guerre de Crimée (1854-1855) opposa à la Russie une coalition formée par la Turquie, la Grande-Bretagne, la France et la Sardaigne.

2. Cette participation lui permit, en effet, d'être présent au congrès de Paris en 1856 et de commencer à convaincre Napoléon III de la nécessité de chasser les Habsbourg d'Autriche.

furent créées pour une solution prussienne de la question allemande, contre l'Autriche et en s'appuyant sur la Russie. Pour autant qu'elle devait reposer sur des principes et non sur une politique polonaise commune, c'est-à-dire pour autant qu'elle en revenait à 1815 et non à 1772, l'alliance des puissances orientales avait démontré sa vacuité face à la réalité des intérêts ; elle était désormais le lieu où pouvait se dérouler l'évolution naturelle des rapports politiques.

L'ÉTAT NATIONAL

L'idée nationale, telle que le XIXe siècle l'avait élaborée, prenait ses racines dans les idées démocratiques de la Révolution. Tandis que les États du XVIIIe siècle se percevaient uniquement comme des puissances, la Révolution avait introduit le peuple dans le concept d'État. Le *demos* de l'idée démocratique était devenu en sous-main *ethnos*, nation[1]. Mais tandis que ce nationalisme surgissait de l'universalisme propre à l'idée démocratique, le concept national lui aussi était encore nimbé d'universalité, non dans la forme grossière des principes, mais dans celle, saisissable, du service rendu à l'histoire. Cette dualité affectant la nouvelle idée de nationalité, où le rejeton d'une idée dépassant la particularité des États et celle des peuples[2] est venu se greffer sur le tronc de l'ancienne réalité étatique du XVIIIe siècle, se reflète particulièrement dans les avatars du titre de « Kaiser ».

« KAISER »[3]

À l'origine, l'idée de *Kaiser* comprend le sens d'une domination, dont la prétention est de transcender la particularité des peuples. Ce n'est pas le peuple qui ressortit à la signification de *Kaiser*, mais l'Empire. Tout comme l'Empire s'oppose aux peuples, le Kaiser s'oppose aux rois des

1. Sur tous ces points et plus précisément, sur la question du nationalisme, voir, à la même époque que *Globus*, la correspondance entre Rosenzweig et Rosenstock, trad. fr. in *Foi et savoir. Autour de* L'Étoile de la Rédemption, Paris, Vrin, 2001, p. 48-128, notamment la lettre du 7 novembre 1916, p. 90 *sq*.

2. Le rejeton d'une idée supra-étatique-supra-populaire traduit *das Reis eines überstaatlich-übervölkischen Gedankens*. *Übervölkisch* est comme toujours intraduisible. Il ne désigne pas une idée qui transcende la particularité du peuple (au sens de la plèbe), mais celle des peuples, comme substances ou essences, dans un sens quasi racial.

3. Les avatars que décrit Rosenzweig se reflètent dans les propres incertitudes du traducteur, quand à la nécessité de traduire ou de ne pas traduire *Kaiser* par Empereur. Quand il s'agit du *Saint-Empire romain germanique*, la traduction semble s'imposer (voir *supra*). À la fin du XIXe siècle, alors que le Kaiser est plus explicitement l'empereur des Allemands, il semble préférable, conformément aux usages de l'époque (il est vrai qu'entre temps Napoléon a accaparé le titre d'Empereur) de ne pas traduire.

peuples. C'est ainsi que le héros nominal de tout système impérial *(Kaisertum)*, le grand César a transformé la notion d'empire universel venue d'Asie : non plus un peuple dominant avec comme supplément des peuples assujettis, mais un Empire *(Reich)*, au sein duquel le peuple fondateur de cet Empire renonce à son droit de domination. C'est ainsi que s'est développé l'Empire romain, malgré la réaction qui s'est amorcée juste après César. C'est ainsi que les rois des peuples germaniques du haut Moyen-Âge ont érigé leur système impérial au-dessus de leur propre royauté. Cette liaison incomparablement vivante entre le système impérial et la royauté, dans une même fonction – liaison qui, dans le fond, ne faisait que reproduire au sein de la puissance terrestre, l'opposition entre ce pouvoir précisément et le pouvoir spirituel, c'est-à-dire, comme on s'en souvient, l'opposition entre la royauté des peuples germains et l'empire romain christianisé –, cette liaison est restée limitée en raison de la résistance de l'empire romain d'Orient à l'ancienne moitié occidentale de l'empire. L'empire romain d'Orient devint ainsi le lieu où se développa le césaropapisme. Ce n'est pas un hasard si, au XIXe siècle, la libération des populations raïa[1] grecques et orthodoxes emboîta systématiquement le pas à la fondation d'une Église nationale. Et surtout, ce n'est pas un hasard si, du jour où la Russie commença sérieusement à revendiquer l'héritage de « Tzarigrad » (Constantinople), le césaropapisme y trouva sa forme classique. Puisque, dans une optique césaropapiste, ce système impérial russe devait tout simplement se confondre avec sa base ethnique, c'est-à-dire, suivant notre terminologie, avec sa « royauté », il fit son entrée dans l'histoire européenne comme le premier système impérial purement national. De même que Napoléon, émissaire des idées révolutionnaires, avait donné une signification nouvelle à la couronne de Charlemagne et avait mis en pièces le vieil empire, le dernier empereur romain de la nation allemande prit en Autriche le titre d'empereur, renversant ainsi de la manière la plus étrange le rapport entre l'idée universelle et l'idée de l'État singulier, grâce auquel l'histoire moderne avait débuté autour de 1500. Puisque l'empire de Napoléon se révéla n'être qu'une formation passagère, il fut, après la Russie, la deuxième impérialité purement « ethnique » en Europe. Même le titre impérial de Napoléon III, dans la mesure où, de façon consciente et délibérée, il ne le rattachait pas au Napoléon de 1804, mais à celui des Cent-jours, fut conçu comme système impérial national. De même, la dignité impériale traditionnelle, dont le sacre avait lieu à l'église Saint-Paul de Francfort, et dont la réalisation eut lieu à Versailles, fut un renouvellement de la vieille royauté allemande et non de la dignité impériale

1. Sujets non musulmans de l'empire turc.

romaine. Ce que l'on voulait sciemment rétablir, c'était uniquement l'aspect national de l'ancienne splendeur impériale. Le système impérial indien de Disraeli fut le premier à sortir de ces limites. Le système impérial national du XIXe siècle est la conclusion de la transformation subie par le concept d'État à partir de 1789. Superficiellement, le monde étatique européen est bien le même que celui du XVIIIe siècle. Mais l'afflux des peuples a doté ces États d'une âme. Ils ont cessé d'être des concentrations de puissance inscrites dans des frontières purement accidentelles. À ce système des puissances, où le poids des concentrations était sans limite à l'intérieur des frontières, se substitue désormais la volonté générale[1] de l'État populaire limité par la nature et l'histoire, et qui, de ce fait, est, en tant que puissance, susceptible d'arriver « à saturation ». Dans la mesure où il ne s'agissait pas de petites formations, à l'échelle de la *polis* ou du canton, mais d'États modernes dotés de grandes superficies, leur démocratisation impliquait sur le plan pratique qu'on ait recours à l'unanimité idéale de la nationalité ; elle était, en un certain sens, la réalisation, donnée par la nature et par l'histoire, de la volonté générale qui, à l'origine, avait été appelée par la Révolution à être l'âme de l'État. Mais tandis que ces États populaires se construisaient sur les échafaudages des États-puissances de l'ancien système, la volonté générale ne s'accordait pas exactement avec la volonté de tous[2], avec la volonté des ressortissants de cet État populaire qui, en réalité, étaient plus ou moins désunis sur le plan national. Combler cet écart, faire fusionner le noyau national idéal avec les séparatismes adjuvants en une unique nation étatique d'un unique État-nation, c'est ce qu'a, au XIXe siècle, accompli le concept national de « Kaiser ». C'est dans ce concept que l'idée de l'État propre au XIXe siècle forgea son symbole – une idée, qui s'en tenait singulièrement aux frontières de l'État et aux limites de l'être du peuple, n'étendait celles-ci qu'au niveau des idées vers le monde extérieur, l'« humanité », et avait tout à fait en horreur l'idée d'un empire mondial.

Turin, Berlin, Vienne, Budapest

C'est à l'intérieur de ces frontières qui parfois furent franchies en pensée par certaines personnes seulement, que l'histoire des États européens s'est déroulée, durant les deux décennies qui séparent la guerre de Crimée de la guerre des Balkans en 1877. La grande transformation qui, souhaitée depuis le début du siècle, put être enfin réalisée, après l'effondrement de la division artificielle de l'Europe en puissances orientales et en

1. En français dans le texte.
2. En français dans le texte.

puissances occidentales, fut la nationalisation politique du centre du continent, la naissance de l'Allemagne et de l'Italie. Elle fut menée à bien grâce à un très libre usage du système des puissances qui s'était ainsi, et sans doute plus que jamais, relâché, voire avait volé en éclats. Il est rare qu'on ait, et c'est à peine si ce fut le cas même au XVIIIe siècle, joué une puissance contre une autre, on peut même dire sans le moindre lien systématique, comme l'ont fait Cavour et Bismarck, fondateur du Reich. Le repli des États sur eux-mêmes et sur leurs objectifs nationaux les plus personnels autorisa une politique de transformation des alliances extrêmement brutale, de changement de front très audacieux; il n'y avait plus, dans le système européen, d'antagonisme dur et persistant. Cet état de totale labilité se révéla à l'état naissant dans chacun des deux peuples d'Europe centrale. À l'est comme à l'ouest, les peuples subirent la loi de leur destin marquée par la volonté des deux nations qui, sans tenir compte de ce qui les entourait, le regard envoûté fixé droit devant elles, poursuivaient la formation de leur État. L'Autriche, en particulier, mêlée de la façon la plus étroite aux deux événements, se vit directement menacée dans son existence d'État. Aussi longtemps qu'elle lutta avec la Prusse pour la prépondérance allemande, de façon dissimulée jusqu'en 1848, ouvertement ensuite, elle résolut de se présenter comme un État essentiellement allemand. Mais la vague démocratique qui, depuis 1848, avait aussi pénétré l'État de Metternich découvrit un tel abîme entre la volonté générale, idéale, de l'État-nation et la volonté de tous, réelle, des nationalités, que seule l'originale manière d'associer le principe fédéraliste et le principe national-étatique, la méthode des « compensations », parut être de quelque secours. Dès que l'État se scinda, après 1866 tout d'abord, en une partie germano-autrichienne et une autre magyaro-hongroise, et que, de nouveau, la Croatie et la Galicie se détachèrent peu après de ces deux premières moitiés, c'est, avec une construction très complexe, l'idée de l'État-nation qui se trouva réalisée, au sens que lui donnait le siècle, et, à ce qu'il semblait, sous une forme durable. Les nations qui étaient encore minoritaires en furent pour leurs frais. C'est en suivant plus ou moins la recette de l'intégration et lorsqu'elle n'impliquait pas le refoulement des minorités nationales, que l'on tenta partout de résoudre, à cette époque, la difficile équation qui mettait en balance État et nation. Le destin des Polonais en Russie, des Alsaciens sous le deuxième Reich, plus tard des Lorrains sous la domination allemande, des Polonais sous celle de la Prusse, des Allemands sous celle de la Hongrie, des Irlandais sous celle de l'Angleterre – c'est toujours la même équation. Sur une très grande échelle, mais dans des conditions totalement différentes, l'idée nationale entra en scène, précisément à cette époque, dans la violente guerre, au cours de laquelle l'Amérique du Nord qui, toujours en raison de son origine, n'avait pas encore de véritable relation avec le cercle européen, d'État fédéral se transforma en unité étatique. Là, pourrait-on dire, ce sont vraiment les fondations d'une nationalité à venir qui furent établies pour la toute première fois.

ALEXANDRE II, NAPOLÉON III, VICTORIA

Les États qui, à cette époque, n'avaient pas à résoudre de grandes questions nationales, ou pas encore de manière sérieuse, étaient la Russie, l'Angleterre et la France. Tandis que, après la guerre de Crimée, la Russie s'était retirée pour un temps des imbroglios politiques, et s'attaquait enfin à la tâche de sa réforme intérieure, la France y prit vivement part. La sorte de prépondérance européenne qui, à l'issue de la guerre de Crimée, lui était revenue, à elle plus qu'à l'allié anglais, devait aider Napoléon III à résoudre les deux grandes questions nationales dans un sens français. Il finit, dans les deux cas, par être floué. La politique de prestige sans espoir qu'il mena les années suivantes le conduisit à Sedan en passant par Querétaro[1]. L'Angleterre, comme son adversaire, la Russie, s'était quelque peu retirée des affaires continentales, après la guerre de Crimée, puisque, surtout depuis 1815, elle avait de nouveau adopté une politique largement insulaire, comparée à celle qu'elle avait menée au XVIIIe siècle. Des problèmes intérieurs, d'une part – le rattrapage, pendant plusieurs décennies, de l'avance prise par le continent à cause de ses révolutions –, des questions coloniales, d'autre part, l'occupèrent intensément. Au XIXe siècle, la politique coloniale anglaise se caractérise avant tout par l'absence de tout concurrent sérieux. Waterloo mit un terme aux conséquences de Trafalgar. Mais l'expérience américaine l'avait aussi transformée intérieurement. Cette politique coloniale ne visait pas véritablement la formation d'un empire. Dans ce siècle pourtant marqué par l'essor industriel ininterrompu de la métropole grâce au libre-échange, même le concept de puissance au sens économique était en recul. À cette époque, les têtes dirigeantes de l'Angleterre voyaient dans les possessions coloniales bien davantage la possibilité d'une solution des difficultés sociales qui grevaient l'État industriel moderne; la situation était analogue à celle du XVIIe siècle, c'est-à-dire aux premiers temps de la politique coloniale anglaise, quand les colonies avaient pu sembler fournir une issue aux difficultés intérieures de l'époque, aux problèmes d'ordre confessionnel. En tout cas, la politique coloniale était tout sauf impérialiste. Il a même été possible, alors, que l'Angleterre abandonne volontairement et sans contre-partie une colonie

1. Ville du Mexique située au nord-ouest de Mexico, dans laquelle l'empereur Maximilien, à qui Napoléon avait offert la couronne du Mexique, fut fusillé en 1867.

ou, à tout le moins, une quasi possession coloniale, les îles ioniennes[1]. Pour l'Angleterre, comme pour toutes les autres puissances européennes, le siècle fut, pour l'essentiel, une période d'enrichissement intérieur de l'État, une époque qui donna une âme au concept d'État, une époque d'élaboration de la nation par le biais de la démocratisation. Au début des années 1870, l'image des sociétés étatiques européennes présente partout la même orientation vers l'intérieur. Il y a alors comme un vide entre les États, et, d'autre part, entre l'Europe et le monde extérieur. On est entre soi – « saturé ».

L'Afrique

Pourtant, le charme fut rompu dès les années soixante-dix. Il se produisit toute une série d'événements simultanés, de petite et grande ampleur, pour une part sans grand rapport apparent entre eux, et qui introduisirent l'époque nouvelle. Les années qui précédèrent et celles qui suivirent 1880 encadrent ce bouleversement. C'est à ce moment-là que commença le partage de l'Afrique entre l'Angleterre et la France, avec l'amicale autorisation de l'Allemagne qui se décida à y prendre une certaine part, non sans hésitation et pour des raisons d'honneur plutôt qu'en prenant l'affaire au sérieux – partage qui, désormais, s'accompagnait sans la moindre équivoque d'une tendance à la formation d'un empire. Contre l'usage en cours au XIXe siècle, l'Angleterre donna à l'idée d'« empereur » un sens nouveau, et le titre d'impératrice que prit Victoria n'était pas rattaché à la métropole, mais à la colonie la plus importante ; toute la dignité du titre était transférée, du centre national du pouvoir, à sa périphérie. C'est alors que surgit très vite, en Angleterre, la première doctrine impérialiste moderne : le monde devint anglais. C'est à ce même moment qu'on dressa des plans pour rassembler en un empire le territoire anglais, dispersé sur toute la surface du globe.

1879

Sur le continent, c'est le soulèvement des Slaves des Balkans qui fut l'événement déclencheur. Pour la première fois désormais, un développement commun associait en Russie les forces jusque-là séparées du sentiment propre à la masse paysanne, de la politique gouvernementale, des exigences de la « société » ; l'idée panslaviste rassembla en une imposante unité trois Russie : celle d'avant Pierre le Grand, celle de Pierre et celle d'après son règne ; c'est seulement à travers ce programme qui tendait déjà,

1. Depuis 1815, les îles ioniennes formaient un État sous le protectorat de la Grande-Bretagne. Elles furent cédées à la Grèce en 1864, à la suite de longues luttes populaires.

par-delà le concept de nation, vers l'idéal de la race, que la grande puissance orientale cessa tout à fait d'être simplement le «colosse» sans âme, c'est à partir de là seulement qu'elle devint une force toute à fait vivante. En cherchant à réaliser ses exigences, elle se heurta à l'adversaire habituel : l'Angleterre. C'est l'Allemagne, la puissance qui n'avait aucun intérêt à défendre dans les Balkans, qui assuma le rôle de médiateur. C'est alors que se produisit le grand tournant dans la politique allemande. Dans la mesure où Bismarck, après avoir achevé sa tâche nationale en Allemagne, et poursuivant ses efforts de maintien de la paix partout en Europe, joua le rôle de médiateur entre la Russie et l'Angleterre, il réduisit à néant le rapport à la Russie fondé sur une garantie réciproque, auquel la Russie devait l'issue pénible de la guerre de Crimée et, plus tard, l'abrogation du traité des détroits de 1856, et donna à la Prusse la possibilité d'unifier l'Allemagne. Face à la méfiance de la Russie, l'Allemagne chercha de nouvelles alliances; l'Autriche, qui après l'injonction historique de 1866[1] par laquelle Bismarck lui recommandait de tourner ses regards vers le sud, n'avait pas aussitôt obéi et tenait encore à ses espérances allemandes, se sentit elle aussi pressée de faire valoir ses exigences par la nouvelle politique balkanique russe; Andrassy[2], enclin, ne serait-ce que parce qu'il était hongrois, à faire basculer de ce côté-là le centre de gravité de la politique de tout l'empire, mit la main sur la Bosnie; et Bismarck assura ses arrières. C'était du même coup donner le signal précurseur de la nouvelle marche en avant des puissances. À l'alliance des deux États qui avaient réalisé leur unité nationale en luttant contre l'Autriche, cette dernière vint elle-même s'associer en tiers. C'est donc tout à fait dans le vieux style de la diplomatie que ce regroupement a eu lieu, et, selon la volonté de Bismarck, les choses devaient s'en tenir à cela. Le traité secret avec la Russie[3], dont la pointe visait l'Autriche en cas d'éventuelle agression contre Saint-Petersbourg, fut signé par Bismarck afin d'éviter que la Russie ne tombe dans les bras de la France, ce qui, à la longue, ne put néanmoins pas être évité. Tandis que Bismarck, du moins en secret, pensait maintenir en Europe la situation instable au sein de laquelle il était parvenu

1. Il s'agit de la bataille de Sadowa : le 3 juillet 1866 les troupes prussiennes y défirent les Autrichiens.

2. Homme politique hongrois (1823-1890), il fut président du conseil hongrois (1867-1871), puis ministre des affaires étrangères de l'Empire austro-hongrois, de 1871 à 1879. Il fit occuper la Bosnie Herzegovine en 1879 et réalisa l'alliance de l'Autriche-Hongrie et de l'Allemagne (1879).

3. Il s'agit du traité de contre-assurance germano-russe, signé en 1887 – traité secret par lequel la Russie promettait à l'Allemagne sa neutralité, en cas de guerre défensive contre la France. Bismarck, de son côté, s'était engagé à maintenir la neutralité allemande vis-à-vis de la Russie et à appuyer la politique russe dans les détroits et en Bulgarie.

à ses grands succès, tandis qu'il croyait pouvoir empêcher un glissement vers des coalitions solides, il n'hésita pas lui-même à transgresser, d'un autre côté, sa propre politique secrète, et à en revenir aux intentions pangermanistes du milieu du siècle en faisant inscrire l'acceptation de l'alliance austro-allemande dans les Constitutions des deux États. Outre cela, cette alliance eut d'emblée pour l'Autriche certaines conséquences intérieures. Le fait qu'elle reposait véritablement sur une solution prussienne de la question allemande lui donna bien plus de liberté vis-à-vis de ses propres ressortissants allemands qui, jusque-là, du moins en Cisleithanie[1], avaient dirigé les affaires; le fait que le parti germano-libéral dominant s'interdit d'intervenir activement dans la politique balkanique qui conduisait à Sarajevo signa sa perte; ce fut le début, pour l'Autriche intérieure, des tentatives de gouverner avec les nationalités, et de traiter les Allemands comme une nationalité parmi d'autres; puisque désormais la nationalité n'était plus qu'une force de division, ce sont l'économie et l'Église qui s'offrirent pour être le lien assurant l'unité interne; c'est ainsi que, par la suite, sociaux-démocrates et cléricaux furent plus ou moins ouvertement des partis de gouvernement. L'autre soutien de la puissance étatique furent les Magyars dont la fusion nationale au sein de la nation étatique réussit mieux qu'aux Allemands autrichiens; c'est ainsi que les intérêts magyars furent prédominants en politique extérieure aussi, et qu'ils renforcèrent la poussée vers le sud-est de tout l'empire. C'est de manière remarquablement précoce que se révèle ainsi en Autriche la face interne du nouvel ordre mondial préparé par la conclusion de la Triplice. Mais plus significative encore, quoique plus progressive, fut la transformation qui dès ce moment-là s'amorça dans l'empire allemand.

ÉTAT SOCIAL

L'évolution interne du nouvel État allemand s'était jusque-là déroulée, pour l'essentiel, en obéissant à des influences occidentales. Même les grandes réformes introduites au début du XIXe siècle s'inspiraient – pour autant qu'elles n'aient pas été suscitées directement par la France – du modèle anglais; et dans ces dernières, tout particulièrement, on s'imaginait, depuis Montesquieu au moins, que s'y conservaient encore les vestiges de « la belle liberté des forêts germaniques ». Ce qui s'ajoutait en Allemagne à des formes occidentales, ce n'était pas même, au premier chef, une forme politique, mais une idée : celle de nationalité comprise comme la réalisation spécifique, naturelle, obéissant à un destin, de la conception démocratique du peuple. Cette identification – une évidence en France et en

1. Il s'agit de la province véritablement autrichienne de l'empire austro-hongrois.

Angleterre grâce au cours si l'on veut plus heureux, en tout cas plus rectiligne de l'histoire nationale – fut ressentie en Allemagne dans toute sa profondeur, et c'est par ce biais-là seulement qu'elle devint un savoir européen. Mais il n'en surgit pas une forme spécifique d'efficace étatique. Dans la décennie qui suivit Königgrätz[1], la politique intérieure suit la voie qui, de 1791, conduit à « la constitution civile du clerc ». Jusqu'à ce que, à partir de 1872, une série d'événements interviennent qui, *mutatis mutandis*, représentent le pendant de ce qui s'est passé en France à la fin du siècle précédent, une « révolution allemande » d'où l'État allemand s'est élevé à sa forme classique ayant valeur de modèle pour l'Europe. Bien que lié consciemment à des représentations patriarcales traditionnelles, ce fut néanmoins, par rapport aux idées politiques dominantes du siècle, un bouleversement que de voir les ambassadeurs de l'empire faire valoir comme une ambition de l'État la protection des faibles ; le citoyen de 1789, responsable et fondateur de l'État, s'y retrouva comme chez lui.

De Bismarck à Guillaume II

Les nouvelles idées, comprises par Bismarck davantage dans leurs effets à moyen terme que dans leur profondeur, furent imposées par la contrainte au pays, avec tout le mécontentement d'une rancœur exaspérée. Ce fut une révolution, non pas sanglante, mais pleine de poison. La neutralisation forcée du parti national-libéral, fondateur du Reich et toujours dominant, dont l'ensemble du programme était heurté par la politique économique et sociale qui dictait les interventions de l'État ; la législation d'exception visant les sociaux-démocrates qui ne remarquaient pas que le gouvernement – malgré ses penchants et, donc, d'autant plus sûrement – était en train de réaliser les objectifs de leur parti ; le rapport froid au parti du centre dont on s'était acquis la collaboration, certes, mais pas encore la confiance ; la mise sur la touche, sans qu'on en soit satisfait, de la gauche bourgeoise issue de 1848 – tout cela compose une image trouble, celle de la situation léguée par cette époque de transformation et de renaissance aux générations à venir ; on assistait au déclin de l'ancien sans voir dans le nouveau davantage que l'arbitraire tout personnel du vieux géant qui, dans la lutte pour l'avenir de son œuvre, n'était nullement dérangé par le fait d'être prêt à détruire ses bases les plus solides dès lors qu'elles semblaient faire obstacle à cet avenir. On eût pu avoir l'impression d'une délivrance lorsque les premières années du gouvernement personnel de Guillaume II éclairèrent soudain le but vers lequel l'État avait mis le cap

1. Hradec Kralové, en tchèque, ville de Bohême orientale ; il s'agit de la bataille de Sadowa, désignée autrement par l'historiographie allemande.

si les germes de l'exaspération n'avaient pas été déjà semés qui troublaient la vue, et si cette perspective elle-même ne s'était de nouveau refermée durant la période qui allait jusqu'au déclenchement de la Grande Guerre. Ce sont véritablement des années prophétiques ; le jeune empereur tendait la main aux partis combattus par Bismarck et qui, ce qu'à l'époque on devinait à peine, recelaient pourtant les germes de ce que serait l'Allemagne de l'avenir; le centre, les Polonais et la gauche bourgeoise formèrent, un temps, la majorité gouvernementale; la loi contre les socialistes fut abrogée; la politique sociale cherchait, en vain tout d'abord, à faire activement participer les cercles des ouvriers; la relation à l'Autriche reçut une base morale plus claire grâce à l'annonce du traité d'assistance mutuelle que le gouvernement autrichien n'avait jamais admis : d'une alliance relevant du droit des gens, ce rapport pouvait désormais se muer en une relation constitutionnelle; on vit apparaître la flotte de guerre, et, plus encore sans doute, pour ce peuple au long passé de guerres terrestres, un sens de la puissance maritime ; enfin, à Jérusalem, sans qu'à ce moment-là le sens de cet acte fût à peine intelligible, l'empereur se proclama l'ami de trois cents millions de musulmans[1]. Autant d'amorces, encore sans lien entre elles ; lorsqu'on le cherchait, comme dans le génial ouvrage programmatique de Naumann[2] en 1894, on ne voyait apparaître tout au plus que le lien entre quelques segments de cette politique, et – comme chez Naumann, le lien entre impérialisme fondé sur la flotte et libéralisme social – ce n'était encore que selon un schéma obsolète, comparable à celui qui réglait en Angleterre le rapport entre théorie et pratique au XIXe siècle. Nulle part encore, l'ensemble des composantes de cette politique n'était saisi comme une unité telle que la guerre actuelle nous a enseigné à la comprendre. Encore moins la projection éclairant un avenir bien plus lointain et animée par le mot d'ordre de « péril jaune » pouvait-elle se frayer une voie dans les esprits, elle qui, pour la première fois, révélait la conception européenne de la politique mondiale, déchiffrant pour la première fois aux yeux de la nouvelle Europe postmédiévale, telle qu'elle était devenue réalité depuis le XVIIIe siècle, les destinées de son avenir.

1. Allusion de Rosenzweig au voyage spectaculaire qu'entreprit Guillaume II à Constantinople et à Jérusalem, à l'automne 1898, pour sceller l'amitié germano-turque. Il s'y présenta comme le champion de l'Islam.

2. Friedrich Naumann (1860-1919), théologien protestant, écrivain et homme politique allemand. Fondateur, en 1896 du « Nationalsozialen Verein ». le livre auquel Rosenzweig fait allusion est très certainement : « Was heisst Christlich-sozial ? », paru en deux cahiers, en 1894 et 1896. Son programme incluait une prise de position forte en faveur de la transformation de l'Allemagne en puissance politique nationale, seule susceptible de réconcilier l'État et les travailleurs. Celle-ci impliquait des colonies, la création d'une flotte, etc.

Du panslavisme au panasiatisme

Ce sont des réflexions similaires, sur ce qui était devenu le présent, et qui allaient au-delà, autour desquelles, à l'époque, vinrent graviter et se former les idéaux russes. L'homme qui accompagna le tsar actuel dans son voyage au Japon, entrepris alors qu'il était successeur au trône[1], et le penseur russe Soloviev[2] ont tous deux accentué le panslavisme en en faisant un « panasiatisme » : mettre la Russie, première puissance de l'Europe chrétienne, au service de la mission universelle qui consistait à faire entrer dans l'orbite chrétienne les anciennes religions extrême-orientales de l'esprit. Ce fut la première prise en compte, même si elle était fantasmatique du point de vue politique – c'est-à-dire la première prise en compte sérieuse du problème dont s'étaient occupé jusque-là seules les missions chrétiennes et auquel, à partir du XIXe siècle, s'intéressa, de temps à autre, la pensée à la mode. Ce problème était à l'ordre du jour politique en raison de l'extraordinaire montée en puissance du Japon et de son européanisation de surface, et il était censé, sous cette forme, quitter bientôt le monde des idées pour la pleine lumière de l'événement. Non pas en raison de sa signification propre, mais, tout d'abord, parce qu'il était pris dans le tissu des relations entre les anciennes puissances européennes. La puissance dans la sphère de laquelle intervenaient le nouveau rêve animant la politique mondiale russe, ainsi que sa conséquence, l'expansion de la Russie vers le sud, ruinant les plans balkaniques de contention élaborés en 1879, et vers l'Asie, c'était l'Angleterre.

De Gladstone à Chamberlain

Pour l'Angleterre aussi, une période de formation d'un empire a débuté vers 1880, inaugurée, symboliquement, par la création du titre d'empereur des Indes, réalisée, concrètement, par une série d'entreprises qui devaient placer entièrement sous contrôle britannique les voies d'accès à cette colonie la plus importante. Chypre, l'Égypte, le Soudan, l'Afrique du sud, Suez et la Mecque étaient les étapes de ce trajet. L'ère des grands

1. En 1890, le tsar Alexandre III envoya son fils (le futur tsar Nicolas II) faire un voyage en orient. Celui-ci débuta en Grèce, se poursuivit en Égypte, en Inde pour s'achever au Japon, où il fut la cible d'un attentat qui devait laisser des traces durables dans les relations entre la Russie et le Japon. L'homme qui l'accompagnait, auquel Rosenzweig fait allusion, était le prince Oukhtomski.

2. Rosenzweig fait allusion à la pensée du premier Soloviev, marquée par des ouvrages comme *La Crise de la philosophie occidentale*. La thèse de Soloviev était la suivante : si, dans l'orient non-chrétien, Dieu absorbe l'homme, si, dans l'occident rationaliste, l'homme entend se déifier par ses propres forces, seul le monde slave est en mesure de révéler à l'Orient et à l'Occident la plénitude de la divino-humanité.

conquérants fondateurs de l'empire et des grands colonisateurs débuta. Le testament du jeune Cecil Rhodes[1], de l'étudiant maladif d'Oxford doté d'une âme de César, révèle l'extrême extension, enveloppant toute la planète, de ces idées. Ce que lui-même et le conquistador Kitchener[2] avaient atteint dans les années 1890 – tandis qu'à cette même époque Chamberlain jetait les bases d'une union des colonies blanches d'outre-mer avec la mère patrie –, c'était déjà presque l'achèvement de l'empire africano-indien. Quelques lacunes subsistaient encore qui faisaient obstacle : les possessions allemandes en Afrique orientale et, surtout, les droits turcs sur l'Arabie qui, bien qu'ils n'aient jamais été mis en vigueur, étaient désormais sapés par le centre spirituel de l'islam, par l'école supérieure du Caire, dont le développement était protégé par les Anglais. Mais la menace immédiate semblait incarnée par l'avancée russe vers les frontières de l'Inde ; le but semblait remis en cause et les préoccupations concernant les voies d'accès passèrent au second plan. Dans la mesure où l'Allemagne, soupçonnée d'être un adversaire futur en Afrique et à cause de son amitié pour la Turquie de même qu'en raison de la croissance menaçante de sa flotte, mais dont on souhaitait désormais le soutien, se refusait à entreprendre une démarche contre la Russie, l'Angleterre, dans une audacieuse irruption sur la nouvelle scène véritablement mondiale, saisit la main tendue du Japon désireux d'alliance, et c'est le Japon qui, en 1905, conquit, pour lui-même, sa position à l'est, et, pour l'Angleterre, la sécurité de l'Inde.

MARCHE D'APPROCHE

Dans le dernier quart de siècle, la guerre de Mandchourie rendit évidente une extraordinaire extension de la scène politique. Il devint patent que seules les puissances engagées sur cette scène pouvaient figurer parmi les grandes puissances ; les anciens points critiques de la politique européenne perdirent de leur importance. La France, qui avait restreint ses projets africains face à l'opposition anglaise après Fachoda[3], quitta les

1. Cecil Rhodes (1853-1902), homme d'État britannique d'Afrique du sud, qui étendit et organisa la colonisation britannique en Afrique australe. Rosenzweig évoque ici le rêve que formula Cecil Rhodes, alors qu'il était étudiant à Oxford, de l'établissement d'une fédération anglo-américaine, régissant un empire mondial.

2. Horatio Herbert Kitchener (1850-1916), maréchal britannique qui fut actif, souvent avec une grande brutalité, sur presque tous les fronts de l'Empire britannique en Afrique et en Asie (au Soudan, où il participa à l'incident de Fachoda, en Afrique australe, pendant la guerre des Boers, en Inde puis en Égypte).

3. Fachoda, ville du Soudan qui fut en 1898 le lieu d'un incident diplomatique entre l'Angleterre et la France (mission Marchand) qui fut contrainte d'abandonner ses positions.

rangs de ces puissances; sa fixation hypnotique sur la trouée des Vosges[1], question désormais ridicule au regard des nouveaux critères, paralysait ses forces et affaiblissait l'État qui, au XIXe siècle, avait pu par moments passer pour la grande puissance d'Europe, et qui désormais en était réduit à une politique de simple puissance auxiliaire même s'il s'agissait d'une puissance auxiliaire de premier rang. Le fait qu'alors, et malgré l'extension de la scène internationale, ce fut pourtant et encore une fois un problème européen qui a tout d'abord pu, du moins en apparence, être au centre de la politique, la question des Balkans, cela n'était que la conséquence du repli auquel la Russie fut contrainte en Asie.

ENCERCLEMENT

Lorsque l'Autriche, confiante dans l'affaiblissement militaire et intérieur de la Russie, ainsi que dans le soutien de l'Allemagne, fit un premier pas, ne fût-ce que formel, vers les Balkans, les deux puissances se retrouvèrent soudain face à face, de part et d'autre du front diplomatique formé par les autres, y compris par les « alliés » de l'Italie et, surtout, par l'Angleterre qui, désormais, après la mise à l'écart de la Russie, avait entrepris de s'opposer de toutes ses forces à l'Allemagne. Le point d'intersection de cette opposition ne se situait cependant pas à Constantinople, mais à « Bagdad » qui était à la fois la tête de pont d'une politique turque et centre-européenne et le verrou fermant la voie à la formation de l'empire anglais sur l'axe Le Cap – Le Caire – Calcutta. Ainsi les Dardanelles, l'ancien et classique point d'intersection, au XIXe siècle, des intérêts anglais et russes, devinrent-elles, pour l'Angleterre, une question de second ordre, tandis qu'elles venaient au premier rang des préoccupations de l'Allemagne et de l'Autriche. Ce qui explique, en dépit de quelques oscillations, le maintien du déploiement, qui avait débuté avec l'annexion de la Bosnie, des puissances européennes dans les années qui suivirent, et qui, depuis 1911, déclencha une série ininterrompue de guerres turques lesquelles, sans solution de continuité, conduisirent à la Grande Guerre actuelle.

MITTELEUROPA

Le déclenchement de cette guerre est le terme d'une évolution qui avait débuté vers 1880. C'est maintenant seulement que ses concaténations sont devenues intelligibles. C'est à peine si l'on peut se représenter une

L'événement est resté le symbole de la rivalité entre la France et la Grande-bretagne dans l'appropriation du continent africain.

1. Sur ce point, cf. *infra*, p. 112 *sq.*, *Vox dei ?*.

démarche qui s'écarte davantage de l'esprit animant la politique bismarckienne – pas simplement de certaines de ses maximes, comme celle de l'amitié native avec la Russie qui, au contraire, ont continué de jouer un rôle jusqu'au tout dernier moment précédant le déclenchement des hostilités – que la politique qui a conduit l'Allemagne à entrer en guerre et dans un tel conflit. En premier lieu, la conclusion de l'alliance avec l'Autriche, obéissant à l'esprit de la « fidélité des Nibelungen[1] » et qui, à l'époque, avait débuté lorsque ne fut pas renouvelé le pacte secret avec la Russie, avait un caractère purement wilhelminien. Dans la mesure où la politique allemande, durant les jours décisifs de juillet, après un bref recul et une courte réflexion sur la tradition bismarckienne d'un égoïsme sans réserve au profit de l'État, fit siens les objectifs autrichiens, l'alliance devint en fait bien davantage qu'une alliance ordinaire ; la frontière sud-est, qui fut alors aussi celle de la politique du Reich allemand, c'était désormais le Danube. C'est alors seulement que les anciennes relations avec la Turquie, qui, à l'origine, reposaient sur la base purement négative du désintéressement, et qui, même dans les derniers temps, alors même que la réflexion stratégique avait su franchir les étapes jusqu'à Bagdad, n'étaient pas allées jusqu'à devenir réalité effective, c'est-à-dire nécessité objective absolue – l'Allemagne pouvait mener sa politique turque, mais elle pouvait également l'interrompre et chercher son salut au sein d'une autre constellation –, c'est alors seulement que la politique de la route vers Bagdad acquit une base géographique effective, le caractère contraignant qui seul découle du tracé des frontières. C'est ainsi que, dépassant l'édifice du Reich bismarckien, s'est formée l'image d'une Europe centrale allemande, d'une vaste confédération de peuples, rassemblant les slaves occidentaux et méridionaux, les Magyars, les Turcs, les Arabes, et sans doute même les possessions coloniales sur le continent noir. Et tandis que ce visage de l'avenir sortait du chaudron bouillonnant des nécessités de l'heure, le pays qui était au cœur de cette confédération future achevait l'organisation interne nécessaire à cet avenir sien. La conception de la nationalité, développée lors du siècle écoulé, avait établi l'unité de l'État et de la nation en faisant de l'État la propriété de la nationalité dominante ; ni l'existence de corps nationaux étrangers en son sein ni, à l'extérieur de ses frontières, celle d'une diaspora ou d'expatriés irrédentistes n'affectaient le caractère de l'État, conçu comme État-nation. L'image de l'Europe centrale et cette conception de l'État eurent pour conséquence, dans la pratique politique, certaines difficultés et certaines insatisfactions qu'il était cependant impossible de pallier dans le cadre de l'ancienne conception de l'État. Or le grand boulever-

1. Sur cette fidélité des Nibelungen, cf. *infra*, p. 115 *sq.*, *Vox dei ?*.

sement à l'œuvre depuis 1878, la « révolution allemande », avait fait surgir une idée de l'État qui impliquait une nouvelle attitude de l'État, y compris à l'égard des nationalités. La conception démocratique du citoyen, née de la Révolution française, avait fait du citoyen celui qui contribuait en toute responsabilité à la création de l'artefact étatique, et elle garantissait, sur le plan pratique, l'unité de cette œuvre grâce à l'homogénéité nationale des créateurs ; désormais, cette conception devait céder le pas face à une nouvelle, ou du moins être complétée par elle, pour qui le citoyen était avant tout dans une relation de protection à l'égard de l'État ; ainsi, au-delà du gouvernement national souverain et le surplombant, on pouvait imaginer une forme d'État qui incluait plusieurs nationalités. Face à l'ancienne idée « libérale » de l'État, qui continuait d'être valide à l'intérieur de ses frontières, c'est-à-dire dans le cadre de la nation, l'idée « sociale » devint la condition permettant aux nations d'entrer dans la confédération supranationale. Mais, dans la mesure où ce problème de l'empire se révéla, sous diverses formes, être également la question de l'avenir des puissances en conflit, le socialisme d'État allemand, puissamment développé sous la contrainte de la guerre mais plus profondément enraciné que soumis à la seule contrainte de l'heure, devint, ce qu'il avait déjà commencé d'être durant la décennie précédant la guerre, un exemple même pour les peuples avec lesquels il était en conflit. Or, sur le plan intérieur, et puisque le socialisme d'État n'apparaissait plus comme un simple cas de figure mais était essentiel à l'État, cela voulait dire la participation en toute confiance des sociaux-démocrates à cet État, et, d'autre part, grâce au développement commun avec l'Autriche et les slaves occidentaux, le catholicisme bénéficia d'un soutien au sein de l'empire, ce qui conforta puissamment la position du centre, et en fit, bon gré mal gré, le représentant de la politique à venir, flanqué de cette partie de la bourgeoisie qui était en quelque manière prête à comprendre les situations nouvelles, postbismarckiennes. Puissance maritime, Europe centrale et Asie mineure, politique sociale, autonomie des nationalités se retrouvèrent sous la protection d'acier de l'empire prussien qui désormais commençait de scintiller en reflétant les éclats des vieux joyaux impériaux reposant dans le trésor du château de l'empereur viennois.

GREATER BRITAIN

Le foyer de la guerre a fait surgir uni le grand empire sous domination allemande ; et durant cette même guerre, se décida également le sort de l'empire britannique. Combien fréquemment avait-on, à l'extérieur, affabulé sur sa dissolution assurément imminente, sur les oppositions d'intérêts censées exister entre la métropole et les territoires d'outre-mer ; tout cela se révélait maintenant vain. L'empire, dont il était possible auparavant de douter, pour le renforcement duquel furent ébauchés puis de nouveau rejetés de grandioses projets d'organisation économique et politico-juridique, cette considérable configuration due à l'opiniâtreté anglo-saxonne se présentait dans toute son efficace aux yeux du monde. L'habileté avec laquelle l'Angleterre, sans pénétrer véritablement dans les profondeurs d'une population étrangère, mais en sachant néanmoins sûrement pondérer le mélange d'un peu de rigueur au bon moment et de beaucoup, parfois semble-t-il de trop de confiance en général, ce qui s'est presque toujours avéré, savait maintenir par-delà les mers, la cohésion des populations étrangères et des parties de la sienne qui étaient devenues indépendantes, l'Angleterre, en s'opposant à tout le passé, avait créé une forme originale d'empire. Tandis que l'Allemagne, sans elle-même l'avoir consciemment voulu, portée par le vent de l'histoire, poussait à une structure au plus haut point allemande de l'empire, aspirait à un être politique vivant, constitué de nations et d'États – qui s'ajustaient tels les membres d'un corps, chacun étant autonome et vivant, chacun formant entièrement la totalité et aucun ne l'étant cependant à soi seul – tandis que l'Allemagne aspirait ainsi, en politique, à cette conception du monde singulièrement bigarrée et pourtant baignée d'une unique lumière, telle que Goethe, autrefois, de manière tout aussi allemande, l'avait saisi dans l'idée d'une littérature universelle : l'Angleterre forgea, en liaison avec les traditions classiques de son histoire récente, la conception d'un empire de la liberté individuée de tous ceux qui y participaient, elle forgea l'unité de l'union des États par opposition à l'unité allemande des familles nationales. La lutte intellectuelle, durant la guerre, à propos de ces conceptions du monde différentes, celle de la « culture » et celle de la « civilisation », se déroulait entre les deux puissances occidentales et les puissances moyennes ; la France particulièrement, là aussi puissance auxiliaire, devait être le porte parole pour le camp occidental ; les conceptions politiques du monde propres aux deux puissances occidentales, que rapprochait sans arrêt leur histoire culturelle, se retrouvaient d'accord dans l'idéal de la machine travaillant sans friction.

RUSSIE

La Russie restait muette. Ce qu'elle représentait au sein du bruyant combat des points de vue en Europe n'était qu'un décalque des formules occidentales. Sa véritable conception des choses doit être déchiffrée. Elle se situe, comme toute conception profondément lestée d'histoire, dans son destin. Ce dernier, c'était déjà certain au début de la guerre, commence par le recul vers l'est de l'appareil d'État, par l'abandon de la couronne extérieure des territoires baltes et polonais. C'est, après la séparation d'avec l'« Occident perverti », la Russie de Dostoïevski qui surgit ici, et, au fond, malgré certaines idées polonophiles, celle de Solovieff. Son but, sur le terrain de la politique internationale, se déplacera nécessairement et de nouveau vers le pôle qui l'attirait à l'époque de grande floraison de l'esprit russe, après le Congrès de Berlin[1], c'est-à-dire vers l'orient asiatique. Quelle structure interne adoptera cet empire russe, on peut tout au plus le deviner, outre l'adoption superficielle des éléments de la forme impériale classique qui, pour l'époque à venir, porte, dans le socialisme d'État, l'empreinte de l'Allemagne. En effet, de toutes les grandes puissances, la Russie est celle qui n'a pas encore atteint sa conception classique de l'État, celle à laquelle la France de Louis XIV était parvenue sous la forme de l'absolutisme; l'Angleterre du XVIIIe siècle, sous la forme du parlementarisme; l'Allemagne de nos jours, sous la forme du socialisme. Il semble que, toujours, la formation de l'originalité nationale dans la littérature précède l'accession à la structure classique de l'État, exemplaire en Europe. Incontestablement, la Russie a déjà franchi cette première étape littéraire, mais pas encore la seconde. Or, de même qu'il existe des fils conducteurs secrets et difficiles à saisir dans des notions qui conduisent de la pleine et ample force rabelaisienne à l'État de Louis XIV avant 1685[2], des nobles shakespeariens, sveltes d'esprit, aux Pitt, des profondeurs goethéennes, revêtues d'esprit bourgeois, à Bethmann[3], de même aussi de l'intériorité démoniaque de Dostoïevski une voie mène en quelque manière vers ce que sera l'État russe à venir. Si je puis me permettre de formuler ce qui est incertain, je dirai que, face à l'intrication de l'État et de l'esprit, qui est d'Europe centrale et, par rapport à leur pure et simple séparation, qui est occidentale, la Russie réalisera la fusion des deux forces, dans le sens de son Église qui, dans ce domaine, a forgé le versant asiatique du christianisme; c'est en cela, dans cette incapacité soit à séparer proprement, à la manière anglaise, l'extériorité riche de finalités et l'obscure profondeur de la vie, soit, à la manière allemande, de les unir pour leur donner tout leur

1. En juin-juillet 1878. La France, l'Angleterre et l'Autriche, l'Allemagne jouant le rôle de médiatrice, se coalisèrent pour réviser les clauses du traité de San Stefano par lequel l'empire ottoman accordait certains avantages à la Russie. Ce congrès déboucha sur la proclamation de l'indépendance de la Roumanie, de la Serbie et du Monténégro. La Grande-Bulgarie était réduite à la partie nord des Balkans, l'empire austro-hongrois avait désormais le droit d'administrer la Bosnie et l'Herzégonvine. La France avait un protectorat sur les Lieux saints et l'Angleterre se voyait confirmer la cession de Chypre.

2. Date de la Révocation de l'Édit de Nantes.

3. Theobald von Bethmann-Hollweg (1856-1921). Homme politique allemand. Nommé à la tête de la chancellerie d'Empire en 1909, sa volonté d'améliorer les relations de l'Allemagne avec l'Angleterre et la Russie se heurta aux ambitions de Guillaume II et de son état-major; partisan d'une paix qui maintiendrait le *statu quo* de l'Allemagne, il fut contraint de démissionner en 1917.

sens, que réside l'impuissance russe face à l'Europe; elle trouvera sa force, c'est ce que je crois, en Asie.

PERSPECTIVES

Trois figures de l'empire luttent l'une contre l'autre; et déjà plus pour leur existence, mais, en vérité, uniquement pour leurs limites. Après la guerre, elles seront encore là toutes les trois. Cependant, ni séparément ni ensemble, elles ne satureront pas entièrement le monde. Ne serait-ce qu'au Japon, apparemment la puissance dominante de l'orient bouddhiste et confucéen, et en Amérique du nord, qui, malgré sa base anglo-saxonne, est la colonie de tout le nouvel œkoumène, se sont développés des lieux intermédiaires indépendants, même si, durant cette guerre, ils ont l'un et l'autre emboîté le pas de l'ancien système européen. Et, au sein du futur système d'Europe centrale, l'islam est enraciné comme un élément doté de virtualités très obscures; devra-t-il se maintenir durablement au sein d'une communauté centrée sur l'Europe? Son apparition à titre de réponse orientale à la christianisation de l'Europe ne s'y oppose pas directement. Néanmoins, rien n'est certain dans ce domaine, d'autant plus que le point chaud, les «Dardanelles», de l'opposition à l'occident et à l'Europe centrale sera le canal de Suez, donc non plus au cœur politique mais au centre spirituel de l'islam; c'est pourquoi les portes sont là grandes ouvertes à ce qui influera sur la tournure à venir des événements.

MONDE

Ainsi, les questions mondiales de première grandeur, les questions qui dépassent le monde chrétien, l'héritier de l'ancien œkoumène, ne sont pour l'heure qu'à peine effleurées. Seule émergera de l'actuel embrasement mondial la tentative d'une organisation supranationale, et parce qu'elle n'est qu'une tentative, elle revêtira aussitôt plusieurs formes. Les plus grandes luttes, les combats pour la véritable idée du monde sont encore à venir. Ils s'entremêleront avec les luttes et les alliances propres aux idées de l'empire apparues de nos jours. Mais l'adversaire, la tête de l'un des partis, même s'il cherche et s'il trouve ses alliés parmi les empires de cette guerre actuelle, sera cependant, ce qui jamais ne fut auparavant le cas, véritablement extérieur, hors du monde qui pouvait encore être déduit, non sans quelque légitimité, de l'ancien œkoumène. Dans ce combat, l'implication spatiale de toute la terre sera justifiée par les idées propres à l'œkoumène. On a parlé de sphères culturelles éternellement séparées. Je n'y crois pas. Car le Dieu dont il est écrit qu'il est un guerrier n'a créé qu'un seul ciel et qu'une seule terre.

THALATTA
Hégémonie maritime et liberté des mers

LES EAUX

Le tracé des frontières dessine l'histoire de la terre unique. Mais la terre elle-même a des frontières, dès le début. Partout alentour, la mer vient battre les côtes. Deux ou trois grandes îles : voilà ce qu'est l'élément sec au milieu du rassemblement des eaux.

MAPPEMONDE

La représentation géographique et la représentation politique du monde ne sont pas identiques. La seconde dépend de toute façon de la première. Dépendance qui, à vrai dire, n'apparaît que très lentement. La démarche d'escargot de l'histoire universelle a eu besoin de millénaires pour obéir à la démonstration théorique de la rotondité de notre terre, de siècles, pour suivre sa preuve expérimentale. Nous n'en vivons précisément que les débuts. Pour la génération politique qui nous précède directement, la terre où se déroulait l'histoire n'était en fait qu'un disque, telle qu'on représente la conception que se faisait Homère de la géographique du monde. Et c'est encore le cas aujourd'hui – mais n'anticipons pas.

« TERRE FERME » ET « ÎLES »

Cette image « homérique » du monde, comme nous nous la représentons d'ordinaire – une grande mer intérieure, entourée de côtes, une étroite bande d'océan ceignant le tout – n'est toutefois pas la plus ancienne, et certainement pas la conception la plus ancienne du point de vue de l'histoire universelle. Cette représentation « homérique » est précédée par une autre qu'avec une égale légitimité nous pouvons appeler « biblique » : l'image du monde des grands empires de l'orient dont les destins sont en effet rassemblés sous la lentille concave des écrits prophétiques, tout comme l'âme grecque, dispersée par la lentille convexe du texte homérique, est diffractée dans le monde des destins grecs. Dans cette représentation biblique, ce n'est pas une mer qui roule en son centre, mais, immobile, une gigantesque terre ferme, cette terre où surgissent et disparaissent les grands royaumes, sur laquelle viennent déferler les tempêtes septentrionales des peuples nomades, où éclatent en tonnant les orages des tensions entre puissances. La seule mer qui vienne battre cette masse compacte de terre ferme, c'est l'océan, non pas le mince anneau enserrant le monde homérique, mais l'immense indéterminé. Certes, on sait qu'il existe des côtes au-delà de la mer, mais elles ne sont pas liées entre elles, ne donnent à la mer aucun contour, aucune spécificité cohérente; ce sont les « îles » du second Isaïe, points dispersés sur la mer infinie, lointains, confins, l'au-delà de la seule terre ferme centrale qui forme un tout. Cette mer, n'est pas la « haute » mer, n'est pas le dos gigantesque de quelque être vivant autour duquel les côtes se souderaient, tirant de lui leur vie, leur force, leurs buts et leur volonté; c'est, au contraire, l'abîme béant cernant la terre familière, où marins et navires se risquent à « descendre ». La terre, donnée aux fils de l'homme pour qu'ils y habitent, reste seule ce qu'il y a de ferme.

THALATTA

Lorsque les dix-mille[1] de Xénophon se virent délivrés de cette terre ferme qu'ils avaient arpentés d'une extrémité à l'autre, et célébrèrent la fête de ceux qui retournaient chez eux, ils n'étaient pas plus proches spatialement de leur patrie que durant tout leur trajet à travers les hauts plateaux et les montagnes sans fin de cette terre. Peu importe : ils voyaient la mer, les côtes ; et apercevant les côtes, ils devinaient celles d'en face, ils percevaient leur patrie ; la mer étaient pour eux la garantie du retour ; là où il y avait de la mer, il y avait l'Hellas; tout autour, accrochée à ces côtes, dans des centaines de colonies, croissait la vie grecque ; aucune limite extérieure de terre ferme n'enserrait son extension; la frontière intérieure, le tracé des côtes marines se refermant en une circonférence, celui qui veut en dessiner la vastitude doit les suivre. Les côtes de la mer centrale se refermaient sur elles-mêmes; l'océan, à l'extérieur, n'était qu'obscure légende; la réalité, la réalité chérie, c'était seulement cette mer propre, cette mer familière, au centre du monde, au bord de laquelle on vivait. À elle pouvaient s'appliquer les derniers mots de cette inscription funéraire infiniment émouvante où les fils d'Érétrie, déportés par la guerre et dormant, loin de la mer, « au cœur de la plaine d'Ecbatane[2] », saluaient leur patrie: « Porte-toi bien, toi mer chérie ».

OKEANOS

L'expédition d'Alexandre emmena alors les Hellènes loin au cœur de la terre ferme. Et pour plus d'un millénaire, dans la mémoire des contes et légendes, l'orient est demeuré le dernier de ces grands empires antiques que la large nuque de ce pays s'était habituée à porter. Alexandre, lui, en avait

1. Hostile à la démocratie, restaurée après la chute des Trente, Xénophon s'engagea dans l'armée des mercenaires grecs rassemblés par Cyrus. Après la bataille de Connaxa et la mort de leur dirigeant Cléarque, c'est lui qui conduisit la retraite jusqu'à la mer des 10000 mercenaires. Il en fit le récit dans *L'Anabase*.

2. Ancienne capitale des Mèdes, conquise par Cyrus au VIe siècle; Érétrie était une île d'Eubée, détruite par les Perses en 490 av. J.C., durant la première guerre médique.

un sentiment différent. Sa volonté surhumaine d'aller de l'avant ne s'attachait pas au pays conquis, seules des routes étaient tracées, et des forteresses bâties aux étapes stratégiques; ce qui s'étendait alentour, chaque fois que c'était possible – et d'une manière ou d'une autre c'était toujours possible – restait la propriété de ces peuples anciens; il cherchait seulement à leur extorquer leur amitié, seulement la sécurité de la seule chose qu'il avait lui-même créé : la voie d'accès. Or la route, à travers cette « plaine d'Ecbatane » sans limite, aspirait à un terme, la mer; l'infini de sa volonté que toutes les époques qui s'en approchèrent devinèrent avec effroi, c'est précisément cela : l'océan. Ce qui jusque-là était une extériorité obscure, c'est ce qu'Alexandre veut ouvrir aux Grecs; l'océan, lui aussi, doit devenir une « mer chérie »; au-delà des frontières de la mer fermée aux côtes de laquelle la Grèce prenait sa part naturelle, la mer grecque devait s'élargir jusqu'à l'infini des mers. Et lorsque cette volonté absolue, la chose la plus grandiose que le monde de la Grèce ait produite, s'effondra en raison du matériau trop inerte de ce monde, Alexandre sauva autant qu'il pu son but, et au lieu d'ouvrir des routes vers les rives les plus lointaines de la mer la plus extérieure, il s'est contenté d'atteindre la rive la plus proche de cette mer extrême. La flotte apparut alors, et, à l'embouchure du fleuve qui le portait vers la mer, il définit symboliquement, allant vers l'océan ouvert, en un sacrifice solennel, l'accession symbolique au but extrême. Le sacrifice à Okeanos a le sens d'une anticipation à un double titre : anticipation du but le plus lointain et anticipation également du but le plus proche; cela aussi, le périple maritime autour des côtes de tout le pays traversé à partir du point atteint sur les rives, il devra le laisser à un autre, lui-même reconduisant l'indispensable instrument de sa volonté, l'armée, au pays. Mais son cœur accompagne la flotte de Néarque[1], destiné à couronner son œuvre; les récits de ses proches, rapportant quel était son état d'esprit durant les semaines qui suivirent le retour à Babylone, alors qu'on ne savait rien de Néarque et de la flotte, en témoignent de la manière la plus vivante; et tout d'abord le dernier de ces récits qui relate comment, alors que l'amiral, précédant la flotte revenue saine et sauve, arrive seul, Alexandre, persuadé sur le moment que les rumeurs sur la perte de sa flotte ne l'ont pas trompé, s'efforce, malgré sa propre douleur, d'accueillir son ami avec toutes les marques de son affection, puis apprend alors que l'œuvre est accomplie, que la flotte est sauvée. Et c'est d'abord la flotte, non plus ou, seulement en second lieu, l'armée qui sera l'instrument de ses projets ultimes, tournés vers l'océan, vers l'ouverture, peut-être vers la circumnavigation des côtes

1. Amiral d'Alexandre; en 326 av. J.C., il effectua un voyage dans la mer des Indes, de l'embouchure de l'Hydaspe à l'Euphrate.

africaines, projets dont le début de réalisation fut interrompu par la mort qui vint l'y arracher.

Mare internum

Rome, la ville maritime – car, fondée à l'embouchure du Tibre, pour être accessible aux bateaux de l'époque, c'est ce qu'elle fut, elle dont les plus anciennes monnaies portent un navire en effigie – s'est développée le long des côtes. C'est à la suite d'une falsification romantique de l'histoire des anciennes familles du patriciat marchand que cette aristocratie nous est apparue, aux époques ultérieures, comme étant pour l'essentiel une noblesse foncière attachée à la glèbe; les monuments de l'évolution du droit, et même l'esprit des premiers siècles de son histoire qui est, fondamentalement, d'orientation pacifique ou du moins ne vise pas à la conquête de nouveaux territoires et pas au premier chef de territoires situés à l'intérieur des terres, vont dans un autre sens. C'est ainsi que la république ne s'est élevée au niveau de l'histoire universelle que lorsque fut rompu la relation commerciale contractuelle, séculaire si ce n'est multiséculaire, avec la grande puissance marchande des côtes africaines, et lorsque se déclencha une lutte de géants dont l'enjeu était le contrôle de la moitié occidentale de la Méditerranée, et au cours de laquelle les deux puissances se virent contraintes de s'emparer peu à peu de toutes les rives du bassin, faisant passer les côtes du sud de la Gaule et de l'Espagne sous leur domination directe. La victoire revint à Rome. L'empire qui, pas à pas et sans véritable volonté de conquête, s'est formé au cours de cette guerre, est demeuré un empire des côtes, et s'est développé, en tant que tel et obéissant à une nécessité naturelle, en suivant le tracé des côtes de la mer intérieure, vers le bassin oriental; mais, là encore, sans incursions profondes en quelque endroit, restant toujours attaché aux rives, sur lesquelles il n'exerçait plus sa domination à la manière grecque, c'est-à-dire par l'intermédiaire de cités implantées comme des colonies, mais, en cela héritier des Diadoques, les administrant directement comme des territoires à travers une forme plus ou moins ferme d'organisation politique. C'est ainsi que l'empire romain est devenu le premier empire s'exerçant sur la totalité des côtes d'une mer, ce que les Grecs n'avaient réalisé qu'en idée; la joie débordante des dix-mille, ivres du désir de revoir leur patrie, n'avait en fait qu'anticipé ce qui ne devint réalité pleinement effective qu'au terme de la grande action de Pompée : la libération de la Méditerranée[1]. C'est à partir de ce moment-là que tout homme accédant, à peu près n'importe où, aux

1. En 69 av. J.C., et avec Crassus, Pompée purgea la Méditerranée des flottes de pirates qui interdisaient la libre navigation commerciale.

côtes de cette mer intérieure était déjà effectivement chez lui. Mais précisément à l'instant où, enfin, la politisation de la représentation géographique du monde homérique s'achevait, surgit l'homme qui, pour cette époque et plus encore pour toutes celles qui allaient suivre, fut le bras du destin : Jules César.

MARE EXTERNUM

La conquête par César de la Gaule fut la base de l'histoire à venir de l'Europe. Au sein de l'histoire romaine elle représentait quelque chose de tout à fait nouveau : elle est la première conquête d'un pays et non d'une côte ; et, plus important encore : elle est la première grande conquête qui ne fut pas imposée à l'État romain par les circonstances, sous la pression de l'heure ; elle est, si je puis m'exprimer ainsi, le premier acte arbitraire de l'histoire romaine. Certes, en un sens plus lointain, cet arbitraire cède la priorité à la connaissance d'un plus vaste contexte politique dans le cadre duquel cet arbitraire acquiert lui aussi quelque nécessité ; et il est pratiquement certain que César avait clairement conscience de ce contexte et en a tenu compte. Mais il n'a franchi ce grand pas qu'une fois que la grande vision, largement anticipatrice, des dangers dont le torse de terre ferme européen menaçait l'empire méditerranéen, rencontra les nécessités tout à fait personnelles du grand homme de pouvoir. Une fois ce pas accompli, une fois que Rome eut rattaché à son empire côtier sans faille, au centre des terres, une part considérable des terres fermes baignées par l'océan, une fois que l'homme responsable de cette action, le fondateur de la nouvelle histoire européano-atlantique, eut vaincu à Pharsale, avec des légions romaines et des cavaliers germains, celui qui avait achevé l'histoire strictement méditerranéenne, c'est alors véritablement que cette action commença de révéler sa signification sur le plan de l'histoire universelle, faisant de son agent lui-même son premier serviteur. L'ultime projet de César, la pacification des obscurs arrière-pays de l'Europe, constamment menacés, grâce à la conquête de la plaine russe, des forêts germaniques et grâce au rattachement de ces territoires à la province gauloise, c'était le pendant de l'ultime projet d'Alexandre : autant ce dernier était orienté vers la mer, autant celui de César l'était vers les terres. Si le dernier et le plus grand descendant d'Achille, obéissant à une impulsion sans borne, cherchait à ouvrir directement une route vers la mer, l'ancêtre de tous les kaisers et de tous les tsars s'est, lui, emparé, par un gigantesque geste d'encerclement le long de toutes les mers, de l'empire de la terre ferme.

Mer du nord et mer du sud

Lui aussi, comme Alexandre, la mort l'arracha à son œuvre inachevée. Et de même que ne fut préservée, de celle d'Alexandre, que la partie ultime, seulement ce qui était déjà accompli : l'hellénisation du monde méditerranéen, et que les vestiges de sa volonté infinie, de son désir d'atteindre l'océan à travers les terres fermes d'orient, tombèrent en ruine et s'effacèrent bientôt, de même Auguste ne reprit de l'héritage césarien que ce qui avait été atteint et non pas ses finalités. Le monde méditerranéen pacifié de l'œkoumène et son vaste glacis transalpin protégeant des futures irruptions cimbres, voilà l'empire que conserva Auguste, le grand conservateur. Mais l'innovation que le génie avait auparavant implantée s'imposa contre toute volonté prudemment conservatrice. Lorsque les sombres nuées des plaines nord-asiatiques et des forêts germaniques crevèrent sur le monde méditerranéen et que leurs eaux cernèrent tout, on vit pour la première fois surgir en pleine lumière, aux deux foyers symbolisant l'action du grand César, la terre de l'avenir : la capitale de Clovis le Franc à Paris, la chaire de l'évêque Léon à Rome, voilà les points saillants sur lesquels s'échoua l'arche de l'histoire.

Paris et l'Europe

Le tronc européen était le siège de la force nouvelle, mais la nouvelle mer qui le baignait, c'était l'océan, l'obscur et le vaste inconnu; peu à peu seulement, les deux mers du nord du moins parvinrent à former une sorte de mer intérieure et acquirent quelque vie. Ainsi, ce nouveau monde a-t-il tout d'abord tourné le dos à son océan, et ses regards restaient tournés vers les anciennes côtes méridionales. Lorsque la force nouvelle s'allia à l'ancienne, lorsque le successeur de Clovis se fit couronner par le successeur de Léon, l'œuvre de César pouvait en un certain sens sembler accomplie; aucun danger en provenance du tronc européen de terre ferme ne menaçait plus l'antique monde méditerranéen; la Méditerranée semblait de nouveau être le cœur de la terre, et l'Europe, avec toute sa profondeur de terre ferme, paraissait destinée à être les rives de cette mer centrale. Qu'il en fut autrement, que, mariés à la veille de Noël de l'année 800, l'ancien et le nouveau monde se séparèrent de nouveau, et que l'Europe reçut une nouvelle âme, une âme propre et non plus méditerranéenne, voilà les grandes conséquences du traité de Meerssen[1]. Ce n'est pas, comme l'imagine une historiographie aveuglée par son nationalisme, l'Allemagne qui, à l'époque, est devenue indépendante, mais Paris. Sur le front de

1. Traité de partage de la Lotharingie, en 870.

l'Allemagne s'est aussitôt déposée la charge dorée de la couronne césarienne. L'empire devint le mandataire de Rome en Europe ; Paris, la ville européenne implantée en Europe, la ville de l'Europe nouvelle, non œcuménique, nationale, celle de la terre ferme qui peu à peu apprit à détourner ses regards de l'antique mer centrale pour les diriger vers la mer nouvelle qui n'était désormais plus l'« océan ». La tension entre « Paris » et « Rome », entre le roi et l'empereur, la nation et l'œkoumène, l'Atlantique et la Méditerranée, et non leur union personnelle, comme ce fut un instant une réalité dans la personne de Charlemagne, voilà ce qui fut la source où le monde médiéval a puisé sa vie.

L'Asie et la Mecque

Cependant et comme toujours lorsqu'il s'agit de luttes réellement significatives, effectivement essentielles et non du combat de deux éléments simplement opposés, chacun des adversaires apprend à son tour à se servir des armes de l'autre ; ainsi, l'empire s'unit aux forces de la nation allemande, la royauté à celles de la mentalité unitaire de la chevalerie et de la scolastique, tous deux purent se rencontrer en mobilisant des forces nationales pour une action œcuménique quand un adversaire commun menaça ce dont ils partageaient encore une fois la propriété, c'est-à-dire l'ancienne unité de l'empire. Et c'est ce qui arriva.

Jaffa

Lorsque, plein d'une intuition anticipatrice, Tacite fait l'éloge d'Arminius le Chérusque[1], cet adversaire de l'empire romain, pour avoir été vaincu lors d'une bataille et non au terme d'une guerre, il évoque, outre ce Germain, un autre terrible adversaire à venir : le Parthe. Ce n'est pas une mais deux nuées sombres, grosses de peuples de terre ferme, qui obscurcissaient le ciel du monde méditerranéen. La matrice moyen-orientale, engendrant inépuisablement, tous les cinq cents ans, une nouvelle nation dominatrice qui disposait des immensités de cette terre ferme, fut certes apparemment stérilisée de temps en temps par les généraux de Rome et par les César ; mais sans cesse de nouvelles vagues venaient éclater sur la digue qui dans ces régions était sans cesse avancée et reculée ; seules les côtes de la Méditerranée demeuraient encore intactes. C'est alors que ce monde, le plus ancien de l'histoire, sous l'influence, dont la fécondité n'eût jamais été possible auparavant, d'un ébranlement religieux général, connut la

1. Arminius, héros national allemand, chef germain de la tribu des Chérusques qui vainquit Varrus, mais fut battu par Germanicus à Idistaviso et empoisonné par des conspirateurs.

naissance d'une nouvelle nation; et moins d'un siècle après l'émergence de cette nouvelle puissance, les vagues orientales vinrent couvrir toutes les côtes méridionales de la Méditerranée, et puissamment éclabousser ses côtes septentrionales. Le monde méditerranéen avait cessé d'être effectivement ce qui survivait encore d'exigence sous le nom de Rome. Tôt ou tard, au lieu de se contenter d'élever des digues face au flot montant, il lui faudrait en venir nécessairement à une confrontation fondamentale des deux œkoumènes, celui de Rome et celui de La Mecque; un combat qui était en même temps une lutte pour les contenus géographiques stables de l'ancien œkoumène, pour la domination de la Méditerranée; et qui, par conséquent, avait pour finalité suprême, à la fois symbolique et très concrètement politique, la possession de cette partie de ses côtes qui était l'avancée la plus lointaine de Rome contre La Mecque : la Terre Sainte.

1453[1]

Lorsque les Turcs reçurent, des Arabes, l'empire, et que le khalife monta sur le trône de la Rome orientale, cette lutte de Rome contre La Mecque s'était déjà achevée sur la victoire de la seconde; c'est ce dont témoignait le déplacement à Byzance du siège du khalifat. Mais, en installant désormais son centre de gravité sur la mer centrale, l'islam, savourant ainsi sa victoire, et tournant ses regards résolument à l'ouest, se contentant d'assurer non sans combattre ses arrières à l'est tout en lui tournant le dos, l'islam avait sans le savoir prononcé le verdict sur son propre sort. À l'instant de l'histoire universelle où la chrétienté découvrait en elle et hors d'elle le nouveau monde, l'islam s'ancrait irrévocablement dans l'ancien; il abandonna les virtualités océaniques intérieures et extérieures que lui offrait sa situation géographique à La Mecque, et devint définitivement puissance méditerranéenne alors qu'au même moment l'Europe détournait définitivement ses regards de cette mer centrale pour scruter le miroir vierge de l'océan. C'est à cette époque que l'islam a décidé de la part qui serait la sienne à la future histoire universelle.

1492[2]

L'Europe décida de la sienne en l'an 1492. Le lien d'opposition stricte des deux dates est assez remarquable. Les caravelles de Colomb furent équipées en puisant dans le butin accumulé lors de la destruction des

1. Prise de Constantinople et chute de l'empire byzantin.

2. C'est, bien sûr, la date convenue de la découverte du nouveau monde par Christophe Colomb, mais c'est aussi celle de la chute de Grenade reconquise par les forces chrétiennes, et celle de l'expulsion des Juifs de la péninsule ibérique.

derniers vestiges de la splendeur arabe d'un islam devenu désormais tout à fait turc. De l'ombre des coupoles de Sainte Sophie, profanées par les sabots de Mahomet, les derniers Grecs sauvèrent le trésor de l'Antiquité, en l'amenant vers la nouvelle Europe en train précisément de se mettre elle-même sur pieds. Et tandis que l'islam, agissant jusque-là comme la chrétienté, et issu de racines profondément terrestres, s'était emparé des côtes de l'antique Méditerranée, il abandonnait, tout comme elle, mais dans un sens contraire, cette situation bipolaire, telle qu'elle trouvait expression, par exemple, dans les deux nom de Bagdad et Cordoue : il s'attachait obstinément à l'antique mer, alors que la chrétienté lançait ses étraves vers les nouvelles. Il avait jusque là rendu accessibles au monde européen les trésors de l'au-delà terrestre qui leur était commun, à lui et à elle, ceux de l'Inde et du lointain orient ; il devait maintenant subir le fait que, des côtes européennes les plus éloignées, une main s'emparait directement des deux Indes en passant outre son empire. Il s'était assigné à résidence en un petit monde au moment même où le grand Gênois[1] s'exclamait : « Le monde est petit ».

ROUTES VERS LES INDES

La nouvelle avancée territoriale de l'Europe est tournée vers les deux Indes. Derrière le grand océan sans limite, tel qu'il avait battu jusque-là des côtes atones, surgissent d'un coup les palmiers de mondes nouveaux, de nouvelles côtes. Et vers deux Indes : ce n'est pas seulement l'océan de l'ancien hémisphère, le seul qui fût directement accessible à une navigation de cabotage, qui s'ouvre, mais aussi la voie occidentale, spatialement plus proche, et infiniment lointaine du point de vue de l'audace : Vasco de Gama n'avait fait en quelque sorte que réaliser pour la première fois le rêve d'Alexandre, élargissant les côtes méditerranéennes en en faisant des côtes mondiales, rattachant l'océan à la mer centrale ; mais Colomb, l'inventeur de l'« autre route » vers les Indes, fut le premier à doter l'Europe nouvelle de son indépendance neuve, scrutant les contre-rives des rivages qui lui étaient, à lui seul, familiers, mais jusque-là sans vie. Rivages et contre-rivages – c'est alors que l'océan, tout l'océan, commença de s'achever en une mer. L'erreur de l'explorateur, qu'une extraordinaire bienveillance du destin avait empêché qu'elle ne se dissipe à ses yeux, lui fit voir dans son océan tout l'océan, et donc anticiper, dans cette erreur, la vérité qui devait aussitôt rester de nouveau et pour longtemps masquée aux regards des siècles suivants, jusqu'à l'heure actuelle, parce qu'ils percèrent à jour son

1. Christophe Colomb.

erreur : à savoir qu'il n'y a qu'un seul océan et que toutes les côtes forment une couronne alentour.

Anciens pouvoirs et nouveau monde

Le nouveau monde était là. Comment les anciennes puissances s'en emparèrent-elles ? Le petit-fils[1] des époux royaux[2] servis par Colomb obtint la couronne impériale, au terme d'une joute avec le seigneur de Paris ; l'ancien conflit, intra-européen, entre l'héritage méditerranéen et le candidat continental et atlantique devint à cet ultime instant un conflit ouvert : déjà, les deux adversaires, et très visiblement celui qui, précisément, représentait l'ancien pouvoir, se situaient sur cette nouvelle base atlantique. Le visage à la froideur déguisée du personnage de Charles-Quint masquait la plus étroite intrication de tout le passé et de tout l'avenir. Le dernier représentant de la couronne impériale, qui portait, de manière encore toute vivante, ce cercle d'or héritage terrestre des anciens César, prononça cette grandiose formule, véritablement digne de Colomb, et qui reniait toute mer centrale : l'empire où le soleil ne se couche jamais. La victoire finale revint à coup sûr à la France. L'empire de Charles s'effondra, précisément en raison du conflit interne des forces qui avaient été contraintes de s'y rassembler. Il se décomposa en autant de pouvoirs non œcuméniques qui, tous, s'érigèrent sur le terrain de la nouvelle ère : le royaume d'Espagne, les principautés allemandes affranchies de la tutelle romaine, la maison Habsbourg avec le titre impérial qui, sans voyage à Rome, allait de pair avec sa suzeraineté, et la curie qui s'érigea aussitôt sur les bases de l'État pontifical fondé par le guerrier Jules César[3]. La manière dont l'Église papale, la plus ancienne dépositaire de l'héritage antique, a cherché à réaliser plus avant son exigence œcuménique, est directement le symbole rassemblant tous les aspects de ce tournant historique : elle n'a plus recherché l'alliance classique avec l'empire profane, celle qu'avait, pour un temps, réalisée Charlemagne, et telle que Thomas d'Aquin et Dante l'avaient imaginée dans leur vision parachevée, mais elle a eu recours, pour une part, aux missions atlantiques des grands conquistadores spirituels de la Compagnie de Jésus, mais aussi, pour une autre part, puisque l'antique second glaive n'était plus brandi par Rome vers les quatre points cardinaux de l'univers, au pouvoir d'une organisation strictement indépendante de l'espace, niant cette dimension spatiale et, précisément pour cette raison, dépassant tout les domaines spatiaux, une puissance qui,

1. Charles-Quint.

2. Isabelle de Castille (dite la Catholique, 1451-1504) et Ferdinand d'Aragon (1452-1516).

3. César s'était fait attribuer le titre de *pontifex maximus*.

pour la première fois ici, fut déployée sur une grande échelle et sous une forme singulièrement abstraite, comme la base de toute puissance mondiale : le pouvoir financier; dans les deux cas, en rejetant sans plus y penser l'ancienne base terrestre, l'héritage géographique des César, bref, la Méditerranée, elle s'est érigée, dans un monde transformé, et grâce à de nouveaux instruments, en puissance œcuménique dans un sens tout nouveau.

Puissances atlantiques

C'est le vent de mer atlantique qui était, désormais, le souffle animant la nouvelle ère. D'un seul coup, enfin, ce qui était le dos du monde européen, les rivages atlantiques, devint sa face. Trois pays se partagèrent ces côtes, tous les autres furent soudain leur arrière-pays. L'Espagne avait fait les premiers pas, et en quelque sorte maîtrisé l'aspect technique de la vie nouvelle. La France, infatigable représentante des exigences de cette nouvelle vie – tout au long de cette période bipolaire, vieille et jeune, et désormais révolue, qui avait commencé avec César – éleva l'exigence la plus profondément justifiée de jouer un rôle dominant maintenant que l'époque nouvelle, enfin réalisée et libre d'opposition, s'était fait jour; deux siècles après Colomb, ce rôle lui était dévolu, et si la dialectique du Paris médiéval avait maintenu, du moins formellement, le droit autonome de la jeune Europe en dépit de l'enracinement concret dans l'ancienne communauté œcuménique de ses contenus spirituels, les articles du gallicanisme, la Déclaration des droits de l'homme exprimaient, face à toute l'Antiquité méditerranéenne, la spécificité et la volonté propre de l'Europe continentale. L'Angleterre, pour finir, par nature le plus atlantique des trois pays, attendait patiemment son heure qui, favorisée par sa situation, ne manquerait pas de venir; dès que la France, après le recul de l'Espagne, parvint à son acmé, cette émergence anglaise débuta; et deux siècles après l'apogée de la France, l'Angleterre connut le sien.

Pays-Bas

Mais le cœur de la nouvelle Europe, dans la partie médiane à deux ou trois voix de cette lutte fuguée pour la domination menée par les trois puissances occidentales intervenant l'une après l'autre, n'est aucune d'entre elles. La tête n'est rien sans le tronc, et derrière la face atlantique s'étend tout le torse de l'Europe, le corps de terre ferme et qui entoure la mer centrale, formant désormais une masse considérable. Or le cœur de toute l'Europe continentale et atlantique est cette petite portion de terre où débouche sur l'océan le grand fleuve le plus intra-européen : les Pays-Bas. Dans le combat des puissances atlantiques, ils sont à la fois champ de bataille et enjeu de la lutte; la lointaine Espagne est, précisément parce qu'elle est puissance maritime, à ce point attachée à sa possession que sa perte signifie le début de son déclin; entre les voisins, France et Angleterre, la lutte pour la Hollande est continuelle jusqu'aux derniers moments de cette époque, jusqu'à la chute de Napoléon. Et pour l'arrière-pays, la Hollande est la fenêtre océanique; en acquérant ainsi une position propre, l'héritière de l'ancienne puissance impériale espère prendre de nouveau part à la grande vie du monde; et les pays plus jeunes, qui souhaitent s'y hausser, cherchent également à s'ouvrir une perspective à partir de cette fenêtre, le Grand-Électeur de Bandebourg, le tsar russe ont vécu leur vie durant de ce qu'ils avaient aperçu là; dans l'année décisive de toute cette époque, dans cette année où l'Angleterre se dispose à récolter ce que ses deux prédécesseurs, l'Espagne et la France, avaient acquis, a lieu une coalition de tout l'arrière-pays européen qui porte sur le trône britannique un prince d'Orange; de son lit de mort, le Grand-Électeur lance le mot d'ordre : Amsterdam-Londres[1]. Et pour toute l'Europe, façade maritime et arrière-pays, les Pays-Bas sont, durant ces siècles, ce que fut Athènes à partir du ve siècle pour l'Antiquité, Paris pour le haut Moyen Âge, l'Allemagne pour le XIXe siècle : l'université commune, le foyer de la liberté et de l'originalité de l'esprit du temps.

ROUTES

Les anciennes routes commerciales se déplacèrent en fonction de ce nouveau centre de gravité. Si, durant le Moyen Âge, la Méditerranée fut la route stratégique commune aux peuples voisins, par la suite, et répondant au fait que l'Europe était constituée de la juxtaposition d'un corps septentrional de terre ferme et de côtes méditerranéennes, les hauts lieux du commerce en étaient venu à s'installer là où ces deux composantes du monde étaient interdépendantes : dans le nord de l'Allemagne et dans l'Italie subalpine; en effet, les grands entrepôts du commerce enjambant l'espace surgissaient toujours à l'endroit où, au sein d'un monde commun, un puissant obstacle, quoique surmontable pour l'audace et l'appât du gain, offrait aux regards de qui le convoitait l'objet de sa convoitise tout en le dérobant à sa saisie directe; c'est ainsi que les Alpes furent pour les siècles intermédiaires ce que fut la mer intérieure pour l'Antiquité; les grandes villes commerçantes se développèrent au pied de leurs massifs et de part et d'autre, au nord comme au sud. Ce n'est donc que lorsque, de nouveau, un

1. L'Acte de succession avait, en 1701, déjà arbitré, contre les Stuart, en faveur de la dynastie de Hanovre; en 1714, Georges Ier de Hanovre devient roi d'Angleterre. La guerre dite de succession d'Espagne avait déjà débuté, contre la France, en 1702.

monde a surgi qui, au lieu d'être constitué de deux masses, était enclin à déplacer son centre de gravité résolument vers la mer, que le commerce s'est concentré, tout aussi résolument, au point où la plus grande masse des terres fermes s'enfle pour venir confiner aux côtes dispensatrices de vie; Nuremberg, Augsbourg, Gênes, Venise sombrèrent au deuxième ou troisième rang, tandis que montaient Anvers et Amsterdam.

1776

Tout ce jeu de forces en Europe atlantique s'est nourri, durant deux ou trois siècles, d'un double présupposé : d'abord d'une stagnation en partie dictée par la nature, mais pour une autre part aussi déterminée par des processus particuliers, de l'arrière-pays européen, et, ensuite, de l'absence de vie, véritablement imposée par les conditions naturelles et qui ne s'est transformée que très progressivement, des rives d'en face qui, dans un premier temps, n'étaient que l'objet de l'exploitation mercantile et colonisatrice. Ces deux passivités, celle de l'arrière-pays et celle des contre-rives, ont commencé à peu près en même temps à évoluer. Certes, même au XVIIIe siècle, le centre européen demeurait encore, comme au siècle précédent, le terrain d'exercice des armées combattantes des puissances atlantiques, celles de la France et de l'Espagne au XVIIe siècle, de la France et de l'Angleterre au XVIIIe. Ces luttes confortaient cependant des centres de puissance particuliers, tout d'abord purement continentaux, et déjà durant la guerre de Sept Ans la personnalité de Frédéric II sembla, pour un temps, proche de briser le cadre de la guerre atlantique mondiale dans les limites duquel son action se déployait. Plus significatif encore, l'objet de ces luttes atlantiques cessait de plus en plus d'être un objet : déjà, l'Angleterre se vit contrainte de traiter avec plus de circonspection les intérêts de ses colons. Pas assez néanmoins : des mouvements propres en liaison avec d'autres sur le continent européen contribuèrent à installer sur le continent d'en face une puissance indépendante. La lutte contre l'Angleterre, le recul pacifique de la France, la libération autochtone du sud hispanique, et, pour finir, conclusion essentielle de toute cette série, le protectorat des États-Unis, érigé selon la doctrine Monroe, régnant sur l'ensemble du continent désormais libéré, au sein des États-Unis eux-mêmes, le recul, au cours de la grande guerre d'unification au milieu du XIXe siècle, du type encore européen, occidental et aristocratique du moins, au profit de la seule domination du type nouveau, spécifiquement américain, le yankee, au bon et au mauvais sens du terme – voilà quelles furent les étapes d'un même et unique parcours. Remarquons-le : il ne s'agit que de mouvements strictement défensifs, dans les limites du continent américain en tout cas; ils ne s'attaquent à rien d'extérieur, ils se bornent à repousser de leurs côtes le pied étranger. En outre, ce ne sont tout d'abord que les côtes orientales de l'Amérique qui se proclament puissance indépendante; tous ces mouvements ne sont tournés que vers l'Atlantique, et même la guerre qui en fut la conclusion s'est déroulée, politiquement et militairement, pour l'essentiel dans les états de la côte atlantique. L'autre, la côte pacifique, forme encore l'arrière de la nouvelle terre ferme; seul l'océan Atlantique, et non le Pacifique, perd, à l'orée du XIXe siècle, son caractère océanique, devient une mer fermée alentour dont les côtes, après trois siècles de domination des côtes européennes, parvient à un équilibre, sans perturbation dans un premier temps. Le Pacifique dort encore du sommeil de l'infini océanique.

COOK ET NAPOLÉON

Or c'est précisément à cette époque-là que l'audacieux navigateur anglais Cook[1] parvint d'un coup hardi à ces vastitudes océanes et découvrit, pour son pays, une nouvelle partie de la terre. Le fait que l'Angleterre aille vers l'Australie a pour conséquence que, pour la première fois, une puissance européenne pénètre loin au sein du Pacifique; à travers cette colonie anglaise, les côtes atlantiques acquièrent, au moment même où les contre-rives atlantiques échappent à son contrôle, de nouveaux contre-rivages en sommeil; les rives de l'Asie orientale et de l'ouest américain s'élèvent loin par delà les eaux. En fait, de toute l'Europe, c'est alors l'Angleterre seule qui acquiert une ouverture vers une mer nouvelle; le dernier grand adversaire atlantique, la France, se rue précisément vers d'autres luttes intérieures qui bientôt seront également des guerres extérieures; alors que les contre-rives, depuis longtemps habitées et devenues indépendantes, échappent à sa volonté, la France retourne le front, désormais son front principal, vers l'Europe intérieure, et simplement comme un point d'orgue puissant et sonore issu des siècles atlantiques écoulés, perceptible seulement durant les pauses du cours des choses, se fait entendre l'opposition à l'Angleterre et la lutte dont les Pays-Bas furent l'enjeu, pour se dissiper définitivement à l'instant où s'éteignent les luttes sur la terre ferme.

ÉTATS CONTINENTAUX

Le retournement de la France a, de nouveau et soudainement, fait du continent européen, comme tel, la scène où se déroule la grande histoire mondiale. Et les puissances se révèlent alors qui se sont développées durant

1. Cook (1728-1779) fit trois expéditions dans l'océan pacifique. C'est au cours de la première (1768-1771) qu'il découvrit les îles de la société, la nouvelle Zélande et les côtes orientales de l'Australie.

les deux siècles de vie historique propre à cet arrière-continent : la gigantesque puissance continentale à l'est, la forte organisation militaire au centre des terres fermes. Se détournant des grandes idées du commerce extérieur à l'échelle mondiale et de la richesse publique, qui, aux époques précédentes, depuis les grandes découvertes, avaient toujours davantage constitué le contenu de la politique, ce dernier devient alors, lui aussi, résolument continental. Partant de l'ébranlement intérieur de la France qui fut en quelque sorte l'axe autour duquel s'effectua le grand virage de sa politique abandonnant la mer pour le continent, le choc se poursuit sur toute la terre ferme, et, partout, les puissances se replient vers l'intérieur et luttent avec les forces de leurs populations, qu'elles soient spirituelles ou économiques, les confortant ou les étouffant, mais en tous cas s'unissant le plus étroitement à elles, et, ainsi, sur un mode jusque-là inconnu, croissant de concert avec leur sol et l'espace où elles se trouvent. Les idées démocratiques et celles du libéralisme commercial reconduisirent dans la même proportion l'État vers sa propre intériorité, et lui enseignèrent, non pas à traiter ce domaine intérieur – démographie, balance commerciale – en fonction des exigences d'une politique extérieure objectivement sans limite, mais au contraire à stimuler ce domaine comme s'il était une fin en soi – aménagement de la Constitution, élévation du niveau de production –, et à faire de la politique extérieure uniquement en fonction de ses besoins. Cette nationalisation des États – avec laquelle rivalise, en démocratisant l'ensemble de son appareil de gouvernement, la puissance désormais la plus ancienne, et de fait la plus fondamentalement œcuménique, la papauté, indicateur comme toujours fort sensible des grands tournants de l'histoire mondiale – crée, durant des décennies où alternent guerres et révolutions, une Europe continentale intérieurement structurée, une Europe qui renie directement ses côtes en raison de sa profonde sédentarité, et qui, comme le dit nonchalamment le grand artisan de toute cette époque en parlant de son propre État, se sait « saturée ».

Les îles

Mais au-delà de la terre ferme, il y a des îles. Ce n'est que superficiellement qu'elles participent en général à ce qui se déroule sur la terre ferme. Tandis que la terre ferme va ainsi puiser son souffle dans les profondeurs des terres, l'activité la plus vigoureuse de l'Angleterre reste tournée vers l'extérieur. Pour elle aussi, bien sûr, l'Atlantique reste fermé, mais elle peut renoncer au combat avec les rives d'en face qui sont devenues indépendantes, car, dans le Pacifique, la vigie installée sur la plus récente, la cinquième partie de la terre, lui a ouvert toute une série d'autres rivages aspirant à la vie. Sans se laisser perturber et presque sans concurrence, l'Angleterre se consacre, durant toute cette période, à l'ouverture des côtes pacifiques au commerce et à la colonisation. Même en Europe, et particulièrement en Méditerranée, sa politique est le plus fortement déterminée par le besoin d'assurer cette voie vers le nouvel océan qui, désormais, puisque le proche Atlantique lui échappe, est censé devenir une mer anglaise. La Méditerranée, d'abord, devient la seule route conduisant de l'Angleterre au Pacifique, « contrôlée » directement par Gibraltar, Malte et Suez, et indirectement par les nouveaux États nationaux, l'Italie et la Grèce, dont la formation a été puissamment encouragée, et qui sont toujours dépendants de l'Angleterre ne serait-ce qu'en raison de leur situation quasi insulaire. Et déjà apparaît à l'horizon ce rêve d'une possession territoriale sans solution de continuité le long des côtes pacifiques occidentales, du Cap à Shanghaï. L'œuvre de Cook semble combler de ses fruits l'impératrice des Indes, comme celle de Colomb, autrefois et dans l'autre océan, le roi Charles d'Espagne.

Continent obscur

C'est ce qu'il semblait ; mais peut-être cela n'apparaît-il seulement qu'à un regard actuel, qu'à une vision rétrospective. Car ne serait-ce que la possibilité de rêver d'une bande côtière continue unissant l'Afrique et l'Asie présupposait une situation nouvelle dans l'histoire des découvertes, et cette situation nouvelle suscitait une volonté politique nouvelle, et, presque un siècle après, appelait l'Angleterre à jouer de nouveau le rôle d'adversaire. L'Afrique, le continent dont la partie nord-est, au débouché des fleuves, fut baignée par les premiers rayons de la pleine lumière de l'histoire, ne fut perçue pour l'essentiel, durant toute la période qui suivit, que comme un continent côtier. Désormais, des explorateurs, allemands et britanniques, ouvrirent des voies à travers le « continent obscur », et découvrirent alors seulement, dans cette plus ancienne partie de la terre, le continent le plus récent, un siècle après que Cook eut découvert le dernier, le cinquième continent. Ce fut l'événement décisif. En replongeant vers leur intériorité, les États d'Europe s'étaient réveillés. Le dix-neuvième siècle fut un simple intermède de l'histoire universelle. Un entracte à vrai dire reposant. De nouveaux acteurs firent leur entrée sur les planches de la scène planétaire.

Impératrice des Indes

L'Angleterre qui s'était installée, grâce à l'absence heureuse de rivaux, dans le monde franc de l'océan Pacifique – bien que peu à peu, depuis le milieu du siècle, en raison de la poussée américaine vers San Francisco et de la transformation du Japon, les côtes occidentales et orientales de cet océan-là commencèrent elles aussi de s'éveiller à une vie nouvelle, et bien que, donc, là aussi, les choses aient menacé de suivre le cours qu'elles avaient pris, cent ans auparavant, dans l'Atlantique –, l'Angleterre elle-même donna le signal inaugurant l'époque nouvelle. Si jusque-là, elle s'était perçue comme la terre matricielle des colonies qu'elle considérait comme son bien et ses appendices, comme un pays excentré en tout cas, lui-même centre, dispensateur et assoiffé de vie, de tout le système, elle découvrit alors l'empire. Cet instant est marqué par un acte largement spectaculaire, l'adoption du titre d'impératrice des Indes par la reine d'Angleterre. Ce qui était une manière d'exprimer et d'exiger – même si ce ne fut longtemps pas effectif – que les îles britanniques cessassent d'être le centre ; d'abord, un second centre était créé, situé strictement aux antipodes de la métropole, extra-européen, ensuite et de ce fait, toute la sphère dominée par l'Angleterre jusqu'à l'extrême périphérie se trouvait coupée de la relation spécifique à la terre matricielle ; sur toute cette sphère une vitalité se répandait maintenant et partout dans la même proportion. De quoi avait l'air cet empire mondial qui, à cet instant, fut conscient d'être tel, le premier empire depuis l'achèvement de l'exploration de la terre ?

Mappemonde britannique

Avec ses deux limites extrêmes – ses deux colonies blanches, l'Australie et le Canada, la première au sud de l'orient, la seconde au nord de l'occident – il s'étend d'est en ouest sur la planète. La puissance impériale se déploie entre ces deux points extrêmes. Le territoire culturel européen et l'asiatique constituent, l'un, le cœur occidental, l'autre, le cœur oriental de ce corps gigantesque. Mais tout cet édifice, reposant sur un équilibre de tensions, et qui étend son contrôle de l'occident à l'orient autour de la terre, a un pilier central, le passage de la mer occidentale à la mer orientale : l'Afrique, le plus ancien et le plus récent des continents. C'est à son cap méridional que se mêlent les eaux des deux étendues marines. C'est là que se situe la colonie blanche ; et tandis que la colonie la plus occidentale, le Canada, était le monument vivant commémorant l'époque révolue et strictement atlantique de l'empire ainsi que l'héritage de la France ; tandis que la colonie la plus orientale, l'Australie, était un champ ouvert au futur, un terrain d'expérimentation politique et sociale, foyer d'un nouveau type d'hommes débarrassés des déterminations d'un passé, cette colonie blanche, à la différence des deux autres, est véritablement le territoire qui incarne le présent politique de cette décennie ; et c'est pour son total contrôle qu'on se bat depuis que la reine a pris le titre d'impératrice des Indes. Mais dans le même temps, et sous la conduite du grand homme d'État occidental et oriental dont l'œuvre est l'ensemble du processus débouchant sur l'empire, ce dernier prend pied sur l'antique territoire de l'hémisphère nord et assure la circulation du sang entre les deux « cœurs » de cet empire en leur permettant de communiquer. L'Afrique, dont l'empire britannique s'est emparé au nord comme au sud, se révèle alors dans sa vraie nature qui est justement d'être le pilier central supportant l'édifice terrestre. Non seulement les deux océans viennent battre ses côtes, mais même la mer du monde antique, devenue obsolète depuis la fin du Moyen Âge, et qui baigne ses côtes septentrionales, reprend vie puisque le canal de Suez ouvre sa porte orientale, jusque-là fermée ; là aussi se marient l'ancien et le nouvel océan, et des forces magiques émanent des côtes nord-africaines qui attirent de nouveau les regards du continent européen vers les rives méditerranéennes depuis longtemps oubliées. L'Afrique, qui s'étend entre trois rivages, rassemble les époques du passé et les unit dans le présent de notre actualité.

Adversaires

La fraîche brise qui désormais souffle de partout à travers le monde, cette brise des trois mers, la plus ancienne et les deux plus récentes, réveille les peuples d'Europe. Tandis que l'Angleterre songe déjà à réunir directement la portion centrale et porteuse de l'empire aux cœurs dispensateurs de vie, du moins au cœur oriental, grâce à un pont de territoires tout au long du continent, la France, atlantique par disposition, cherche, elle aussi dotée de possessions sur les contre-rivages africains et dans le sud-est asiatique, à s'ouvrir la voie du conquérant réunissant les océans en traversant obliquement le continent médian. Mais l'Angleterre s'y oppose, et la France, hésitante quant à son avenir, laisse la revendication de l'empire lui échapper. La Russie s'étire au sein du vaste vêtement de ses frontières, et déjà elle touche, largement installée sur l'ancien monde, d'une main Vladivostok, le coin le plus éloigné de l'océan oriental, d'une autre Haparanda[1], le coin également le plus reculé de l'océan occidental, et de nouveau elle dirige ses regards sur la mer qui les réunit au sud de l'Europe. Mais l'Angleterre, là encore aux avant-postes, lui barre le chemin déjà emprunté vers les Dardanelles, et la repousse, dans une âpre lutte politique, durant les décennies suivantes, pour les frontières nord de l'Inde, et finalement de manière décisive en apportant son aide militaire au Japon, de toutes les voies d'accès à la mer orientale. Toute hésitante, l'Allemagne, par nature continentale, obéit à l'appel que la mer fait entendre. Presque

1. Port finlandais, à la frontière suédoise, sur la mer de Botnie (la Finlande fut un grand-duché russe jusqu'en 1918).

contre son gré, l'État accorde à ses explorateurs et commerçants africains la protection qu'ils réclamaient vivement; et le drapeau allemand ne flotte, en Afrique et dans les mers du sud austral, que sur des bandes de terre éparses qui ne sont pas les plus importantes. Pourtant la flotte ne cesse de croître; l'amitié pour le peuple turc, qui reposait auparavant pour l'essentiel sur une non-intervention politique, est résolument stimulée; l'occupation de T'sing-tao[1], l'ouverture de la Mésopotamie, les voyages de l'empereur à Tanger et à Jérusalem[2] révèlent sous des contours légèrement esquissés aussi bien une limite extrême de son extension que les arches internes d'un empire mondial. En esquisse seulement. C'est, comme autrefois la Prusse de Frédéric, un royaume des frontières, un empire en pointillés seulement, davantage un ensemble en suspens d'idées et de projets qu'une réalité. Mais la flotte s'accroît, et elle est bien une réalité. Et l'Angleterre tend l'oreille.

Mers

Contre l'effectivité de sa domination maritime une et universelle, se dresse la revendication d'une liberté une et universelle des mers. Effectivité et revendication n'expriment que le fait que les océans ont cessé d'être des océans, que leurs eaux se mêlent pour ne plus former qu'une mer unique. La liberté des océans ouverts et sans frontières, sans concurrent maritime est incontestable; la souveraineté autour de mers intérieures encerclées par un riverain n'est pas contestée. Mais lorsqu'autour d'un océan les côtes se referment et que plusieurs riverains se côtoient sur mer, alors débute le conflit des puissants pour la souveraineté, des faibles pour la liberté, des uns et des autres pour la légitimité. Car toute lutte pour la souveraineté et la liberté est un combat pour la légitimité. C'est ainsi que le mot d'ordre de liberté des mers apparaît rarement dans des conflits du passé, mais en Hollande d'abord, lorsque l'Angleterre, devenue grande puissance maritime, commença de refermer, avec ses côtes méridionales et orientales, la mer du Nord jusque-là ouverte du point de vue politique, même si elle ne l'était pas du point de vue géographique. Mais il ne pouvait se faire jour comme revendication générale qu'au moment où toutes les mers du monde venaient partout battre des côtes habitées, qu'au moment où, dans le canal de Suez, la Méditerranée et la mer Rouge mêlèrent leurs eaux, et où, tout autour de l'Afrique, mugissait une seule et universelle mer

1. Entre 1896 et 1902, les puissances occidentales se firent reconnaître par la Chine le droit d'exploiter des mines et d'ouvrir des lignes de chemin de fer, de fonder aussi des usines dans des zones d'où leurs concurrents étaient exclus. Tsing Tao (ou Qing Dao) fut la capitale de la zone d'influence allemande.

2. Voir *supra*, p. 71.

mondiale sur laquelle, hissé sur d'innombrables mâts, flottait le pavillon de la marine de guerre britannique, bien que, sur nombre d'autres déjà, était frappé le pavillon noir-blanc-rouge[1].

GUERRE

La guerre de 1914 est une guerre pour l'Afrique. Toute l'évolution des relations anglo-allemandes jusqu'à la guerre mondiale, de Peters[2] à Lichnowski[3], peut être déchiffrée à l'aune du contentieux africain. C'est une guerre pour l'Afrique, pour le plus ancien et le plus jeune des continents, le riverain de toutes les mers de l'histoire universelle – c'est donc une guerre dont le monde est l'enjeu. L'Allemagne, déjà établie en Afrique grâce à de nombreuses possessions dispersées, héritière, de par son alliance avec l'Autriche, de l'ancien empire continental européen tourné vers la Méditerranée, et de l'autorité tutélaire sur le Saint Siège, semblait, maintenant que la Méditerranée revivait après quatre siècles de léthargie, vouloir mettre la main sur le bastion d'angle occidental et oriental des côtes nord-africaines, en suivant les avancées occidentales et orientales des côtes européennes de la Méditerranée. La route vers le Maroc lui avait été fermée par la France, vassale de l'Angleterre depuis Fachoda. Et maintenant, la Russie allait trancher les tendons du bras qui, par Vienne et Constantinople, voulait atteindre Suez, tandis qu'en même temps la France lui tombait sur le dos. Mais l'Allemagne brandit à l'est son écu, et brisa, à l'ouest, d'un violent coup assené à temps, le pont solide que s'était bâti l'Angleterre depuis Fachoda via la Belgique et la France jusqu'à Gibraltar; elle s'établit, de manière tout à fait inattendue, sur les côtes de Flandres, juste à l'ouverture vers l'océan occidental; ce coup, qui à l'origine n'obéissait en fin de compte qu'à une intention défensive, se mua en une attaque menaçante. Inversement, à l'est, la stratégie militaire défensive se transforma bientôt en une attaque ici annoncée comme étant politique, et conduisit à un recul total de la Russie, ce qui permettait l'ouverture de l'accès à Constantinople; mais à ce moment-là, l'Angleterre devança d'une courte tête l'Europe centrale plus puissante en lui barrant la route, et, par Bagdad et Jérusalem, s'assura le contrôle de l'Afrique et la série des territoires, achevée au cours de la guerre, qui formaient route, du Cap à Calcutta.

1. Les couleurs du pavillon de la marine de guerre allemande.

2. Carl Peters (1856-1918) explorateur allemand, principal fondateur de l'Afrique orientale allemande.

3. Karl Max Lichnovski (1860-1918), ambassadeur d'Allemagne à Londres en 1912, où il s'efforça sans succès de favoriser une entente anglo-allemande.

Paix

Voilà où en est la balance. Du point de vue de l'histoire universelle, l'attaque de l'Allemagne contre l'empire britannique – une « attaque » tout comme le glissement de Frédéric II dans la guerre de Sept Ans était une « attaque » – s'est arrêtée avant de parvenir à son terme. Mais même si l'achèvement de la guerre ne devait pas déboucher sur un résultat favorable à l'Allemagne, le résultat de l'attaque défensive contre la Belgique, politiquement tout à fait imprévisible, et que, militairement, l'adversaire ne pleut plus annuler, contribuerait et devrait servir à atteindre de nouveau, par la voie des négociations, l'objectif politique, au moins dans la même mesure que celle qui s'était profilée avant le déclenchement des hostilités. L'unité de vues avec laquelle les deux parties dont les buts de guerre sont fondamentalement opposés, le camp « sud-oriental » et le camp « nord-occidental », en tiennent pour le renouveau de l'empire colonial africain s'explique du fait que l'Afrique se situe dans le prolongement naturel des deux axes, tant celui de la ligne « Tirpitz » que celui de la ligne « Naumann »[1], donc à leur intersection. Mais précisément le fait que cet empire colonial soit l'intersection de buts de guerre opposés indique que c'est là aussi que doit être cherchée la raison dernière de la guerre. Finalité ultime de la guerre et raison dernière de la guerre sont toujours identiques.

Confins de la terre

Au-delà de ce dernier foyer où se concentre le cours des choses qui s'inscrit pour nous, sans que nous l'ayons voulu, dans le cadre de l'empire britannique tel qu'il existait avant le conflit, et qui fut mis en question par l'entrée en guerre de l'Allemagne, au-delà, donc, de ce foyer du monde s'étend la périphérie qui n'est pas directement touchée par la guerre : le Canada et l'Australie, limites du monde britannique, ainsi que l'Amérique et le Japon qui ne font pas partie de l'univers britannique. Amérique et Japon n'ont pas été, comme la France et la Russie, privés par l'Angleterre, avant la guerre, de leur menaçante volonté propre, mais se sont retrouvés liés, seulement au cours du conflit, aux intérêts anglais; leur attitude est plutôt celle d'une neutralité bienveillante à l'égard des Anglais – pour le Japon, elle résulte d'une guerre, pour l'Amérique, elle l'y conduit – qu'une participation pleine et entière au conflit; pour l'Angleterre, il s'agissait de détourner ces deux puissances – dont l'intérêt naturel s'opposait aux siens sur chacun des méridiens où se dressait un des piliers d'angle de son empire – de leur intérêt principal en les orientant vers des questions secondaires,

1. C'est-à-dire la perspective de l'expansion maritime et celle de l'expansion territoriale.

relevant de la politique réaliste pour le Japon, de l'idéologie pour l'Amérique, et il s'agissait, en même temps, de neutraliser les éventuels vestiges de leur volonté propre en les plaçant dans une opposition mutuelle. L'art politique anglais a brillamment rempli ces deux objectifs. Il est parvenu à contenir la guerre sur le champ de bataille européen en limitant son enjeu à l'Afrique, en ajournant tous les problèmes périphériques. Durant cette guerre, les pactes conclus par l'Amérique et le Japon sont plus remarquables et plus décisifs que leurs batailles. Bien que le tonnerre gronde encore, on voit ici poindre à l'horizon, peu visibles, les nuées du prochain orage.

MAPPEMONDE

Ainsi la conscience politique embrasse-t-elle aujourd'hui le globe sur lequel nous vivons, et elle se concentre néanmoins sur la mince bande médiane du continent européano-africain. Ce n'est pas en vain que nous avons sans cesse parlé d'une périphérie du monde. On peut également dire, à propos du chef-d'œuvre de l'art politique anglais qu'on a évoqué qu'il a été capable d'obliger non seulement ses membres les plus éloignés, le Canada et l'Australie, mais aussi leurs adversaires naturels, les États-Unis et le Japon, à tourner leurs regards vers ce milieu du monde. Pour le Japon, comme bien évidemment pour l'Australie, il n'y a, pour l'heure, que des intérêts occidentaux; pour l'Amérique et, bien entendu, pour le Canada, que des intérêts orientaux. Le Japon comme l'Amérique semblent tous deux oublier qu'ils ont des « arrières », et qu'ils pourraient se « retourner ». S'ils le faisaient, ce serait deux futurs adversaires se faisant face. Mais ils n'opèrent pas cette volte-face. Pour la première fois, la politique travaille avec une mappemonde achevée, mais cette carte n'est pas dessinée sur la sphère du globe, elle n'est qu'une projection de Mercator sur la surface du monde : il n'y a qu'un monde, qu'une mer d'un seul tenant, mais ce monde a encore un milieu et des confins; longitudes et latitudes ne sont pas des lignes encore parfaitement circulaires; la terre, en vérité, n'est pas encore… une sphère. C'est parce qu'elle ne l'est pas que le Japon, que l'Amérique peuvent encore considérer cette guerre et son monde de l'extérieur. Ils n'y sont pas encore impliqués. Or cela veut dire qu'ils ne font pas encore partie du monde. L'Europe, dressant la tête au-dessus de l'Afrique en prenant appui sur l'antique mer commune au monde ancien, est bien le centre du monde vers lequel regardent les confins. Car il y a encore des « confins » : un monde qui est plus vieux que l'Europe et qui n'a pas été ressuscité par elle, et un autre qui est plus jeune et qui veut en être issu – la conscience sénile de l'Asie, l'infantile Amérique. Toutes deux, pour des raisons opposées, se figurent être en droit de se situer au-delà de l'Europe – « Quelle part avons-nous à la maison de David, nous ne sommes pas héritiers du fils de Jessé ! »[1].

Le domaine sec

L'histoire a entériné l'œuvre de Vasco de Gama et de Christophe Colomb, mais celle de Magellan qui les relie toutes deux n'est, aujourd'hui encore, pas achevée. Autour des trois côtes de l'Afrique, les eaux grondent qui ne forment plus qu'une seule mer. Mais tout le domaine de terre ferme n'a pas encore réalisé son unité pour ne former qu'une circonférence. L'humanité n'est pas encore rassemblée dans une seule demeure. L'Europe n'est pas encore l'âme du monde.

1. 1 Rois, XII, 16.

VOX DEI ?

LE CAS DE CONSCIENCE DE LA DÉMOCRATIE

« Plus de peuple »
Guillaume II

Le slogan « Tout pour le peuple, tout par le peuple » est un slogan juste. Rien n'est dit par là qui aille contre le fait que les slogans doivent frapper durement, pas aussi durement toutefois que l'ours apprivoisé de la fable qui, voulant chasser les mouches de son maître endormi, l'assomma. Et dans ce cas, le problème réside peut-être dans le maître endormi. Les difficultés qui tiennent au concept politique de peuple sont ici réduites au silence, comme assommées, mais ne sont en rien résolues. Ce qui ne veut pas dire que le contre-slogan bien connu de la réaction, « Tout pour le peuple, rien par le peuple », traiterait le problème de façon plus appropriée. Car, tandis que le slogan « démocratique » concentre les choses avec trop de désinvolture, celui de la réaction contourne, de façon trop anxieuse, le brouet bouillant et de toute façon honni du concept de peuple. Ce que le premier ne voit pas : la différence – pour parler comme Gœthe – entre « élite du peuple[1] » et « peuple », entre le peuple d'avant-hier, d'aujourd'hui et d'après demain et le peuple d'aujourd'hui ou, pour parler plus juste, d'hier, d'aujourd'hui et de demain, cette différence le slogan antidémocratique la perçoit avec une extrême acuité. Prenons notre courage à deux mains et observons calmement ce dangereux concept.

1. Ce terme traduit l'allemand *Volkheit*, pour lequel il est très difficile de trouver un équivalent. L'élite du peuple (*Volkheit*), est comprise par Rosenzweig comme cette partie du peuple qui prétend en assurer et en assumer la perennité, qui se réclame d'une lointaine origine, voir d'être à l'origine (le peuple d'avant-hier) et qui devra toujours être là (le peuple d'après-demain) pour qu'il continue d'exister. C'est, en quelque sorte, la substance du peuple.

Il n'y a pas de doute, et aucun démocrate sensé n'en disconviendra, que le « peuple », « par » lequel « tout » devrait arriver, reste introuvable sur cette terre, et ne cessera de l'être même dans un avenir prévisible. C'est un rêve, dira-t-il, ajoutant aussitôt : un beau rêve. Et cet ajout lui donnera raison. Car c'est la force de sa position que d'ouvrir une perspective sur un avenir sans limite et de faire jaillir une source d'espoir inépuisable. Et l'on ne devrait pas, au moyen d'arguties subtilement irréfutables sur le caractère insaisissable et la nécessaire indétermination du concept de peuple, ébranler les bases de celui qui espère ; même s'il est après tout impossible de dire avec précision qui véritablement « appartient au peuple », et même si le démocrate le plus inconditionnel finit, lui aussi, par poser certaines limites – ne serait-ce que par rapport à ceux qui ne sont pas majeurs (c'est précisément sur ce que profère leur bouche que, bizarrement, Dieu songe à fonder son royaume) – même donc si le concept de peuple reste toujours sans remplissement possible, qu'a-t-on dit finalement contre la force infinie de l'espoir qui, en dépit de toutes les conditions, aspire à l'absolu ? C'est au contraire là que réside le caractère historiquement indestructible de l'idée de démocratie, cet éternel « ainsi de suite » de la poésie sur les Albigeois de Lenau. Aucune prudence réactionnaire, ancrée dans le quotidien, ne lui rognera les ailes, quand bien même, à l'occasion, durant les grandes migraines de l'histoire, celle-ci semble passagèrement triompher. En vérité, la réalité se cherche toujours un chemin entre les limites supérieures de l'« espoir » et les limites inférieures de l'« expérience » – ce qui nous conduira à nous demander s'il n'existe pas entre les deux slogans une voie intermédiaire sur laquelle, comme dirait le poète de l'une de ces périodes de migraine, il serait plus sûr d'avancer. Et c'est sous le qualificatif de slogan de la voie moyenne, caractérisé, dans sa forme linguistique déjà, comme demi-mesure, comme un slogan du style « je-voudrais-bien-mais-je-ne-peux-pas », que nous vient à l'esprit, avec un air de sagesse supérieure, un « tout pour le peuple, tout avec le concours du peuple ».

Soyons honnête : à l'opposé des pensées extrémistes, ce slogan décrit l'état politique, sous lequel nous vivons. Mais tandis que, de ces deux façons brutales de penser, la première assomme le problème, la seconde le fuit, cette sagesse de la ligne intermédiaire lui cause un tort beaucoup plus grand : elle l'efface. L'épaisse atmosphère vivante du réel et les contours flous qu'elle donne aux choses asphyxient les problèmes qui réclament un air pur et des contours précis. Chaque fois que, dans le cours ordinaire des événements, nous nous satisfaisons de la tiède sagesse du quotidien, la gravité d'un tournant historique soudain nous replace aussitôt face au cas de conscience du problème, et réclame un choix lucide : avec chaleur et froideur, et non pas tiédeur.

Mais qu'est-ce que ce « concours du peuple » que nous préconisons à titre de panacée contre les atteintes et les faiblesses des deux points de vue ? Apparemment, il renvoie au peuple d'aujourd'hui et il croit faire droit à l'exigence démocratique. Mais tandis qu'il ne fait appel qu'au « concours » du peuple d'aujourd'hui, il entend aussi, outre à ce dernier, procurer au peuple d'avant-hier et à celui d'après-demain, la possibilité d'agir, lorsqu'il s'incarnait par exemple dans la monarchie, dans le service public, en tout cas dans certains éléments de la société et de l'opinion publique, qui pourraient devenir efficients dans une première chambre. Comme on le constate, c'est à peu près l'image qu'offrent nos États à des degrés divers; mais la question est justement de savoir si l'explication de cette image que donne cette doctrine est recevable. Comment s'effectue le concours du peuple ici affirmé. Le caractère douteux de l'équation peuple = représentation du peuple est totalement laissé de côté. Mais une fois qu'on a pleinement reconnu l'équation, comment le peuple « apporte-t-il son concours » ? Soit il impose sa volonté, soit il permet qu'on la conduise; il n'y a pas de troisième possibilité. Car ce à quoi ressemble pareille possibilité, la ligne intermédiaire, le compromis, est comparable à cette diagonale qui doit être réduite à ses deux composantes. On peut établir à partir de chaque point du résultat final quelles sont dans le « peuple d'aujourd'hui » la part de volonté imposée et la part de volonté cédée qui y ont été efficientes, donc quelle proportion de choses ont été décidées « par » le peuple et quelle autre « contre » lui. Mais alors les mêmes questions se reposent à propos des éléments de la décision; la doctrine de la voie intermédiaire n'a fait que masquer ces questions sans les résoudre.

On ne saurait objecter à cette observation qu'elle signifie un inadmissible découpage de la réalité. Ce n'est pas notre observation qui opère ici, de façon inacceptable, ce découpage de la réalité; au contraire, elle assemble, de façon inadmissible, ce qui dans la réalité est séparé au profit d'une illusion théorique, d'une volonté étatique uniforme. C'est la raison pour laquelle il ne nous vient pas à l'idée de contester la réalité de la volonté étatique. Nous refusons seulement que soit admissible la théorie de la ligne intermédiaire – à savoir que cette réalité soit composée, sur un mode mécanique, de la conjonction de deux volontés particulières distinctes, celle des représentants du peuple et celle du gouvernement (peu importe la manière dont s'incarneront les deux facteurs, le peuple d'hier et de demain et le peuple d'avant-hier et d'après-demain). Le peuple a, comme « peuple » autant que comme « élite du peuple *(Volkheit)* », le droit de ne pas se laisser abuser quant à la réalisation de sa volonté, pleine, indivisible, mais aussi incapable de composition. Il désire une complète fusion de sa volonté avec la réalité étatique.

Sur quoi repose le droit d'un tel désir? Nous avons pourtant admis l'équivoque du concept de peuple. Comment le peuple d'hier, d'aujourd'hui et de demain peut-il légitimement aspirer à constituer toute la réalité de l'État? Une telle aspiration ne porte-t-elle pas atteinte au droit de l'élite du peuple, le peuple d'avant-hier d'aujourd'hui et d'après-demain? Est-ce qu'il n'y aurait pas alors deux poids, deux mesures?

Il y a deux poids, deux mesures. L'un et l'autre ont de fait la même exigence à l'égard de toute la réalité étatique. Leur point commun est « l'aujourd'hui ». C'est à partir de ce point commun que leur antagonisme doit être résolu. Qu'en est-il de cet « aujourd'hui » ?

L'aujourd'hui est violent dans deux cas. La contrainte qu'il exerce se fait sentir aussi bien contre la vie du peuple, faite d'habitudes et de souhaits, que contre l'âme de l'« élite du peuple », pleine d'histoire et de destination. Ces hier et demain, ces avant-hier et après-demain sont également sacrifiés à l'aujourd'hui. Toute politique est victoire des prétentions de l'aujourd'hui contre eux. Et quand le peuple et l'élite du peuple expriment leur volonté d'une action politique, ils se déclarent prêts à sacrifier ces résistances à l'impératif de l'aujourd'hui. Pour le peuple autant que pour l'élite, la politique se révèle être un sacrifice, un reniement de soi. L'un et l'autre doivent précipiter la somme de leur être – car qu'est-ce d'autre que la totalité du souvenir et de l'espérance? – dans le creuset du présent immédiat. Le peuple aimerait volontiers passer ses jours dans un cercle habituel, heureux de croître paisiblement; l'élite du peuple aimerait volontiers faire de la génération actuelle le navire qui, chargé de tout le passé, ferait route vers les côtes inexplorées de l'avenir. Mais le présent exige autre chose. Il revendique son droit propre et l'impose. Rien, ni la vie des hommes ni la possession de l'essence du peuple[1] ne lui semble trop bon lorsqu'il s'agit de mourir pour la patrie. Ainsi se rassemble dans l'« aujourd'hui » le principe qui légitime l'activité étatique, totale et sans partage, du peuple, dans les deux sens du terme. En même temps surgit la possibilité que les deux concepts, distincts de par leur nature, en viennent à se confondre dès qu'ils quittent cette conceptualité pour passer à l'acte. Le sacrifice qu'ils font au présent, sacrifice de l'hier et du demain, ainsi que de l'avant-hier et de l'après-demain, est en réalité le sacrifice de ce qui les sépare. Mis à nu, pur aujourd'hui, ils se tiennent désormais tous les deux devant l'autel de la puissante divinité : l'instant présent.

C'est dans le sacrifice donc que s'effectue l'union du peuple et de l'État, union à laquelle il a un droit absolu. Le slogan « tout par le peuple », la parole démocratique, indestructible, parce qu'animée de la puissance de sa

1. *Volkstumsbesitz.*

foi, se réconciliant avec la foi apparemment opposée dans l'élite du peuple, cette parole est étayée par celle du sacrifice. Face au mot d'ordre de la médiocrité, « tout pour le peuple, tout avec le concours du peuple », la volonté doit recourir à un paradoxe tragique pour que lui soit reconnue une réalité toujours puissante et toujours dépourvue de médiocrité. Si le prix à payer est la réalisation de l'union absolue entre le peuple et l'État, alors on doit dire : « Tout par le peuple, tout contre le peuple ».

Ainsi se dénoue l'équivoque du concept de peuple. Mais c'est alors que se noue celle de la politique pratique. S'il en est ainsi, si la tâche de la politique est réellement de pousser le peuple, et même le peuple dans sa double signification, à agir contre lui-même, contre son essence propre à laquelle il est attaché, qu'en est-il de la position du politicien ? Comment transforme-t-il la tâche en action ? Comment sert-il l'aujourd'hui éternel dans le cadre de l'aujourd'hui temporel ? Posons la question à propos du cas classique de toute vie étatique, de ce cas qui fait apparaître dans des contours clairs et grossis ce qui resterait sans cela confus et indistinct : celui de la guerre. Et, à propos de la guerre, prenons le cas des deux moments où elle manifeste son essence et, par la même, de la façon la plus complète, celle des relations entre le peuple et l'État, prenons le cas des points de contact entre guerre et paix : l'entrée en guerre et la conclusion de la paix.

Déjà la langue établit entre les deux une différence significative. Elle semble soustraire à notre arbitre l'entrée en guerre et, au contraire, le rendre maître de la fin des hostilités. Effectivement, le rôle de l'homme d'État, sa relation avec l'élite du peuple et le peuple sont différents à l'entrée en guerre et à la fin du conflit, sans doute pas de façon aussi simple que la langue le suggère. Examinons, tout d'abord, le présupposé du travail de l'homme d'État : quel est le rapport qu'entretient le peuple – le peuple tel que nos développements précédents nous autorisent désormais à l'entendre, c'est-à-dire toujours dans sa double signification – à la guerre et à la paix ?

Aucun peuple ne veut la guerre. Et d'abord pour cette simple raison que la guerre est action et que le peuple ne veut pas l'action, mais l'être. Toute action est assujettie à l'instant présent. Pour tout ce qui est l'être, l'instant n'est qu'une illusion de l'entendement qu'il est facile de percer à jour – une illusion qui, à y regarder de près, se décompose en un mixte de passé remémoré et d'avenir attendu. Ainsi, le peuple refuse d'admettre l'instant présent, car, s'il l'admettait, l'instant présent en perturberait nécessairement l'être ; le peuple veut sa « tranquillité » ; il désire le cours égal de son travail quotidien, porté par les mêmes habitudes et les mêmes désirs, le contentement de soi au miroir de la louange de soi et des promesses de ses jours de repos. Ce n'est pas le peuple qui veut la guerre, mais l'État. Il est voué à l'action, oui, il est l'action, l'empire de l'aujourd'hui, du présent sans rémission. La loi de l'absolue conservation de soi qui le domine entièrement lui interdit toute forme de vision rétrospective ou prospective, qui pourraient lui représente le monde comme doué d'être. Sa vision du monde est faite d'instants; à ses yeux, l'avenir et le passé sont composés d'instants, chacun étant un tremplin pour des actions, accomplies, manquées et encore possibles. De cette conception du monde, à laquelle sont étrangères toutes les images du passé et de l'avenir, toute l'inertie du quotidien sensible, toute la jouissance intellectuelle des jours de repos – de cette conception du monde la guerre est la forme de pensée nécessaire. Même le cours « paisible » des choses revêt pour lui l'allure du combat, du conflit et de l'équilibre entre des orientations opposées, l'attaque et la contre-attaque, la cause défendue et la mise en cause par l'adversaire, l'action et la revanche. C'est avec un tel regard que l'homme d'État observe l'accumulation des tensions de l'histoire universelle qui précèdent la guerre. Il croit, non, il doit croire qu'il lui reste ici un espace pour agir, et quand bien même ce serait la moindre marge d'action, la manière bismarckienne de saisir au vol la traîne divine, cela reste tout de même une action. Et c'est à entrer dans ce monde de l'agir qu'il doit alors chercher à contraindre le peuple, en l'arrachant à la quiétude de son être, étranger à l'action.

Un seul pont permet de passer de l'être à l'action : la conscience. Le peuple comme l'élite du peuple, arrachés en sursaut à l'évidence satisfaite des jours ouvrés et des jours de repos, doivent voir leur conscience s'éveiller. La parole est le réveil de la conscience. Seule la parole nous arrache à l'être pour agir. Mais il n'y a qu'une parole qui puisse s'emparer de tout le domaine de l'être. Seule en est capable la parole qui lui fait prendre conscience qu'il n'est pas un être simple, évident, indubitable, mais un être contesté, menacé, combattu – autrement dit, qu'il n'est pas simplement être, mais aussi existence. Seule la parole qui donne conscience au peuple qu'il s'agit du « tout », qu'il s'agit de l'« existence », seule cette parole contraint le peuple à quitter le repos de l'être pour entrer dans l'urgence de l'action. Ainsi la parole, et plus particulièrement cette unique parole entièrement déterminée, devient-elle l'instrument nécessaire de l'homme d'État. C'est par elle qu'il arrache le peuple à son repos pour le précipiter dans le tourbillon de la vie de l'État. En réalité, cette parole prend deux formes qui correspondent aux deux configurations du peuple et à leurs sacrifices différents. L'être dont le peuple doit prendre conscience, et celui dont l'élite doit prendre conscience en tant qu'existence[1] sont différents.

1. Ce terme traduit ici systématiquement l'allemand *Dasein*.

La conscience du peuple dira inévitablement : « Nous défendons nos femmes, nos enfants » ; la conscience de l'élite, au contraire, doit prendre conscience que « ce n'est pas un combat pour les biens de la terre ; c'est ce qu'il y a de plus sacré que nous défendons par le glaive ». Mais dans les deux cas, ce qui doit s'exprimer, ce dont on doit prendre conscience, c'est ce qui est d'ordinaire évident.

La parole de l'homme d'État introduit donc le peuple dans le domaine de l'action consciente. Mais seule la parole du peuple désormais réveillé peut reconduire au monde de l'être pacifique. La guerre a fait irruption « chez » ceux qui dormaient, la paix doit être « conclue » par ceux qui se sont réveillés. Le peuple ne pouvait vouloir la guerre, parce que le monde de l'action se situait au-delà de son être ; il ne peut que vouloir la paix parce que, précisément, l'action est pour lui un élément étranger au sein duquel il s'est mû tant que son être lui est apparu comme une existence menacée. Depuis le premier jour de la guerre, le peuple combat pour la paix. Que dans la guerre, la guerre ne soit pas la fin dernière, ne relève sans doute pas de la sagesse divine, mais certainement de la sagesse humaine. Le conflit n'apparaît pas à cette dernière comme le père de toutes choses ni comme un dysfonctionnement dans les rouages du temps, mais bien davantage comme l'arrêt du soleil au-dessus de Gibéon – « Ô temps, arrête-toi ! ». Tout pousse le peuple à quitter le monde inhabituel de l'action consciente, autosacrificielle, pour rejoindre la paix de l'être jouissant de soi et s'oubliant lui-même. Le peuple, par son éveil à l'instant présent et à l'action, est contraint de vouloir, mais il ne veut pas vouloir, il veut retrouver le sommeil plein de rêves de cette absence d'action dont il est sorti effrayé. Et c'est justement le fait qu'il soit éveillé qui donne à cette volonté sienne, pendant la guerre, une force consciente et déterminante. Ce n'est pas en temps de paix, mais en temps de guerre que la « volonté de paix » du peuple est un pouvoir.

Ainsi la tâche de l'homme d'État à la fin de la guerre est-elle tout à fait différente de celle qu'il assume au commencement. Au début de la guerre, il devait amener le peuple à la conscience, il devait lui apprendre à reconnaître son être comme existence, il devait lui montrer l'atmosphère de cette évidence qui l'entourait jusqu'alors, comme une sphère limitée, hostilement coupée des autres. Il devait précipiter la parole au sein du peuple muet. Il lui a donné la conscience, la volonté. Désormais le peuple parle. Et désormais, il doit l'entendre, non pas pour lui obéir – certainement pas, car il est l'administrateur de l'État qui n'obéit jamais –, mais pour lui répondre. Il n'est plus libre dans ses paroles, elles lui sont prescrites par les questions du peuple.

Que demande-t-il ? Depuis le premier jour, rien d'autre que ceci : en va-t-il encore du « tout » ? Notre existence est-elle encore menacée ? Est-il bientôt « l'heure d'aller se coucher, puisque tout va bien » ? Et toutes les réponses doivent tourner autour de ce seul point. Le peuple a été appelé à sacrifier son être, mais seulement lorsque son existence était menacée. Du moment que l'être regagne en « évidence », seule la force, et plus du tout l'homme d'État, pourrait contraindre le peuple à se sacrifier de nouveau. Mais peut-on déterminer le point à partir duquel la guerre cesserait d'être une guerre défensive ? Serait-ce finalement – posons aussi, courageusement, la question extrême – serait-ce le devoir de l'homme d'État que de mentir au peuple, de lui donner l'illusion qu'il s'agit de son existence pure et simple, alors que, en réalité, il s'agit de l'extension de l'existence, de l'accroissement et de l'avenir, bref de choses qui peuvent résulter du destin, mais non du but que le peuple conscient reconnaît à sa guerre ? Notre mot d'ordre « tout par le peuple, tout contre le peuple » n'exige-t-il pas tout simplement l'usage politique du mensonge ? Comment le peuple pourrait-il autrement être amené – et il faut qu'il le soit – à agir contre lui-même ? Est-ce que, par exemple, la réponse que l'homme d'État donne au peuple en guerre qui l'interroge doit être un mensonge ?

Il ne faut pas qu'elle le soit ; plus encore, elle ne peut pas l'être ! Car l'homme d'État appartient lui-même au peuple ; le peuple ne peut pas être trompé, car il n'y a personne qui puisse le faire, personne qui lui ferait face. Le peuple s'interroge lui-même, quand il interroge l'homme d'État. L'homme d'État qui répond et le peuple qui interroge partagent la même condition, ils sont animés par le même concept de l'existence du peuple – le concept qui, comme tout concept, a reçu son contenu immuable dès sa formation. À tout instant de la guerre, le concept d'« existence » du peuple reste dépendant de son premier surgissement à partir de l'« être » du peuple : l'instant de l'entrée en guerre, le premier instant véritable surgissant dans la durée jusqu'alors sans instant où vivait le peuple, ce premier instant domine tous les instants suivants de la guerre, jusqu'au dernier, jusqu'au retour dans la pure durée de la paix. Contrairement à ce qu'on pourrait croire, l'idée de « défense » n'est pas un concept vide, partout identique ; mais ce qu'un peuple, au moment de son éveil à la guerre, découvre comme son existence est aussi divers et lui est aussi intimement approprié que l'était son être, ces hier et demain, cet avant-hier et cet après-demain qui avaient soudain pris la forme d'une existence. Aucune guerre ne passe outre ce commencement, mais toute guerre conduit jusqu'à lui, jusqu'à son accomplissement décisif ou l'impossibilité sans espoir de s'accomplir. La guerre est, pour chaque peuple, le déroulement complet de cette heure inaugurée à son déclenchement par la tension êtreexistence. Par la bouche de l'homme d'État, le peuple ne fait que répondre à la question qu'il se pose : où en est ce processus, jusqu'à quel point l'heure s'est-elle écoulée ? – « Veilleur, la nuit s'achèvera-t-elle bientôt ? ». Contre cette puissance originaire du commencement de la guerre, aucun mensonge conscient ne pourrait prendre. La fin ne viendra pas un moment plus tôt, mais pas un moment plus tard que ne l'a fixé la loi du premier moment, la loi du commencement. C'est ainsi que le sacrifice qui est exigé du peuple garde les traits de la nécessité. On comprend alors comment on peut obtenir du peuple qu'il agisse lui-même contre lui-même. De la même façon que, dans son action morale, on enjoint à l'homme d'agir contre lui-même, et que tout ce qui se produit « contre la nature » – ce que toute morale conceptuelle trop froide ou trop brûlante oublie toujours –, provient en réalité pourtant du fonds que l'homme s'est lui-même procuré, « une bonne fois », du fonds de sa nature propre, de la même façon qu'il reste dépendant, dans tout ce qu'il entreprend, du fonds de son cœur, de la même façon les peuples sont dépendants, aux époques de leur vie consciente – et c'est seulement à ces époques où ils agissent qu'ils sont comparables à un individu –, de ce qu'ils apportent dans cette époque. Durant la grande époque de leur existence éveillée, ils vivent de la dot de leur être sommeillant. La résolution de la contradiction que représente une action consciente « par » le peuple « contre » le peuple, et même la possibilité qu'elle s'applique dans la réalité tiennent au fait que cette action consciente est nourrie par l'être inconscient. « Par le peuple, contre le peuple, à partir du peuple » – c'est, tout à la fois, la loi patente et le secret de son accomplissement.

Regardons maintenant autour de nous et observons les peuples dans cette guerre. Il sont cinq qui vivent à ce point plongés en elle que nous pouvons y déchiffrer la loi du « tout ». Quant aux autres, pour une part, ils ne jouent dans cette guerre que le rôle périphérique de puissances d'appoint ; pour une autre, cette guerre n'est qu'un fragment d'une époque plus vaste qui, plus ancienne que son déclenchement, perdurera au-delà de la fin des hostilités. Pour ceux-là, ce n'est pas leur tout qui est engagé dans cette guerre, ou ce n'est pas dans cette guerre qu'il est engagé. C'est seulement pour les premiers que le problème démocratique, celui du peuple agissant, constitue un domaine qui coïncide exactement avec le cercle fatal de la guerre déclenchée en août 1914. Et ces peuples-là peuvent être l'objet de notre réflexion.

Le peuple d'Angleterre est entré dans la guerre, avec le mot d'ordre : pour les Belges, pour la domination des mers, pour les petites nations, pour l'équilibre européen, pour le maintien des traités signés, contre la politique de puissance, le droit imposé, le militarisme. Il est facile d'expédier cela, en disant que ces slogans ne seraient que « des mots ». Malgré tout, mots ou non, ils restent un mot d'ordre assez puissant pour conduire à cette guerre un grand peuple – sans compter ceux qui lui emboîtèrent le pas –, et pour l'y maintenir. De fait, ces devises de bannière circonscrivent l'être national anglais, aussi bien celui du peuple que celui de l'élite, et ils donnent à l'idée de défense un contenu tout à fait valide. Car tout Anglais, lord et ouvrier, savait que sa vie ordinaire, sa part des biens du monde, sa libération du service militaire, son sport, ses vacances reposaient sur une seule et unique condition : que son insularité, sa « sûreté face aux invasions », ne soit pas remise en cause. C'est pourquoi la possession de la tête de pont belge, la domination incontestée des mers, l'équilibre de groupes de puissances continentales mutuellement tenus en échec, pouvaient lui apparaître comme les conditions directes des douces habitudes de son existence. Or de même que le peuple d'hier, d'aujourd'hui et de demain, adonné à ces douces habitudes, se voyait menacé, c'est aussi le peuple d'avant-hier, d'aujourd'hui et d'après-demain qui l'était. Car l'homme anglais, tel qu'il s'est formé au fil des siècles et se révérant comme idéal-type de l'humanité, cet homme qui s'était développé suivant un cours rectiligne, un peu raide, honorable, incapable de sournoiserie, digne de confiance, bref, cet homme viril, à l'abri des embarras et des souillures de la vie – cette création, remarquable, de l'élite « anglaise » – fut mis en question dès que lui et son pays furent entraînés dans les relations entre les puissances continentales, relations qui, éclaboussant tout, imposaient qu'on se heurte durement dans un espace restreint, exigeaient mille concessions, créaient de force domination et asservissement. Même un gentleman lutte pour sa survie.

Le peuple français fut excité à la guerre par le cri guerrier que ses enfants, depuis 43 ans, avaient épelé sur les bancs de l'école : la reconquête des provinces perdues. Le déclin de la force du peuple, que chaque Français ressentait dans le cercle intime de son foyer et dans celui, élargi, de sa vie professionnelle, avait en partie pour cause annexe cette perte; mais elle était surtout un monument durable. En détruisant le monument, il pouvait légitimement espérer revenir sur l'évolution, dont il était le signe. Et à ce que le peuple ressentait correspondait pleinement la conscience plus secrète de l'élite. L'âme de la France d'aujourd'hui est née en 1789. De cet événement mondial que fut la grande Révolution, la Révolution en soi, la Révolution rouge, telle que Delacroix l'a peinte – cette femme, aux charmes impudiques, qui, sur la barricade couverte de cadavres, brandit l'étendard et appelle au combat –, de cette Révolution de la Marseillaise, la République du 3 septembre 1870 fut l'ultime et définitif résultat, l'unique symbole de portée mondiale. Et la République semblait indissociablement liée dans son histoire à cette plaie ouverte qui lui rappelait le jour de son ultime instauration. Que la plaie se referme, que la nation cesse d'« y penser » sans arrêt, et le sol spirituel, où plongeaient ses racines, se déroberait sous ses pas. Aussi, lorsque le moment s'offrit enfin, elle ne put laisser passer cette occasion historique évidente. Là encore, il s'agissait de la sauvegarde de l'existence spirituelle du peuple.

Le peuple russe fut poussé à la guerre sous l'égide de représentations qui invoquaient l'édification de la fraternité slave, l'extension de la terre russe et le renversement de la domination allemande à l'intérieur du pays. Là encore, les objectifs, inséparables du gouvernement qui les proclamait, étaient véritablement populaires. Le sentiment simple de l'homme russe qui, étant donnée l'étrangeté qu'il ressent par rapport à l'Europe, cherche à justifier en quelque sorte son propre continent dans la communauté slave ; la famine qui guette des paysans insuffisamment préparés, moralement, à une économie politique de type occidental ; la haine à l'encontre de l'étranger supérieur et pourtant indispensable, voilà qui, d'une façon ou d'une autre, jouait un rôle dans la vie de chaque Russe « authentique ». D'un autre côté, il y avait aussi, dans ce peuple, un grand nombre d'éléments qui refusaient cet état de fait et s'accordaient avec le reste du peuple grâce à la perspective que, suivant le cours naturel des choses, une guerre déclenchée dans de telles conditions, devrait les aider eux aussi à atteindre leurs propres buts – même s'ils voyaient, dans les Allemands, un obstacle à la réalisation de leurs buts, et, dans le réveil du slavisme et dans l'extension de la puissance de l'empire, un renforcement des couches paysannes démocratiques et des couches industrielles libérales. Une fois encore, les idées de l'élite étaient très étroitement liées à ces désirs et à ces buts du peuple. Le caractère commun aux malheurs du peuple, immédiats et tout superficiels, à savoir que la Russie ne peut se passer d'une relation avec l'Europe, sans être pour autant capable de la rendre vivante – dilemme, dont les mots d'ordre panslavistes, aussi bien qu'impérialistes ou nationalistes promettaient la solution –, ce caractère commun est bien ce qui justement constitue le destin profond de l'âme russe. Elle aussi est un « être en devenir » qui, insatisfait de ce qu'il possède, tout en en étant fier à l'excès, va chercher à l'extérieur ce qui lui manque, tout en essayant pourtant de s'y bricoler une vie qui, à supposer qu'il parvienne à la bâtir, ne lui suffirait certainement pas, pas plus qu'elle ne satisferait la fierté démesurée éprouvée pour sa propre intériorité. Mais c'est justement parce que cet « être en devenir » en est incapable, qu'il peut s'en tenir à fuir sans cesse l'infini intérieur de son âme propre vers l'infini extérieur de ses plans et de ses prétentions, et vice versa – l'éternel « être en devenir », qui ne saurait trouver lui-même de fin à son devenir, si le temps et le destin ne finissaient par lui apprendre à établir lui-même cette fin et à posséder ce qui lui est propre, cet être en devenir n'y parvient pas de lui-même. Il lui semble que cet être « en devenir », cette double inquiétude propre à qui est resté à mi-chemin de sa croissance et qui n'est plus chez lui nulle part ni n'est déjà chez lui quelque part, ni dans son âme ni dans le monde extérieur, il lui semble que cet être en devenir est son être véritable et ultime; et qu'il se heurte à des résistances, cet être deviendra son existence, celle pour laquelle il se battra.

Les peuples habsbourgeois furent plongés dans cette guerre pour le seul mot d'ordre inscrit en toutes lettres, aussi loin qu'on s'en souvienne, sur le blason de la monarchie : *viribus unitis*. Il suffit de lire l'ablatif comme un datif, tant la devise de l'empire est tout simplement la devise de la guerre, tant le caractère défensif de la guerre est clair pour la conscience de l'Autriche. Peut-être l'existence n'est-elle nulle part aussi claire qu'ici : une existence qui n'est dommageable pour personne, et qui doit simplement être défendue. Après que l'idée d'une domination des masses nationales vivant alentour, en provenance d'Allemagne, d'Italie, sans doute aussi des Polonais, des Slaves du sud, des Ruthènes, des Roumains, par l'intermédiaire de leurs groupes nationaux présents à l'intérieur de l'empire – une idée qui avait été à l'arrière-plan de l'art politique remarquable d'un Metternich – après donc que cette idée eut été définitivement abandonnée, cet empire fait de plusieurs peuples, voire de fragments de peuples, cette Suisse en grand, n'eut plus aucun besoin d'annexion; le principe du *statu quo* y devint – c'est un comble ! – maxime d'État et même d'un grand État. La monarchie n'a commencé la guerre que pour préserver l'unité de son territoire, et recule maintenant devant la solution, que la guerre lui présente à bien des égards, d'unir, dans les frontières de son empire, à peu près tous les Polonais ou tous les Slaves ou tous les Roumains. Ce serait quasiment renier le fondement de son être qui est de n'être que le symbole d'un empire et non sa réalisation. Avec, inscrite dans l'âme de sa politique, une telle crainte de l'indépendance, de la maturité autonome, la *felix Austria* se sait vouée à contracter mariage. La fille héritant de la plus vieille monarchie d'Europe, de l'empire appuyé sur les forces unies des nations, est en même temps la plus jeune, la préfiguration de l'empire à venir, celui des États-unis d'Europe. Gardienne de la sainte tradition de la famille européenne, gardienne de ce trésor pour le prétendant à venir, auquel elle offrira tout l'ensemble de ses peuples, renonçant d'elle-même, par pudeur, à fondre les peuples dans une grande nation, à devenir pleinement un État, pleinement une femme, avant que ne vienne celui qui la rendra telle, c'est ainsi que cette vierge persiste dans son attente. Et déjà s'approche de la promise le jeune prétendant chevaleresque.

Peuple allemand, tu t'es dressé pour la guerre, et tu ne savais que te défendre. Tu t'es mis en marche pour monter la garde sur le Rhin, tu as pris la mer, prêt à l'attaque et à la bataille, bord à bord, tu as descendu le Danube pour préserver le serment des Nibelungen. Tu n'as pas compris pourquoi les autres te voulaient du mal. La rancœur des Français était pour toi un héritage incompris du passé qui, certes, t'avait mis au monde, mais qui n'en était pas moins révolu. Tu ne soupçonnais pas que, pour ce peuple, ce qui était pour toi révolu était la secrète raison de vivre de son âme. Quant à la rivalité avec l'Angleterre sur les mers et sur les marchés du monde, elle te semblait être davantage une manière de mesurer ses forces en croisant le fer, une émulation commune qu'un vrai combat à la vie à la mort; rien d'autre à proprement parler qu'un tir de réglage destiné au cousin du même sang, vivant de l'autre côté de la Manche. Mais, pour l'Angleterre, la belle vie des compagnons de jeunesse était révolue. Une telle rivalité la touchait dans ce qui était son nerf vital. Car elle était déterminée à être seule, à ne se reconnaître aucun ennemi acharné face à elle. Tout au plus as-tu compris que la Révolution à l'est était ton œuvre. Que tu fasses voler en éclats l'Autriche, tu savais déjà, bien avant, que c'était, de ta part, une décision obscure, lourde de conséquences – ce n'est pas pour rien que tu avais évoqué la fidélité jusqu'à la mort d'un Hagen[1] et d'un Rüdiger. Là, régnait essentiellement l'action, une action plongée dans l'aventure de l'instant présent, mais découlant pourtant de vieilles connexions qui remontaient, bien avant le jour de ta naissance, à Versailles. Tu t'étais mis en marche pour réparer la négligence de tes ancêtres, pour rapporter à la maison le vieux butin, et tu ne t'étais pas rendu compte que, entre temps, alors que les tiens avaient abandonné l'Autriche, jeune vierge, seule sur son rocher, le butin avait depuis longtemps attiré sur lui d'autres regards cupides. Contre la France, tu soutenais la gloire de ta naissance respectable; contre l'Angleterre, le droit de ton travail honnête, de même, contre la Russie, la liberté de ton action légitime, la liberté de choisir ton alliance, comme, historiquement, la loi première de ton âme te le prescrivait. Ainsi es-tu sorti, jeune chevalier Teuerdank, pour ravir ta fiancée à l'antique race des dieux de l'Europe et te lier à elle pour la vie, fiancée qui te fut disputée avec fureur par la jalousie fruste des géants convoitant le trésor. Mais, au même moment, la rancœur longtemps contenue d'une dissension avide de vengeance et l'hostilité froidement calculatrice de l'insulaire jaloux de son isolement se précipitèrent sur tes arrières. Le combat de l'heure qui empoigna chacun de tes fils, le combat pour la légitimité du passé de

1. Il s'agit du héros de la mythologie allemande. Fidèle vassal de Brunnehilde, rappelons qu'il tue Siegfried traîtreusement au cours d'une partie de chasse avant d'être décapité par Kriemhild; Rüdiger est également un héros de la légende des Niebelungen.

chacun, pour l'absence de restriction du travail actuel, pour le choix de la place occupée dans le monde et qui devra être maintenue à tout jamais – ce combat de l'heure était un combat pour des biens qui imposent à chaque chevalier, du premier au dernier, du jeune Siegfried au jeune Teuerdank, l'obligation de combattre : pour la pureté du blason contre celui qui la met en doute, pour la liberté de passage contre celui qui l'interdit, pour la protection de l'épouse contre celui qui l'agresse. Allemands d'aujourd'hui et Allemands de toujours, vous avez marché unis vers ce combat.

Voilà quelle était la situation des peuples partant pour les moissons en août 1914. Mais quel regard portent-ils aujourd'hui, au tournant de l'année 1917-1918, alors que s'ouvrent les portes des granges pour la rentrée de la récolte ?

Tout est resté en l'état. La guerre, en effet, n'est pas pour les peuples ce qui détruit tout ; mais elle est le grand décideur. Le contenu n'a pas changé : ce que le peuple voulait, ce pour quoi il s'est sacrifié, c'est-à-dire, le contenu de son existence. Mais la guerre a décidé comment et dans quelle mesure cette existence retrouvera le chemin de son être. Or les peuples, bien qu'ils aspirent à la paix depuis le début, ne sont capables de supporter la guerre qu'au moment où s'ouvre à leur conscience effrayée cette voie vers l'être paisible. Aussi semblable que soit, du strict point de vue formel, la manière dont les peuples s'éveillent à la guerre, aussi différents sont leurs retours selon le sort du conflit. Autant nous pouvions observer, au début, les peuples en les prenant chacun séparément, classés de manière simplement superficielle selon leurs avancées les uns contre les autres, autant nous devons à présent les ranger par groupes. La loi structurant ces groupes qui, à leur tour, ne sont pas non plus vierges de tensions est le rapport entre ce qui était voulu et ce qui a été atteint. Nous observons l'Angleterre, la Russie, l'Autriche et la France et enfin, ne représentant que lui, le pays du centre, le trouble fête du monde entier, l'Allemagne.

La défense allemande n'était pas la défense d'un état de fait, mais d'un développement en cours, non d'un *statu quo*, mais d'un *motu quo ante*. La paix purement et simplement, la poursuite sans perturbation de ce qui avait été commencé auparavant, la reprise de l'œuvre interrompue constituaient le but de la guerre, son unique but. La puissance de l'Allemagne, en progression constante durant la paix, comme le fait qu'elle ait dû, année après année, agrandir l'espace de son refuge et agrandir les tapis de sa demeure, cela lui faisait considérer qu'une paix obtenue par la force serait déjà une victoire. Précisément parce que, durant la paix, elle était déjà une puissance montante de rang mondial, le simple retour à la paix lui paraissait être la garantie d'une progression accrue. La conscience que ses forces constituaient une source inépuisable avait rendu le jeune chevalier prêt pour la paix – prêt pour la paix en fait à tout moment de la guerre. La formule du Kaiser, « Armé pour la guerre, prêt pour la paix », est restée durablement inscrite au fronton des événements. Le caractère profondément inconscient de la volonté de guerre et la conscience la plus haute de la volonté de paix s'y trouvaient indissociablement mêlés.

Tout autre était la situation de la Russie, tout autre celle de l'Angleterre. Ces deux pays à qui l'Allemagne barrait la route, devaient, n'était-ce que pour sauver leur être d'avant-guerre, atteindre des buts de guerre positifs, introduire des changements dans un monde que la croissance de l'Allemagne, qui l'avait portée au niveau de l'histoire universelle, avait elle-même transformé. Car, ce n'est certes pas comme être que leur être avait été blessé par l'être de l'Allemagne; mais, de même que, par le biais de la guerre, les puissances du monde avaient quitté leur être pour entrer dans l'existence, de même Angleterre et Russie devaient se sentir agressées par l'existence de l'Allemagne, puisque cette existence était en pleine croissance. Si l'Angleterre et la Russie voulaient rester ce qu'elles étaient, alors c'est l'Allemagne qui devait décroître. La guerre a décidé pour l'Allemagne et elle a renvoyé l'Angleterre aussi bien que la Russie à elles-mêmes. Ce que, dans la guerre, elles se sont efforcées d'obtenir à l'extérieur, le salut de leur être, il leur faut, poussées par la nécessité, l'atteindre au moyen d'une réorganisation interne. Ce n'est pas l'Allemagne, mais la Russie et l'Angleterre qui ont dû, à l'intérieur, mûrir en vue de la paix. En Russie, sous l'effet du déroulement de la guerre, cela s'est produit avec la soudaineté d'un brusque événement. En Angleterre, c'est un processus qui s'est enclenché dès le commencement de la guerre et qui, aujourd'hui, n'est pas encore achevé. L'être russe à demi formé dut apprendre à convertir la démesure de ses pensées erratiques à l'urgence d'actions terre-à-terre. L'être en devenir dut suivre la voie d'Aliocha Karamazov, il dut « choisir un métier ». Car Aliocha est l'homme qui fait fructifier à l'infini son bien, que l'être en devenir gaspille de façon absurde. Quant au gentleman anglais, il dut, pour sauver ce qui était à sauver, descendre lui-même, au moins pour un temps, dans l'arène poussiéreuse du continent, et, dans le système de l'« équilibre » des forces, il dut lui-même être un poids dans la balance au lieu d'en être l'aiguille. Il lui fallut endosser l'uniforme monochrome de la discipline guerrière, prendre en charge le travail de l'ouvrier qui sue et ignore les dimanche. Combien de temps encore et jusqu'à quel point faudra-t-il que coule le sang anglais pour ces sueurs qui lui sont étrangères avant qu'il n'en ait assez ? Qui peut le dire avant la conclusion de cette expérimentation à laquelle se livre l'histoire universelle ? Une seule chose est sûre : l'Angleterre sera pleinement mûre pour la paix, le jour où ce point sera atteint.

Outre la puissance, dont la volonté de paix est aussi ancienne que la guerre, outre les puissances, dont la volonté de paix a mûri seulement pendant la guerre, il y a encore celles pour qui le déroulement de la guerre n'est pas essentiel à la volonté de paix, à vrai dire de manière directement inverse : la France et l'Autriche. L'Autriche, dans la mesure où elle craint davantage pour sa survie en général que pour chacune des parties qui l'assurent, est à tout moment prête pour la paix à condition qu'on ne lui rende pas tout à fait impossible cette survie. Même le *statu quo* est, dans son cas, presque une mesure extrême. L'empire pourrait, éventuellement, renoncer à certaines de ses parties, et il s'y est montré prêt, à certains moments de cette guerre. C'est seulement l'empire dans son ensemble qui doit subsister. Cette affirmation de soi, en un certain sens purement symbolique, qui néanmoins en tire une force surprenante, qui puise une force surprenante de cette collection de parties rassemblées en vue d'une fin ultime, qui puise cette force, telle une vierge, dans cette étonnante association de force et de faiblesse – cette affirmation de soi rencontre son image contraire dans l'insatiabilité de Marianne, qui fait figure de prostituée. La France, elle aussi, ne dépend pas de la guerre quant à sa volonté de paix. Mais, à l'inverse de l'Autriche, elle n'en dépend pas, au sens où à aucun moment elle n'est prête pour la paix. En vérité, aucun but accessible ne fonde cette volonté de paix, car, ce que manifeste le programme de conquête des provinces perdues, c'est, tout comme l'insouciance de l'Autriche pour chacune des parties de son territoire, un rapport essentiellement symbolique au territoire. Quand bien même l'Alsace serait conquise, la France ferait valoir, avec tout autant de passion, des prétentions sur les contrées voisines. La conquête en général, non pas au nom du territoire à conquérir, mais en raison de l'acte de la conquête elle-même, c'est le sens de la République, aussi longtemps qu'elle entend rester elle-même, une République française, héritière de la Révolution. Comme la pusillanimité de l'Autriche a besoin de soutiens, l'exubérance de la France a besoin de bornes. La prostituée ne trouve en elle-même ni lois ni limites. Indépendamment de la présence ou de l'absence d'une volonté de paix, la guerre prend donc fin, pour ces deux pays, au moment où elle prend fin en général. C'est là seulement que, soudainement, l'État emprunte la voie de son retour vers le peuple – l'État qui, en France, a dû s'opposer et répondre de façon négative, jusqu'au dernier moment, à la volonté de paix exprimée par le peuple, et qui, en Autriche, s'est permis, dès le début, d'aller dans le même sens que la volonté de paix des différents peuples, sans pour autant jamais y céder vraiment.

Et c'est pour l'essentiel ce que nous avons finalement constaté : le retour des États vers le peuple, comme nous avions observé auparavant la sortie des peuples vers leurs États. C'est finalement des États qu'il a été ici question, des positions qu'ils ont adoptées face à l'immuable volonté de paix du peuple – positions qui, dans leur contenu, étaient durablement liées à l'origine de la guerre bien que leur sens ait changé au cours de son déroulement. Les stations de ce chemin sont indiquées par les réponses que, par la bouche de leurs hommes d'États, les peuples se donnent à leurs cris en faveur de la paix. Ces réponses tracent ainsi une ligne qui conduit du commencement de la guerre à son achèvement. Elles réalisent leur unité. Elles permettent au peuple de retrouver son soi, qu'il a sacrifié dans l'action. Ainsi peut-on voir, à partir de ce cas le plus significatif de l'action du peuple, à quel point toute la sphère de son action consciente est enveloppée par son être inconscient. C'est la seule raison pour laquelle cette existence consciente, qui est entièrement sacrifice, peut être l'action du peuple, de part en part action du peuple : en effet, l'action comme le sacrifice, ce qui est fait « par le peuple » et ce qui est fait « contre le peuple », ont tous deux leur fondement commun dans l'inconscient, dans l'être du peuple – ils « procèdent du peuple », tout de même que le mot d'ordre est à la fois puissance et instrument, qu'il influence et qu'il est exploité, tout de même qu'il ne peut qu'être simultanément l'un et l'autre, parce qu'il est d'abord et pour l'essentiel manifestation de l'intériorité. Et en raison de cette triple comparaison – volonté qui ordonne et s'impose elle-même, instrument utile et se sacrifiant lui-même, révélation du secret de sa propre âme –, la *vox populi* est en vérité *vox dei*.

MONARCHIE, RÉPUBLIQUE ET ÉVOLUTION

En vérité, c'est aujourd'hui le fait que la fonction soit à vie qui fait la différence entre la Monarchie et la République. La caractéristique de l'éligibilité vient au second plan. L'unique dignité élective qui soit plus importante actuellement, la papauté, reste perçue comme une monarchie, en dépit de l'éligibilité. D'un autre côté, il n'existe pratiquement plus de dignités électives à vie, dans les États que nous qualifions de républiques. C'est ainsi que l'opposition décisive entre les deux formes de gouvernement réside aujourd'hui effectivement dans l'irrégularité ou la régularité du passage d'une charge à une autre, c'est-à-dire du changement de règne ou du choix du président. Or cette opposition est riche de conséquences. Condorcet, l'un des cerveaux les plus pénétrants et les plus intrépides que la Révolution française ait projetés sur la scène avant de les enfouir sous la terre, a défendu l'idée d'une révision de la Constitution qui se produirait, de façon légale, à de courts intervalles définis à l'avance, pour ainsi dire l'idée d'une Révolution réglée par la loi. Il croyait pouvoir la réaliser, en créant une autorité proprement destinée à cette tâche, un « pouvoir constituant[1] » spécial. Ce fut une ironie singulière que justement la Révolution ait elle-même suscité la pensée de sa propre légitimation, et donc, du même coup dans une certaine mesure, celle de sa propre affirmation par le biais de sa négation. Cette révision de la Constitution a déjà eu lieu pendant la Révolution, même si ce fut par la force, et sans que son échéance obéisse à aucune règle. Et, abstraction faite de la représentation, construite *more geometrico*, d'une révision globale de chacun des paragraphes de la Constitution, la vie ordinaire de l'État connaît elle aussi pareille révision dans la transformation régulière ou irrégulière du personnel gouvernant, précisément dans le changement de règne et dans l'élection. Et si les

1. En français dans le texte.

élections, qui, en effet, présentent aujourd'hui une périodicité régulière, sont devenues même pour la monarchie moderne un trait constitutif normal, son caractère spécifique, qui n'a pas d'équivalent dans la République, reste que la personne qui y exerce la fonction la plus haute change effectivement selon une périodicité irrégulière. Quel est le sens de cette spécificité?

Il conduit en général – abstraction faîte de la papauté, du sénioriat turc et de cas particuliers à la monarchie héréditaire – le fils du père à la barre. Une génération en remplace une autre. Mais qu'est-ce qu'une génération?

La réponse la plus évidente est qu'elle est la forme naturelle selon laquelle s'accomplit le renouveau historique. Dans l'opposition entre les pères et les fils réside la possibilité pour l'histoire d'avancer, sans que l'individu doive renoncer à la trempe de sa personnalité, de sa volonté qui est son royaume des cieux. La mort lui épargne une telle trahison de lui-même; elle lui permet d'« avoir du caractère » et d'entrer au royaume des cieux de sa volonté, tandis que l'histoire conserve la liberté de poursuivre son cours, indépendamment de ce caractère-là. Mais, en tant que pure forme de la vie historique, la génération n'opère ainsi que lorsqu'elle se manifeste de manière pure : dans l'histoire de la famille. C'est là seulement qu'une génération prend effectivement la relève d'une autre. Or dans la grande communauté humaine de l'État, la parole qui vaut est : « Les balais toujours s'émoussent et jeunesse toujours pousse ». L'instant présent crée sans cesse de nouveaux besoins et, sans cesse également, de nouvelles âmes mues par le besoin et le désir de les satisfaire. Nulle part n'apparaît de hiatus. Le concept de génération semble sans application, car il supposerait une force créant de tels hiatus qui ne seraient pas donnés par la nature. Or, ce pouvoir existe : c'est l'action. Toute action libre innovatrice interrompt la progression imperceptible des événements et donne au glissement paresseux du cours des choses une accélération perceptible. Et c'est de là que vient la possibilité de prêter voix à la génération. Il n'existe pas de générations historico-politiques qui seraient des faits de nature; mais il existe des occasions historiques d'action, dont la saisie constitue l'ensemble de ceux qui les partagent en génération – les grands moments que le siècle produit, qui en appellent à leur « génération ». Comment la génération s'empare-t-elle du grand moment? Plus précisément : comment se prépare-t-elle à le saisir?

Il existe deux possibilités. On crée des renouvellements artificiels, en imposant, à des moments déterminés ou en fonction d'eux, que ce soit au « peuple » ou à une administration organisée, la contrainte d'agir en vue d'un renouvellement : ce sont les élections ou des actions du même ordre. Ou alors, on se soumet au pouvoir de la nature, et la mort imprévisible de la personne régnante devient le moment où se renouvelle l'État : c'est la monarchie héréditaire. Étant donné l'impossibilité naturelle de déterminer une telle date, la fixation d'une période, arbitrairement réglée par la loi, semble davantage recommandée que d'attendre la fin, parfaitement contingente, d'une vie – une attente, dont la limite supérieure est, à peu près certainement, de soixante-dix ans tout au plus. Ce qui suscite aussitôt la question de savoir quelle est la meilleure périodicité qu'il convient d'établir. L'intérêt de l'évolution semble requérir des périodes aussi courtes que possible, à peu près comparables au changement annuel du gouvernement des cités antiques ; d'un autre côté, elles ne doivent pas être trop courtes, pour que l'effet nécessaire de la nouvelle impulsion puisse assurément se faire sentir ; car si le temps, certes, coule de lui-même, l'action a besoin d'une durée conséquente pour pénétrer le dur matériau de la réalité. Il en ressort que les périodes doivent être, comme il est d'usage pour les présidences et pour les parlements, d'une durée approximative d'au moins une demi-décennie. Et même la durée moyenne du règne des papes, en raison du grand âge des *papabili*, est de cet ordre de grandeur. Nous savons par expérience que des mandats de courte durée, comparable à celle-là, offrent deux possibilités. Soit la passation de pouvoir signifie peu de choses ; le caractère général de la politique reste inchangé durant plusieurs mandats. Soit il reflète, au lieu d'une grande évolution, les hésitations de la vie historique. Les règnes des papes relèvent encore des plus longues périodes, d'un côté, parce qu'ils durent néanmoins plus longtemps que les autres fonctions comparables, de l'autre, parce que la vie historique qu'ils servent, en tant que représentants politiques, est une vie essentiellement spirituelle, et que les évolutions spirituelles, au moins quand elles le sont strictement, s'imposent plus vite que les évolutions des structures, qui se déroulent à travers des choses concrètes lesquelles entrent brutalement en conflit dans l'espace.

C'est pourtant…

CANNES[1] ET GORLICE[2]

UNE EXPLICATION DU CONCEPT STRATÉGIQUE D'ESPACE

La conduite de la guerre qui va désormais vers sa fin a introduit tant de choses nouvelles dans nos conceptions qu'il ne faut pas s'étonner si ces concepts n'ont pu suivre que difficilement, voire pas du tout cette nouveauté. Le propre de toute stratégie civile – terme inapproprié, dès lors qu'elle n'est pas seulement conduite par des civils – est d'avoir été régulièrement évincée par le cours des événements. En outre, on n'a même pas pu dire que ses revers l'avaient au moins instruite. Au contraire, avec une sûreté infaillible, elle est toujours retombée dans la même erreur quant à ses pronostics. Elle s'est sans cesse fondée sur la conception de l'encerclement par les ailes droite et gauche, et toujours, après les premiers mois de la guerre, la réalité s'est développée selon un tout autre schéma. Même là où ce nouveau schéma s'imposait à l'observateur avec une telle évidence que, pour finir, il ne pouvait pas le négliger, on le considérait uniquement comme l'exception d'une règle solidement établie, au lieu de se décider à chercher dans cette exception régulière ce qu'elle avait de proprement remarquable, à savoir justement sa régularité. Certes, il n'y a pas de règle sans exception, mais lorsque les exceptions finissent par occuper seules le terrain, il serait à bon droit préférable de les considérer plutôt comme des confirmations, non pas de la règle ancienne, mais d'une règle nouvelle. Pour finir, c'est l'ancienne règle qui devrait à nouveau être soumise à examen.

1. C'est dans cette ville d'Apulie que les Romains, sous les ordres de Varron, furent défaits par les Carthaginois (en 216 av. J.-C.), sous les ordres de Hannibal. La stratégie de ce dernier fut d'encercler les romains sur leurs flancs et d'attaquer par derrière.

2. Ville de Galicie, où les Allemands et les Autrichiens remportèrent une victoire sur les Russes, dans les premiers mois de mai 1915.

Ce n'est pas le fondateur de la nouvelle science militaire, Clausewitz lui-même, qui a donné au concept de la stratégie d'encerclement cette valeur tout simplement dogmatique qu'en Allemagne, et jusqu'à cette guerre, la conscience commune lui conférait. Clausewitz lui-même était encore beaucoup trop marqué par l'époque immédiatement précédente pour qu'il ait pu voir dans la stratégie de la Révolution et dans celle de Napoléon la seule possibilité recevable. Surtout, les conditions historiques, encore directement vécues, dans lesquelles les innovations militaires s'étaient imposées, lui étaient trop présentes pour qu'il ait cherché à hypostasier la stratégie de la « guerre totale » en stratégie par excellence; c'est précisément la conscience vivante de cette détermination de l'histoire universelle qui poussa le penseur à formuler l'opposition systématique entre la « guerre totale » et la « guerre aux objectifs limités » comme la seconde opposition fondamentale, jouissant d'une égale légitimité, sur laquelle sont construites, théoriquement, plusieurs grandes sections de son œuvre. C'est d'abord à sa postérité, marquée profondément par Königgrätz[1] et Sedan, qu'il revint d'élever le type « Cannes » au rang de seule stratégie classique, en oubliant que, pour le vainqueur de Cannes, Fabius Cunctator[2] fut d'abord le premier ennemi qu'il n'arrivait pas à vaincre. C'est seulement à grand peine que le second membre de l'opposition de Clausewitz a pu conserver ne serait-ce qu'une valeur historique, tant il semblait difficile de croire qu'un maître reconnu de l'art de la guerre tel Frédéric le Grand serait à comprendre autrement qu'à partir de l'idée de Cannes[3]. Seule la guerre présente nous a enfin appris à considérer avec plus d'acuité les conditions sous lesquelles une bataille du type de celle de Cannes pouvait être menée.

Les grandes batailles qui anéantissent l'ennemi, du type de celle de Cannes, présentent une condition générale dont, me semble-t-il, la validité universelle n'a pas été suffisamment prise en compte, à savoir un comportement tout à fait déterminé de l'adversaire, et, de façon à vrai dire surprenante – du moins surprenante lorsqu'on obéit au principe du concept naïf d'encerclement – un comportement actif. La réalisation de l'encerclement exige que l'ennemi à encercler se précipite lui même dans cet encerclement. La pure défense permet presque toujours de repousser d'éventuelles intentions d'encerclement grâce à un contre-encerclement effectif

1. Cf. *supra*, *Globus*, « État social ».

2. Fabius Maximus, surnommé Cunctator, le « Temporisateur » (275-203 av J.C.). Nommé dictateur après Cannes, il adopta une efficace tactique de harcèlement contre Hannibal durant la seconde guerre punique (d'où la remarque de Rosenzweig). C'est le Sénat, sous la pression du peuple, qui lui imposa une conduite plus aventureuse des opérations qui aboutit au désastre de Cannes.

3. C'est-à-dire l'idée de l'encerclement.

ou menaçant. Seule « l'irrésistible poussée en avant » crée l'affaiblissement des ailes nécessaire à un encerclement, quand la concentration des forces à la pointe de l'attaque prive les ailes arrières de toute force, de façon quasi-automatique, des ailes qui restent d'autant plus en arrière que l'attaque va de l'avant, et qui sont d'autant plus privées de forces que celle-ci dure longtemps. L'encerclement n'est donc possible que si l'ennemi à encercler crée lui-même les conditions pour cela, poussé qu'il est vers l'avant, soit par un but stratégique séduisant – comme c'est le cas le plus souvent –, soit pour des raisons en partie politiques, mais insuffisantes du point de vue militaire – comme ce fut le cas pour Sedan –, soit encore – et c'est là la caractéristique des batailles du type de celle de Cannes – par la création d'un vide artificiel où l'ennemi à encercler est entraîné par, en quelque sorte, l'*horror vacui* stratégique. Ce vide est créé soit par le repli du centre, soit par la défaillance d'une aile – c'est le type de l'encerclement d'une seule aile, des batailles dont le front est oblique, comme celle de Leuktra[1] –, soit enfin, comme c'est le cas pour la bataille de Cannes, de façon tout à fait géniale et indirecte, c'est-à-dire au sein de la bataille même, lorsque celui qui va encercler précipite la marche en avant de celui qu'il veut encercler et le conduit à la position souhaitée en affaiblissant son propre centre et en simulant une déroute partielle.

Le point commun entre ces différents types tient à ce que, à l'inverse d'une conception naïve, l'ennemi à encercler ne représente pas une masse purement passive, mais qu'il doit au contraire être extrêmement actif, pour que l'encerclement puisse avoir lieu. Or être extrêmement actif présuppose l'unité interne de tout le corps d'armée. Et il ne s'agit pas seulement de cette unité pour ainsi dire à longue échéance, telle que, d'un point de vue stratégique, elle finit toujours par exister entre les parties d'une armée ; il s'agit aussi de cette unité instantanée, tactique, selon laquelle toute transformation partielle se communique sans délai à la totalité, d'une façon ou d'une autre. Il ne s'agit pas de savoir si sur le papier les parties se rapportent les unes aux autres en tant que centre ou en tant qu'ailes – l'erreur de la « stratégie civile » dont nous sommes partis est de ne pas le comprendre –, mais de savoir si, à côté de ce lien pour ainsi dire simplement statique, existe aussi un rapport dynamique grâce auquel la concentration, croissante au fur et à mesure, des forces dans la partie avancée provoque automatiquement la diminution de force des parties restées en arrière. Nous désignerons cette condition la plus générale d'un encerclement possible, (après avoir, comme nous le pensons, donné aux termes plurivoques un sens assez

1. Ancienne ville de Grèce, où les Thébains, commandés par Épaminondas, infligèrent à Sparte une sévère défaite (en 371) qui ruina son prestige et donna l'hégémonie du monde grec à Thèbes.

précis), comme l'unité stratégico-tactique du champ de bataille. Qu'est-ce qui, de ce point de vue, permet de circonscrire un « champ de bataille »?

On voit aussitôt qu'il ne peut pas s'agir ici de grandeurs quantitatives. L'espace stratégico-tactique peut être de grande ou de petite taille. La teneur politique de la conduite de la guerre peut subdiviser un espace géographique relativement petit en plusieurs espaces stratégiques; d'un autre côté, elle peut ramasser d'immenses territoires en une unité spatiale stratégique. Et ce qui vaut pour l'unité stratégique vaut naturellement à plus forte raison pour l'unité stratégico-tactique qu'elle implique toujours. On fera ici abstraction de cette détermination politique qui appréhende notre concept de « champ de bataille », « d'espace stratégico-tactique », de façon seulement médiate, c'est-à-dire à travers le concept de théâtre des hostilités, d'« espace stratégique ». On ne tiendra compte ici que de la définition strictement militaire du champ de bataille. Nous avons admis que l'unité du champ de bataille était une unité essentiellement dynamique en la définissant comme l'espace au sein duquel la transformation d'une partie se transmet sans délai à l'ensemble des autres. Cette unité spatiale d'un mouvement de propagation trouve sa limite naturelle dans ce qui, selon son objectif, doit rester immobile – dans la « fortification ». La fortification, aussi bien naturelle qu'artificielle, aussi longtemps qu'elle est affirmée comme telle et qu'elle l'autorise, constitue la limite, qu'on recherche ici, de l'unité spatiale stratégico-tactique. Et la limite ne doit pas s'entendre au sens où elle circonscrirait et clôturerait l'espace extérieurement, mais avant tout dans un sens purement et exclusivement mathématique, à savoir que là où est la limite, ce dont elle est limite n'est plus. Lorsqu'il est fortifié, et dans la mesure où il l'est, l'espace est devenu statique, il a perdu la capacité de transmettre le mouvement. Pour l'espace absolument fortifié, c'est-à-dire de toute part, l'encerclement complet par l'ennemi n'est pas (comme l'est l'encerclement pour l'espace mobile) la fin, mais le début des opérations militaires. L'espace absolument fortifié, la forteresse ou le système fortifié, permet de persister dans cette passivité, grâce à laquelle, comme nous l'avons vu, l'ennemi se trouve tout simplement privé de la possibilité de se servir de l'encerclement comme d'un moyen pour la victoire, et la première étape de sa décision est réduite à un premier seuil en vue d'un succès encore très lointain.

Outre ce cas de l'espace absolument fortifié, la réalité offre aussi le cas, tout aussi important, où la fortification ne représente qu'un élément statique singulier dans un espace tout autour mobile. C'est même là en fait le cas classique, et c'est dans leur rapport avec cet espace fortifié que doivent être d'abord comprises à la fois l'histoire du rôle des forteresses sur le champ de bataille et les raisons de la dogmatisation vulgaire de la stratégie de l'encerclement.

L'art méthodique de la guerre du XVIIIe siècle comptait sur la forteresse comme sur un élément tout à fait essentiel. À vrai dire, la contrainte de ne pas laisser dans son dos une forteresse qui ne soit pas investie ne venait pas directement des circonstances militaires, comme tout le monde le sait, mais de la nature des armées de cette époque. L'armée, mêlant mercenaires et recrues, à laquelle le ravitaillement par réquisition était interdit en raison, pour l'essentiel, des risques de désertion, cette armée exigeait des moyens d'approvisionnement absolument sûrs. Depuis Louis XIV, la science de la guerre traitait, avec une abondance de détails disproportionnée, les questions relevant de ce domaine. Le principal objectif des forteresses consistait donc à rendre impossible à l'ennemi de se précipiter vers la victoire sans précaution, en faisant peser sur le ravitaillement une menace continue, alors que cette progression eût été possible d'un point de vue purement géographique, étant donné la petitesse relative des armées et le peu d'espace immédiatement contrôlé par les forteresses. Voilà pourquoi les forteresses ont cessé de jouer ce rôle quand le nouvel esprit dictant la conduite de la guerre permit au général en chef d'approvisionner son armée pour ainsi dire indépendamment du ravitaillement, du moins pour des durées plus brèves, mais suffisantes pour emporter la décision. C'est ainsi que les guerres de la Révolution et celles de Napoléon ont complètement bouleversé la valeur accordée aux forteresses. La conduite de la guerre a perdu cette sorte d'assujettissement géographique, c'est-à-dire l'obligation de suivre la carte à la lettre, qui régnait auparavant sur elle quand seule l'entière conquête méthodique d'une contrée autorisait une nouvelle avancée de l'armée. Au lieu du pays, c'est, comme on l'a justement dit, l'armée ennemie qui est devenue l'objet de la conduite de la guerre. Être lié au concept d'espace, cela signifie qu'au lieu de la carte géographique effective, avec son système d'obstacles fixes, naturels et artificiels, la pensée stratégique trouve devant elle en quelque sorte un espace vide idéal où elle ne voit pas d'autre objet que l'armée ennemie. Les obstacles n'existent pour ainsi dire plus. Chez Clausewitz déjà, on trouve cette tendance caractéristique à rabaisser, d'un point de vue théorique, autant que faire se peut, la valeur non seulement des fortifications, mais aussi des obstacles naturels, comme le tracé des fleuves et des montagnes. L'espace apparaît comme l'élément fluide où le mouvement se propage sans résistance. La transposition du type Cannes à des espaces aussi grands qu'on voudra, l'interprétation de l'espace stratégique tout entier comme un même espace tactique – voir dans le « théâtre des opérations militaires » un

« champ de bataille » – devinrent possible. L'art de la guerre de Helmuth von Moltke[1] repose sur cette transposition.

Ce fut précisément le dernier moment. Pourtant, c'est le barrage du système de fortifications qui interdisait l'accès à la frontière orientale de la France qui, dans un premier temps, ruina le plan de campagne de l'été 1914 imaginé par Schlieffen[2] – plan qui, sans cela, pour autant qu'il réussît, ne pouvait que réussir puisque, avec l'offensive en Lorraine, le dernier plan de campagne français avait offert au commandement allemand les conditions typiques d'une bataille de Cannes : percée au centre et, de ce fait, affaiblissement de l'une au moins des deux ailes. Le fait que cette bataille de Cannes, brillamment commencée, fut stoppée dans son développement tint très essentiellement à la fixité immuable de l'aile droite française, l'aile fortifiée. Que l'aile droite allemande, privée de toute possibilité de jonction stratégique avec sa propre aile gauche, et laissée pour ainsi dire à elle-même, que cette aile n'ait pas été elle-même entraînée dans une bataille de Cannes, elle le doit à la parade opportune de sa partie centrale avancée qui lui donna l'ordre de se replier sur l'Aisne. La paralysie de l'aile droite dans une guerre de fortifications et, du même coup, la fixation géographique de l'ensemble du front occidental, la transformation à rebours du champ de bataille en théâtre des opérations militaires, où de nouveau apparaît une multitude de champs de bataille possibles, furent le résultat d'une telle situation – un résultat qui, dans l'ensemble, ne devait pas bouger avant longtemps.

C'est autrement, et pourtant sur la base des mêmes lois, que se déroulèrent les événements des premiers mois de la guerre à l'est. Le tournant qui, à l'ouest, devait se produire d'abord avec la percée à travers la Belgique, en quelque sorte la base géographique de l'encerclement, tout cela, aux yeux de la stratégie civile, semblait donné d'emblée avec le tracé des frontières de la paix. En vérité ni le terme d'« étau polonais » ni celui de « poche polonaise » ne se trouvèrent justifiés au cours des hostilités. Il n'y eut pas de transfert de la pression exercée sur la partie septentrionale du carré polonais aux événements qui se déroulaient au sud ni inversement, et ce fut moins en raison des grandes distances – celles-ci, comme on l'a vu,

1. Helmuth von Moltke (1800-1891), feldmaréchal prussien, il fut chef du grand état-major, à partir de 1858. Théoricien, il insista sur le parti qui pouvait être tiré des moyens de communication et de transmission modernes. Il fut à l'origine des victoires remportées contre l'Autriche (1866) et contre la France (1870).

2. Schlieffen (1833-1913), feldmaréchal allemand, chef du grand état-major (1891-1906), il élabora, entre 1898 et 1905, le fameux plan Schlieffen qui prévoyait l'invasion de la France par la Belgique et le Luxembourg. Ce plan fut appliqué en 1914, mais le commandement allemand ne renforça pas suffisamment son aile droite – ce qui fait ici l'objet de l'analyse de Rosenzweig.

s'étaient trouvé dévalorisées par l'identification moderne du théâtre des opérations au champ de bataille – qu'en raison de la fortification « totale » et imperméable de l'espace intérieur. Supposons un instant que la guerre se soit déroulée pour l'essentiel sur le sol russe, le tracé de la frontière polonaise n'aurait en fait pas suggéré un encerclement mais… une guerre de position.

Ainsi, le tracé frontalier est-il réellement devenu fondamental pour le cours des événements durant les premiers mois de la guerre, non à cause du carré polonais qu'il avait parcouru sur trois de ces côtés, mais à cause des quatre « angles droits » où il se perdait : celui de la Prusse orientale, celui de la Prusse occidentale et de la Posnanie, celui de la Silésie et de la Galicie, celui de la Galicie et de la Bucovine. Sur ces quatre angles, à Lyck, Torun, Cracovie et Lemberg, les conditions étaient réunies pour une stratégie d'encerclement, et encore une fois, non pas, comme on aurait pu tout d'abord le penser, parce que l'espace y restreignait les possibilités, mais, surtout, parce qu'on y trouvait des espaces non fortifiés : aux deux angles de la frontière orientale de la Pologne, le glacis de la Prusse occidentale et celui de la Galicie orientale; aux angles de la frontière occidentale de la Russie, le glacis polonais. Ces avancées d'espace « fluide », ces glacis des espaces fortifiés et le tracé des frontières lié à ce glacis furent d'une importance déterminante pour les premiers mois de la guerre.

L'offensive de la Russie contre la Prusse orientale, au mois d'août, chercha à exploiter le tracé concave de sa propre frontière pour exercer une double pression concentrique par l'est et par le sud. L'insuffisante coordination des deux armées russes permit à Hindenburg de les combattre séparément; l'armée du sud, par le repli de son propre centre qui, en attirant l'ennemi, rendit possible son encerclement destructeur des deux côtés; l'armée du nord, par l'attitude de sa propre aile gauche que la menace d'un engagement unilatéral contraignit au repli. Il fut fatal à chacune de ces deux armées, en exploitant leur aveugle avancée vers le point de jonction idéal de leurs marches séparées. L'offensive autrichienne du mois d'août s'efforça, avec audace, de contrarier aussitôt le tracé des frontières, dans l'angle oriental, tracé qui lui était désavantageux parce qu'il s'avançait en saillant sur son territoire. Attaque brillante, en fait condamnée à échouer avec une nécessité pour ainsi dire mathématique, car chaque pas hors de la base formée en demi-cercle, impliquait une nouvelle dispersion des axes de l'attaque qui déjà, en raison de la forme même de cette base, rayonnaient nécessairement dans des directions divergentes. C'est ainsi que se forma la brèche, qui ne put être comblée qu'en catastrophe, entre les groupes d'attaque orientés davantage vers le nord et ceux qui allaient davantage vers le sud – une brèche qui, pour finir contraignit d'abord les troupes à un repli sur leur base et permit ensuite aux Russes d'exploiter, pour l'attaque, cette base en demi-cercle, afin d'exercer pleinement une pression concentrique. D'un point de vue schématique, dans la succession des mouvements, sur le mode de l'attaque ou de la défense, la campagne galicienne présente le reflet inversé de la campagne de Prusse orientale. Toutes les deux se sont déroulées dans des conditions spatiales schématiquement identiques, mais avec une répartition inverse de l'attaque, de la défense et de la contre-attaque, et avec des dénouements opposés.

Si, comme en Prusse orientale, le tracé des frontières avait été ici favorable aux Russes, dans les combats d'octobre, de novembre et de décembre, il trancha en faveur des puissances d'Europe centrale. Cette fois, c'est le glacis polonais qui joua à deux reprises le rôle qu'avaient joué, en août et en septembre, ceux de la Prusse orientale et de la Galicie orientale. La première offensive menée conjointement par les Allemands et les Austro-hongrois mit à profit l'angle siléso-galicien pour repousser l'ennemi jusque sous les remparts du carré fortifié que constituait le centre de la Pologne. Elle se brisa à cet endroit, parce qu'elle devait s'y briser, parce que les conditions auxquelles elle devait sa force, l'existence d'un champ de bataille ouvert à partir de ses angles qui convergeaient, cessaient d'exister à cet endroit. Même sans le déploiement immédiat d'un contre-encerclement russe, à partir de l'angle nord-ouest du carré, l'offensive des puissances centrales se serait interrompue tôt ou tard. Ce danger d'un contre-encerclement, Hindenburg l'esquiva en se portant vers l'autre angle du glacis, l'angle nord-ouest, attirant l'ennemi vers lui, dans la direction de Torun. Partant de l'angle de la Prusse occidentale et de la Posnanie, la contre-attaque allemande du mois de décembre se referma autour des Russes qui avaient afflué dans le vide ainsi créé. Pourtant, cette fois, elle n'avait pas pour objectif, comme l'offensive d'octobre, d'arriver au bord fortifié du glacis; mais, soucieuse de se couvrir contre une éventuelle tentative de perturbation venue du cœur de l'espace fortifié, elle situait l'objectif stratégique de son attaque concentrique au sein même du glacis. Cette restriction claire du principe d'encerclement à un terrain qui lui soit approprié, c'est-à-dire à un espace non-fortifié, la création et le maintien d'un espace stratégico-tactique homogène – qui se manifestaient, d'un côté, dans l'orientation générale de l'attaque plutôt le long du glacis aligné pour l'essentiel du nord au sud, que vers son flanc comme l'attaque précédente, et, d'un autre côté, dans la protection contre des perturbations provenant de l'espace situé au-delà de ce glacis – tout cela menait à Lodz.

Ainsi, le front était mûr pour sa fixation, et il s'établit, au nord et à l'ouest, devant la ligne de fortification russe; au sud, devant celle de l'Autriche. Les « glacis » étaient entre les mains tantôt de l'un, tantôt de l'autre parti, mais soustraits, en tous cas, à l'évolution stratégique active. Les angles du tracé frontalier avaient cessé de jouer le rôle qu'ils avaient pu joué puisqu'on avait maintenu ouverts des espaces où le mouvement était possible, à savoir les glacis. Il était nécessaire que simultanément une nouvelle tactique et une nouvelle stratégie prennent forme, pour que ce qui s'était figé soit à nouveau mis en mouvement.

Réduire à rien le « champ de bataille » est le nouveau présupposé de la stratégie. Ce qui, par le passé, ne se produisait que dans certains cas particuliers, aux derniers stades d'un siège, à savoir le face-à-face des ennemis à très courte distance, devint la norme. Après l'immense élargissement de l'espace stratégique, qu'avait produit le siècle de Napoléon et de Moltke, les espaces disponibles pour les combats semblent se rétrécir de nouveau aux dimensions spatiales des batailles du passé, en réalité à celles de simples engagements. Le lien entre les différentes parties du théâtre des opérations semble presque dissous. Des succès tactiques sur telle position restent sans incidence stratégique. Le théâtre des opérations éclate en une pluralité de très petites unités tactiques. Le glissement du concept de stratégie à celui de tactique, l'impossibilité de les définir de façon rigoureusement exclusive, caractéristique de l'art de la guerre du XIXe siècle, tout cela disparaît. La stratégie semble faire place à la tactique. Des concepts comme « guerre d'usure », « guerre de matériel » tentent de formuler ce nouveau développement. C'est alors qu'arriva le jour de la bataille de Gorlice-Tarnow.

Ce n'est pas l'idée d'une percée en soi qui est surprenante. Que seule une percée puisse, d'une façon ou d'une autre, sortir de l'immobilité stratégique absolue de la guerre de position, voilà qui était évident. Mais précisément, ce que la percée devait supprimer, l'éclatement du théâtre des opérations en une pluralité de très petites unités tactiques, rendait son application problématique. D'un point de vue stratégique, une percée tactiquement réussie, après son succès, constituait stratégiquement une position particulièrement faible, du fait que, en raison de cet éclatement même, elle ne concernait qu'une partie très limitée de la totalité gigantesque du front. La troupe qui effectuait la percée offrait à l'ennemi un flanc dont la vulnérabilité croissait à chaque pas en avant. Ce qu'on mettait à profit pour la défense de chaque tranchée pouvait également devenir fatal pour le sort d'une percée entreprise à une bien plus grande échelle. D'un point de vue purement schématique, la contre-mesure évidente était l'engagement échelonné des parties du front les plus immédiatement voisines. Mais l'idée fondamentale qui avait prévalu jusqu'alors empêchait de saisir cette contre-mesure comme une idée stratégique fondamentale de grande importance. On s'était habitué à considérer les ailes comme la position fragile de l'ennemi. On cherchait indirectement à obtenir un effet sur un point, en agissant, autant que possible à partir de deux points des ailes. Ce procédé n'était approprié qu'en présupposant justement la conversion automatique de la réussite tactique en réussite stratégique, c'est-à-dire au fond ne valait qu'au sein d'un champ de bataille ouvert et, dans le cas d'une guerre de position, tout au plus dans de très étroites proportions; or il se trouva presque toujours au principe des premières grandes offensives des puissances occidentales, lorsqu'elles cherchèrent à casser la pointe du front allemand qui s'était enfoncé au le cœur de la France, par des attaques simultanées en Artois et en Champagne. La percée sur la Dunajec[1] fut la première qui, résolument, tira les conséquences stratégiques de la nouvelle tactique.

À l'est, en effet, la tentation était évidente d'agir en exerçant une pression à partir des ailes, à cause surtout de la configuration du front qui avait la forme d'un sac. D'autant plus que, peu de temps auparavant, les deux piliers d'angle de l'ensemble du front avaient été puissamment renforcés au nord aussi bien qu'au sud. Une fois admise la décision d'une percée, rien ne semblait plus naturel que de l'engager à partir de la Courlande et de la Bucovine ou, en tout cas, pas trop à l'ouest de ces points extrêmes. Au lieu de cela, le commandement de l'armée allemande choisit un point au fond du sac. La raison de ce choix était, comme l'a montré la suite du cours de la guerre, la claire conscience de la nature de la nouvelle tâche qu'il fallait accomplir. Ce n'était plus, comme auparavant, l'action conjointe de groupes d'armée aussi éloignés que possible les uns des autres, mais celle de groupes immédiatement voisins qui constituait le moyen répondant aux conditions nouvelles. La pression concentrique à partir des ailes supposait l'existence d'un champ de bataille disponible en un point quelconque duquel l'ennemi se trouverait, où il devrait à coup sûr être atteint grâce à un mouvement à partir des ailes, c'est-à-dire à partir des limites de ce champ. Or un tel champ de bataille n'existait justement plus. La première tâche de la stratégie était donc de le créer. C'est ainsi qu'à l'action concentrique à partir de points extrêmes, se substitua une action excentrique à partie des points les plus centraux; à l'action conjointe des ailes, celle des parties du front les plus proches; à la simultanéité fondamentale de ces actions, leur successivité tout aussi essentielle. L'espace que la simultanéité de l'action présupposait, c'était désormais la successivité qui devait le produire. Mais cette création eut lieu, conformément à l'objectif fixé, à partir du centre. Car c'est seulement à partir de là qu'elle se répercuterait immédiatement des deux côtés; c'est là seulement que la

1. Rivière de la Pologne, née dans les Hautes Tatras, près de la frontière tchèque, affluent de la Vistule.

percée pouvait, en un certain sens, « faire de l'espace » grâce à ses deux bras. Comme, au fond, il était tout aussi possible de l'obtenir de cette stratégie créatrice d'un nouvel espace, l'avantage apparent d'une action à partir des ailes – couper la ligne de retraite des parties du front qui s'étaient avancées au centre – cet avantage ne résistait pas à un examen plus rigoureux. La création de l'espace due au nouvel échelonnement de la progression prenait beaucoup trop de temps, pour que l'ennemi n'ait pas presque toujours la possibilité d'utiliser ses voies de repli. De plus, cette présupposition, dont nous avons solidement établi qu'elle était essentielle à tout encerclement à partir des ailes, faisait défaut, à savoir la poussée en avant du centre. Ainsi, le résultat immédiat de la percée elle-même est-il presque toujours un très grand nombre de prisonniers; les bénéfices ultérieurs restent la plupart du temps en-deçà des attentes très exagérées par le premier résultat.

Nous avons ainsi atteint l'essentiel du nouveau principe. On laissera au lecteur le soin de considérer, selon le point de vue développé ici, ses applications, et d'abord la russe en 1915, la roumaine en 1916, l'italienne en 1917, mais aussi les plus modestes, en particulier toutes celles qui, de façon très instructive, ont eu lieu dans un très petit espace, durant les dernières semaines qui ont précédé Verdun. À nous, il incombera maintenant de faire apparaître le contexte politique et historique de ce principe. Car même si son essence se laisse saisir, d'un point de vue purement schématique et pour ainsi dire géométrique, comme la conséquence d'un nouveau concept stratégique d'espace, la naissance de ce concept d'espace s'inscrit aussi dans des contextes plus vastes qui ne sont pas simplement militaires.

Le concept militaire de frontière, celui de « front », est articulé, de près ou de loin, sur le concept politique de frontière étatique. Le sens strict et exclusivement géographique que la notion de front a pris aujourd'hui est en fait une caractéristique propre à cette guerre. Alors que, auparavant, l'expression « aller au front » avait signifié rejoindre une partie des troupes et non un lieu déterminé, c'est seulement la prévalence actuelle de la guerre de position qui a rattaché au sol ce concept, jadis plus lié aux « personnes », évoquant la marche davantage qu'un lieu fixe. Même la guerre du XVIIIe siècle qui cherchait à maintenir un « cordon » avec des moyens analogues n'offre pas de comparaison adéquate. Car si, autrefois, les armées couvraient bien un territoire, il n'était pas nécessaire qu'il soit celui d'un État, mais d'abord le territoire nécessaire à l'entretien de l'armée, au sens le plus large. Cette possibilité de ne pas tenir compte de l'unité territoriale de l'État – sur laquelle Frédéric le Grand fit directement reposer toute la conduite des opérations durant la guerre de Sept ans, et qui pourtant ne signifie pas, à la différence de ce qui se passera au siècle suivant, l'éventuelle négation stratégique du concept de territoire – cette possibilité a des raisons tout à fait obvies. On pouvait faire abstraction du domaine étatique clos… parce qu'il n'existait pas encore. Le royaume de Frédéric n'est absolument pas l'unique *royaume des frontières*[1], même s'il est celui dont les traits sont le plus accusés. Même des États, plus vastes d'un point de vue géographique, l'étaient aussi plus ou moins. Presqu'aucun d'entre eux n'était dépourvu de territoires extérieurs assez importants, de même que, à l'intérieur aussi, et du point de vue du droit public, ils se présentaient moins comme des unités étatiques que comme des concentrations dominantes réunissant de nombreux territoires soumis à un droit différent – des « États », comme on disait à l'époque. Tout comme l'armée, même dans un État en paix, représentait le plus puissant, sinon l'unique élément qui donnait vie à l'ensemble de l'unité étatique, de même, comme on l'a expliqué, elle se donnait, dès le début des hostilités, l'unité de territoire qui, à ce moment, était nécessaire à la conduite de la guerre, fondant ainsi, pour la durée de cette guerre, par la conservation de certains territoires et par l'abandon de certains autres, un nouvel État. Toute la politique de conquête et d'échange des territoires au XVIIIe siècle reposait sur une évolution des territoires, qu'une conception de l'État fondée sur le droit patrimonial avait réunis de manière pour ainsi dire contingente, vers cette unité territoriale plus vaste, nécessaire à la guerre et qu'elle produisait à titre d'auxiliaire provisoire. Avant même de parvenir dans une certaine mesure à sa conclusion, cette évolution fut interrompue par la nouvelle idée que, à la fin du siècle, la Révolution française avait mise en action. Fondée sur des principes démocratiques, la pensée nationale de la Révolution, qui émanait davantage de l'unité de la communauté du peuple, consciente d'elle même, que de la communauté inconsciente et naturelle de la race[2] – cette pensée, mettant à profit la conscience de cette nouvelle cohésion politique entre les individus, se dota d'une nouvelle armée et, avec elle, des conditions d'un nouvel art de la guerre. Les armées de l'époque de Napoléon combattirent armée contre armée, non pas peuple contre peuple – c'est nous qui sommes les premiers à savoir ce que cela veut dire –, plutôt *demos* contre *demos*, car c'est le peuple comme unité politique[3], le peuple comme volonté générale[4] et non la plante de la race enracinée dans son sol naturel qui entrait en scène. Seuls deux théâtres d'opérations secondaires,

1. En français dans le texte.
2. Nous traduisons ainsi, faute de mieux, le terme si problématique de *Volkstum*.
3. Pour une étude complète des différents sens de la notion de peuple, voir, dans ce même volume, l'essai de Rosenzweig *Vox dei ?*.
4. En français dans le texte.

l'Espagne et le Tyrol, firent apparaître une autre sorte de peuple – encore était-ce davantage sous la forme de vastes insurrections que d'une guerre véritable. Ce refus de considérer le territoire comme essentiel à l'existence du peuple s'exprima dans la nouvelle stratégie qui, comparée au siècle précédent, ne se préoccupait nullement de couvrir et de conquérir des territoires ni de s'assurer des étapes, et dont le but exclusif était la mise hors de combat des forces armées. Ce n'est pas le lieu ici, de suivre la façon dont le concept de peuple voulu par la Révolution plongeait ses racines dans l'obscurité imaginaire de la terre natale pour devenir, dans la seconde moitié du siècle, une conception à la fois libérale et nationale du peuple. Il nous suffira de dire que, dans sa manière de planifier l'attaque et la défense, la stratégie de la seconde moitié du siècle resta sous la fascination des grandes innovations qu'avaient apportées les vingt-cinq années de guerre au tournant du siècle. C'est seulement lorsque, grâce aux guerres qui conclurent cette époque de formation des États nationaux, la nouvelle pensée de l'État révéla toutes ses conséquences, à savoir la naissance d'États-nation, aux vastes territoires, homogènes quant à leur population, enracinés autant que possible dans de solides aires linguistiques, qu'un bouleversement put se produire.

Il se manifesta tout d'abord dans l'immense pas en avant que se mit soudain à faire de nouveau l'art des fortifications qui, après les grandes réalisations du siècle de Louis XIV, n'avait pour ainsi dire plus bougé depuis la Révolution. Sébastopol, Strasbourg, Metz, Paris étaient encore, d'une certaine façon, l'œuvre de Vauban. Ce sont, en premier lieu, les créations de Brialmont[1] qui caractérisent cette nouvelle époque. Et plus encore que par les grandes forteresses, le nouvel âge s'annonça par différents essais de mettre en place des lignes cohérentes de fortifications. C'est tout le territoire de l'État ou, à tout le moins, son noyau central, en laissant ouvert un glacis lorsque, en raison d'un tracé des frontières trop défavorable, cela semblait militairement impossible, qui se mua en une unique forteresse. Au fond, il s'agissait déjà, conséquence de l'établissement par la paix de frontières fixes, du système qui, à travers les fortifications de campagne, serait développé, au cours de la guerre, dans le sens d'une totale mobilité, d'une adaptation à n'importe quelle base géographique. Les territoires sont protégés. Ce sont encore des territoires pour l'armée, des espaces fermés destinés à l'entretien des forces armées, comme au XVIIIe siècle. Mais, outre cela, ce sont aussi des territoires nationaux homogènes. La force de toute une nation encadrée par un territoire semble invincible. Il ne suffit plus de battre l'armée, il s'agit de priver de

1. Henri Alexis Brialmont (1821-1903), ingénieur militaire belge, qui créa le système fortifié de la Belgique, d'Anvers à la Meuse.

ses racines la force même de la nation, de l'arracher à son sol. Le roi Guillaume II, se souvenant de 1792, voyait l'esprit de Valmy planer sur la France de 1870, lorsque, après la bataille de Sedan, décisive pour la stratégie de l'époque, il prononça ce mot presque sûrement attesté : « C'est maintenant seulement que la guerre commence ! ». C'est précisément cette idée d'un territoire nationalisé que la construction d'une ligne fortifiée cherche à rendre efficace sur le plan militaire. Elle cherche à fixer les frontières du territoire. Mais les tranchées les repoussent.

Et du même coup, les tranchées mettent aussi en pleine lumière le sens de cette guerre, qui s'est nourrie des moyens des États-nation du XIXe siècle, et dont les buts dépassent par eux-mêmes cet ancienne conception de la nation. Les tranchées cernent des territoires, mais il ne s'agit plus de l'unité territoriale de l'État national, il s'agit de domaines économiques, militaires et sociaux. C'est là que s'arrête la comparaison avec le XVIIIe siècle. Comme à cette époque, l'État en guerre prend dans ce conflit une forme qui le conduit hors de ses frontières en temps de paix, aussi bien extérieurement qu'intérieurement ; l'État en guerre est l'image future d'un État à venir lorsque la paix sera rétablie. Mais la différence est néanmoins plus instructive. Car, tandis que, au XVIIIe siècle, le territoire de la guerre n'était qu'un moyen de la puissance, et tandis qu'on faisait la guerre pour la puissance elle-même, il est aujourd'hui bien davantage qu'un moyen, c'est, de façon tout à fait essentielle, l'objet même du combat. Les États du XVIIIe siècle combattaient pour accumuler de la puissance de manière quasi-arithmétique ; un territoire était nécessaire à cette fin, et, en raison de la conduite de la guerre, il fallait que, au moins pour la durée du conflit, il ait une unité circonscrite. Mais que, par la suite, la puissance étatique repose sur tel territoire ou tel autre acquis au terme du traité de paix, voilà qui était indifférent à la politique de ce siècle. Le nombre d'habitants, le rendement du sol, les bilans commerciaux, bref les décomptes quantitatifs, donc ce qui est échangeable, c'est cela qui entrait dans la balance lorsqu'on rédigeait les traités de paix. Le combat d'aujourd'hui, à l'inverse, n'a pour enjeu que le territoire lui-même. La réunion de différents peuples dans des empires, de peuples dont aucun ne peut être « échangé » avec un autre, qui ensemble ne font pas une somme, une quantité calculable, mais une communauté, une réunion de personnes appartenant à un peuple – tout cela s'exprime dans le fait que le territoire lui-même est devenu l'objet de la guerre, c'est-à-dire, surtout, qu'il est alors devenu réellement un « objet ». La réification de l'ensemble du territoire, le fait qu'il soit devenu un contenu, le fait qu'il soit, de mort, devenu vivant, tout cela, c'est le royaume *(Reich)*. Et parce que le combat est un combat pour le royaume, il est devenu une lutte pour le sol, pour le sol fortifié, qui n'est plus une surface géométrique vide, sur laquelle les armées seules s'affronteraient l'une l'autre, mais quelque chose doté de contenu, en soi vivant, qui doit être conquis pas à pas, par des hommes côte à côte, par des divisions, des armées, côte à côte. Ce n'est pas dans des champs ensanglantés, dispersés sur une vaste contrée, que reposent les morts de cette guerre, mais partout, à travers le vaste pays sanglant, suivant le lent déplacement du front, à chaque pas, côte à côte.

DEUXIÈME PARTIE

JUDAÏCA

I. LA NOUVELLE PENSÉE JUIVE

THÉOLOGIE ATHÉE [1]
(1914)

Les pages qui suivent ont pour but de présenter une orientation encore neuve, mais, à ce qu'il semble, prometteuse pour le judaïsme moderne, et elles ne manqueront pas de susciter des réserves. Pour réaliser ce projet, on se servira du moyen de la comparaison. La mise en œuvre devra montrer le bien-fondé de ce procédé.

Depuis quelques années, on assiste dans la science religieuse du protestantisme à un spectacle remarquable même pour l'observateur extérieur : la fin de la théologie appelée de « la vie de Jésus » [2]. Avant même que Drews ait cherché, sans convaincre, à lui donner le coup de grâce elle avait touché le fond par elle-même ; les querelles autour de l'historicité de

1. La traduction de ce texte, ainsi que les notes sont dues à Jean-Louis Schlegel qui l'avait publiée dans la revue *Recherches de science religieuse*, tome 74, n° 4, octobre-décembre 1986. Nous la reproduisons ici avec l'aimable autorisation de la revue et l'amical accord du traducteur.

2. Théologie de la « vie de Jésus » : *Leben-Jesu-Theologie*. Cette théologie, ou plutôt cette « recherche » tente de percer l'enveloppe déjà très théologique du Nouveau Testament pour retrouver l'homme Jésus authentique, sa personne et sa doctrine de « Maître de sagesse ». En réalité, elle dépendait largement du mythe néo-humaniste du XIXe siècle, privilégiant l'intériorité de l'homme moral. Outre Schweitzer (Albert, que Rosenzweig ne nomme pas ici, et qui privilégie le côté apocalyptique de la vie et de la prédication de Jésus) et Arthur Drews (qui nie l'historicité de Jésus), c'est avant tout Karl Barth qui donne le « coup de grâce » à cette théologie en 1919 avec son *Épître aux Romains* (sur des bases théologiques et philosophiques tout autres que celles de Schweitzer et Drews, non sans analogie avec celles de Rosenzweig).

Jésus n'ont fait que porter la crise au grand jour; le véritable travail avait déjà eu lieu.

Les racines de cette partie de la théologie libérale, devenue progressivement au cours du XIXe siècle le centre du néo-protestantisme allemand remontent déjà au XVIIIe siècle. Non certes qu'il faille chercher dans les tentatives célèbres des « fragmentistes de Wolfenbüttel »[1], et dans des ouvrages précurseurs apparentés mais mineurs, les commencements de la « théologie de la vie de Jésus » ; ces produits de l'*Aufklärung* représentent une part de la première recherche historico-critique mais non de la théologie à structure systématique. Au XVIIIe siècle, les soubassements d'une telle théologie se trouvaient plutôt dans les entreprises de Lessing, Herder, Kant et de beaucoup d'autres auteurs, inférieurs, tout autour d'eux : c'est d'eux que vient la tendance à présenter la vie humaine de Jésus comme la vie du grand Maître et le christianisme comme la doctrine de ce grand Maître. Présenter, cela voulait dire établir. Si l'on réussissait à mettre en évidence, dans l'« enseignement de Jésus », les forces spirituelles capables de donner encore un contenu vivant au présent, on avait démontré la possibilité d'avoir un christianisme par-delà le dogme christologique. À la place d'une « religion portant sur Jésus », venait, pour parler comme Lessing, la « religion de Jésus ». L'*Aufklärung* pouvait – à condition, notez bien, que l'entreprise évoquée soit possible – conclure sa paix avec la puissance spirituelle la plus considérable du passé ; le christianisme véritable, c'est-à-dire le christianisme de Jésus précisément, n'enseignait rien d'autre que l'*Aufklärung*; seule l'Église, qui avait recouvert le christianisme de Jésus avec le Christ du christianisme, était à écarter : le christianisme lui-même restait en vigueur, et même, c'est maintenant seulement qu'il retournait à la lumière dans sa pure figure de l'origine. Au lieu de croire à l'homme-Dieu, il s'agissait de se laisser enseigner par le Maître.

Cela s'avéra impossible. Il y eut notamment la profonde intuition du romantisme que ce n'est pas l'enseignement, enseignât-il la vérité même, qui était appelé à dominer le monde, mais seulement l'individualité vivante et agissante, et cette intuition précisément montra le côté déjà désuet de la conception de Jésus comme Maître avant même qu'elle soit parvenue à l'apogée de son développement. D'après la nouvelle représentation, ne pouvait avoir été un « Maître » Celui dont la venue signifiait « la plénitude des temps ». Schleiermacher trouva le mot opportun : « l'émergence d'une révélation dans une personne individuelle au sein de la nature humaine

1. Les *Fragments de Wolfenbüttel* sont un ouvrage de Reimarus (1694-1768), rationaliste connu pour sa critique de la Bible et des dogmes ; l'ouvrage a été publié en partie par Lessing, en 1774. Son véritable titre est le suivant : *Apologie et défense de l'adorateur raisonnable de Dieu*.

avait été préparée » et il fallait y voir « le plus haut développement de sa force spirituelle ». Ce n'était donc point le « Maître », mais la « personnalité » qui représentait l'essence humaine de Jésus, essence dont le christianisme était issu aujourd'hui comme il y a 1 900 ans. « Personnalité » – ce n'était pas quelque chose qui avait existé un jour il y a bien longtemps, ce n'était pas une objectivité morte ; les contemporains de Goethe avaient appris à voir que sans compter tout ce qui a été réalisé, il demeurait dans une vie d'homme un être qui se soustrayait à la puissance mortifère de l'histoire. Cette idée, croyait-on, permettait de saisir l'existence de Jésus, devait nécessairement le permettre, une fois qu'on était décidé à se soustraire au dogme.

Strauss entreprit de concevoir le christianisme purement à partir des nécessités invincibles de l'histoire et de son éternelle vérité ; cette entreprise grandiose, encore nourrie de l'esprit de Hegel, échoua finalement non pas du fait de l'indignation des gardiens de Sion, mais sur la contradiction inhérente à cette orientation romantique, qui voyait dans la personnalité la force souveraine dans l'histoire. Au fond, nul autre que Strauss lui-même ne reconnut cet échec, lorsqu'une génération après, il fit paraître sa deuxième « Vie de Jésus », où l'interprétation du christianisme à partir de l'essence du mythe disparaissait au profit de la tentative pour circonscrire l'homme Jésus comme caractère individuel[1].

À l'époque, cette tendance triomphait déjà sur toute la ligne. Strauss lui-même y fut entraîné, on le sait, par le bruit que fit l'ouvrage à sensation de Renan, concocté à partir d'ingrédients issus de la vision de l'histoire et de la recherche historique allemandes. Dès lors, et pour des décennies, la vie de Jésus resta le cheval de bataille de la théologie libérale. On ne peut comprendre la confiance avec laquelle on croyait pouvoir mettre en avant dans le Saint des Saints de la foi les résultats de la recherche historico-critique si l'on ne garde pas devant les yeux le présupposé, commun à tous ces gens, de la valeur infinie de la personnalité. L'homme, que la contemplation sans préjugés des sources permettait de faire apparaître, par-delà toutes les retouches tendancieuses et dogmatiques, devait être une force éternelle, car… « nul temps ni puissance ne réduit en pièces une forme avérée qui se développe en vivant ». La vie de Gœthe était la secrète présupposition de cette vie de Jésus dont la théologie allemande espérait

1. Strauss (David Friedrich, 1808-1873) évolua en effet d'une conceprion théologique hégélienne (« de gauche »), que reflète sa première *Vie de Jésus* en 1835 (le Christ dissous dans l'« Idee ») à une cririque biblique radicalemenr athée dans la seconde (1804). Le titre de son ouvrage *Le Christ de la foi et le Jésus de l'histoire* demeure célèbre (1865). L'ouvrage non moins célèbre de Renan est de 1863.

faire le centre de la foi. L'esprit du temps et la recherche individuelle avaient fait alliance.

Le temps comme la recherche portent en eux-mêmes les remèdes à leurs maladies. Le sentiment que nul homme ne comprend l'autre, que l'étrangeté est posée entre les proches comme entre les plus éloignés, et que la personnalité demeure enfermée dans les murs de sa propre individualité commença par se rebeller contre le présupposé qui voulait que la vie d'un autre, saisie dans son unicité pleinement humaine, ait tout simplement et obligatoirement valeur universelle, et qu'un homme en tant qu'homme, justement en tant qu'homme, doive devenir pour l'humanité ce qu'avait pu être l'homme-Dieu du dogme. Pour sa part, soumise à une critique interne de plus en plus vive, la recherche se retrouva toujours plus fréquemment sur des voies qui l'éloignaient fort du but initialement prévu. Dans l'image de l'homme, elle pensait trouver des traits de Jésus, mais par-delà ses caractéristiques personnelles, ces traits s'avéraient si fortement enracinés dans le sol spirituel de son temps et de son peuple qu'il apparut de plus en plus difficile de surmonter, grâce au sentiment pour se l'assimiler, l'« étrangeté » de l'image fondamentale acquise sur le terrain scientifique. Voilà que les réserves de la droite théologique, qui ne les avait jamais tues, étaient ouvertement reprises par la gauche, dans le camp même de la théologie de la vie de Jésus. L'homme laissé à lui-même ne supportait pas la claire lumière du foyer de la foi où l'on avait tenté de le faire entrer. Était-il possible, et même nécessaire peut-être, d'y renoncer complètement ? Après qu'on eut fait naufrage avec l'une des moitiés du paradoxe dogmatique qu'est le « vrai Dieu-vrai homme », allait-on devoir recourir à l'autre ? À la place de la théologie historique, fallait-il mettre la théologie philosophique, et l'idée de Christ à la place de la vie de Jésus ? Ou fallait-il trouver le courage d'aborder à nouveau la totalité du paradoxe ? Et sera-t-il possible de replacer le concept de Révélation historique-suprahistorique au centre de la science ? C'est devant cette décision que se trouve, à l'heure qu'il est, la conscience scientifique du protestantisme, c'est de là que surgiront les conflits des années à venir.

*

La pensée juive a toujours été en contact vivant avec la science chrétienne ; tantôt elle était celle qui influence[1], comme dans la scolastique, tantôt c'est elle qui est influencée, comme au XIXe siècle, elle ne connaît pas de parallèle immédiat avec le mouvement à l'instant évoqué. Chez nous, en raison de l'essence de notre dogmatique, le problème de la personnalité

1. Notamment par Maïmonide, évidemment.

ne pouvait prendre la signification centrale qu'il avait par nature dans la dogmatique chrétienne. C'est seulement par l'orientation spirituelle générale que notre science a vécu la même histoire que la théologie chrétienne (ce qui veut dire au XIXe siècle, pour l'essentiel : la théologie allemande). Après les grandes tentatives pour établir des systèmes de philosophie de la religion, durant la première moitié du siècle, la tradition de notre philosophie de la religion classique s'est trouvée renouvelée non pas certes dans son idée philosophique directrice, mais dans des traits caractéristiques de la méthode ; après ces tentatives, nous avons connu, comme la théologie chrétienne, une époque de fuite dans la recherche historique particulière ; ce sont des idées directrices plus apologétiques qu'autonomes et systématiques qui ont déterminé durant des décennies, l'image d'ensemble de ce travail de recherche. Par la suite, les essais de Cohen pour réinterpréter dans un sens purement rationaliste le concept de Révélation furent le témoignage le plus significatif du « réveil de la philosophie » également chez nous. Et les dernières années, le récepteur de la Révélation dans le judaïsme est redevenu à son tour la ligne de mire de la réflexion systématique : le peuple élu.

Au XIXe siècle, ces tentatives antérieures de philosophies de la religion dont nous parlions avaient essayé de laver de toute difficulté ce concept difficile ; on avait vu des affadissements de même nature que ceux qui avaient été entrepris dans la philosophie allemande classique sur la figure du Christ. Celle-ci avait été vidée de son contenu pour devenir l'idée de l'homme idéal ; de même chez nous, l'idée de peuple fut réinterprétée pour devenir la communauté idéale de l'humanité – dans les deux cas, on esquivait la dure marque du divin réellement entré dans l'histoire et distinct de toute autre réalité. Il n'est pas difficile de deviner pourquoi il n'y a pas eu, parmi nous, dès ce moment-là, d'aspiration à élaborer systématiquement la notion de peuple comme socle porteur du judaïsme. Assurément, l'humanisation de ce qu'on avait jusque-là tenu pour divin invitait le théologien chrétien de ce temps-là à entreprendre la tâche d'élaborer une vie humaine de Jésus, et elle pouvait aussi apparaître comme la conséquence séduisante d'une sorte de théologie du judaïsme du peuple *(Volksjudentum-Theologie)* ; mais tandis que l'équivalence entre homme-Dieu et homme idéal pouvait dégager une vie de Jésus individuelle comme son complément naturel, l'équivalence juive correspondante entre peuple de Dieu et communauté humaine idéale ne pouvait produire à l'époque une image du peuple juif que la théologie pût utiliser : sur la base de cette équivalence, l'homme Jésus promettait une force insoupçonnée d'existence réelle, alors que le peuple juif se trouverait volatilisé théologiquement par cette équivalence ; il serait devenu le porteur accidentel d'une idée qui n'est pas liée à son existence. La raison en est évidente, et nous l'avons déjà exprimée. Au concept « kantien » d'homme idéal s'accordait sans peine la notion « goethéenne » d'idéal de l'individualité ; au contraire, il semblait à l'époque que le concept d'humanité idéale s'opposât à toute imbrication dans l'individualité singulière d'un peuple. Des tentatives remarquables eurent lieu dans ce sens au tournant du XVIIIe et du XIXe siècle, dans l'Allemagne de Fichte et de Hegel, elles s'efforçaient fondamentalement d'unir le peuple et l'humanité seulement de telle sorte que le peuple ait à produire hors de son sein les idées sans lesquelles l'humanité « disparaîtrait » ; la doctrine hégélienne de la mort des peuples dans l'histoire universelle, une fois accomplie la tâche qui leur revient en faveur de l'humanité, était la conséquence naturelle d'une telle notion du peuple. Il était impossible qu'une science juive qui considère le judaïsme comme une entité subsistant éternellement commence par une pareille conception du rapport entre un peuple *(Volkstum)* et l'humanité. Elle aurait eu besoin d'une théorie qui rendît possible de comprendre la pure existence d'un peuple, et non pas d'abord ses réalisations, comme éternelle nécessité pour l'humanité ; mais l'idée romantique de personnalité n'avait pas encore trouvé son pendant en ce qui concerne l'idée de peuple.

Les récentes décennies ont apporté un changement sous ce rapport. Non sans liens avec l'ancienne notion de peuple de l'idéalisme allemand, et pourtant nouvelle pour l'essentiel, on a vu se constituer une représentation du peuple qui le fait accéder à une existence éternelle. Celui qui est capable de voir au-delà des considérations pseudonaturalistes sur l'idée de race, auxquelles cette idée d'éternité doit sa large popularité, celui-là reconnaît là l'effort pour réinterpréter le concept de peuple de telle sorte que le peuple, indépendamment des réalisations matérielles, puise le droit d'être là tout simplement dans son existence même. C'est précisément le trait naturaliste et sans esprit du nouveau concept qui lui a donné la capacité de réaliser cela. C'est sans souci et sans conscience, comme un produit de la nature, que le peuple vit actuellement sa vie ; la question portant sur le sens de cette vie semble avoir perdu sa raison d'être. Elle « semble » seulement ; en réalité, elle a autant de raisons d'être qu'avant ; c'est même à cause d'elle qu'eut lieu cette apparente déspiritualisation du peuple réduit à la race et de l'idée de « nation » réduite à l'idée de « peuple » *(vom nationalen zum völkischen Gedanken)*. Le peuple, qui désormais ne vit et ne meurt plus, aux yeux du philosophe, pour des motifs dépassant le peuple, possède dans son propre caractère, dans le murmure de son sang qui coule, son droit d'exister ; et là où fait irruption la volonté d'ancrer ce droit dans l'histoire de la philosophie, là on cesse de dire comme il y a cent ans que dans le peuple est assumée l'idée qui « renouvelle le monde » (après quoi il n'a plus qu'à s'effacer comme une coquille vide); non, désormais, on conçoit les choses de telle sorte qu'au contact de son essence le monde trouvera sa guérison. Mais ainsi, l'essence, le caractère permanent du peuple, prend une importance immense, et, sur fond de ce concept d'une « essence du peuple », le peuple historique voit apparaître une possibilité de faire fructifier son existence réelle, semblable à celle qu'a rendue possible pour l'homme historique le concept de personnalité. Du côté juif aussi, on pouvait désormais se lancer dans une théologie athée.

C'est ce que nous observons actuellement parmi nous. Au lieu de montrer l'humain saisi par la force du divin – dans l'éternité de la pensée philosophique ou dans l'historicité du processus historique –, on tente désormais, à l'inverse, de comprendre le divin comme l'autoprojection de l'humain sur le ciel du mythe. Le peuple est alors l'humaine réalité déjà en tant que telle, celle-ci se recommande, comme contenu de la foi à une génération dont la tournure d'esprit est positiviste. C'est ainsi que la théologie de la vie de Jésus avait cru pouvoir éviter le dur dogme lorsqu'elle visait à toute force l'homme Jésus et uniquement l'homme. La capacité d'une telle réalité, purement humaine, à être crue vivante, et pas seulement sue morte, est chose extrêmement douteuse; mais, dans un premier temps, elle souleva chez nous aussi peu de réserves que du côté chrétien, la satisfaction d'avoir trouvé un objet de la foi « hors métaphysique », tout simplement intramondain, ne laissait aucune place au doute. Certes, on sentait bien qu'un peuple vivant, chez qui tout énoncé sur l'« essence » pouvait immédiatement être confronté à l'épreuve de la réalité, opposait à une telle dogmatisation non dogmatique des difficultés autrement sérieuses que la vie d'un individu disparu de la terre depuis 1900 ans; mais cette constatation ne fit que mener à des constructions d'autant plus audacieuses sur le rapport existant entre croyance et réalité crue; chez Strauss, la critique de l'image de la foi transmise par la tradition avait transformé l'humanisation rationaliste de la figure christique pour en faire le Jésus des théologies de la vie de Jésus; dans la théologie du peuple juif, l'idée qui présidait à cette opération devint le levier de la divinisation rationaliste du peuple : dans le concept de « mythe », Strauss avait fait de la divinité du Christ le produit de l'esprit de la communauté primitive; dans la production du « mythe » se conserve, pour les plus modernes d'entre nous, l'éternité du peuple juif.

Dans les deux cas, on voit dans le mythe le sur-humain comme issu de l'humain. Certes, chez Strauss, le mythe du Christ n'a pas surgi au sens propre de la figure de Jésus, il s'est plutôt cristallisé à partir d'elle, alors que le mythe de l'alliance avec Dieu est sorti du peuple juif lui-même : voilà une différence significative, qui renvoie précisément à la différence déjà évoquée entre le peuple qui perdure et l'individu qui est mort ; toutefois, dans les deux cas, l'essentiel est que le comportement croyant de l'homme envers l'objet de la foi est explicable, et explicable « de manière purement humaine ». Ici et là, c'est l'entrée en scène, dans la science des religions révélées, du concept païen de rapport entre réalité crue et sujet croyant, entre Dieu et homme, qui accomplit le pas. Ce n'est pas pour rien, croyons-nous, qu'on a relevé cette opposition dans l'histoire universelle, entre « mythologie et Révélation » ; c'est le suprême triomphe d'une théologie ennemie de la Révélation que de dépasser l'opposition entièrement en faveur de son premier membre, de démontrer que la Révélation est mythologie. Dans les deux cas, du fait qu'on l'explique, la foi ancienne est posée comme dépassée ; cependant, la nouvelle foi, le caractère positif de la théologie de la vie de Jésus et du peuple juif, sont édifiés sur la pierre rejetée de l'ancienne foi et justement par les maçons qui ont rejeté cette pierre. Pour cela, le concept de mythe exigeait cette véhémence intérieure qui l'habite, une fois encore depuis le mouvement romantique allemand. Où se constitue du mythe, là le cœur de l'histoire se met à battre. Ce qu'on reconnaît ainsi comme mythe cesse assurément d'être vrai quel qu'en soit le sens ; mais la réalité historique, qui permet aux cristaux du mythe de s'assembler, a du fait même montré sa capacité d'être réalité pour la foi. Qu'elle soit déjà prédestinée à cette signification pour une autre raison, qu'elle soit, par exemple, personnalité ou, plus récemment, peuple, et il n'existera plus le moindre obstacle à sa divinisation : le mythe est la lumière qui sort de l'histoire même – il n'y a nul besoin de la souveraineté d'aucun souverain pour que son visage s'illumine.

*

Voilà le sens ultime de tout le mouvement. La différence entre Dieu et l'homme, ce scandale redoutable pour tout paganisme qu'il soit neuf ou ancien, semble effacée ; l'idée rebutante de Révélation, cette irruption d'un contenu supérieur dans un vase indigne, en est réduite à s'effacer. Toutefois, quelque chose demeure, et doit nécessairement demeurer ; car, en vérité, là où l'idée de Révélation s'est un jour incrustée dans une réalité historique, cette réalité est à tel point colorée par elle qu'il est absolument impossible de la récrire sans plus dans un autre sens, comme d'autres réalités qui n'ont jamais connu le poids de cette idée lourde de signification. Certes, la théologie athée se donne ici l'appui d'un schéma forgé par elle-même : grâce à lui, elle remodèle l'irruption du divin actif sur l'humain au repos pour en faire une opposition interne à l'humain lui-même, opposition qui demeure curieusement sans médiation ou qui possède sa médiation dans sa propre tension. Au lieu de l'Incarnation, on affirme donc l'être-homme de

Dieu, au lieu de sa descente sur la montagne où fut donnée la Loi, on affirme l'autonomie de la législation éthique; à l'histoire de la Révélation, on substitue une essence humaine permanente où l'histoire se déroulait plutôt qu'elle ne subissait elle-même l'histoire. La dualité impossible à nier fût-elle immanente à l'humain, il s'agissait de l'interpréter comme « caractère » ou « essence » de l'humain en question. Pour la vie de Jésus, il y avait là scission entre le « temporel « et le « supra-temporel » ou entre l'aspect « juif » et l'« au-delà du juif » dans son caractère, et la tâche consistait à saisir comme nécessaire, d'après le principe de la plus grande tension possible, le fait pénible de son origine ou du moins de son surgissement parmi les Juifs; et enfin, il s'agissait, une fois encore dans le cadre d'une interprétation apparemment pure, de distinguer en lui une conscience de soi de sa vocation absolument inexplicable dans son unicité, et le fond de conscience humaine qui reste et qu'on peut saisir. Chez nous, on créa de même le concept de « polarité » *(Polarität)* du caractère juif; la polarité va au-delà de la tension déposée dans l'homme lui-même entre l'exigence de la Loi et la pulsion du cœur, elle est plus que la querelle entre l'instant d'enthousiasme et la routine du quotidien ou entre judaïsme « mythique » et judaïsme « rationaliste »; ici, elle désigne la tension entre l'élection qui caractérise le peuple élu et ce peuple lui-même. Cette dernière tension possède seule le caractère unique attribué à la « polarité » juive en général; elle seule rehausse les contradictions, qu'on peut relever dans l'essence de tous les peuples et en général chez tout vivant, jusqu'à l'incommensurable d'une tension métaphysique, c'est seulement de cette scission suprême que le sens éternel de l'existence de notre peuple peut émerger : la pulsion sans cesse renouvelée pour réconcilier la dualité la plus absolue avec l'unité la plus absolue.

La volonté d'unité, ce concept juif entre tous, nous la voyons mise par nos nouveaux théologiens au sommet de leur image juive du peuple. En ce qui concerne l'intention, c'est assurément sur ce point qu'ils s'éloignent le plus consciemment de la tradition. En effet, le judaïsme de la Tradition confie la tâche de l'unité au Juif, sur la base de l'unité révélée de Dieu, et la reconnaissance du royaume de Dieu à venir précède la conduite de la vie que Dieu demande et qu'on assume; désormais, entre en scène la relation mutuelle entre l'homme et son Dieu comme un cas mineur du désir d'unité de la vie, qui a de tout temps inhabité le caractère du peuple juif. Assumer le royaume des cieux n'est pas ici le présupposé, mais une conséquence historique, peut-être réalisée mais guère nécessaire, de ce qui est seul nécessaire : l'accueil de l'unique loi de vie. Mais dans la mesure où l'on relie cette unité de la vie à son porteur, devenu le dernier et se suffisant à lui-même, c'est-à-dire au peuple juif, uniquement comme son désir et non pas comme son essence accomplie, elle reprend une fois de plus le sens d'une réalité qui déborde ce porteur sien; on ne cherche pas à saisir ce caractère nostalgique proprement dit de l'unité en quelque sorte comme un membre de la « polarité » qui affecte la vie juive, et on ne peut le chercher pour la bonne raison que cette polarité, à son plus haut degré, n'est rien d'autre que l'objet proprement dit de cette aspiration d'unité; c'est seulement grâce au caractère absolu de la polarité que le commandement d'unité devient absolu pour nous. C'est pourquoi la pensée de l'unité a beau être considérée comme le contenu de l'esprit du peuple, sa détermination particulière, qui en fait un éternel désir, la ramène une fois de plus à une pensée au-dessus du peuple et par là-même, dans le cas présent où le peuple doit désigner une réalité religieuse ultime, à un contexte supra-terrestre; bien que dans sa visée il soit le noyau de l'« essence », il devient de fait doctrine; ce qui est dit du peuple est, comme tel, simultanément devoir pour l'individu; ce qui est là dans l'objet de la foi, notamment comme exigence, est encore à réaliser par le croyant. L'objet de la foi perd ainsi son inhabitation humaine naturelle, une fois de plus il se situe en face de l'individu; abstraction faite de sa totalité, le contenu purement humain de la foi devient une fois de plus, à partir d'un certain point, le critère « dogmatique ». C'est la même chose dans la « théologie de la vie de Jésus » lorsqu'on extrait à nouveau un point particulier du tout de la personnalité : par exemple la « foi en Dieu le Père », qui précisément, à en croire la conception néoprotestante, sépare le christianisme du judaïsme et serait le contenu de l'envoi de cette personnalité; la « personnalité » de ce qui est cru reprend ainsi les traits du « Maître », mais du Maître au sens nouveau qu'il « enseigne » désormais ce qui est le noyau de sa personnalité. De même, dans le peuple juif, ce qui est le noyau de son essence devient simultanément loi pour l'individu. L'humain est ici et là brisé, et le surhumain risque d'entrer dans le domaine de la théologie athée par la brèche ouverte.

Une telle entrée du principe combattu serait impossible si la théologie athée en son entier n'avait quelque droit de cité même chez son ennemie, et même très précisément chez celle-ci. Les développements de la théologie de la vie de Jésus l'ont déjà montré actuellement du côté chrétien. En soi, mettre au jour la personnalité humaine de l'homme-Dieu était déjà admissible même du point de vue dogmatique; confrontée à une théologie purement rationaliste de l'« idée du Christ », même la droite protestante devra revenir, en un certain sens, à l'idée d'une théologie de la vie de Jésus. On pourrait de même établir point par point, à propos de la théologie du « judaïsme du peuple », comment elle s'enracine dans la tradition et comment, pour cette raison justement, le futur développement de notre théologie ne pourra en aucun cas l'éviter. C'est évident pour l'idée d'unité.

La transposer du dogmatique dans l'éthique est vieux comme le monde pour nous. Le livre devenu populaire de Bahija sur les « Devoirs du cœur » en est rempli ; avec quelle profondeur il a été compris, au même moment et plus tard, par la tradition mystique, on nous l'a récemment rappelé. La prière qui introduit la lecture quotidienne de la profession d'unité est plus ancienne que la scolastique et la mystique médiévales, et elle a survécu à toutes deux en restant vivante jusqu'à nos jours ; elle repose sur la connexion réciproque entre l'unification du concept de Dieu par l'homme et du cœur de l'homme par Dieu. Assurément, était visée là une connexion réciproque, et l'isolation froidement théorique, nullement acquise dans le paradoxe mystique, de l'humain-éthique d'avec le divin-vrai aurait été impossible à comprendre pour ces Anciens. – En outre, le concept de polarité ne fait que déplacer au sein même de l'homme, au fond, le conflit entre Révélation sur-humaine et impréparation humaine ; ce conflit caractérise, contrairement à tout autre rapport entre auteur humain et production spirituelle, le domaine des phénomènes religieux, et uniquement celui-là : de ce point, nous avons déjà parlé. Là aussi, le passé apporte son témoignage. La conscience de ce que signifie l'interpolation des noms entre Jacob et Israël n'est pas éteinte chez nous. Que la promesse d'être « comme la poussière de la terre » soit suivie de l'autre, qui a le même sens avec des résonances pourtant si différentes : d'être « comme les étoiles du ciel », voilà ce sur quoi la vieille exégèse mettait déjà le doigt ; quand ils s'élèvent, c'est l'une des promesses, quand ils tombent, c'est l'autre, voilà son explication. Mais une fois encore : elle sait ce que s'élever et tomber veulent dire, et qu'il n'y a aucun sens à parler de s'élever et tomber là où n'est pas fixée une mesure absolue de la hauteur, située en dehors de ce qui s'élève et qui tombe. Il en va de même pour le schéma du mythe ; avec cette théorie de l'émergence du divin hors de l'humain, la nouvelle théologie s'enracine consciemment dans la vieille mystique. Mais ce n'est pas un hasard si le mot essentiel célèbre du Maître de la Cabbale : « Dieu dit : si vous ne témoignez pas de moi, je ne suis pas », si donc ce mot est énoncé comme une parole de Dieu et s'il est trouvé comme inclus dans la parole de Dieu écrite grâce à un artifice exégétique ; c'est Dieu lui-même qui se rend, et non la curiosité humaine qui le fait, dépendant du témoignage de l'homme, il « se vend », selon une parole de l'homme pleine de profondeur – mais celui qui a pu « vendre » a aussi quelque prétention sur le prix de vente… Le point de départ que la théologie cherche ici délibérément dans la mystique, elle pourrait aussi bien, avec autant de droit ou aussi peu de droit, le chercher dans le « rationalisme ». La lumière de Dieu est l'âme de l'homme et seuls sont visibles les rayons de cette lumière, ces rayons dont l'âme a besoin pour éclairer son chemin terrestre : cette idée fondamentale de notre philosophie était et reste susceptible d'un monnayage athée tout autant que ses parallèles mystiques.

La rencontre, en dernière instance, de l'humanisation mystique et rationaliste (car finalement, elle n'est tout de même pas plus qu'« en dernière instance ») confère aux tentatives pour ramener délibérément dans l'en-deçà le judaïsme leur apparence de justification. Que Dieu et l'homme doivent être pensés ensemble, indissociablement, cette certitude est au début de toute reconnaissance de notre foi, même d'une foi qui fait émerger Dieu dans l'homme. Toutefois, il existe un abîme impossible à combler entre l'homme que pensent la mystique et le rationalisme, et l'homme qui accueille la Révélation et qui est, comme tel objet de la foi; cet abîme impossible à combler demeure envers et contre toutes les actuelles possibilités d'entrelacer, selon l'esprit du temps le concept de peuple et d'humanité, et dans notre cas, celui d'homme et de juif; et cet abîme ne pourrait qu'induire en erreur celui qui voudrait tenter de recouvrir la totalité du monde religieux avec la moitié de sa paire de concepts fondamentaux. Si cette moitié – l'homme – était en elle-même simple et sans contradiction interne, le penseur et, par suite, l'homme agissant tout autant, pourraient se priver de Dieu. Mais l'homme devant qui il se trouve être est d'emblée sous la malédiction de l'historicité, il est en lui-même divisé entre premier récepteur et ultime exécuteur de la Parole, entre peuple debout au pied du Sinaï et humanité messianique : c'est pourquoi il ne pourra écarter le Dieu dont l'acte historique se soumet l'historicité de l'histoire. C'est justement pour comprendre le peuple juif comme le cœur de la foi qu'il lui faut penser le Dieu qui jette le pont entre peuple et humanité. Sa théologie peut être scientifique tant qu'il veut et tant qu'il peut : elle ne pourra échapper à la pensée de la Révélation.

L'ESSENCE DU JUDAÏSME

I

« Essence ». L'essence du christianisme de Harnack[1] : une mise au net. Significatif, un pareil retrait sur « l'essence ». Pour nous aussi. Aussi longtemps qu'on est, qu'on a l'être, on ne questionne pas sur l'essence. (De l'essence allemande aussi, on n'a jamais autant parlé que pendant la guerre, lorsque, justement, on en doutait).

La réponse à cette question s'oriente aussi bien vers le dehors que vers le dedans. Vers le dehors, il s'agit, face aux attaques, de laisser tomber « l'inessentiel » afin d'affirmer « l'essentiel ». Vers le dedans : démontrer que son propre point de vue maîtrise l'essentiel. Ce double front est caractéristique, chez nous aussi. Chacun de nos trois partis s'adresse aujourd'hui au dedans aussi bien qu'au dehors. Chacun a le judaïsme en gérance et chacun voudrait bien expulser les deux autres du judaïsme, que ce soit tout de suite ou dans un avenir proche. L'orthodoxe, le libéral, le sioniste. Ma tendance est tout autre. Et elle peut l'être parce que je sais bien que toute cette question de l'essence est mal posée. Pourquoi, c'est ce que la présente conférence va montrer.

Au commencement de l'histoire nationale juive se tient un événement, le Sinaï. (Exposer) !

Le peuple est donc constitué par une Loi. Tout comme une association est constituée par ses statuts. Les statuts, c'est le plus ancien. La communauté juive est entrée dans le XIXe siècle, soit dans l'époque où la question de « l'essence » devint actuelle, avec ses statuts, en tant que judaïsme « orthodoxe ».

1. Adolf von Harnack (1851-1930), théologien et historien protestant, spécialiste de patristique et du christianisme antique, auteur entre autres d'une « Essence du christianisme » (1905).

« Orthodoxe » ? S'agit-il de « dogme » ? Donc « fidèle à la loi ». Mais la Loi est-elle possible sans fondation dogmatique ? Peut-il y avoir une Tora sans la croyance dans le מ הַשמים[1] ? « Elle n'est pas au ciel », certes, mais elle y fut auparavant. Est-ce un *hasard* que le démantèlement du dogme ait ébranlé la validité de la Loi ? Et il l'a bel et bien ébranlé !

La Loi est « loi religieuse », véritablement « Tora » = « מ הַשמים ». Il n'est jamais question de Loi sans Dieu, mais pas davantage de Dieu sans Loi. Vous avez là[2] un trait essentiel qui distingue la Loi juive de toute autre Loi. Les autres Lois sont au plus introduites par Dieu, elle ne portent pas la signature divine sous chacun de leurs articles, elle *n'*ont *pas* de *finalité* théocratique. Et les autres Dieux donnent et ordonnent aussi entres autres choses des Lois, mais justement, entre autres choses seulement. Le Dieu juif fait *ce qu'*il fait, et la Création du Monde elle-même, בשביל התורה[3]. (C'est là la différence entre les Créations du Monde mosaïque et platonicienne, la première s'effectue « pour la Tora elle-même »).

« Pour la Tora elle-même » – quel est le *contenu* de la Tora ? Du commandement d'aimer Dieu et son prochain au Décalogue, de l'usure, des sacrifices des animaux, de la propriété des champs – bariolé du même bariolage que la vie. Sans ordre apparent, sans autre raison que la « sainteté », sans autre but que la « longue vie ». L'intérieur et l'extérieur co-intriqués dans le bariolage du multiple – tu ne convoiteras pas, tu ne feras pas cuire un chevreau, tu aimeras Dieu, tu ne porteras un vêtement en deux espèces de tissu, aime ton prochain comme toi-même, l'offrande en fleur de farine. Tout cela dans la forme du commandement. Commandement apparemment, mais en apparence seulement, clos sur lui-même, en vérité saisi dans une continuelle information et reformation de nouveaux contenus. La lumière électrique et le droit de vote des femmes, la protection de la vie du fœtus et la dissection des cadavres, tout ceci requiert une décision. Et toujours la décision doit se faire à partir de l'ancienne Loi. Non pas à partir d'un vague esprit du judaïsme, mais énoncé après énoncé, de façon « logique ». « As-tu procédé et conclu texte après texte ? » – voilà ce que *Dieu* demande à l'âme juive au jour du Jugement. Toute inspiration d'ordre personnel est refusée. On décide à partir de la *Loi*.

Dans ce cas, l'attaque paulinienne dans sa dimension historique était-elle légitime ? Oui, comme *toute* attaque historique. Le Juif ne doit pas un seul instant oublier la Loi. *Et s'il l'oublie tout de même ?* Cette question

1. Du ciel, venue du ciel (« la Tora n'est pas au ciel », Deut., 30, 12. Cf. Talmud, Baba Metsia, 59b).

2. Ces notes préparent une conférence tenue à Kassel en décembre 1919. Leur caractère elliptique et parfois lacunaire peut les rendre ici ou là quelque peu opaques.

3. Pour la Tora elle-même, la Tora pour la Tora (Midrach Rabba sur Genèse, 1, 1).

nous entraînerait plus loin que nous ne pouvons questionner pour le moment. Nous parlons de l'« *essence* » du judaïsme. En fait partie la Loi et le commandement pour le Juif d'avoir à l'« étudier » jour et nuit[1]. En font partie bien d'autres choses, bien sûr. Mais Paul n'avait pas besoin de le voir car son attaque n'était pas « scientifique » mais universelle et historique. Pour lui comme pour son maître, tout se passe comme si le Juif avait été donné à la Loi et non pas la Loi au Juif.

Dans le Talmud, c'est l'inverse qui est écrit : le chabbat vous a été donné. Et le premier mot de tout le Loi, c'est la parole de l'amour. Et la multiplicité des lois, leur nombre de 613, n'a qu'une valeur symbolique. 613 = Tora[2]. Et d'une seule *mitzva* dépendent toutes les autres. *C'est pour cette raison* et seulement pour cette raison qu'il n'y a pas de commandement facile et difficile. Et chaque commandement, comme commandement et non comme loi[3], doit être accompli comme étant *d'aujourd'hui*. Et c'est la raison pour laquelle le courant libéral avait le droit historique pour lui lorsqu'il s'est constitué en parti. Ce que j'aborderai la prochaine fois.

II

Un demi-millénaire après le Sinaï, il se passa la chose suivante : Isaïe dans l'Assemblée du sacrifice[4] [...]. La Loi peut donc être accomplie sans être accomplie. Car il y manque encore quelque chose. Quoi ? Nous l'avons dit en conclusion de la séance précédente. La conscience de ceci ne s'est jamais éteinte. Les Prophètes –mais le premier Prophète, c'est Moïse et « ah ! puisse tout le peuple être prophète »[5] – Dieu étendant sur lui son *esprit*. Le judaïsme a toujours été une religion de l'Esprit autant qu'une religion de la Loi. Seulement ce qui allait implicitement de soi durant des siècles, à savoir que l'« esprit » au sens du judaïsme pharisien (Malachie Ezra) (Travers Herford[6]) est a) intellectuel (מדרש[7]) b) moral (מסירת נפש, בטחוך[8]) – s'est explicité au XIXe siècle. Ce n'est pas encore tout à fait le cas chez Mendelssohn. Pour lui, Loi et Esprit sont encore dans deux tiroirs.

1. Psaume 1, 2.
2. Le nombre de 613 (613 commandements prescriptifs et prohibitifs ou *mitzvot*) correspond à la valeur numérique de « Tora ».
3. Cf. *L'Étoile* ..., éd. cit, p. 210-211.
4. Isaïe, 14, 14.
5. Nombres, 11, 29.
6. Robert Travers Herford (1860-1950), auteur notamment de *The Pharisees*.
7. *Midrach*, d'une racine signifiant scruter, chercher.
8. Dévouement, confiance.

Mais plus pour Geiger[1], etc. Ce qui a été favorisé (et discrédité) par certaines circonstances extérieures, mais pas suscité par elles. Le libéralisme juif est aussi ancien que le judaïsme quand bien même les Prophètes sont plus récents en tant que mouvement (le nationalisme, *lui aussi*, est aussi ancien que le judaïsme mais cependant comme mouvement conscient – Ezra Néhémie – il est *encore* plus récent). C'est pourquoi la Réforme du XIXe siècle, de Geiger aux *Richtlinien*[2], n'avait à vrai dire besoin que d'une élimination. Et plus d'ailleurs à cause de la faiblesse de ses partisans, les forts n'en auraient pas eu besoin.

Qu'est-ce qui est « libéral » dans le judaïsme ? Prêtez l'oreille à des mots d'ordre comme confession, évolution, mission, mettez-les tous les trois à l'épreuve. Le judaïsme est dès le début *confession*, Loi contre le paganisme (et *non*, comme les autres Lois, Loi pour le seul judaïsme, pour ceux qui le professent). Maïmonide à propos des principes qui ne peuvent *jamais* être violés [...]. Par ailleurs, il y a *évolution* : le prophète. L'insistance mise sur la raison conduit pratiquement à des exigences nouvelles. Et enfin *mission*, universalisme, et cela aussi dès le début (Abraham, encore avant : Livre de l'Histoire de l'Homme). L'*Aleinou*[3]. Mais les trois fois l'esprit juif y est aussi différent de tout autre esprit que la Loi juive de toute autre Loi. De même que la Loi se tourne *vers* l'extérieur, de même l'Esprit –différence radicale– se tourne vers soi-même. Ici, l'Esprit transcende et se transcende. « As-tu espéré le salut ? »[4]. Toutefois, en effet, éléments de « nationalisme » dans l'*Aleinou*. De tels éléments également dans le confessionnel et aussi dans l'évolutionnel, lequel est justement lié au peuple. Ceci fait le droit historique du sionisme. Je vous en parlerai la prochaine fois.

III

Quelques siècles plus tard, la foule se tient sur la place de la Porte des Eaux à Jérusalem, sous la pluie[5] [...]. Une troisième exigence de l'être-juif apparaît. À côté de la Loi et de l'Esprit, le sang. Cela aussi, dès le début. Une histoire de *famille* (et non pas de héros, de guerre et de conquête), voilà le début. La conquête suit. Elle n'est pas une action héroïque mais la prise de

1. Abraham Geiger (1810-1872), historien appartenant à la tradition savante de la Science du judaïsme et représentant du courant théologique libéral.

2. Les *Richtlinien zu einem Programm für das liberale Judentum* (« Lignes directrices pour un programme du judaïsme libéral »), furent adoptées en 1912 par le courant réuni autour de la revue *Liberales Judentum.*

3. Prière qui conclut les trois offices quotidiens.

4. Talmud, Chabbat, 31 a.

5. Néhémie, 8, 1-3.

possession d'un droit lié au sang, aux « pères ». Et ce sang est tout aussi différent des autres sangs que le sont la Loi et l'Esprit des autres Lois et Esprits. Car il circule en soi-même au lieu d'être, comme tout autre sang, une fleuve qui coule, traverse un paysage historique, avec un début et une fin. Mais à présent les sources se présentent comme si les Prager[1] et autres avaient raison. Sélection d'extraits « sionistes ». La *troisième* et dernière erreur du XIXe siècle !

Le judaïsme ne devrait être « que » nation, la Loi sa « loi nationale », l'Esprit son « idéologie nationale ». Tout ceci se laissant évidemment parfaitement « démontrer », là encore. Tous les préjugés de l'époque y concourent. Le positivisme, la croyance à la culture et pour finir le nationalisme lui-même. Et peut-on nier que le mot « peuple » partout [...]. Et pourquoi l'*a*-t-on nié tout au long du XIXe siècle ? Sans doute aux trois quarts par opportunisme, mais pour un bon quart en raison du sentiment que cette pensée était fausse. Cohn[2] – Ansbach. L'histoire du *chofar*[3] (elle est si bonne parce qu'elle est inintelligible à quiconque ne sait pas ce que c'est).

Tous trois, l'orthodoxie, le libéralisme et le sionisme, se complètent mutuellement[4]. Trois erreurs mises ensemble ne font pas une vérité. En chacune en tant que point de vue, il y a une contradiction. Quelle contradiction ? demanderez-vous, je l'espère – nous le verrons la prochaine fois.

IV

Mauvaise façon de poser la question : l'essence est toujours recherchée dans un « point de vue ». Soit du côté *humain*. Pas plus qu'une statue ne peut être connue *essentiellement* par son observateur unilatéral, mais seulement par le sculpteur pour qui elle est *corporelle*, pas davantage l'essence d'une chose quelconque, sauf à se placer du « point de vue » de son créateur – et ceci est contesté s'agissant des formes plastiques (Hildebrand[5]). Mais l'*homme*, nul ne le connaît en vivant auprès de lui, pas même l'aimant. Seul le pourrait qui connaît son destin. L'homme en son entièreté n'est que son

1. Joseph Prager (1885- ?), médecin et figure du sionisme de Kassel, émigre à Haïfa en 1932.

2. Emil Cohn (1881-1948), rabbin et écrivain, proche du mouvement sioniste (cf. *GS*, 3, p. 671-676).

3. Corne de bélier dans laquelle le rabbin souffle à l'office du matin et dans diverses autres circonstances liturgiques.

4. Toute l'analyse contenue dans ces pages est organisée par ce triptyque (loi / esprit / sang, religion / conception du monde / politique, volonté / conscience / sentiment, etc.) où la complémentarité des « trois éléments » signale leur déficience respective.

5. Rudolf Hildebrand (1824-1894), philologue, collaborateur du Dictionnaire de Grimm.

destin. Nous sommes l'une des images de nous-mêmes qui circulent autour de nous. Mais pour connaître le destin d'un homme, il faudrait soit en être le directeur soit l'avoir soi-même vécu (et l'avoir vécu de telle sorte qu'on en connaisse la fin – soit, pour l'homme singulier après sa mort seulement. Dans la communauté métaphysique, on le sait par avance, par l'espérance). Où donc ce destin se laisse-t-il saisir ? Au point décisif de la vie. Lorsque l'on croit – croyance insensée – que tout aurait pu se passer autrement. Mais ça s'est passé *ainsi* et telle était la volonté de Dieu. Le judaïsme (nous le savons si nous croyons), la fin. Le point décisif de la figure terrestre de notre vie est alors l'année zéro. Ça aurait pu se passer autrement [...]. Le renoncement à la mission. Et avec cela l'auto-limitation et aussi l'auto-intensification, celle-là à la Loi « étroite », celle-ci de l'Esprit « abstrait » et finalement l'auto-éternisation du sang figé dans sa circulation. Faire une religion, une conception du monde, une politique, trois choses également non-juives. Un destin, c'est bien davantage. Un « malheur », un bonheur, une malédiction, une bénédiction, un sort, une alliance. Au destin, nous ne pouvons pas nous soustraire ! על כרחך[1]. Le XIXe siècle fut la tentative d'échapper à la contrainte englobante du destin par la réduction à l'un des trois éléments. À présent, elle nous ressaisit, cette contrainte !

Les Juifs ne sont que les *créés* (du juda*ïsme* en quelque sorte), le Créateur, c'est Dieu. L'essence est connaissable à partir de Dieu.

Toute la métaphysique du judaïsme – et sa conséquence, le fait que – jusqu'au XIXe siècle – la volonté du judaïsme a été *légale*, sa conscience *rationnelle* et son sentiment *national*. Ce n'est qu'au XIXe siècle que ceci s'est décomposé et n'est aujourd'hui maintenu ensemble que par la pression extérieure. Si cette pression disparaît, comme aujourd'hui en Palestine, le judaïsme se scindera-t-il en trois partis ? Impossible. La contrainte des choses en maintiendra la cohésion. À savoir : le national, pour des raisons « panjuives », devra prendre en considération les deux groupes « religieux » (orthodoxe et libéral) ; l'orthodoxe, pour des raisons-כלל[2], devra prendre en considération les deux groupes « modernes » (libéral et national) ; le libéral, pour des raisons de *welfare*, devra prendre en considération les deux groupes « romantiques » (l'orthodoxe et le national). Reflet de cette unité post-dix-neuvième-siècle, une nouvelle conscience de soi naîtra – « la mystique nous tiendra ensemble ».

Ceci a fort peu à voir avec ce que le christianisme ou le paganisme nomment mystique. On ne comprendra plus l'essence du judaïsme par des restrictions ou par un ordonnancement évaluant (où tel élément n'est là que *pour* en faire valoir un autre) mais par une récapitulation de tous les

1. Contre ta volonté... (Pirké Abot, IV, 29).
2. Communauté, assemblée – soit pour des raisons de cohésion communautaire.

éléments. On n'assignera plus tel *locus* à telle des trois conceptions. On verra au contraire en chaque *locus* la co-efficience des trois forces. Exemple : le vendredi soir, le kidouch[1] [...].

Les responsables se rapprochent actuellement de ce point de vue, lequel n'est plus un *point* de vue, mais bien plutôt un *habiter* et un *vivre* au cœur même du judaïsme, sous tous ses aspects. Ainsi est assuré que cela viendra. En tant que masse, nous en sommes aujourd'hui très éloignés. Cette masse a encore besoin d'être éduquée par les « points de vue » des partis. Elle doit croire à « l'essence » parce quelle ne *déploie* pas encore *cette essence*[2]. Mais le but de cette éducation se tient *au-delà* des points de vue didactiquement nécessaires. Le but, ce n'est nulle « essence » *du* judaïsme, mais le judaïsme en son entier, ce n'est aucune espèce d'essence, mais la vie. Peu le comprennent aujourd'hui, mais c'est de ce petit nombre que dépendent bien des choses.

1. Prière de bénédiction dite à la veille du *chabbat*.
2. Rosenzweig utilise le vieux verbe *wesen*, comme le fera un peu plus tard Heidegger.

L'ESPRIT ET LES ÉPOQUES DE L'HISTOIRE JUIVE

Lorsque le président m'a demandé de donner une conférence, j'avoue m'être tout d'abord trouvé quelque peu embarrassé quant au choix de son objet. La tradition, la finalité et la composition de votre association réclamaient un thème juif. Malheureusement, je ne me sentais pas être assez spécialiste dans ce domaine. L'échappatoire s'offrit : je pouvais choisir un objet qui, dans une certaine mesure, se situait sur la ligne où entrent en contact problématiques internes au judaïsme et questions générales – un problème qui relèverait davantage de la philosophie de l'histoire que de l'histoire : l'esprit et les époques de l'histoire juive. L'esprit et les époques – ces deux objets semblent n'avoir rien en commun. On peut parler de l'esprit d'une histoire, de l'esprit d'une époque, d'un peuple ; de même, des époques de son histoire – il ne semble pas qu'il y ait là de lien. Qu'appelle-t-on alors l'esprit ? Le terme est ancien, il faut en établir précisément la provenance : les peuples de l'Antiquité classique, Grecs et Romains, ne le connaissaient pas au sens où nous l'employons aujourd'hui. Ce qu'ils appelaient πνεῦμα, *spiritus*, n'était d'abord qu'un souffle de vent, et, en un sens dérivé de celui-là, la respiration témoignant physiquement de la vie chez l'homme, son souffle. Or, lorsque nous parlons de l'esprit du temps, de l'esprit d'un peuple, nous n'avons évidemment pas en tête sa vie corporelle, mais… précisément une vie spirituelle, un contexte intellectuel qui s'étend, au-delà de la vie psychique et physique de l'individu humain, voire au-delà de la durée de sa vie, et qui rassemble ces individus en une communauté spirituelle. Le terme d'esprit n'a pas, dans cette acception, son origine à Rome ou Athènes, mais dans notre sphère, dans la notion d'esprit de Dieu, de l'esprit saint que Dieu donne à ses prophètes, de l'esprit qu'il fait résider dans son peuple. Là aussi, le terme

רוח signifie, à l'origine, le souffle du vent, l'haleine[1]. Mais ce souffle divin, précisément parce qu'il est divin, est affranchi de sa signification sensible, trop sensible; il existe bien des hommes, mais il n'y a qu'un seul Dieu, une diversité d'esprits humains, mais un unique esprit divin. Ainsi cet esprit divin devient-il la force capable d'unir des esprits humains : puisque l'esprit divin lie à Dieu l'homme chez qui il s'est déposé, il lie également un homme à d'autres. Partant, au lieu d'être souffle uniquement physique, il devient le « lien spirituel » qui rassemble en une communauté ses membres épars. C'est en ce sens que, par la suite, le terme, quittant son foyer hébraïque, a été introduit par la dogmatique chrétienne dans le trésor linguistique des nations. Tout au long de plusieurs siècles, il est resté cantonné dans sa signification « spirituelle », comme on dit de manière parlante, où « spirituel » s'oppose à « temporel[2] ». Mais l'époque plus moderne, les siècles de la Renaissance et des Lumières, qui, en l'occurrence comme en diverses autres, ont cherché à donner au monde une sanctification et une légitimité propres, ont coupé le terme d'esprit de ses racines spirituelles. Ce qui est intellectuel *(das Geistige)* s'est coupé de ce qui est spirituel *(das Geistliche)*. Et ce qui est intellectuel devint alors l'âme de ce qui à l'époque ne devait plus avoir d'autre valeur que « temporelle[3] ». Le monde lui aussi fut alors doté d'un esprit, de son propre esprit. Ce dernier n'est plus l'esprit de Dieu, ou, en tout cas, il n'entend plus l'être; il lui suffit d'être l'esprit de ce monde, de sa temporalité, de ses peuples et de ses hommes. Le rapport qui existe encore entre cet esprit mondanisé, sécularisé et l'esprit jadis spirituel est évident. Cet esprit moderne est lui aussi une force unifiante rassemblant de nombreux esprits; lui aussi se conçoit en opposition profonde avec la « lettre », tout comme l'ancien esprit depuis l'époque des exégètes juifs d'Alexandrie. Il entend ne pas être confondu avec les simples faits, il veut être quelque chose de plus noble, de plus intérieur, non pas le temps, par exemple, ses dates, ses événements, etc., mais… l'esprit des différentes époques. En ce sens, l'esprit devient un terme favori du XVIIIe siècle. Mais ce que l'on a dit, non sans esprit, de l'œuvre célèbre qui mentionne l'esprit dans son titre même, *L'Esprit des lois* de Montesquieu, à savoir que le livre ferait mieux de s'intituler l'esprit s'exerçant à propos des lois, voilà qui serait volontiers exploité surtout contre cette fière conception de l'esprit. Vous connaissez tous la réplique de Faust à son assistant qui trouve un grand plaisir à se plonger dans l'esprit des époques passées : « Ce

1. *Ruakh*, c'est le terme employé par l'Ecclésiaste dans la formule « Vanité des vanités, tout est vanité », où ce qui est traduit traditionnellement du latin par « vanité » désigne, en fait, un souffle aussi fugitif et transitoire que la buée de notre haleine par temps froid.

2. Litt. « mondain » *(weltlich)*.

3. Litt. « unimondain » *(nurweltlich)*.

que vous appelez l'esprit des temps passés / Ce n'est au fond que le vôtre Messieurs / où les époques se reflètent[1] ».

Comment l'esprit peut-il se défendre face à ce reproche évident? Comment peut-il maintenir le droit de maintenir une valeur pour ce qui dépasse un tel esprit subjectif des individus, du spectateur actuel? Comment peut-il maintenir sa place dans le monde même, au sein des époques et des peuples, bref, son objectivité contre une semblable méfiance? Sans doute le plus sûrement en devançant cette méfiance. Assurément : l'esprit des différentes époques est l'esprit personnel de ces Messieurs. Mais : que saurions-nous finalement des époques du passé sans cet esprit d'aujourd'hui qui nous est propre? Elles seraient effectivement pour nous un livre fermé de sept sceaux. Il n'est rien dans le passé qui fût stable à la manière dont nous aimerions volontiers le croire. Les faits? Même eux sont tantôt soulevés, tantôt étouffés par la vague de l'esprit qui les observe. C'est la nuit qui s'étend sur des segments entiers de l'histoire lorsqu'ils cessent de susciter l'intérêt du présent; d'autres sortent de l'obscurité pour être mis en lumière. C'est ainsi, par exemple, que l'Italien Ferrero a mis au jour, dans l'histoire de la Rome antique, certains faits que manifestement seul un œil attentif aux luttes de classes de la fin du XIXe siècle est capable de discerner. C'est ainsi que cette figure Suisse, Jakob Burckhardt, un modèle, en son temps comme aujourd'hui encore, de la croyance en la grande individualité, a découvert que les débuts de ce culte de l'individualité, voire sa période classique, ce fut l'époque de la Renaissance italienne. Je ne vais pas accumuler les exemples : qui lit ne serait-ce que l'une des grandes œuvres de l'histoire devinera lui aussi ce lien entre l'esprit propre à l'auteur et non pas l'esprit tout court, mais les faits extraits de la profusion infinie du matériau et mis en lumière.

Cependant, on ne serait nullement fondé à croire que l'esprit du présent se rapprocherait des faits du passé par un simple effet de son arbitraire, et y sélectionnerait ce qui lui conviendrait. Lui aussi est dépendant, et de personne d'autre que… de lui-même. Il ne peut sortir de sa propre enveloppe. Et cette dernière, ce soi dont il dépend, lui qui apparemment est tout-puissant face au passé, ce soi ne lui est pas tombé du ciel : il lui a été transmis, il en a hérité de ces mêmes époques du passé dont il cherche à connaître l'esprit. L'esprit du présent est lui-même, sinon produit, du moins descendant, héritier de ce passé. Au lieu de le régir, il en est donc dépendant; il n'est pas du tout en mesure d'opérer sa sélection autrement qu'en se réinstallant dans ce passé. Après même qu'il aura semblé « faire » l'histoire du passé, il se sera, au contraire, fait lui-même histoire. Pour

1. *Faust*, vers 577-579.

considérer le passé à partir du présent, il lui faut nécessairement voir ce présent comme une époque de l'histoire. Or cela signifie qu'une structuration selon des époques convienne à l'histoire, car on ne peut pas simplement en rester à une opposition entre présent et passé, et il faut que le passé soit structuré lui-même selon de nombreux présents révolus ; ce n'est que par ce biais que le présent actuel, où vit l'esprit de ces Messieurs, trouve son équivalent dans le passé ; un passé sans structuration se dresserait, étranger, insurmontable, face à ce présent qui ne pourrait plus s'y sentir chez lui.

L'esprit de l'histoire se crée son corps dans les époques de l'histoire ; c'est l'esprit qui se forge un corps. Et c'est dans la structuration des époques que l'esprit d'une histoire devient visible. L'histoire allemande se considérerait un jour de manière très différente, si Potsdam[1] devait véritablement n'être qu'un épisode ; autrement que, par exemple, Treitschke ne la vit pour qui c'était le sommet vers lequel convergeaient toutes les voies des vallées du passé. La notion d'un Moyen Âge n'a pu être conçue qu'à partir du moment où une nouvelle époque a cru pouvoir tendre une main fraternelle à l'Antiquité classique par dessus un millénaire « obscur ». La structuration selon des époques désigne toujours le corps dans lequel s'incarne l'esprit quittant sa nature fluctuante, impalpable. On ne peut parler rigoureusement de l'esprit d'une histoire qu'à la condition de chercher à faire toute la clarté sur la manière dont est structuré son corps : ses époques.

Qu'en est-il maintenant des époques de notre histoire juive vers laquelle nous nous tournons après cette longue première moitié préliminaire de notre exposé, dont j'espère cependant qu'elle ne fut pas inutile. Il semble qu'on ait affaire ici à un grand tournant dans le passé, à une coupure entre les époques comme il est rare qu'elle soit aussi indubitable et aussi nette. Du moins sa signification décisive n'a-t-elle jamais été mise en doute, ce qui l'oppose sans doute à toutes les autres dates majeures scandant les histoires des autres peuples. Je parle, bien entendu, et je n'ai pas besoin de vous l'expliquer, de l'événement de l'année 70, la prise de Jérusalem par les Romains. Auparavant : l'histoire dans notre propre pays ; après : la dispersion dans l'exil et la vie cherchant à se poursuivre dans des pays et des peuples étrangers. Il paraît y avoir entre cet avant et cet après, une opposition si profonde que, pour la première fois, il semble que la coupure entre les époques puisse être établie de manière absolument indépendante de toute considération sur l'histoire, indépendamment de l'« esprit » de

1. Depuis l'édit de 1685 invitant les huguenots français à émigrer au Brandebourg, Potsdam n'a cessé d'être un haut-lieu de l'histoire allemande : Frédéric II y a bâti Sans-Souci et y a son tombeau sur lequel le tsar Alexandre Ier jura une amitié éternelle à Frédéric-Guillaume III en 1805 (c'est d'ailleurs parce que Potsdam a une telle force symbolique que, en mars 1933, Hitler y proclama l'abolition de la Constitution de Weimar).

l'histoire. Il semble. En effet, que ce ne soit pas le cas, c'est ce que nous apprend tout d'abord un regard sur notre propre présent et les différentes manière d'envisager notre tâche et notre avenir que nous y rencontrons. Les deux courants principaux, l'assimilationisme et le sionisme, s'accordent pour donner l'un et l'autre à l'année 70 la signification d'une coupure majeure entre les époques. Mais ils divergent en s'opposant de la manière la plus tranchée sur toute autre question, et donc aussi dans leur évaluation des deux périodes, celle de la patrie et celle de l'exil. Le sionisme ne nie certes pas les conquêtes des siècles de l'exil, et le moins du monde celles du siècle passé qui a largement ouvert les portes du judaïsme en réaction contre le monde culturel environnant; mais il n'accorde de valeur à ces conquêtes que dans la mesure où elles peuvent contribuer à bâtir un nouveau foyer pour le peuple dans la vieille patrie. C'est dans une synthèse exactement inverse que l'assimilationisme appréhende les deux grandes périodes, en amont et en aval de 70. Ce courant croit voir dans notre dispersion la volonté du destin ou de la Providence qui, précisément là, se sert de nous pour ses fins; et c'est la raison pour laquelle il exige, à travers ses plus nobles représentants, que convergent sans cesse vers notre présent les grandes forces religieuses et spirituelles qui avaient été à l'œuvre pour produire notre vie en Israël avant 70. Ainsi, tandis que le sionisme espère redonner vie à l'époque ancienne grâce à la nouvelle, l'assimilationisme veut nourrir l'époque actuelle des richesses de l'ancienne. Mais ces deux courants, malgré l'esprit différent à travers lequel ils considèrent les choses, considèrent de toute façon que ce tournant entre les deux époques est une vraie et réelle coupure quand bien même ils estiment de manière contraire ce qui se situe en deçà et au-delà d'elle. Il s'agit de porter notre regard à l'arrière-plan de cette opposition entre les deux courants si nous voulons maintenant cerner plus étroitement l'importance de cette année fatale dont le caractère décisif de rupture n'est mis en cause par aucun des deux.

La légende antique a elle aussi perçu l'opposition entre les deux époques, et néanmoins elle a été capable de porter son regard au-delà de ce tournant. Dieu lui-même, ainsi raconte-t-elle les choses, après être descendu vers son peuple lors de la Révélation au Sinaï, a élu domicile chez lui, et lorsque le peuple fut chassé de sa terre, Dieu lui aussi, comme sa splendeur résidant parmi le peuple, a émigré avec son peuple, accompagnant son bannissement. La légende, qui, donc, distingue l'avant et l'après de l'année fatale, mais les prend en compte tous deux en adoptant un point de vue supérieur, celui de l'union de Dieu avec son peuple, cette légende peut nous donner une indication sur la direction où il faudrait chercher à dépasser cette opposition, mais pas davantage qu'une indication. Nous y verrons plus clair lorsque nous aurons tourné nos regards vers les historiens de notre peuple, vers Graetz[1], et, cette fois, non vers le contenu de son œuvre, mais vers l'histoire de sa genèse. Vous vous souvenez peut-être de la conférence que mon ami Prager a faite ici-même, il y a un an, où il rappelait que Graetz avait commencé son grand ouvrage par le quatrième volume. Dans l'histoire de l'historiographie, c'est une démarche vraiment sans exemple. Il est certes arrivé qu'un historien ait commencé par le présent pour se frayer à partir de là une voie vers le passé. Après ce que j'ai dit en introduction, vous comprendrez aisément la raison et la légitimité de pareille démarche, et peut-être aussi que vous semblera digne d'intérêt l'exigence, mue le cas échéant par des attendus didactiques, d'une histoire procédant de manière rétrospective. Mais la démarche de Graetz, débuter n'importe où au beau milieu pour s'ouvrir alors une voie rétrospective et tout autant prospective, défie toute comparaison. Il faut qu'elle ait obéi à des raisons qui ne se trouvent pas dans la nature générale de l'historiographie, mais dans celle, particulière, de son objet singulier. Et ces raisons, nous les comprenons dès que nous constatons ce qui fait le contenu de ce premier et quatrième volume.

Il contient l'histoire de l'époque talmudique. Graetz était-il tout à fait au clair quant aux raisons qui le déterminèrent à commencer par là? Je l'ignore. Peu importe; ce que font les hommes est plus significatif et s'enracine dans des nécessités plus profondes de l'âme que ce qu'ils pensent, voire ce qu'ils disent. Si Graetz a commencé son travail par l'exposé de ce que fut l'époque talmudique, il n'a fait, consciemment ou non, que témoigner de l'importance primordiale de cette époque dans notre histoire. La légende qui veut que le Talmud, la Tora orale, ait été donné par Dieu avant la Tora écrite, exprime à sa manière quelque chose de similaire. L'importance du Talmud, qui domine de façon écrasante dans l'histoire, consiste précisément dans le fait qu'appartenant pour l'essentiel aux premiers siècles de notre exil, il garantit le lien de cette époque avec les précédentes vécues dans la patrie d'Israël. Il s'agissait de sauver ce qui devait l'être de ces époques antérieures et de l'introduire dans celle de l'exil. Par ailleurs, il s'agissait d'éclairer à partir des points de vue de l'exil la situation de l'époque antérieure, et, grâce à la transmission et la réinsémination, d'une part, par la réflexion et la connaissance, d'autre part, de faire de telle sorte que les deux époques s'interpénètrent. La grande faille ouverte par l'événement de l'année 70 était ainsi comblée par

1. Heinrich Graetz, *Geschichte der Juden von der ältesten Zeiten bis auf die Gegenwart*, 11 vol., Leipzig, 1866 [trad. fr. abrégée en 5 vol. avec l'autorisation de l'auteur, par M. Wogue et M. Bloch, Paris, M. Lévy, 1897]. Hermann Cohen avait consacré un texte à l'examen de la philosophie de l'histoire juive qui soustendait le travail de Graetz: «La philosophie de l'histoire juive chez Graetz» (1917), in *Jüdische Schriften*, III, Berlin, 1924, p. 203-212.

l'établissement d'un pont qui rendait possible un aller et retour. L'action apparemment traîtresse, en réalité salvatrice au sens le plus élevé, de Rabbi Iokhanan ben Sakkaï qui fuit Jérusalem assiégée et se rendit chez le général romain afin d'obtenir de lui, pour prix de sa « trahison », et tandis que ses frères menaient encore le combat sans issue du désespoir, l'autorisation de fonder la Maison d'étude de Yabné; cette action, qui brille d'un étrange éclat, a trouvé dans la rédaction du Talmud sa finalité. L'époque de la coupure, qui, au regard des appréciations humaines, eût nécessairement dû conduire à la fin d'un peuple, devint moyen terme, intermédiaire, voire, d'une certaine manière, apogée de son histoire. Apogée en tout cas au sens où c'est seulement à partir de là qu'on peut acquérir la perspective sur toute l'extension de cette histoire, en amont comme en aval. La perspicacité historienne de Graetz a cherché ce moment-là comme un apogée de ce type, de la même manière que, par exemple, le grand poète allemand escaladait volontiers, durant son voyage en Italie, la plus haute tour d'une ville afin, par une vision immédiate, d'en dessiner le plan pour mieux connaître l'endroit. Cet apogée de l'histoire juive, l'époque talmudique, a pour contenu le dépassement de la rupture à l'œuvre justement dans ce partage des époques dont l'importance jusque-là nous semblait si éclairante et si indéniable. Remarquable également ceci : au milieu de l'histoire d'un peuple, nous découvrons une tentative pour neutraliser ce qui apparemment n'était absolument pas discutable : la structuration de cette histoire en époques; l'histoire exerce sa puissance sur les peuples à travers leurs époques, et c'est au sein des époques qu'un peuple se transforme ; à travers ses époques, il quitte son enfance pour vivre son âge adulte jusqu'à sa vieillesse et sa mort. Cette puissance de l'histoire sur la vie d'un peuple, voilà ce qui est ici nié; dans la mesure où la structuration selon les époques est privée de sa force, l'histoire l'est aussi. La puissance de l'histoire est brisée lorsqu'on lui retire des mains l'instrument qui lui permet d'exercer sa force, c'est-à-dire, précisément, les époques. Or c'est ce que fait le Talmud en se mettant lui-même à la place qu'eût autrement occupée dans l'histoire du peuple l'année 70. Un peuple – mais qui est affranchi du pouvoir auquel tous les autres sont soumis, le pouvoir du temps; le seul, parmi tous les peuples; parmi tous les peuples, un peuple éternel.

Portons maintenant nos regards ainsi aiguisés vers cette histoire elle-même, vers ce qui apparemment constitue ses deux époques ; examinons si elles nous semblent encore aussi distinctes que nous ferait nécessité de le croire une vision extérieure des choses. Commençons par l'époque originaire, car même si elle baigne dans l'obscurité de la légende, cette dernière est elle aussi de l'histoire, et sa voix vivante est souvent capable de dire plus de vérité que les vestiges indigents et muets exhumés du sable par une bêche insensible. C'est une idée chère aux peuples que de s'imaginer établis depuis l'origine, liés à une terre, autochtones. Sur le sol que l'on occupe, on souhaite se donner un inaliénable titre de propriété, le *jus primi occupantis* : on a toujours vécu là, il n'en n'a jamais été autrement. C'est seulement contre leur gré que les peuples se pensent émigrés, car le droit de leur sol leur semble alors peu sûr ou, du moins, douteux. Notre histoire s'inaugure, dans la figure du héros et du patriarche de notre lignée, par cet ordre divin, לך-לך[1], « Quitte le pays de ta naissance pour un pays que je te montrerai » : Abraham a émigré. Il part pour cette terre, il n'obéit cependant pas à sa propre impulsion, mais à une mission divine ; rien de ce pays ne lui appartient sauf le tout petit espace dont il aura besoin pour enterrer sa propre famille, le pays proprement dit ne lui est promis que pour ses descendants. Et les descendants… eussent-ils seulement été en possession de cette terre par voie ininterrompue d'héritage ! Mais non ! Leur histoire ne débute pas dans ce pays ; leur évolution, à partir d'une famille et d'une tribu, vers l'unité des tribus, vers un peuple, a lieu en exil, en Égypte. C'est ainsi que la caractéristique décisive de la seconde époque s'étend déjà à la première : un exil est à l'origine de toute cette histoire, un exil au terme duquel a lieu l'émigration vers le pays, émigration qui est un retour, car, pour cette première génération qui justement est devenue peuple, ce pays a déjà le sens d'une terre des ancêtres, la Terre promise. C'est cette promesse divine qui vaut titre de propriété en vertu duquel le peuple possède désormais sa terre ; autrement, encore une fois, que chez tous les autres peuples, ce peuple n'est pas fondé à ressentir sienne sa terre ; au contraire, il lui faut chaque année se rappeler qu'il ne détient ce pays que par une concession divine, qu'il ne l'a qu'en fief et n'en a donc pas la propriété incontestée : « Mon père était nomade », c'est ce que confesse le paysan qui offre ses prémices en sacrifice, et la voix de son Dieu lui dit : « Ce pays est mien ». Ce que les autres peuples désirent comme parachèvement de leur être, l'autonomie, dont le symbole est la souveraineté royale sur le peuple, un tel désir « d'être comme toutes les autres nations alentour », c'est, pour ce peuple-là, une déchéance par rapport à l'unique souveraineté dont il est fondé à réclamer qu'elle s'exerce sur lui, la souveraineté de son Dieu. Ce qui semble aux autres peuples être l'accomplissement évident de leur nature de peuple, collaborer à l'activité politique du monde, les plus grands politiciens de ce peuple-là, car c'est ce que sont les prophètes, lui en font interdiction : אם לא תאמינו כי לא תאמנו[2] ; ce que le plus grand des traducteurs,

1. *Lekh-lekha* : c'est le début de Genèse XII, 1 (Mets-toi en route…).

2. *Im lo taaminou ki lo téamnou* : Isaïe VII, 9. Dans la traduction Buber-Rosenzweig : « *Doch vertraut ihr nicht, bleibt ihr nicht betreut* ». L'allitération fait problème, car *lo*

Luther, cherchant à imiter l'intraduisible, traduit ainsi : « Si vous ne croyez pas, vous ne demeurerez pas[1] », ou notre Michael Sachs : « Si vous n'avez pas confiance, vous n'aurez pas de persistance[2] » – voilà ce qui est l'opposition politique, politique notons-le bien, de ces hommes, les prophètes. Et si, adoptant ce type de politique, ils ne pouvaient, contraints par la nécessité, former tout d'abord qu'une opposition à celle des autres qui voulaient être comme les nations alentour, cela changea d'un seul coup avec l'événement de 587, la destruction de Jérusalem par Nabuchodonosor. Ce furent alors ceux qui jusque-là avaient formé l'opposition, ceux qu'on avait contraint d'expier dans des citernes et à coups de bâton leurs conseils[3] non requis et « antinationalistes », qui l'emportèrent. Et c'est eux qui furent à l'origine de la formation, de la reconstitution du peuple qui eut lieu au sens où ils l'avaient pensée. Cet exil babylonien, cet exil médian entre l'égyptien, fondateur de l'histoire du peuple, et celui qui dure depuis dix-huit siècles et demi, fut la vraie pépinière du judaïsme. Si le pur monothéisme du judaïsme, comme les textes bibliques eux-mêmes l'accordent, ne fut jamais que la religion de la minorité, religion à laquelle la majorité se soustrayait par de brèves interruptions où elle sombrait dans les cultes populaires de Baal et d'Astarté, le monothéisme devint alors lui-même la vraie religion du peuple. Cet exil mit fin au rêve d'une indépendance politique. Bien que l'on fût retourné dans le pays, la véritable domination politique était désormais et officiellement – ce qu'auparavant était de fait la grande puissance asiatique – la royauté perse. C'est sous sa protection que vivait désormais la petite théocratie de Jérusalem qui, du point de vue politique, était donc un protectorat. Certes, il a pu parfois se faire, lors de l'effondrement de la puissance tutélaire et des oscillations de la balance au cours des siècles suivants, que s'établisse encore une fois – et, là aussi, uniquement sous l'impulsion d'un sentiment religieux qui avait été blessé – une sorte d'indépendance, voire que soit prononcé de nouveau le fier nom de royauté chez les Maccabées; mais cela resta simplement un nom, et l'indépendance une chose extrêmement précaire, un cadeau des dominateurs romains qui imaginaient utiliser cette minuscule nation comme l'un des pions sur l'échiquier de leur politique moyen-orientale; un cadeau qui pouvait être repris à chaque instant sans qu'on songeât à résister. Mais c'est

téamnou est en quelque sorte un hapax, alors que le premier membre de la formule est clairement construit sur la même racine que *émouna*, la foi, la confiance.

1. L'allemand de Luther cherche à rendre l'allitération par l'opposition *gläubet / bleibet* (*« Gläubet ihr nicht, so bleibet ihr nicht »*).

2. *« So ihr nicht trauet, ihr nicht dauert »*.

3. Rosenzweig joue sur l'allitération *Ratschläge* (conseils) / *Stockschläge* (coups de bâton). De même, il emploie l'expression *Recht behalten* qui signifie « gagner », « l'emporter », mais où littéralement, on reconnaît « avoir raison ».

alors que le peuple juif est devenu effectivement différent des nations alentour; le sanctuaire de Jérusalem était le centre d'un « royaume de prêtres » dont, par conséquent, les bornes n'étaient plus depuis longtemps les frontières du pays. Depuis Nabuchodonosor, il y eut une diaspora, une dispersion dans les autres pays à laquelle même les retours sous les règnes de Cyrus et d'Artaxerxès n'apportèrent aucun changement; les exilés à Babylone ne revinrent jamais tous. Le livre d'Esther nous dépeint assez fidèlement quelles étaient les conditions de vie à Suse; sur la communauté juive égyptienne du ve siècle, ce sont les papyrus, récemment exhumés des sables d'Éléphantine, qui nous renseignent. Sous la domination romaine, ces communautés se répandirent alors sur toutes les rives de la Méditerranée. Ces communautés diasporiques cessèrent d'autant moins de tourner leurs regards vers Jérusalem que, paradoxalement, elles commencèrent d'autant plus à s'installer dans le pays où elles vivaient et à s'y habituer. C'est pour répondre aux besoins de la communauté alexandrine, qui pourtant s'acquittait des impôts qu'elle devait au Temple de Jérusalem, que la Bible dut déjà être traduite en grec; en effet, la traduction acquit alors d'emblée le statut sanctifié d'un original. Une fière et singulière vie de l'esprit s'est alors développée chez ces Juifs et en grec, qui parfois dépassait en éclat celle de la terre d'origine – le nom de Philon en dit assez. Mais même dans le pays d'origine se fit jour une coupure où pouvait se lire celle, plus profonde, entre le peuple et l'histoire vivante : l'hébreu avait cessé d'être la langue du peuple; s'y était substitué, depuis l'exil babylonien, l'araméen. Dans son propre pays, l'hébreu, de langue vivante qu'il était, de cette langue qui partage la vie du peuple, devint langue sacrée. Sacrée – certes pas morte ! Il n'est, aujourd'hui, toujours pas langue morte et ne le sera jamais; une langue dans laquelle les sentiments vivants d'hommes vivants cherchent de manière ininterrompue à s'exprimer n'est pas morte. Mais une langue vivante comparable aux langues des nations, l'hébreu ne l'est pas non plus, car il lui manque la caractéristique suprême de ce qui est vivant : la capacité de mourir. Cette langue, liée à un culte qui revendique de vivre éternellement, est par là-même soustraite à la vie temporelle; elle a dédaigné le présent carthaginois[1] de la mortalité. Et, tout comme la langue, les autres puissances au sein desquelles le peuple vit sa vie dans le temps sont ici soustraites au cours temporel : les mœurs et la loi. Un peuple cherche à déterminer son avenir en promulguant sans cesse de nouvelles lois; ce qu'il veut, il en fait une loi. Et c'est à ce qui ainsi devient loi que cherche à se conformer peu à peu la vie du peuple. Ce qui, autrefois, devait être commandé sous la forme d'une loi rédigée devient,

1. Allusion au vers célèbre de Virgile : « *Timeo Danaos et dona ferentes* ».

avec le temps, des mœurs auxquelles on obéit sans plus songer à la loi. Cette constante métamorphose de la loi en mœurs n'est en outre rien d'autre que le signe du fait que le peuple vit dans le temps. Dans la loi nouvelle, le futur hésitant à se dégager, est contraint à devenir présent; dans les mœurs, le présent vient se rajouter au trésor constamment accru du passé. La transformation du futur par le présent en passé, n'est, en effet, rien d'autre que ce que l'on appelle le cours du temps, et c'est en lui que se meut un peuple tant qu'il renouvelle ses lois et accroît le trésor de ses mœurs. Mais ce processus s'est arrêté dans la théocratie juive. Comme la langue, les mœurs et les lois sont elles aussi devenues « sacrées » ; pour l'essentiel, elles ne se modifient plus. La nouveauté n'est admise que si l'on peut démontrer qu'elle a déjà été corévélée au Sinaï et de quelle manière, donc qu'elle n'est pas une innovation. Le fait que les mœurs et la loi du peuple soient soustraites à la vie vivante et donc mortelle qui est la leur chez les autres nations, pour être élevées à la vie éternelle d'un corps de lois sacré –, ce fait dominait lui aussi déjà la vie juive durant les siècles précédant la destruction du Second Temple.

Ainsi, tout est déjà là : la domination étrangère sur la Terre Sainte, la coupure entre la langue sacrée et la langue populaire, la diaspora et l'assimilation largement répandue – sans que soit aboli le lien religieux ni la cohésion de la nation religieuse –, le renoncement à des mœurs et une loi propres, croissant et florissant de manière vivante, au profit d'une loi divine – tout est là ; et la torche que le soldat de Titus a lancée dans le sanctuaire n'a pu avoir l'effet que son intention avait souhaité. Car même dans son propre pays, le peuple juif n'était pas un peuple comme les autres. Le troisième exil ne pouvait devenir la fin du peuple juif, parce que l'histoire juive, dès le début, va d'exil en exil, et parce que l'esprit de l'exil, le fait d'être étranger à une terre, le combat de la vie supérieure refusant de s'abandonner aux déterminations du sol et du temps, sont, dès le début, implantés dans cette histoire.

Ainsi, l'année 70 perd-elle sa valeur de coupure. Elle ne l'eût eu que si la diaspora avait disparu en même temps que son centre. C'est précisément cette valeur qui marquait de son empreinte le geste barbare, même du point de vue du Romain civilisé, consistant en outre à réduire en cendres le sanctuaire après avoir déjà conquis la ville. Les communautés chrétiennes, qui, dans l'empire romain, s'étaient développées au sein de notre diaspora, passaient encore pour une secte juive[1]. Tacite lui-même rapporte que telle aurait été l'intention de Titus faisant commettre cette barbarie ostentatoire : une fois les racines extirpées, l'arbre allait rapidement dépérir[2].

1. Cf. Lichtenberg, *Sudelbücher*, J 687.
2. C'est une interprétation libre du passage des *Histoires*, V, chap. XIII, 7-8.

Le projet des Romains ne s'est pas réalisé ; ni quant aux chrétiens ni en ce qui nous concerne. L'arbre se dresse encore aujourd'hui et les racines sont bien là. Ce tournant qui, selon la volonté romaine, devait, plus qu'une simple coupure, être un terme fut encore moins : pas même une coupure. L'esprit du judaïsme la dépasse, il est plus ancien qu'elle et plus jeune. Il ne souffre aucune époque. Mais cela signifie qu'il ne souffre aucune histoire. La structuration en époques perd toute valeur, le temps perd sa force. Nous ne vieillissons pas – sans doute parce que nous ne fûmes jamais jeunes, peut-être. Nous sommes éternels. Tout ce que fait le Juif échappe à ses yeux immédiatement aux conditions temporelles pour passer à l'éternité. Le sionisme aura beau s'efforcer tant qu'il voudra de faire de nous un peuple normal, un peuple comme les autres – mais lisez *L'État juif* de Herzl, partout la démarche réflexive qui se veut cantonnée à la seule politique est débordée par ce qui est excessif et politiquement inapplicable, une conviction presque naïve que cet État juif devra nécessairement être quelque chose de tout à fait différent de ce que jusque-là fut l'État, non pas simplement un peu différent et quelque peu similaire, mais l'État de la justice, l'État modèle, l'État idéal, car… ce n'est précisément pas n'importe quel État, mais l'État juif. Et ce qui déjà chez Herzl, presque malgré lui, transparaît nettement, ce saut juif hors du temps vers l'éternité, s'est figé aujourd'hui chez ses épigones en une quasi théorie ; c'est surtout au cours de la guerre mondiale que le sionisme, chez ses meilleurs représentants, n'a cessé de revêtir des traits messianiques : le retour des Juifs dans leur pays est devenu, comme dans les anciennes prédictions des prophètes, signe et amorce du retour de l'humanité vers le Paradis perdu. D'autre part, l'assimilation aura beau croire œuvrer pour le bien en ne voulant rien d'autre que faire des Juifs de braves citoyens comme les autres, elle aura beau s'efforcer de les rendre autant que possible semblables extérieurement aux autres, dans le choix de leur profession, leur mentalité, etc., ainsi qu'effacer chez eux les stigmates de la singularité, en fin de compte le brave citoyen ne lui suffit cependant pas, et, bon gré mal gré, elle espère que ses efforts déboucheront pour finir sur quelque chose de plus, sur *bien davantage* : l'homme idéal. Il y a chez elle beaucoup plus d'optimisme qu'elle ne veut elle-même souvent le reconnaître. Cette identification à laquelle elle aspire n'est pas destinée à libérer le Juif de ses seules prétendues erreurs afin qu'au lieu des siennes il adopte celles des autres – bien que ce soit là très souvent le résultat –, elle rêve au contraire que le Juif, une fois dépouillé de ce qu'il a, selon elle, de trop juif, devra nécessairement se retrouver avec les autres au sein de la pure humanité. Elle aussi, exactement comme le sionisme, dépasse les limites de son but immédiat et son programme à courte vue, elle passe outre, sans vraiment le vouloir, son programme étroit pour agir en fonction du programme qu'elle a dans le sang : vouloir ce qui est éternel, le prêcher, le promettre – au cœur du temps.

L'esprit juif brise les vases[1] des époques. Parce qu'il est lui-même éternel, et veut être quelque chose d'éternel, il nie la toute-puissance du temps. Il traverse intact l'histoire. Il n'est pas étonnant que l'histoire et ce qui y vit lui soient objets d'aversion. Car le temps veut que tout ce qui vit lui paye le tribut de la temporalité. Or, en l'occurrence, une vie est vécue au sein de l'éternité, et le temps, créancier insatisfait, peut observer comment elle voudra s'acquitter de sa dette. Le Juif ne reconnaît pas cette exigence du temps. Au sein de sa propre éternité, il brandit face au temps un éternel sur lequel le temps n'a aucune prise. À travers sa propre existence qui est affranchie du ban des époques, il prêche, prédicateur muet, à toute détresse et à toute misère de l'histoire, à toute partialité de la vie des peuples, à toute imperfection et détermination de la nature et de la culture humaines, une parole qu'il nous est loisible de rendre par un mot de Goethe, car, dans la bouche de Goethe, le mot a une résonance qui lui vient d'abord de la langue des prophètes; aucun grec n'a fait usage de ce mot, qui ouvre devant les yeux du temps le voile derrière lequel l'éternité se dissimule, cette parole : nous vous enjoignons… d'espérer !

1. Allusion au *tikkhoun* d'Isaac Luria ; on comprend donc que les époques recelaient tous les maux.

LE JUIF DANS L'ÉTAT

N'attendez aucune saillie, mais pas non plus un programme de parti. Nous voulons nous entendre « sans discuter », nous entendre sur ce qui est par-delà toute discussion.

Le Juif dans l'État – le mot « État » ne peut être traduit en hébreu מדינה signifie province[1]; מלכות, domination étrangère[2]. « État » est un terme récent. Le Moyen Âge ne le connaît pas ; à la Renaissance : État personnifié, dont est sorti l'*État*[3] de l'époque baroque (l'État[4] au sens de ce que nous nommons tel, aujourd'hui encore). Finalement, l'État-nation du XIXe siècle. Du présent, il sera question plus tard.

Le Juif au Moyen Âge – de fait, un peuple dans le peuple, définissable du point de vue juridique puisqu'il est placé dans une dépendance personnelle (donc dans une sorte de rapport de clientèle) à l'égard du représentant du pouvoir étatique, à l'égard de la *maison* du roi (la « chambre »). Le clientélisme est toujours nécessaire – et toujours possible – lorsqu'une communauté n'est pas encore devenue totalité de ses membres. Ce n'est pas le même type de rapport si « je fréquente une famille » ou si je reste à déjeuner simplement parce que je suis l'ami du fils de la maison ou parce que j'y fais de la musique ou parce que je jouis d'une quelconque qualité spéciale. C'est la situation du Juif au Moyen Âge. Il ne *veut* faire partie de l'État qu'en raison de qualités spéciales, en raison de son rapport au temps, etc., et ce qui lui est arrivé était conforme à ce qu'il avait voulu.

Les grandes transformations qui, de 1494 à 1789, ont peu à peu affecté ce type d'État, n'ont laissé en fait aucune trace chez les Juifs. C'est

1. *Medina.* Dans l'hébreu moderne, c'est bien le terme qui désigne l'État.

2. *Malkhout.* Il s'agit aussi des quatre empires qui se succèdent dans l'histoire du monde (cf. le livre de Daniel).

3. En français dans le texte.

4. En français dans le texte.

seulement lorsque la nouvelle forme d'État, l'État reposant sur une communauté, est finalement parvenue à maturité, au terme de trois siècles de préparation, c'est alors seulement que la chose, pour le Juif est redevenue actuelle – et pour l'État aussi, pour lui *d'abord*, en fait.

En effet, le nouvel État ne tolère plus que quelqu'un reste à l'extérieur. Il veut devenir État-nation (qu'était-ce donc, auparavant, que la nation pour l'État ?). Nation = nation étatique + nation culturelle. Les Juifs, émancipés parce qu'ils étaient le cas d'école de *l'homme*, deviennent alors *experimentum crucis*. Preuve par l'exemple du nouveau concept de nation. Ils sont censés se dénationaliser pour avoir le droit de se nationaliser en tant qu'Allemands. Et de nouveau le Juif, de lui-même, va au-devant de cette volonté de l'État. C'est ainsi que les Juifs sont les meilleurs promoteurs de la nouvelle idée de l'État : Riesser[1].

Jusqu'à ce que cet État s'effondre. La Guerre mondiale fut une guerre pour les petites nations au sein des grands empires – tandis que jusqu'alors, la mode était aux *grandes* nations dans les *petits* empires. Elle a donc eu pour conséquence de conforter la conscience culturelle nationale métapolitique des petits peuples – ils peuvent se le permettre : l'État est supranational et les maintient ensemble. Renner[2]. Et de nouveau, un mouvement juif va au-devant de cette nouvelle conception de l'État. Autonomie nationale – même la Palestine n'est rien d'autre au sein de l'*imperium* anglais.

Et alors ? Cette harmonie préétablie est donc un hasard ? ? Ou bien est-ce qu'on prend le pouls du monde ? Le Juif s'est-il adapté à l'État ou… l'État au Juif ? Une question délirante au regard de qui tient l'État pour le représentant de l'histoire universelle. Une question dont il faut vraiment débattre pour qui le représentant de cette histoire universelle, c'est le Juif.

Approfondissons encore les choses d'un cran avant de parler de notre actualité.

Même dans ses périodes « classiques », même dans son propre pays, même *avant* la destruction du Premier Temple, le Juif n'a jamais été homme de la *polis* ou esclave d'une cité comme l'homme de l'Antiquité. Seul parmi tous les autres, l'État juif dispose d'un corps de prêtres antipolitique (une « Église » libre par rapport à l'État), un corps de prophètes métapolitique (un esprit affranchi par rapport à l'État). C'est pourquoi ils

1. Cf. Gabriel Riesser, *Eine Auswahl aus seinen Schriften und Briefen*, Francfort, J. Kaufmann, 1913 ; Riesser, dans le premier tiers du XIXe siècle, avait commencé de traiter la question de l'émancipation politique : *Kritische Beleuchtung der in den Jahren 1831 und 1832 in Deutschland vorgekommenen ständischen Verhandlungen über die Emancipation der Juden*, Altona, Hammerich, 1833.

2. Karl Renner, l'homme d'État autrichien avait dirigé la revue social-démocrate, *Der Kampf*; cf. *Die Nation : Mythos und Wirklichkeit*, Vienne-Stuttgart, Europa Verlag, 1964, éd. J. Hannak ; trad. fr. S. Pierré-Caps et C. Tixador, Presses universitaires de Nancy, 1998.

ont pu réduire l'État à néant. Chez les Juifs, l'État a été mal dépassé. Et le rapport à l'État n'est devenu supportable qu'avec la domination étrangère. Chez le Juif, l'État n'était pas vivant (à la différence de tous les autres peuples), parce qu'autre chose, quelque chose de supérieur était vivant en lui. Ainsi, le rapport que, chez les autres peuples, « l'État entretient avec sa base dans l'homme » se réduit-il à ce problème plus simple : l'homme dans l'État. Le Juif dans l'État est en fait la solution dès qu'on pose la question. Il est nécessaire que le Juif soit dans l'État parce que l'État ne peut être dans le Juif. C'est la raison la plus profonde de l'impossibilité du sionisme politique. C'est pourquoi la Palestine ou bien ne sera rien ou bien sera tout à fait différente de ce que Herzl imagine. Et c'est, d'autre part, la raison pour laquelle notre rapport à l'État allemand etc. doit toujours rester quelque chose de problématique. Bien plus puissamment que les autres, nous sommes voués aux devoirs et aux tâches. Il nous faut, c'est tout à fait vrai, en faire plus pour mériter ne serait-ce qu'un minimum de droits. Et, d'autre part, nous ne pouvons pas empêcher les autres de nous considérer comme « corps étranger ». L'analogie hôte-invité. Le mépris antisémite ne sera pas moins méprisant du fait qu'on le comprendra. Mais : « Sur ce qui est méprisable... ».

Non, nous ne voulons pas nous plaindre. Encore moins en arriver à la position habituelle qui consiste à proclamer en toute occasion notre bonne volonté et à nous défendre. Qui s'excuse, s'accuse[1]. « Tourbillon et merde sèche ».

Ce qui peut nous être de quelque secours, c'est ceci : devenir à ce point conscients de notre être juif que nous accédions à la sûreté de conviction que Goethe retournait contre ceux qui l'attaquaient. Pour nous, la meilleure défense n'est pas un corps endurci, mais une peau dure. Et, sous cette peau dure, un ferme cœur juif.

1. En français dans le texte.

L'HOMME JUIF

I

À la question de savoir ce que sont les Juifs, il semblait que la réponse fût aisée jusqu'il y a un siècle et demi encore. Le commerce de Knigge[1] avec les Juifs. Quoi qu'il en soit, Knigge est déjà une exception. Mais la *règle* est : le Juif est socialement clairement identifié (Shylock). Le peuple juif est un signe et un miracle ; l'individu juif est, certes, étrange, mais n'en est « que trop explicable » en tant que caractère. L'époque individualiste des Lumières vient ébranler l'unité de cette conception sociale. Avant même que l'homme juif, au sens que nous donnons à cette expression, ne soit devenu visible, l'*Aufklärung* arrache l'homme tout court, à qui il suffit d'être homme, au conglomérat solide de la communauté historique ; le Juif comme type de « l'homme pur » (le Juif *précisément* !). *Nathan* est le premier homme juif.

On devine là, justement là, avec Nathan précisément que le problème du juif n'avait absolument pas été saisi. C'est l'émancipation qui devait d'abord faire sauter l'anneau enserrant la vie du peuple.

Désormais, les individus rendus singuliers se retrouvent dans le monde. On n'avait jamais encore vu de tels « individus en soi ». La Révolution les avait fait surgir. Mais elle n'avait jamais affranchi que des individus nationaux. Elle avait certes rompu ou distendu les liens établis par les hommes, mais, ce faisant, elle avait rendu pour la première fois les hommes

1. Adolf von Knigge (1752-1796), baron et Junker, assesseur au conseil de guerre et à la commission des domaines de Kassel, franc-maçon, il se rendit célèbre par sa volonté d'introduire le parlementairisme en Allemagne et par sa sympathie pour les idées de la Révolution française. Son livre sur l'éducation en général, *Über den Umgang mit Menschen* 2 vol., 1788, a été maintes fois réédité (trad. fr. B. Hébert, *Du commerce avec les hommes*, Toulouse, Presses universaitaires du Mirail, 1993).

conscients des liens naturels. Ainsi, l'« homme pur » n'était justement *pas* né en 1789. Seule l'émancipation des Juifs l'a créé (car elle a rompu un lien qui n'était pas établi par l'homme, mais par la nature et par Dieu). Ce n'est pas l'événement le plus important du siècle, mais c'en est le plus significatif.

C'est d'ailleurs pourquoi elle ne s'apaise désormais plus. Auparavant, il y avait une question juive tout au plus pour les politiciens et, en tout cas, pour la spéculation et les esprits théologiens. Maintenant, elle se pose soudain à tout un chacun. Tout le monde a affaire aux Juifs. Ils occupent toutes les professions qui n'étaient réservées qu'à des individus : ils deviennent ministres, évêques, artistes, professeurs, généraux et journalistes. « Jusqu'où saisirez-vous... ». Et tous ceux qui se dispersent, se singularisent, s'adaptent, s'imposent – suscitent une haine telle que ceux qui, auparavant, subissaient l'enfermement au ghetto, n'en avaient jamais connu. Une haine bien plus subtile, plus raffinée, plus consciente. Sans doute simplement une haine plus... sensible (parce que ressentie par des gens qui n'avaient plus d'abri, plus de murs). En effet, l'antisémitisme du XIXe siècle – l'antisémitisme *lui aussi* – est quelque chose d'unique. Il touche l'individu singulier indépendamment de ses caractéristiques nationales, et il l'atteint cependant... parce qu'il est *juif*. Et les individus se dressent alors contre cette généralisation. Or ce sont des individus – pourquoi les prend-on pour une généralité ? C'est qu'ils sont « *si* différents ». Oui, vraiment différents. Et sans doute étranges *dans* leur différence précisément. Ils sont plus différents qu'« on ne l'est ». Que n'a-t-on pas dit sur le Juif ! Rien que des contradictions. Le Juif ne peut être établi comme tel. On explique cela comme s'il était capable de « s'assimiler aisément » à tout. Or la différence juive n'est que *relativement* plus grande que celle des autres. C'est simplement parce qu'on lui *prête* une identité plus grande qu'il semble plus différent. Qu'en est-il maintenant de cette unité ?

Elle est en fait insaisissable. Physiologiquement insaisissable... Psychologiquement insaisissable... Mais aussi insaisissable du point de vue intellectuel. Du moins si l'on considère que ce qui relève de l'esprit est saisissable, descriptible. Il n'y a pas d'« intellectualité juive ». Tous les autres peuples sont mieux définis que nous quant au corps, au psychisme et à l'esprit. Elle n'est saisissable qu'en tant qu'unité de destin (et c'est à partir de cette unité de destin qu'on peut saisir à son tour l'opposition). C'est pourquoi la réflexion de cette heure sera entièrement consacrée à l'unité de destin.

Or la voie de ce destin du juif moderne est celle qui traverse de part en part le XIXe siècle. Jusque-là, ce destin avait l'unité propre à sa vie nationale effective. Le XIXe siècle l'a voué au déchirement et à l'éclatement. Ce qui en sortira, c'est la dernière chose dont nous aurons à parler. Ce sera sans doute de nouveau une unité.

La voie du destin provient de l'unité. Et cette unité héritée est celle de la Tora. L'unité de la question et de la réponse, du doute et de la foi (évidente) en sa solution. L'héritage accompagne sans cesse l'héritier. Mais il acquiert quelque chose de nouveau : la diversité de la vie dépasse le Juif émancipé, il entretient de nouveaux rapports, distincts, à la société dans laquelle il entre, à la communauté dont il sort, à l'esprit qui serait censé lui servir d'intermédiaire entre les deux. Et finalement – mais sur ce finalement qui est en effet ce qui nous intéresse, ce au nom de quoi je fais ce cours, et ce en raison de quoi certainement vous êtes venus (non pas pour entendre des tas de choses fort intéressantes sur le passé et le présent de l'homme juif), sur ce finalement, je ne dirai rien au début.

C'est de quelque chose d'autre que je puis et dois traiter aujourd'hui dans cette première heure : ce que nous voulons ici mettre en œuvre, durant ces heures, c'est de la psychologie, *malgré tout*[1], qu'il s'agisse de psychologie historique, de psychologie du destin. Et toute psychologie est autopsychologie, c'est-à-dire : elle n'est possible que si l'auditeur ne cesse de regarder en lui. Les figures que je vais vous présenter et dont il sera question dans les heures suivantes – ne croyez pas qu'il s'agirait simplement de figures, de personnalités simplement historiques (même si j'en viens à citer un nom tiré de l'histoire du XIXe siècle, si j'esquisse même le portrait d'un caractère historique) –, ne croyez pas que je parlerai de « ces gens ». Je parle de vous, de vous et de moi. Si vous ne ressentez rien en vous des dispositions propres à chacun de ces hommes dont nous allons parler à partir de mardi prochain, aucun discours ne m'aidera, aucune écoute ne vous sera utile. Mais vous *parviendrez* à les ressentir. Vous les ressentirez de manière différente en vous, l'héritage (les racines) autrement que le présent, et le présent autrement que le futur qu'on ne peut pressentir que timidement, qu'à peine vouloir, qu'on implore plutôt. Et vous *devrez* les ressentir en vous. Car c'est l'unique forme de conscience juive de soi : ערבים זה לזה[2]. Ne plus percevoir cette unité (Haas[3] et *der Weg ins Freie* de Schnitzler[4]) c'est le début de la fin. Il n'y a qu'un Juif, et vous tous, chacun d'entre

1. En français dans le texte.

2. *Arévim zé lé zé* : caution réciproque (litt. : « chacun est garant de l'autre »). Dans la communauté (idéale) d'Israël, chaque membre est censé porter assistance à l'autre.

3. Willy Haas fut membre du cercle littéraire de Brod, Werfel et Kafka. Il a fondé la revue *Die literarische Welt* (1925-1933).

4. Il s'agit de *Vienne au crépuscule* (1908). Schnitzler (1862-1931) refusait le sionisme comme l'assimilation; pour lui, l'antisémitisme résultait plutôt de la position minoritaire des Juifs (cf. *Professeur Bernhardi*, 1912).

vous l'*est*. Si ces heures vous conduisent à cette conscience, je ne les aurai pas faites en vain.

II

On a parlé de polarité juive. De nouveau, il s'agit de l'« homme et ses contradictions » en général. Mais, en fait et de nouveau, l'homme juif est un petit peu plus humain que l'homme en général... Car sa polarité est *interne*. Sur le programme, j'ai constamment présenté des oppositions. Une, en premier : celui qui doute – l'homme pieux. Elle semble être l'opposition fondamentale. Nous sommes exposés, de l'extérieur, à ses aboiements ; il nous faut porter la faute aussi bien de toute « foi aveugle » (capitalistes) que de tout « doute dissolvant » (bolcheviques). Il est habituel de dire : les accusations se contredisent, les témoins se retirent. Non, les témoins doivent rester. Nous *sommes* le peuple de la foi, nous *sommes* le peuple du doute.

Nous l'avons toujours été ? Pas seulement aujourd'hui ? Non, toujours. Question de *savoir si*, réponse *que*. *Kouchya* et *tchouvah*[1]. *Kouchya* qui présuppose... qu'elle est soluble, qu'il y a une *tchouvah* (une vieille réponse à ce problème). Le doute qui ne doute pas *pour* douter, mais pour être guéri de ce doute grâce à la réponse. Et la foi qui, elle aussi, ne croit pas pour croire. Mais pour se créer un réfutateur, non, une base pour les doutes qui pourraient s'ensuivre. Foi et doute, qui se donnent mutuellement occasion d'être.

Avez-vous remarqué que ces deux mots, foi et doute, ont tous deux quelque chose de non juif ? Il n'y a pour ainsi dire pas de juif croyant, mais il n'y en a pas davantage d'incroyant. Il y a tant de scepticisme mêlé à la foi que quelqu'un qui aborde la question en jugeant à partir de critères extérieurs ne discernera pas du tout, le cas échéant, la foi. « Je rirais s'il n'y avait aucun *olam havo* »[2] (de telles anecdotes *ne* prêtent *pas* à rire, mais à réfléchir, et, lorsqu'on les comprend, incitent davantage à pleurer qu'à rire). Et, pour justifier également le contraire – pas de doute sans foi ; vous n'avez qu'à regarder autour de vous, même superficiellement, dans la communauté juive actuelle. Il nous manque les chevaux de parade de l'apologétique chrétienne : le « physicien croyant » – nous avons ce qu'ils n'ont pas : le théologien croyant. Pour nous, ce *ne* sont donc *pas* des figures

1. Problème et réponse (Rosenzweig écrit ces notions en caractères latins, mais dans une orthographe qui transcrit la prononciation askhénaze de l'époque : *kaschje* au lieu de *kouchya*, et *tschuwoh* au lieu de *tchouvah* ; nous rétablissons la transcription de l'hébreu).

2. Aucun « monde à venir » ; là encore, Rosenzweig choisit la prononciation askhénaze : *oilem habo*.

distinctes, l'homme pieux et celui qui doute. Qu'est-ce que Spinoza? Le « saint »... Qu'est-ce que Maïmonide? L'auteur du *Moré*[1] et le Rambam[2]. Qu'est-ce – pour faire un saut jusque dans l'époque contemporaine – que Buber? Cohen? Nous-mêmes? Un *non liquet* subsiste quant à la répartition [de la foi et du doute] chez les deux représentants (exemple : la controverse Buber-Cohen ou, que sais-je, la controverse Louis O.-moi-même[3]). Vous pouvez dire que c'est précisément quelque chose d'universellement humain. D'accord! Mais où est-ce que vous rencontrerez le cas (hormis chez les grands Russes qui, justement, sont chrétiens), où trouverez-vous ailleurs cette situation où, dans une controverse, l'un ne soit pas dans tel camp, l'autre dans le camp opposé, mais chacun aussi bien dans l'un que dans l'autre camp? C'est comme si régnait là un concept de la vérité tout différent de la notion logique habituelle qui est *index sui et falsi*. Un concept de vérité tout autre que livresque.

Je reviens encore une fois sur ce qui a été dit au début sur la Tora. La Tora *n'est pas* un livre, tel que, livre vrai, il s'opposerait aux livres erronés. La Tora *nous* oppose en tout cas aux autres peuples, aux autres hommes. Mais elle-même ne s'oppose pas à d'autres livres (comme c'est tout à fait le cas d'ordinaire des livres religieux, le Coran, le Nouveau Testament – vous avez entendu que cela a été dit aux Anciens). Dans la Tora, « tout y est ». C'est *ainsi* que nous la lisons. Comme si, effectivement, tout y était, le vrai et le faux, le bien et le mal, *notre* vrai, *notre* faux, *notre* bien, *notre* mal. (C'est ce qui explique qu'elle soit inintelligible pour d'autres qui, justement, ne saisissent pas que ce livre *n'est pas* un livre, et que, de même qu'elle n'est pas « doctrine » au sens ordinaire, elle n'est en rien davantage une « loi » au sens habituel – *ni l'un ni l'autre*, mais Tora – notre livre).

La Tora est ainsi l'unique livre qui revendique d'être plus que la vérité : réalité effective (« *emet* » est la vérité qui n'a pas pour antonyme l'erreur – l'erreur fait partie de *emet* –, mais *cheker*, le mensonge, la tromperie. Le doute, l'erreur, la vérité les convoque, elle ne montre la porte qu'à la tromperie, au déni).

Tous deux, le croyant comme celui qui doute et dont l'élément de leur vie est la vérité, penchent la tête sur le vieux livre. Et c'est avec un double visage qu'ils vivent dans le monde en revêtant toutes sortes de noms, se scindent en figures – l'objet des trois prochaines heures –, mais des figures qui, néanmoins, présentent toujours le lien secret qui les unit en toute

1. Le *Guide des perplexes*.

2. Acronyme de Rabbi Moché ben Maïmon, Maïmonide.

3. Il s'agit de Louis Oppenheim (le mari de Gertrud Oppenheim); en fait cette controverse est une discussion, sur le doute et la foi, qui a lieu plutôt avec Gerturd Oppenheim, fidèle correspondante de Rosenzweig : cf. les lettres du 30 mai 1917 et du 2 août 1917.

contradiction. Il ne leur est plus loisible de se retrouver en un seul homme, ces enfants de l'époque – comme c'était le cas de l'héritier du passé, et comme ce sera peut-être de nouveau le sens de l'avenir –, non ce sont des frères ennemis – mais des *frères*.

Ainsi lève-toi, toi qui a le menton rasé et cette barbe poivre et sel soignée, et toi avec ta tête couverte d'une forêt vierge de cheveux ébouriffés, lève-toi digne visage d'arrière-grand-père et toi dont les yeux de braise sont inquiets, lève-toi moqueur aux traits douloureusement grimaçants autour d'une bouche spirituelle, les yeux impénétrablement voilés, et toi simple bourgeois honorable dont la voix a le ton sincère de la conviction, levez-vous, venez vous asseoir ici vous qui êtes prêts à vous voir, à vous connaître, à vous aimer et à aimer vous-mêmes en vous.

III

Le Juif qui entre dans le monde pénètre dans un monde déjà ordonné. Il quitte son monde pour un autre univers. Il lui faut harmoniser le monde dans lequel il entre et celui dont il vient. D'où s'ensuivent trois décisions auxquelles chacun se trouve confronté; « trois questions » auxquelles il doit répondre consciemment ou non : 1) T'intègres-tu à l'ordre que tu rencontres ou te faut-il le bouleverser pour y trouver place ? 2) Gardes-tu fidélité à l'égard de ce dont tu proviens ou veux-tu le rejeter ? 3) Penses-tu pouvoir tisser entre ces deux mondes des liens grâce à l'immense diversité de l'esprit, ou bien veux-tu prendre la vie simplement comme elle est ? – Ce sont trois questions – vous le remarquerez – auxquelles chacun de nous est confronté, et avec lesquelles nous n'en avons jamais fini *tant que* nous continuons de nous les poser. Elles ne se recoupent d'ailleurs qu'en apparence. En vérité, chacune des trois touche chacun de nous. Aujourd'hui, la première.

(Aristocratie et démocratie, sont *en soi* des formes naturelles de *toute* vie). C'est un monde structuré et ordonné qui a accueilli les Juifs. Le chaos de 1789 était passé. Le monde *était* de nouveau *sur pieds*. Chacun était *à sa place*. Seul le Juif pouvait en *chercher* une, et il l'a cherchée. Il existe une aristocratie de l'existence naturelle (le paysan). Et une révolution de l'oppression sociale (le prolétaire). Il n'est question d'aucune des deux pour le Juif. Il est aristocrate et révolutionnaire par grâce d'*esprit*, en tant… qu'*intellectuel*. Il ne l'est évidemment pas dans *sa* société, il *vote*. *Dans la mesure où* il vote, les voix de son sang se manifestent alors et l'aident à prendre une décision. Ces voix ont un double langage. Mais il peut arriver que l'une cherche à ne prêter son oreille qu'à une seule voix en restant sourde à l'autre. Et la *voix* parle : les plus anciens ancêtres. David. Fils de David. Très ancienne loi. Christianisme = judaïsme, pour la masse. Et elle confère à celui qui la perçoit un droit d'aînesse à la table de l'Europe. Et c'est ainsi qu'il devient *pair*[1] du plus fier et du plus libre des peuples récents, et lui indique quelle voie suivre dans le monde, et tout à la fois celle qui mène à la paix intérieure.

Mais voilà que l'autre voix ne se laisse pas réduire au silence. Elle s'adresse à lui : toi qui penses être le plus ancien, n'es-tu pas en vérité le plus jeune ? *Homo novissimus*. D'hier. Peut-être même de demain seulement. Tu guides un royaume terrestre sur la voie du sommet. Mais il existe une voie nouvelle. Tu lui donnes la paix. Mais il existe une nouvelle paix. Tu donnes à son roi un nouveau nom. Un *nouveau* nom. Tu es le précurseur d'une puissance nouvelle. D'une puissance qui se moque de la tienne. Une puissance nouvelle. Royaume terrestre – cela signifie guerre mondiale. Mais guerre mondiale, cela veut dire révolution mondiale. Tes rêves ne t'ont-ils pas montré l'homme qui, lui-même rêveur, rit de tes rêves les plus réalistes, est fondé à le faire ? Penses-tu vraiment que Gladstone, cet Anglais vieux genre à qui cependant tu ressembles en tout ce qu'il fallait désapprendre, penses-tu vraiment que simplement parce qu'il avait ce que tu voulais il était ton adversaire ? Hélas, il n'était que le « vieux grand homme ». Il t'a survécu, sans hériter, mais, au vrai, il n'a pas chassé ton esprit de ton œuvre ni du monde. Un autre est ton héritier, un autre celui qui te dépassera. Tandis que tu faisais tes premiers pas, il était assis dans une salle de lecture du British Museum, et lisait, lisait, lisait et aspirait à la *loi* de la révolution. Quelqu'un de ton sang. Mais pas, comme toi, porté par la fierté de son sang. Peu nombreux sont ceux qui ont accumulé autant de haine contre le sein qui les a mis au monde. Et pourtant, il a, sur les lèvres, les traits de son origine que dénie, plus visiblement que toi, sa bouche qui en parle haut et fort. Il rirait s'il se qualifiait comme toi de fils de David. Mais il est fils des prophètes. Davantage : il est lui-même prophète. Il tire un monde de son sommeil. Il forge des bijoux pris au trésor des grands penseurs pour en faire des armes qui frapperont les portes des anciennes *castes*. L'Europe se divise en deux camps. Bientôt, ce sera le monde. Quand les héritiers de ton esprit se harnacheront afin de lutter pour les proies, les héritiers de son esprit s'équiperont pour l'assaut. Et quand le bûcher aura fini de consumer ton cadavre, chacun d'eux viendra allumer sa torche aux braises finissantes.

Ce qui constituait la faiblesse de Disraeli : le fait qu'il ne soutenait les vieilles puissances qu'à l'aide de moyens nouveaux ; ce dont Marx fit sa force ; il cherche justement de nouveaux moyens. Il voit dans la société telle

1. En anglais dans le texte.

qu'elle existe uniquement la nouvelle qui rompt ses liens avec elle. Là où l'aristocrate cherche des remèdes afin de rétablir la santé du corps malade, le révolutionnaire se tient auprès du lit du malade avec une ironie de spectre et préfère accroître davantage la maladie, car il sait que la nouvelle santé ne se situe qu'au-delà de la maladie tout à fait vaincue (Lassalle ?). Il ignore la voix qui le meut. Il ne sait pas d'où provient la force contraignante à laquelle obéit sa propre parole. Nous savons aujourd'hui que cela vient du fait qu'il profère *l'ancienne loi* d'une *bouche prophétique*. Mais c'est *l'ancienne loi*. Du fait qu'il proclame à nouveau l'ancienne loi d'une bouche prophétique. Or c'est la raison pour laquelle le socialisme doit nécessairement lui échapper, il lui faut cesser d'être marxisme – omniscient – dès l'instant qu'il se réalise. La révolution mondiale de 1918 est *non* marxiste, même en Russie. C'est du désespoir, de l'indignation, bref, une *vraie* révolution. Marx y est tout aussi isolé que l'impérialiste parmi les aristocrates de sang. Il est justement *passé* dans le peuple. À l'« équité » *l'opprimé* n'aspire que parce qu'il ne peut nulle part trouver de *droit* – le socialiste, lui, *toujours*.

Seul le païen est un vrai aristocrate
seul le chrétien est un vrai révolutionnaire
le Juif devient impérialiste et socialiste
Parce qu'il est passé dans le peuple, n'en provient pas.

Parce que sa révolutionnaillerie[1] a quelque chose d'aussi strictement dominateur, strictement aristocratique que l'aristocratianisme[2] de l'autre a quelque chose de subversif, de révolutionnaire. Il y a, chez l'un comme chez l'autre, une part *non* objective. Une objectivité supraterrestre (c'est-à-dire supratemporelle, supra-historique).

Et c'est en cela qu'ils se reconnaissent tous deux. Ils se regardent dans les yeux. Tous deux sont sans foyer. Ils ne *vont* pas vers l'état de vagabondage comme celui qui, en Inde, expie ; non, ils *proviennent* de cette situation d'être sans foyer. Et lorsqu'ils se rencontrent au bal de l'histoire universelle, ils se tournent aussitôt le dos – ondin et ondine, ils se connaissent trop bien, ils sont obligés de s'éviter.

Tous deux sont justement *presbytes* et n'ont pas droit de cité dans le monde trop proche des choses. L'aristocrate devient... impérialiste. Le révolutionnaire devient... socialiste. Dans le premier cas, c'est le conservatisme qui reste sur le carreau ; dans le second, la lutte de classes. L'objectif, c'est l'empire universel et la justice. C'est alors qu'ils s'interpénètrent tous les deux. Le descendant des rois et celui des prophètes. Dans le Messie davidique de la fin des temps : Psaume 72. Le reconnaissez-vous ? L'aristo-

1. *Revoluzzer* a une connotation franchement dépréciative.
2. *Aristokratzen* aurait pour équivalent « aristogratte ».

crate et le révolutionnaire ? Et les meilleurs rêves de notre propre cœur, dans chacun d'eux, chez celui-là comme chez celui-ci ?

IV

Fidélité et infidélité sont elles aussi mêlées dans la vaste contrée de l'âme. L'homme est infidèle, la femme est fidèle ; c'est la loi de la nature qui referme autour de la femme le cercle de la maison, et non pas autour de l'homme.

Il ne sera pas question, aujourd'hui, de cette fidélité et de cette infidélité universellement humaines, pas plus que, la fois dernière, il n'était question de l'aristocratie et du révolutionnarisme universellement humains. Mais il s'agit, de nouveau, de la fidélité qui nous a imposé notre destin, et pour la première fois au XIXᵉ siècle.

Il y a certes toujours eu parmi nous des fidèles et des apostats. Vous connaissez l'histoire de Rabbi Meïr et d'Elisha ben Abuya[1]. Ce n'est pas ce qui nous intéresse. L'apostat « n'a pas été trop loin ». Mais c'est un acte, un acte conscient qui a fait de lui un *akher*[2]. Pourquoi ? Parce que la fidélité elle aussi est devenue un acte conscient.

C'est quelque chose d'inouï. Auparavant – pensez à ce qui a été dit de Maïmonide –, le fait de ne pas succomber était bien un acte conscient, un héroïsme ; mais rester fidèle était la chose la plus simple, la plus évidente du monde. On était fidèle tout comme on vivait. Le monde juif encadrait l'homme juif de telle manière qu'il était fidèle de lui-même. Il n'y avait justement pas encore d'homme juif isolé, dépouillé de son monde. C'est l'émancipation qui l'a mis sur pied. Chez Mendelssohn vous avez encore les deux réunis en une même personne. Non pas mêlés, ce n'est déjà absolument plus le cas. Mendelssohn n'est, en effet, pas un homme homogène, absolument pas ; en aucune manière ce n'est un type à venir ; pas davantage un type propre au passé. Pas non plus un type de l'époque actuelle. Car il n'est ni l'un ni l'autre. Il est l'un et l'autre, *coexistant* en lui. Incompréhensible pour les contemporains. Comment eussent-ils pu comprendre qu'ils

1. Ben Avouyah a embrassé la religion gnostique et c'est pourquoi il a été surnommé l'« autre » *(akher)*, c'est d'ailleurs le seul nom sous lequel on le désigne (cf. H. Grätz, *La Construction de l'histoire juive*, suivi de *Gnosticisme et judaïsme* (1846), Paris, Le Cerf, 1992 (trad. fr. M.-R. Hayoun), p. 131-136). Rabbi Meïr (env. 110-175), l'un des principaux architecte de la Michna, fut le disciple de rabbi Aquiva, de rabbi ben Elicha et de rabbi ben Avouyah à propos duquel il déclara qu'« un gentil qui observe la Tora [qui mène une vie vertueuse] est l'égal d'un grand prêtre ». L'histoire est celle des rabbins qui pénètrent dans le Pardès…

2. Un homme à part, différent.

n'étaient pas face à *un* homme, mais à deux. Et l'un et l'autre sans conscience de cette situation. La fidélité de Mendelssohn était tout aussi inconsciente que son apostasie. À ses propres yeux, il aura sans cesse fui l'une pour se replier dans l'autre – et se sera, par là-même, *épargné* toute conscience de cette dualité. Mais ceux qui viennent après lui n'ont plus été en mesure de se l'épargner. Il était devenu trop problématique d'être juif – parce qu'il avait été trop évident d'être l'un ou l'autre. Et celui qui voulait rester juif, devait nécessairement s'en *justifier*. La nouvelle fidélité fait son apparition : le Juif justifié. Surgit une apologétique qui n'est pas, d'abord, orientée vers l'extérieur, et pas tant que cela vers l'intérieur (comme elle le prétend), mais *totalement* vers l'intérieur, contre l'apologète lui-même. C'est *à ses propres yeux* que le Juif se justifie d'être… juif (non, pas d'*être* juif, mais d'*en tenir* pour le judaï*sme*). C'est pourquoi ce fidèle est, dans le fond, un apostat (de même que celui qui nie est un témoin malgré lui. Notre justification, au XIXe siècle, ce ne sont pas les orthodoxes, parce qu'ils sont, de ce fait, juifs, mais les *mechoumadim*[1], parce qu'ils sont malgré tout juifs).

Regardez ce Juif. Il a tellement étudié et tellement lu. Il *sait* tout ce que *furent* nos pères. Et plus encore : il sait ce qu'ils eussent dû être s'ils avaient voulu se situer au sommet de l'époque actuelle. Ou bien y ont-ils été ? Tout ce qu'ont effectué nos pères, parce que c'est comme ça que ça s'est trouvé, est-ce que tout cela devait avoir un sens qu'ils ne devinaient pas ou, quand ils le pressentaient, auquel ils donnaient une toute autre forme en parole ? Israël = homme. L'équivalence n'est pas nouvelle. Mais ce qui est la *nouveauté*, c'est qu'on ait établi un lien de causalité entre cette équivalence et le judaïsme, comme le fait le libéral, ou qu'on l'en ait fait *dépendre* sur un plan théologique. On procède à partir de Kant ou de Hegel ou de Schelling. On croit à Kant, à Hegel, à Schelling. Et on applique la dialectique talmudique qui, jusqu'alors, devait résoudre les contradictions internes au judaïsme, internes à son histoire, entre אמר אבי'[2], etc. (et qui, ainsi, produisait l'unité interne du judaïsme), à résoudre la contradiction entre Kant, etc. et le judaïsme.

De qui est-ce que je parle en fait ? Je voulais parler de celui qui est fidèle, de Hirsch[3], et je parle de Geiger[4]. Tous deux sont bien des justificateurs

1. Les apostats.

2. *Omer abi* : « Mon père a dit ». Il s'agit donc des contradictions entre les différents affirmations de nos pères (la Tora et la tradition des sages, le Talmud, etc.).

3. Le rabbin Raphaël Shimshon Hirsch (1808-1888), figure majeure de l'orthodoxie juive allemande de la fin du XIXe siècle, farouche adversaire de la « Science du judaïsme » et auteur d'un commentaire de la Tora (paru en 1868, trad. fr. N. Gangloff, Jérusalem, Kountrass, 1995).

4. Abraham Geiger (1810-1874), rabbin allemand qui fut le principal artisan de la réforme, étudiant à Francfort en même temps que Hirsch dont il fut l'adversaire. Il fonda, à

d'eux-mêmes, de leur nouvelle appartenance juive, dépouillée de monde, au genre humain. Tous deux veulent se prouver que les juifs... *sont*...

Or il n'y a là rien à « démontrer » ni à « justifier ». Cette preuve-là et cette justification-là sont l'affaire de Dieu. Ils ne peuvent justifier qu'une chose : qu'ils « en tiennent » pour le juda*ïsme*. Et cette justification, en tant qu'elle est un « j'excuse » se fait un « j'accuse[1] ». C'est donc une *chose* qui est justifiée. Ce qui est vivant ne se justifie pas. Il vit. Ainsi, par conscience, ces fidèles compromettent-ils ce qu'ils veulent justifier ; ils admettent que l'on puisse aussi quitter le judaïsme (par exemple, lorsqu'on a l'intuition ou croit avoir l'intuition que... ou que la Révélation au Sinaï serait une falsification historique, ou des choses du même genre). Ils ont oublié la grandeur du על כרחכם[2]. Ce sont des apostats potentiels. Et c'est ainsi qu'ils suscitent l'apostat actuel.

Celui qui *ne* ressemble *pas* extérieurement à Pfefferkorn[3]. Qui garde le respect des tombes de ses ancêtres (P. Kassel[4]). Mais qui pense pouvoir leur tourner le dos. Car même ceux qui maintiennent le respect des tombes, maintiennent précisément la veille de *tombeaux*. La logique de l'apostat n'est pas différente de celle du fidèle. Lui aussi pense suivre la voix du Dieu de l'histoire universelle. Et il se détourne des entreprises sans espoir qui veulent justifier ce qui est ancien ; au contraire, il *vit* résolument pour ce à quoi finalement le fidèle croit exclusivement, pour la culture. Et il dirige alors son art dialectique harmonisateur sur les contradictions internes de *cette* culture, et d'abord sur la grande contradiction interne qui oppose paganisme et christianisme, et il découvre l'État chrétien, la culture

Breslau, le séminaire réformé animé par l'idée d'une mission universelle du judaïsme, avant de créer, à Berlin, l'Institut supérieur de science du judaïsme. Il chercha à débarrasser la liturgie et le rituel de toute adhérence mythologique (il jugeait barbare la circoncision, par exemple), tout en rejetant les prières pour la résurrection des morts, la reconstruction du Temple, le rassemblement des exilés, etc. Il ne croyait pas en l'origine divine de la Tora et proposait l'idée d'une « révélation progressive ».

1. En français dans le texte.

2. *Hal korakhem* : « En dépit de votre volonté » ; c'est indépendamment de votre volonté que vous êtes nés, que vous vivez ; cf. *Pirké avot*.

3. Johann Pfefferkorn (1469-1521 ?), converti recruté par l'Église pour censurer les livres juifs. Simple boucher à l'origine et en dépit de son savoir limité, il fut chargé de censurer les rabbins sans parvenir à obtenir la confiscation ou la destruction de tous les exemplaires du Talmud.

4. Il s'agit de Paulus Stephanus Cassel (1821-1892), historien et théologien, disciple de Ranke et converti au christianisme en 1855. Il est l'auteur d'une histoire juive de 70 à 1847 qui est la première à mobiliser des sources non juives en tenant compte de facteurs politiques et sociaux extérieurs au judaïsme. Bien qu'il fasse partie de la London Society for Promotion of Christianity among the Jews, il lutta sans réserve contre l'antisémitisme, et prit fait et cause contre von Treitschke, von Hartmann, Abraham Stöcker et Richard Wagner dans son ouvrage *Die Antisemiten und die evangelische Kirche*, 1881 (il a également publié un commentaire du livre des Juges et du livre de Ruth).

chrétienne, l'art chrétien. Les judéo-chrétiens sont ni plus ni moins qu'une secte chrétienne. Plus tard, on ne comprendra plus cela.

Ainsi l'apostat (de même que le fidèle, contre sa volonté, devient un destructeur) devient-il, contre sa volonté, non pas un édificateur, mais un témoin; non pas du judaïsme de la parole, mais du judaïsme de l'être. Non pas du judaïsme de la volonté, mais du judaïsme *malgré*. Contre votre volonté, je suis votre roi – c'est pour lui que cette parole est prononcée. Son rester juif malgré tout, son rester juif même sous le masque du christianisme, même sous le masque chrétien porté en toute conviction (nous n'avons pas besoin de mettre « en toute conviction » entre guillemets, et nous pouvons néanmoins parler d'un *masque* du christianisme), voilà qui *est* notre « justification », notre « preuve ». *Lui-même* ne devinera sans doute son judaïsme qu'après seulement l'avoir renié. Nous ne sommes certes pas fondés à le lui reconnaître, car il reste un dénégateur, et ce qu'il fait contre sa volonté peut valoir face à Dieu, mais pas face à *nos yeux*. Nous ne sommes pas fondés à lui reconnaître la moindre légitimité juive. Il s'est lui-même coupé de la communauté. Mais il est un témoin de cette communauté peut-être plus puissant que nous qui sommes restés en son sein. Car qui est meilleur témoin sinon celui qui témoigne malgré lui. Même la Tora laisse la louange d'Israël être proclamée d'une bouche qui parle malgré elle.

Combien étrange la manière dont les chemins du fidèle et de l'apostat se sont recoupés. Le premier s'est fait dénégateur, le second, témoin. Chez le fidèle, qui s'imaginait être en mesure de voir les cartes que Dieu avait en main, nous aurions dû reconnaître que sa démarche était presque chancelante (presque, pour ainsi dire, car le siècle est transitoire); et chez l'apostat, qui était comme un fou et comme un animal, que lui aussi tenait pourtant Dieu dans sa droite (pour un temps, car le siècle est fugitif). Seuls *nous* ressentons cela – le fidèle comme l'apostat, malgré toute leur conscience, n'en savent rien. Il y a eu un jour quelqu'un qui ressentait en lui ces deux caractères et qui était conscient des deux voies, autrefois, à l'époque où les oppositions ne s'étaient pas disjointes en figures distinctes. Votre frère, qui en lui-même ressentait ces deux démarches, la fidélité qui finit par se tromper et reste erronée, et l'apostasie qui « néanmoins » reste fidèle, votre frère vous parle, lui qui est l'auteur du Psaume 73, versets 1-3, 12-17, 21-28. Est-ce un fidèle ou un apostat? Sentez-vous à quel point ce *ou* perd ici son sens?

V

Dans l'histoire interne du judaïsme, une vieille querelle oppose le *talmid khakham* et l'*amhaarez*[1]. Ce sont les esprits du premier type qui sont auteurs de tout ce qui s'écrit, et il semble qu'ils ont vaincu; en vérité, c'est la simplicité, la piété, en dépit de tout permanente, de l'*amhaarez* qui sans cesse se font jour à nouveau, prennent la forme de grands courants (hassidisme) et remportent la victoire – simplement parce que le *talmid khakham* est justement lui *aussi* un simple Juif ingénu, et qu'aucun Juif n'est si simplet qu'il n'ait en main, du moins avec l'אלף בית[2], la clef de toute la sagesse juive. Nous étions le peuple qui ne comptait aucun analphabète et, *malgré cela*, aucun athée. Chez nous, l'équivalence ne s'appliquait pas entre devenir peuple et religion populaire.

C'est de nouveau le XIXe siècle qui, pour la première fois, a véritablement séparé les deux types. C'est lui qui, pour la première fois, a fait exister le Juif qui n'est rien d'autre que « doué », qui semble avoir perdu tout fonds de simplicité, et, à l'inverse, c'est aussi ce siècle qui a fait surgir le Juif tout à fait simplet et dépourvu de toute intellectualité. Au même moment où nous avons commencé de nous appeler, non sans emphase, le peuple de la foi et le peuple de l'esprit, nous avons en fait pour la première fois perdu toute légitimité de nous qualifier ainsi. C'est justement lorsque nous avons commencé à parler fort qu'il n'y avait plus personne derrière nous.

Mais comment en est-on véritablement arrivé là? De quoi a-t-il l'air, ce « Juif doué » que nous connaissons tous si bien? Tout le monde a un cousin comme ça. Qu'est-ce qui le distingue des autres? Qu'il n'est pas doué pour quelque chose, mais pour *tout*. Plus exactement, qu'il n'y a rien pour quoi il ne soit doué. Portrait de Kantorowicz[3]... Ne comprenez-vous pas qu'il est objet d'effroi pour les « autres »? Que ce qui doit nécessairement les effrayer, c'est ce tout pouvoir faire qui n'a certes rien à voir avec la notion goethéenne de la pyramide de l'existence édifiée peu à peu, mais plutôt avec les rapides changements d'un kaléidoscope. Il va de soi que cet homme capable de tout, cet acteur qui joue son propre rôle, est capable aussi de ce qui est simple. Il en a même la nostalgie, le désir d'aller regarder derrière sa propre ironie (une notion que le romantisme avait découverte juste à temps pour pouvoir l'appliquer à ces nouveaux Juifs... L'ancien Juif

1. Le savant et le simplet.

2. L'« aleph bet », l'alphabet; c'est-à-dire le fait qu'il sait nécessairement lire puisque le passage à l'âge adulte, vers treize ans, lors de la *bar-mitzva*, implique la lecture de la Tora.

3. Il s'agit d'Ernst Kantorowicz (1895-1963), historien et spécialiste de la pensée juridique et politique médiévale (*Les deux corps du roi*, *Frédéric II*, ainsi que certains de ses grands articles – sous le titre *Mourir pour la patrie* –, ont été traduits en français, respectivement chez Gallimard et aux Presses Universitaires de France).

n'est jamais ironique, pas non plus auto-ironique; l'ancienne blague juive n'est pas ironique non plus, car, en dépit de toute autocritique, elle se prend tout de même au sérieux). L'échappatoire théiste de *Heine*.

Et puis vous avez l'autre type, le pendant, le Juif simplet, dépourvu d'esprit, sans problème. Ce n'est pas en premier lieu un fantasme sioniste, le « paysan » propre à certains néoromantiques sionistes. Au contraire, ce « paysan », cet *amhaarez*[1], non seulement face aux problèmes juifs mais aussi face à tous les problèmes intellectuels, est parfaitement à l'aise tout au long du XIXᵉ siècle juif. Pendant nécessaire du tout savoir faire propre à celui qui ne sait faire qu'une chose. Ce sont les universitaires dont on peut être en règle générale tranquille qu'ils ont au moins fait des études en raison de toute la naïveté et du caractère légendairement bien brave de l'homme intérieur qu'ils sont. Ce Juif qui ne se pose *pas de question* (cela *signifie*, en effet, sans problème) n'est pas ce que serait une figure occasionnelle, négligeable; c'est le Juif qui justement vient d'être émancipé. Gabriel Riesser[2], le Juif qui ne comprend pas du tout, en toute sincérité, que ce n'est cependant pas une affaire toute simple que d'être juif dans un monde non juif – et pourquoi donc ? On ne vole pas, on n'assassine pas; que faut-il de plus que les dix commandements pour vivre ensemble humainement ?

Ce qui a pour conséquence naturelle – et vous connaissez tous ce type (aujourd'hui, il est au demeurant, « nationaliste » à bien des égards parce que c'est de nos jours la manière la plus accessible d'être tout à fait simple et néanmoins juif, la chose la moins simple, la plus maudite… qui soit) –, c'est donc la conséquence naturelle que ce Juif abandonne jusqu'au vestige d'intellectualité qui collait autrefois au terme de Juif, qui, précisément, n'est plus resté un simple terme pour désigner des hommes – conséquence qui fait qu'il ne supporte plus également l'ombre de mise en cause, de complexité et de confusion du vécu que ce nom jette sur lui, et qu'il parle comme quelqu'un qui, c'est significatif, serait à la tête d'une instance d'autorité, qui pendant la guerre… Pologne… de telle manière que le

1. Littéralement, le terme signifie « population du pays », au sens dépréciatif qu'on accorde aussi en français à « paysan ».

2. Riesser (1806-1863) est le champion de l'émancipation juive en Allemagne. Après s'être vu refuser l'exercice de la profession notariale, il décide de se consacrer à la lutte pour l'obtention de droits égaux pour les Juifs (*Über die Stellung der Bekenner der mosaischen Glaubens in Deutschland*, Hambourg, 1831). Il refuse le statut de « Schutzbürger », et s'efforce de montrer que les Juifs ne sont plus une nation, et que, par conséquent, la religion n'est plus qu'une affaire privée. Après 1848, il devient député et prononce en 1849 un discours célèbre sous forme d'une adresse à l'empereur qui résume ses revendications. En 1850, il devient président du conseil des citoyens à Hambourg, et il est le premier Juif à siéger comme membre de la Haute Cour. Bien que modéré dans son soutien au mouvement de la Réforme, il abandonne toute pratique juive dans sa vie privée tout en témoignant d'un loyalisme patriotique sans réserve à l'égard de l'Allemagne.

judaïsme serait à ses propres yeux uniquement affaire d'arbre généalogique – c'est là que j'ai compris que chacun de ceux qui se tiennent à l'extérieur... etc. (Haas).

De sorte que, dans toute sa naïveté, il a fini par en arriver là d'où le trop doué est parti : à un judaïsme qui peut être tout au monde sauf rester judaïsme.

Et cette faille qui partage notre âme est la plus menaçante qui soit. Elle est *pire* que les deux autres. En effet, tandis que dans les quatre types précédents les *deux* héritages étaient encore actifs en chacun, *kouchya* et *tchouvah*, ici foi et doute sont répartis selon deux personnes, et, de ce fait, le doute n'est que destructeur (Heine, Börne[1]), la croyance uniquement aveugle, le premier tourne à la dérision, la seconde au fait d'être borné. Et si, ainsi scindée, l'existence de ces deux types devait se poursuivre, ce serait vraiment *finis judaæ*. Mais, comme toujours, chez nous : les remèdes surgissent du danger. Le mouvement sioniste, le grand remède providentiel, doit la vie à deux représentants des deux professions typiques, celle du doué et celle du naïf : un journaliste et un médecin. Herlz et Pinsker. De ce qui s'amorce avec ce mouvement nous attendons (et nous ferons, durant l'heure prochaine, le portrait de cette amorce et du terme qu'il met au chaos du XIXe siècle), nous attendons la fusion nouvelle de notre caractère ah ! si doué, de notre esprit assoiffé de trésors fouillant les mines de la sagesse, avec l'entendement simple qui sait ce qui là est dit à l'homme, une fusion dont nous salue, par-delà les époques, une image : Job, XXVIII.

VI

Le XIXe siècle – vous devez penser que j'aurais un peu donné dans la mythologie avec cette notion. Pourquoi précisément ce siècle ? Mais, *justement*, *ce* siècle-là. De l'histoire juive uniquement dans le cadre de l'histoire universelle. Et dans le cadre de l'histoire universelle, le XIXe siècle n'est pas un siècle comme les autres. Mais le siècle luciférien. Qui s'ouvre sur le bouleversement et le meurtre (« meurtre », Schiller !), et s'achève sur le meurtre et le bouleversement. Entre les deux : un chaos. Et *au sein de* ce chaos, le Juif émancipé. Le représentant de l'histoire universelle (Strindberg), votre croyant (dans tous les sens du terme), votre

1. Ludwig Börne (de son vrai nom Juda Löw Baruch 1786-1837), après des études de médecine, il fait une thèse de philosphie politique et publie deux ouvrages (en 1808 et 1815) sur les problèmes juridiques posé par l'intégration des Juifs, fort de son expérience professionnelle auprès de la direction de la police de Francfort. Il se convertit en 1818, devient journaliste et s'installe à Paris d'où il se fait observateur des mouvements politiques et culturels qui suivront la révolution de Juillet 1830.

débiteur (qui continue à vous devoir quelque chose, et qui, pour cette raison, a été jeté en prison pour dette) et votre rédempteur (גואל[1] à la fin des temps, – et cet homme est soudain arraché au titre de croyant, à la prison pour dettes, à la puissance du Rédempteur[2]. Et qui pourtant ne cesse de poursuivre sous de nouvelles formes, sous des traits défigurés, ces trois qualités toutes ensemble : assoiffé de foi (par nécessité), de souffrance (légitime), de puissance (pouvoir faire). La soif de croyance satisfaite dans la fidélité et l'apostasie. La soif de souffrance (de co-responsabilité), satisfaite dans le conservatisme et la révolution. La soif de puissance, satisfaite dans le fait d'être doué et obsédé intellectuellement par un unique objet. Mais également tout cela à la fois car la soif de puissance est également satisfaite dans l'aristocratisme et la révolution, la soif de croyance aussi, etc.). Et, toujours, ce sont des gens dégagés de tous liens ; ce n'est pas un hasard que nous soyons obligés d'emprunter presque totalement les couleurs des traits extrêmes aux figures de ceux qui ont en apparence chuté. C'est, en effet, un peuple en dissolution. Et un *peuple* qui est si étroitement lié au destin du monde qu'il ne peut être qu'en dissolution lorsqu'un monde se dissout *avec* lui. C'est ici aussi le cas. Notre dissolution n'est que le symptôme de la dissolution du monde (et, pour cette raison, notre guérison est symptôme de la guérison du monde. La métaphore du cœur chez Juda Halévi).

Dissolution du monde ? Vraiment ? Oui. Spengler... En quoi consiste la dissolution ? Destruction de l'unité de l'Occident (commence en 1517[3], mais demeure unité spirituelle jusqu'en 1789, jusqu'à la formation des cultures nationales), percée de la *Russie*, surgissement de l'*Amérique*, renaissance de l'*Asie* (qui pointe à l'horizon). Donc, effondrement des frontières ; la terre devient ronde. Apaisement apparent en 1870. Bismarck, le grand conservateur *en apparence*, un apaisement *en apparence*, mouvement figé *en apparence*, qui n'est seulement que le calme avant la tempête. La tempête – amis, nous l'avons vécue – nous la vivons encore.

Et, en vérité, seulement le déclin de l'Occident ? Non pas le Levant de la terre ? S'il y a levant, alors les Juifs doivent être les premiers oiseaux à saluer de leurs chants le lever du soleil. Et c'est ce qui est arrivé : 1) le rafraîchissement du christianisme par les Juifs. C'est, soit dit en passant, comme les judéo-chrétiens du premier siècle ; 2) du cœur de la dévastation surgit, chez nous-mêmes, la vie nouvelle. Herzl, le journaliste sur le champ

1. *Goël*, le Rédempteur.

2. Jeu de mots sur dette (culpabilité) et Rédempteur *(Einlöser)* qui est le même terme que celui qui désigne la personne qui rachète une créance.

3. C'est la date à laquelle Luther publie ses 99 Thèses sur la vertu des indulgences ; c'est, symboliquement le début de la Réforme, donc la fin de la chrétienté comme espace occidental homogène et unitaire.

de Mars. La renaissance juive. L'homme qui n'est que juif. Comme symptôme de l'avenir du monde, saisi davantage par d'autres que par nous. Nous ne pensions qu'à la détresse juive. Mais le monde prend notre détresse sous son aile ; durant la guerre mondiale, nous sommes ceux qui ont été partout défaits (car, partout, nous saignons avec les autres ; mais nous sommes partout vainqueurs, car les deux camps se portent garant de notre cause).

Les anciens ne pressentaient rien encore. Mais les jeunes devinaient le nouveau dans les plus petites bourgades déjà. Un nouvel homme juif fait son apparition. Le XIXe siècle devient un épisode ; pour nous en premier lieu, mais, un jour, pour le monde. Les enfants de l'époque sombrent parce qu'ils étaient symboles et symptômes d'une époque qui sombrait. Le nouveau Juif unique arrive parce que l'homme, lui aussi, sera de nouveau *un*, et pas seulement de nouveau, mais plus, et autrement, et mieux qu'il ne l'était auparavant. Le rideau est tombé sur un monde de grimace, de confusion et de meurtre. Lorsque les brouillards se seront dissipés, nous verrons surgir des États dont la naturalité, l'organisation, la paix seront nouvelles.

VII

Ce n'est pas un hasard si, au XIXe siècle, on ne parlait pas de l'homme juif – alors qu'aujourd'hui, il en est question partout. Il n'existait pas au XIXe siècle ; il était alors fragmenté. Aujourd'hui, il est de nouveau reconstitué, ramassé et rassemblé. Aujourd'hui, il commence de nouveau a y avoir *le* Juif ; afin qu'il puisse y avoir le Juif, il faut qu'il soit rassemblé, qu'il s'assemble. Il lui faut faire retour de l'extériorité vers l'intériorité, il lui faut s'y installer.

C'est (vu de l'extérieur) une conversion. Seuls nous, qui l'accomplissons, nous seuls savons que c'est une installation. Le בעל תשובה[1] – est au-dessus du צדיק גמור[2]. Aujourd'hui, ce n'est pas un caractère isolé, c'est aujourd'hui le destin du peuple. C'est tout le peuple qui, aujourd'hui, fait retour chez lui. La même chose se passe chez mille individus.

La première génération a connu le destin de Moïse. Elle n'a pas foulé le sol du pays de l'avenir. Herzl en fait partie (non parce qu'il n'a pas vécu la victoire de la politique sioniste ; il ne s'agit pas du fait de n'avoir pas pu vivre, mais du fait de ne plus pouvoir atteindre – non pas seulement שהחינו[3]

1. *Baal tchouvah* : celui qui fait retour vers le monde de la tradition.
2. *Tsadik gamour* : le juste accompli.
3. *Chéhiékhaïénou* : celui qui nous fait vivre.

doit-on pouvoir dire, mais aussi שהגיענו[1]. L'appel de Herzl au peuple est resté insatisfait – il n'a pas été lui-même membre de ce peuple; il n'en parlait pas la langue (Ouganda[2], cartes postales). L'appel de Cohen (je *suis* un בעל תשובה *[baal tchouvah]* depuis 40 ans[3]) à la loi, est resté insatisfait (le chapitre sur la « Loi »[4]) (car cela ne marche pas de vivre selon deux lois ; on peut vivre dans deux mondes, mais on ne peut pas célébrer les fêtes, les fêtes établies par la loi, des deux mondes; on ne peut pas croire à « l'Idéalisme allemand » et au « judaïsme » – *tous deux* sont des lois, l'une ne peut que se soumettre l'autre). Seule la génération actuelle, la génération d'après-guerre, sait qu'elle doit être *toute entière* dans son installation-conversion. Cette entièreté est une autre totalité que celle de l'émancipation. Ces בעלי תשובה[5] se situent plus haut, espérons-le, que les גמורים צדיקים[6], que nos arrière-grands-pères. Ils veulent faire retour entièrement : c'est-à-dire avec le corps, l'esprit et l'âme.

Les corps : en Palestine ou dans les communautés physiques du peuple où ils se retrouveront un jour (justification de ma sphère de travail) : la nouvelle-ancienne terre[7].

Les esprits : dans la loi du Talmud et de la Tora, ou dans celle de l'histoire du peuple, peu importe quand elle s'est déroulée (explication de mon orientation de travail : le nouvel-ancien esprit).

Les âmes : dans la langue, l'hébreu ou quel que soit le médium où s'exprime l'âme du peuple (aveu de l'objectif de mon travail : le nouvel-ancien homme).

Tous trois, corps, esprits, âmes sont menacés d'un même danger : que leur installation ne soit qu'un retour. Que ne surgissent simplement qu'un nouveau corps politique, un nouvel esprit orthodoxe, une nouvelle âme culturelle. Nous devons absolument *dépasser* la politique, l'orthodoxie, la culture. Nous devons le faire dès aujourd'hui, chacun doit le faire, là où il est. Celui qui n'est que politicien (Herzl) sera le meurtrier du corps du

1. *Chéhégyanou* : celui qui nous permet d'atteindre.

2. Au VIe Congrès sioniste de 1903, sous la pression des pogroms de Kichinev, Herzl, Nordau et Zangwill, soutenus par cinq cents autres délégués, proposent une solution intermédiaire à l'émigration juive : celle de l'Ouganda, également proposée par l'Angleterre; l'Ouganda serait destiné à être une terre de refuge. La délégation russe somme Herzl de réaffirmer la solution palestinienne sous peine de scission. Il évitera cette scission en avril 1904 en protestant de sa loyauté à l'égard de la terre d'Israël (juste avant de mourir brutalement le 3 juillet, à quarante-quatre ans).

3. Rosenzweig rapporte cette anecdote dans sa Préface aux *Écrits juifs* de Cohen, Berlin, Schwetschke, 1924, p. XXI.

4. C'est le chapitre XVI de *Religion de la Raison*, Paris, P.U.F., 1994.

5. C'est le pluriel de *baal tchouvah*.

6. *Tsadikim gamourim* : les justes accomplis.

7. Allusion au titre du livre de Herzl, *AltneuLand* (1931) : l'« ancien-nouveau » pays.

peuple, celui qui n'est qu'orthodoxe (Birnbaum[1]) sera le meurtrier de son esprit, celui qui n'est que juif de culture (Akhad ha-Am[2]), meurtrier de l'âme du peuple. Les notions de l'émancipation (premièrement, la « mission » ; deuxièmement, l'« évolution » ; troisièmement, la « religion ») restent des *correctifs*. On ne peut pas faire cela avec la תשובה[3]. Elle ne suffit pas à nous éveiller à la vie, au contraire, elle nous fige dans la mort (elle fait de nous un des peuples comme les autres... qui tous sont *morts* aujourd'hui). Il faut nécessairement que quelque chose d'autre s'y adjoigne. Juda Halévi a forgé un autre concept de « ce qui est le plus parfait » – lui l'a déjà fait pour le *peuple* tout entier. Aujourd'hui, ce n'est d'aucun concept que dépend le destin de notre avenir. Ici, à Francfort, j'ai entendu qu'on s'écriait, d'une chaire : « Donne-nous des prophètes ».

Notre maître Moïse a dit : Ô si seulement tout le peuple était... Juda Halévi : tout le peuple *est*...

La prophétie est, pour lui, le lien immédiat avec Dieu. Ce qui est, bien, de fait, central dans le judaïsme; mais ce n'est justement pas périphérique. Nous n'avons pas osé être libres ou naïfs du point de vue prophétique. Nous avons cherché à nous conserver la certitude de la proximité de Dieu en nous liant, en liant nos liens, en clôturant nos clôtures. Nous sommes devenus les moins prophétiques des hommes afin de sauver, pour nous, la prophétie secrète de nos âmes. Je l'avoue : il y a à peine quelques années, l'audace de cette affirmation m'eût effrayé. Il a fallu des rencontres de personnes issues de différents côtés, de « droite » comme de « gauche » (à vrai dire la droite aussi « droite » que la gauche pouvait être « gauche »), pour que j'aie le courage de faire mienne aussi cette prière qui appartient à celles qui, lorsqu'on les prononcent, s'accomplissent d'emblée (cette prière de Moïse s'est *également* accomplie). Cet ultime courage, cet ultime renoncement

1. Nathan Birnbaum, *Die nationale Wiedergeburt des jüdischen Volkes in seinem Lande als Mittel zur Lösung der Judenfrage. Ein Appell an die Guten und Edlen aller Nationen*, Vienne, 1893. Après 1897 (le 1er Congrès sioniste), il militera pour un judaïsme vivant dont l'expression privilégiée se trouvait pour lui du côté des Juifs de l'est. Après la guerre (*Gottes Volk*, 1918 ; *Vom Freigeist zum Gläubigen*, 1919 ; *Um die Ewigkeit*, 1920), il revendiquera la réalisation de l'idée messianique à travers les formes de la vie juive. Refusant l'orthodoxie figée comme la tentation politique, il prônait un retour à la Terre promise uniquement dicté par l'attente messianique dans le cadre d'une vie réglée par la Loi.

2. Nom de plume d'Asher Ginsberg (1856-1927), tenant d'un sionisme plus culturel que politique. Il espérait que le nouveau courant répondrait davantage à la détresse spirituelle des Juifs qu'à leur situation matérielle précaire. Il voulait que la Palestine devînt un foyer de diffusion culturelle, et imaginait donc que la nouvelle nation juive serait l'œuvre de la culture bien plus que d'un cadre politique (dans son livre de 1891, *Vérité sur la terre d'Israël*, il met en garde contre les affrontements qu'il juge inévitables entre Juifs et communautés arabes).

3. *Tchouvah.*

à toute obsession d'un programme, je les dois à ceux qui m'ont enseigné cette prière.

Que doit faire le prophète de nos jours ? Il est censé intervenir lorsque le בעל תשובה[1] se mue en simple converti. Il est censé soumettre de nouveau à l'immédiate autorité de Dieu le corps, l'esprit, l'âme – l'État, la loi, le langage. Rendre missionnaire l'*État*, évolutive la *loi*, religieux le *langage*. Donner à l'État une mission, à la loi une liberté, au langage une vie. Ce n'est rien d'autre qu'*ont accompli* en effet les prophètes classiques (qui, pour nous, ne *sauraient* être quelque chose de si particulier). Ils ont subordonné l'État à ce qui « est plus que lui », ils n'ont *jamais* – cf. Rambam – critiqué la loi en totalité (elle *est* alors indépassable)… mais en mille moments (excepté sa base indépassable : le service de l'Un), ils ont donné au langage la vie jusque-là inouïe du Je et du Tu. Parce qu'ils devinrent fragments de la bouche divine à l'égard de l'État, de la loi, du langage.

Mais parvenu à ce point, peu importe où et quand il dépasse l'État (sans le détruire), libère la loi (sans s'affranchir de la loi), donne vie au langage (sans s'abîmer dans le silence), à ce point, et seulement alors, l'homme juif (sans cesser d'être juif, car la תשובה[2] reste son présupposé) –, il devient homme véritablement. Le Messie, le prophète le plus tardif, qui doit – lui aussi – être précédé par la תשובה *(tchouvah)* (celle des pères vers les fils et des fils vers les pères), le בעל תשובה *(baal tchouvah)*, donc, Élie, est *Machiakh*[3] – qui donc ? Les chrétiens appellent celui qu'ils tinrent pour tel, le premier chrétien, ils l'ont appelé le premier homme, celui qui est à l'origine de l'humanité. Pour nous, le *Machiakh* que nous attendons, est celui qui répondra à notre espérance, la certitude que le dernier Juif ne sera personne d'autre que le dernier homme.

1. *Baal tchouvah.*
2. *Tchouvah.*
3. Le Messie.

PENSÉE APOLOGÉTIQUE
REMARQUES SUR BROD ET BAECK

I

On a souvent dit et plus fréquemment répété que le judaïsme ignorait les dogmes. Or bien que cela soit inexact – le moindre regard superficiel porté sur l'histoire juive ou sur le livre de prières enseigne le contraire –, quelque chose de très juste est néanmoins exprimé par là. En effet, le judaïsme a des dogmes, mais pas de dogmatique. Est déjà remarquable, en ce sens, le moment où le corpus talmudique intervient dans les discussions auxquelles devraient en revenir les tentatives ultérieures pour fixer les dogmes juifs. Dans le contexte des définitions concernant les procès et le droit pénaux, apparaît également la question des châtiments dans l'au-delà; et c'est alors qu'on énumère tout ce dont le déni fera perdre au Juif sa « participation au monde à venir ». C'est là que pouvaient intervenir Maïmonide et d'autres. C'est donc dans un contexte touchant la loi que se posent les problèmes de la métaphysique religieuse. Assez remarquable, si l'on songe au penchant métaphysique si décrié de notre lignée, et qui, certes, devrait être confirmé pour ce qui est de l'époque actuelle.

Plus remarquable encore cette affaire, si l'on considère le contenu de ces dogmes. Il est question de Dieu, de la Loi révélée, de la Rédemption messianique et de ce qui va de pair avec cela : manque l'idée qui traverse tout le judaïsme, qui seule rend intelligible la Loi et peut expliquer la conservation du peuple juif – l'idée de l'élection d'Israël. Cette idée vraiment centrale dans le judaïsme, idée qu'un chercheur chrétien, par exemple, formé par la christologie, s'attendrait à trouver en tête d'une dogmatique juive ou, du moins, en seconde position, immédiatement après la doctrine de Dieu, cette idée n'apparaît absolument pas dans les treize articles de foi de Maïmonide, mais pas non plus dans son ouvrage philosophique qui était pourtant censé être un guide pour ceux qui s'étaient égarés par rapport aux vérités fondamentales du judaïsme. Là aussi, comme toujours, elle est le présupposé de la pensée comme de la vie ; mais elle n'est pas exprimée. Elle va de soi. Bien entendu, prières et poèmes, infatigablement, ne cessent de lui donner un habillage dans leur langage ; bien entendu, la légende interprétant l'Écriture la reflète sous mille facettes ; bien entendu, la mystique s'y plonge profondément jusqu'à l'hypostase mythologique : elle devient parole, sens, forme, et pas seulement formule dogmatique, pas seulement philosophème – à cette seule grande exception, néanmoins nourrie justement de toutes ces autres forces, du *Kuzari* de Judas Halevi. L'existence est pleine de cette idée, elle est portée par elle, toute expression immédiate de l'existence est animée par elle – mais lorsque la conscience cherche à s'élancer au-delà de la simple existence, elle la nie.

Il y a de profondes raisons à cela, et cela entraîne de lointaines conséquences. Une communauté spirituelle soustrait alors son essence intime à l'éclairage spirituel. Or cela veut dire qu'elle ne veut pas seulement être communauté spirituelle, mais qu'elle entend être ce qu'elle est de fait, au contraire des autres communautés dont le lien est uniquement spirituel : à savoir, une communauté naturelle, un peuple. La réalité extraordinaire de l'être juif s'est en l'occurrence forgé une auto-immunité. Or ce qui dans son cas joue le rôle d'immunité, ce qui maintient la réalité, à savoir que la conscience soit bannie de la source secrète de la vie, voilà qui, dans une communauté purement spirituelle dans son essence, dans l'Église chrétienne, par exemple, eût eu pour conséquence de figer la vie. Là, le fondement de l'existence, c'est précisément le fait, sans cesse réitéré, de porter quelque chose à la conscience – et, dans le cas de l'Église chrétienne, de reformuler sans cesse en le répétant le dogme christologique –, qui devient condition interne de la pérennité extérieure de la communauté. Le secret inaccessible s'oppose au secret inépuisable ; la substantialité à la spiritualité.

Cela n'est pas non plus sans conséquence sur l'orientation et la portée de la pensée scientifique en général. Non seulement la patristique juive n'a produit aucun Augustin, aucun penseur qui, par le biais d'une vision sensible, eût délimité le théâtre où se jouerait l'histoire du millénaire à venir, elle a donné, au lieu de cela, de puissants nageurs capables de traverser « l'océan du Talmud » ; mais, en outre, la scolastique juive n'a produit aucun Thomas d'Aquin. À la *Somme*, ce puissant système rassemblant la totalité d'une science chrétienne dont le grand dessein authentiquement systématique n'a certes pas été capable de surmonter l'erreur native de la méthode apologético-dialectique propre à la scolastique, et n'a donc pu se réaliser, ne correspond pas, de notre côté, l'ouvrage philosophique de

Maïmonide, *Le Guide des perplexes*, mais *son* « grand *khibbur*[1] », comme lui-même désigne son livre monumental sur la *halakha*, qui lui aussi embrasse effectivement tout l'univers, mais à travers le crible de la loi juive. Il y a ici, d'une autre manière, une même totalité immédiate – comme selon l'intention thomiste –, une même volonté de faire du cœur de la vie religieuse propre le centre d'un cosmos spirituel; c'est à juste titre que, obéissant à d'autres considérations que celles développées ici, on a interprété l'expression de Maïmonide, « mon grand *khibbur* », comme signifiant « ma somme ». *Le Guide des perplexes* décevrait cependant celui qui l'aborderait en espérant y trouver un système. De même qu'il débute par un long traitement qui déploie tout le matériau touchant au problème de l'anthropomorphisme biblique, c'est également selon la démarche apologétique que se succèdent les traités particuliers qui composent l'œuvre. La défense est dirigée contre les attaques de la philosophie, et non pas, ou seulement de manière fugitive, contre les autres religions dont elles ont pu, partiellement donc, enregistrer certains aspects. L'attitude foncièrement apologétique donne à l'œuvre son caractère tout à fait dépourvu de pédantisme qui, aujourd'hui encore, rafraîchit le lecteur et ne lui donne en rien l'impression d'être « scolastique »; cette pensée possède ce qui manque si facilement à la pensée systématique : l'attrait – et la véracité – de la pensée de circonstance; mais cela lui impose aussi cette limite que seule trace la pensée systématique, c'est-à-dire, encore une fois la limite des circonstances. Seule la pensée systématique s'impose à elle-même la délimitation des objets dont elle traite; la pensée apologétique reste indépendante de son instigation, de l'adversaire.

Et, en ce sens, la pensée juive reste une pensée apologétique. Il est significatif qu'on en n'arrive pas ici à ce phénomène selon lequel d'ordinaire se manifeste régulièrement l'autonomie de la pensée au sein de la culture : à la lutte entre différentes écoles dans le cadre d'une pensée commune. À la controverse entre nominalistes et réalistes correspond chez nous le débat maïmonidien avec ses anticipations et ses résonances, ainsi qu'avec ses deux moments propres séparés d'un siècle – donc, pas une lutte au sein de la pensée, mais le *Kulturkampf* pour la pensée elle-même, le combat entre ceux qui ont entendu l'appel de l'occasion et ceux qui s'y dérobèrent. Il n'en a pas été autrement non plus, au XIXe siècle, lorsqu'après quatre cents ans de jachère – en Allemagne, depuis les années vingt –, est apparue une philosophie juive qui, jusqu'à nos jours, n'a pas joui d'une considération proportionnelle au niveau de ce qu'elle a produit. Toutes les

1. Maïmonide réserve ce terme, qu'il faut rendre par « compilation », à son livre *Mishneh Tora*; cf. sur ce point, L. Strauss, « Le Caractère littéraire du *Guide des perplexes* » (1941, 1952), *in* L. S., *Maïmonide*, trad. fr. R. Brague, Paris, P.U.F., 1988, p. 261.

appréhensions à l'égard de l'apologétique n'ont pu empêcher que la méthode légitime de la pensée demeurât, même dans ce cas, la méthode apologétique. Ce n'est pas au sein de la sphère sans trouble du judaïsme qu'on devenait un penseur. Dans cette sphère, la pensée n'y était pas pensée sur le judaïsme, ce qui, précisément, était le plus évident – plus un être qu'un « -isme » –, mais pensée dans le judaïsme, apprentissage ; donc, finalement, non pas pensée fondamentale, mais ornementale. Qui se destinait à réfléchir sur le judaïsme devait nécessairement consentir à ce que, sinon son âme, du moins son esprit, fût renvoyé aux frontières du judaïsme. Mais alors sa pensée était déterminée par la puissance qui l'avait conduite à ces frontières, et la profondeur de pénétration de son regard, de la force avec laquelle, jusque-là, il avait été poussé contre ou au-delà des frontières.

L'apologétique est la force légitime de cette pensée, mais aussi ce qui la menace. Deux ouvrages récents seront examinés dans ce qui suit sous ce double point de vue.

II

À la parution de la cellule originaire du livre[1] où Brod expose sa profession de foi, Gustav Landauer[2] a réagi par une réplique animée d'un sentiment d'équité blessée : c'est de nouveau cette manière de saisir ce qui est propre dans son idéalité et ce qui est étranger dans toute l'ampleur de sa réalité historique, maculée par l'histoire. J'aimerais penser que cette menace est le propre de ceux qui, parce qu'ils sont très proches de ce danger seraient à même de l'écarter aisément. Tout au contraire, le danger de toute apologétique me semble tenir davantage au fait qu'on saisisse ce qui est propre, puisqu'en effet on le connaît, dans toute l'ampleur et la profondeur de sa réalité, et que ce qui est étranger, dont justement on n'a fait que « prendre connaissance », soit saisi pour l'essentiel sous sa forme livresque uniquement, donc, précisément, de manière trop… idéale. Car tout vrai connaisseur des affaires humaines sait que ce qu'on dit de soi ne peut être considéré comme source qu'avec beaucoup de prudence. Et certes pas pour cette raison que cela susciterait en général une image trop favorable en

1. *Heidentum, Christentum, Judentum. Ein Bekenntnisbuch*, 2 vol., Munich, K. Wolff, 1922. Brod avait auparavant déjà publié *Im Kampf um das Judentum*, Vienne-Berlin, 1920 et *Sozialismus und Sionismus*, Vienne-Berlin, 1920.

2. Gustav Landauer (1870-1919) penseur et journaliste, ami de Buber, il fut ministre de l'instruction dans la brève république des conseils de Munich en 1919, et fut assassiné par la contre-révolution la même année (*Vom Judentum*, 1913, *Der werdende Mensch. Aufsätze über Leben und Schrifttum*, Potsdam, Kiepenheuer, 1921). Rosenzweig en fait un bref portrait dans une lettre du 27 août 1917 à Gertrud Oppenheim.

raison d'un parti pris naturel, mais, à l'inverse justement, parce que, d'ordinaire, de tels discours prennent un tour trop théorique, trop absolu, trop ossifié, et se soustraient au correctif apporté à la théorie par la pratique, évitent, au nom du squelette, la chair qui l'enveloppe. L'exigence bien connue de quelqu'un qui devait être payé pour le savoir – « donnez-moi deux mots signés de quelqu'un, et je l'envoie à l'échafaud » – n'est pas non plus sans validité en matière de courants intellectuels. Nous savons tous quelle caricature tragi-comique du judaïsme résulte de la démarche qui consiste à aligner, apparemment en toute objectivité, citation après citation ; il importe à peine, quant à l'effet produit, que la juxtaposition des citations soit entreprise dans une perspective juive ou hostile au judaïsme ; au contraire, les « traits diaboliques » que Eisenmenger[1] et ses prédécesseurs ont tiré de l'arsenal du Talmud pourraient en vérité davantage attirer un lecteur que nombre de collections récentes de « traits lumineux » soigneusement filtrés. En l'occurrence, cela dépend certainement de l'absence singulière de conscience de soi juive dont il a été question au début de nos remarques ; il est en réalité impossible de faire comprendre un passage du Talmud à quelqu'un qui n'en a pas déjà l'intelligence. Il faudrait, pour ainsi dire chaque fois, pouvoir feuilleter tout un atlas illustré de l'histoire juive, des figures juives de la vie juive, or un tel ouvrage ne peut naturellement pas exister. Mais on ne saurait non plus faire de pire tort au christianisme, plus attaché à la conscience de soi et plus instamment orienté vers elle, qu'en l'exposant d'après ses différents catéchismes. C'est le premier devoir de l'amour théorique du prochain (qui, entre nous qui sommes bien des créatures disposées à l'observation et au jugement réciproques, n'est pas moins important que l'amour pratique – car être mal observé fait autant de mal que d'être traité de manière erronée) qu'à chaque opinion que nous nous forgeons sur autrui nous n'oubliions jamais de nous demander : s'il est tel que je le dépeins, peut-il néanmoins… vivre ? Car c'est pourtant ce qu'il veut et doit faire… « comme moi ». Ces machines légalistes, dépourvues d'humour et d'âme, que le chrétien se représente si volontiers sous le terme de « pharisiens », seraient incapables de vivre ; pas davantage non plus ces pâles lys célestes que, sur la base du sermon sur la montagne, le Juif voudrait voir être les seuls à incarner les « vrais chrétiens ». Si l'on veut comprendre un esprit, on n'est absolument pas fondé à l'abstraire de son corps. Non seulement ce dernier n'est pas un

1. Johann Andrea Eisenmenger (1654-1704), *Entdecktes Judentum oder gründlicher und wahrhafter Bericht*, 2 vol., Königsberg, 1700-1711 ; la publication de cet ouvrage antisémite déclencha une longue controverse jusqu'en 1773. Eisenmenger avait longuement étudié auprès de rabbins sous le prétexte de se convertir au judaïsme. Cet ouvrage qui n'hésite pas à reprendre contre les Juifs les accusations de meurtres rituels et d'empoisonnement des puits fut republié en 1893.

déclin de l'esprit, mais ce qui dans l'image historique d'une communauté ne s'accorde pas à ses textes fondateurs classiques ne doit pas non plus être tenu sans autre forme de procès pour un déclin, un « amalgame » ; peut-être est-ce, tout au contraire, le correctif nécessaire et même en un certain sens d'emblée « voulu » qui a été apporté à ces origines. L'adulte peut bien toute sa vie durant avoir la nostalgie de la pureté de l'enfant, mais ce n'est pas une raison, loin s'en faut, pour ne voir en lui qu'un simple déclin de l'enfant. Sans doute, à l'inverse, reconnaîtra-t-on pour la première fois les traits de l'enfant dans toute leur signification lorsqu'on cherchera, rétrospectivement, à les discerner dans le visage connu de l'homme accompli.

Or c'est là que réside précisément la faiblesse du livre de Brod. Faiblesse effective parce qu'elle n'est pas inévitable, aucune qui ne soit l'ombre d'une force. Il importe peu, eu égard à cela, que, de manière excessive, il schématise aussi le « paganisme », car, en dépit de la triplicité du titre et de la structure de sa pensée essentielle, le paganisme n'apparaît pas dans le cœur de l'ouvrage qui bat au rythme du pouls de l'expérience vécue. Mais la peinture du christianisme souffre durement, justement parce qu'elle est proche du centre du livre, de cette méthode de l'« idéalisation indue », démarche au cours de laquelle il préfère accorder crédit aux maîtres d'école et aux professeurs de théologie davantage qu'aux saints et aux chevaliers. Il est très significatif que les deux chrétiens vivants, et qui ne sont pas tirés du catéchisme, auquel il accorde droit de cité dans son livre parce qu'ils étaient trop proches de l'auteur pour rester *extra muros*, Dante et Kierkegaard, ne sont pas traités comme des chrétiens, mais, aussi comique que cela puisse paraître, comme des… Juifs égarés au sein du christianisme. Il eût mieux fait, là encore, de faire confiance à son expérience qu'à la théorie, quand bien même elle fût la sienne.

Car qu'il procède ainsi dans la partie centrale de son livre, voilà sa force. Cet ouvrage est, au bon sens du terme, ce qu'annonce son sous-titre : une profession de foi. Il n'assomme pas le lecteur des affaires personnelles de l'auteur comme on pourrait certes le craindre en raison d'un tel sous-titre, mais il relate le chemin vivant qu'a suivi une connaissance en acte ; et parce que ce chemin vécu est en même temps celui d'une génération, le but atteint par le livre a également une signification qui dépasse le registre privé. Brod s'est frayé une voie, à sa manière, à travers le brouillard des théories vers la réalité effective du judaïsme historique. Il a réussi parce que, au cours de ce trajet, il ne s'est pas laissé guider par la problématique théorique cherchant à déterminer ce qu'est le vrai judaïsme, mais parce qu'il a été poussé de l'avant par la question pratique de savoir quelle est la vie juste. À la question sur la nature de la guerre, le livre répond par la nature du judaïsme. C'est devenu un bon ouvrage de théologie parce que

– ô discipline la plus étrange, la plus superficielle et la plus profonde entre toutes ! – ce n'est pas un livre de théologie, mais, de par sa nature et sa disposition, un livre de guerre. Et c'est devenu un mauvais ouvrage théologique lorsque néanmoins il a fini par vouloir en devenir un, et dans la mesure où il a voulu devenir tel.

C'est d'un magnifique élan que se fraye une voie la réflexion du livre sur la notion, découverte de manière tout à fait personnelle, absolument pas livresque, à l'occasion de la guerre (et sans doute aussi de l'avant-guerre) de « malheur noble » et « ignoble », une voie qui la conduit, par-delà le point de vue élevé de l'« impossibilité d'unifier l'appartenance » et le « miracle immanent », jusqu'au cœur de la Aggada. Les conceptions à l'aide desquelles la doctrine religieuse professorale du siècle passé avait rabaissé à son niveau ce matériau restent au rancart et inemployés, ce qui va de soi : c'est précisément contre ces conceptions qui, dans l'idée aberrante de rendre ainsi « actuel » le judaïsme, l'avaient desséché jusqu'à en faire une momie, que s'oriente, en effet, l'apologétique interne du livre. Mais ce qui est tout à fait nouveau, c'est l'intensité avec laquelle est ici examiné le matériau aggadique. Brod ne traite que très peu de passages talmudiques, mais leur teneur est interrogée avec un sérieux méthodologique qui est tout à fait étranger, voire inintelligible, au lecteur talmudique de la vieille école lorsqu'il aborde ce qui est, à ses yeux, « simplement aggadique ». L'*amhaarez* Brod[1], en toute modestie, est celui qui inaugure une méthode nouvelle dans le domaine plus qu'ancien des études talmudiques. Certains points, que jusqu'alors seul le prêcheur, et, plus récemment, seul l'historien jugeaient dignes d'une attention précise, sont désormais pris tout à fait au sérieux dans leur contenu, avec un sérieux qu'on pourrait dire réservé aux questions halachiques. La génération qui fait retour au livre, animée d'une disposition nouvelle d'esprit, n'aura pas simplement sous les yeux l'antique ouvrage, mais un livre renouvelé, rajeuni.

C'est là que se révèle la force de la pensée apologétique qui met en œuvre ce que jamais n'eût pu faire la pensée naïve. Mais c'est là aussi que devient alors sensible la menace dont nous parlions. Lorsque Brod découvre dans le judaïsme ce qui l'élève au-dessus des nécessités vitales de sa pensée, il est d'emblée, il est trop immédiatement prêt à y découvrir « ce qui est spécifiquement juif », et il ne se pose pas au préalable la question de savoir si le remède à sa détresse humaine qu'il avait découvert n'était pas tout aussi... humain que cette détresse, et si le judaïsme n'avait part à ce remède que dans la mesure où il participait... de l'humain. La restriction, à vrai dire nécessaire et réjouissante, de ce qui est humain à ce qui est nôtre et

1. *Amhaarez*, l'ignorant, s'oppose au *talmid khakham*, celui qui est savant par l'étude.

de ce qui est universel à ce qui nous est propre n'entraîne-t-elle pas bien davantage une coloration, certainement tout aussi nécessaire et tout aussi réjouissante, de cette lumière aveuglante dans sa bigarrure qui éclaire le genre humain ? Dans le christianisme, Brod perçoit en toute acuité où se situe cette restriction : dans la limitation des possibilités infinies de la grâce divine, lorsqu'elle cherche à se frayer une voie jusqu'à l'homme, à la seule démarche, dogmatiquement correcte, de l'expérience vécue du Christ. C'est certainement juste ; et c'est dans le fait que le judaïsme ne connaît ni n'a le droit de connaître pareille liaison avec la grâce divine – même s'il s'agit, comme c'est bien le cas pour les chrétiens, d'un lien avec sa plus grandiose action propre –, que réside sa plus grande force ; il a pu conserver pour ses enfants, sans mélange et dans le feu le plus originel, le vin céleste qu'il avait pressé. Mais il a échappé à Brod ce qu'il aurait pourtant pu apercevoir ne serait-ce que dans son récit sur Siméon ben Yokhaï[1] et la « décision » qu'il finit par prendre : c'est-à-dire le point où se situe cette restriction pour le judaïsme. Dans la foi, nous devons être absolus ; le judaïsme ne prescrit pas à Dieu la voie du miracle, mais bien à l'homme celle de son action ; en cela, le judaïsme n'est pas absolu, mais limité à la seule détermination de la loi. Que le cercle de cette détermination soit si immensément vaste qu'il recoupe au moins tous les cercles imaginables du monde et de son activité, cela ne change rien au fait que c'est une limitation de l'activité, pas plus que l'immense portée de l'expérience vécue du Christ, qui, potentiellement, peut toucher toutes les expériences humaines, change quoi que ce soit au fait qu'il s'agit d'une limitation de la foi. Effectivement, ce que Brod parvient à dire sur la loi – bien qu'il soit à son égard bienveillant et réceptif ne serait-ce qu'en raison de l'orientation antilibérale actuelle propre à la génération des intellectuels d'aujourd'hui – en reste de part en part à la surface, agitée par le nationalisme, du problème. Et c'est ainsi que son livre, précisément là où il s'approfondit, atteint un point nodal auquel la question posée dans son titre et ses oppositions ne peuvent plus donner suite, où ce qu'il dit au nom de son, de notre judaïsme n'est vrai qu'en dernière instance, mais ne l'est plus dans aucune instance antérieure.

III

Dans un passage de son livre, Brod balaie, d'un revers de main de grande envergure qui peut à bon droit être porté au crédit de sa profession

1. Docteur (rédacteur de ce qui deviendra plus tard, compilée par Juda le Saint, la Mishna) du IIe siècle ; pour échapper aux persécutions romaines en Palestine, il se réfugia douze ans durant dans une grotte avec son fils. La légende lui attribue la rédaction du Zohar.

de foi, les « médiocrités humanistes d'un Baeck et d'un Lazarus ». On devine que pressé par l'impétuosité de sa pensée toute personnelle il n'a pas trouvé la tranquillité nécessaire pour lire ce qui avait été écrit avant lui. D'abord, ce jugement dur – ou puis-je parler au nom de notre génération, la mienne et celle de Brod, et dire : ce préjugé ? – ne s'applique pas à Lazarus ; son livre, comme le montre du reste déjà la vigoureuse attaque dont il fut l'objet de la part de Hermann Cohen à l'apogée de son kantisme, est meilleur que sa renommée telle qu'elle est ici encore retransmise par Brod. Ensuite, pour ce qui touche en plein Baeck, j'aimerais appliquer à Brod – mais, encore une fois à moi aussi en me souvenant de préjugés antérieurs – le mot ironique de Goethe : *pereant qui ante nos nostra dixerunt*. En effet, et dans la forme, tant extérieure qu'interne, il est presque impossible d'imaginer plus grande différence qu'entre la profession de foi de Brod et *L'Essence du judaïsme de Baeck*[1]. Si, dans le premier ouvrage, on peut constamment voir le chemin qui a conduit au terme, et le charme du livre ne tient pas pour peu au fait qu'il oblige le lecteur à suivre également ce chemin, dans le second, les échafaudages ont été démontés sans presque laisser de trace, et seul l'édifice achevé s'offre aux regards.

Voilà pour la forme. Pour ce qui est du contenu, en revanche, les deux livres sont semblables comme seuls peuvent l'être des ouvrages de formes si distinctes. Car le livre de Baeck est mû lui aussi par une apologétique. Les fonctions remplies, pour Brod, manifestement par les conversions et le prosélytisme chrétien dans le cercle de ses amis et de ses proches, sont assumées chez Baeck, ce qui est significatif, par un événement littéraire : la publication par Harnack de son *Essence du christianisme*. Ce livre qui dépeint, avec toute l'ignorance savante habituelle, un judaïsme dont l'unique possibilité d'existence consiste à représenter l'arrière-plan obscur de la lumière chrétienne, et qui, sans cette fonction, devrait nécessairement s'effondrer en crépitant sous le poids de son invraisemblance, voilà ce qui a poussé Baeck à dépeindre, non pas contre Harnack, mais pour soi et pour nous, le judaïsme tel qu'il est en lui-même, non pas comme l'enveloppe de quelque chose d'autre, mais dans sa propre plénitude et dans son propre volume. Or ce qu'il dépeint, non pas animé de la passion de celui qui découvre et qui fait profession de foi, mais – du moins dans la deuxième édition qui seule a permis au livre d'acquérir tout son poids et sa dimension extérieurs et intérieurs – avec le profond amour serein du serviteur familier de la grande maison du judaïsme où il est né, c'est précisément ce qui a ébranlé Brod : l'origine de la liberté dans la grâce, pour le dire avec les

1. Trad. fr. M.-R. Hayoun, Paris, P.U.F., 1993.

termes de Baeck: l'origine du commandement dans le secret, le miracle immanent, ou, encore une fois dans les termes de Baeck : le grand paradoxe. Brod la dépeint à travers la forte dramatique peu figurative de son livre, profession de foi et biographie; Baeck la dépeint à travers la dialectique, inépuisable et qui jamais ne se lassera, de son livre sur l'essence, exposé de sa connaissance, rassemblant la diversité du matériau en un espace plus restreint. Cela restera affaire de goût que de préférer se voir communiquer le contenu sous la forme vraiment extatique du premier ou sous la forme authentiquement classique du second – sans doute est-ce aussi une occasion de mesurer la maturité de sa propre connaissance; dans la vie de la connaissance, l'époque de la floraison n'a certainement pas valeur moindre que celle des fruits mûrs.

Tout comme dans ce qu'ils offrent, les deux ouvrages se ressemblent aussi, ce qui est remarquable, dans leurs faiblesses. Ce qui a été dit plus haut quant à la manière dont Brod traite le christianisme serait à répéter presque littéralement dans le cas de Baeck. Si cela ne ressort pas aussi nettement dans *L'Essence du judaïsme* que chez Brod, c'est d'autant plus patent dans sa publication plus récente, *Romantische Religion*, où c'est tout au plus atténué par une certaine conscience méthodologique qui pose le problème intentionnellement à un certain niveau d'abstraction ce qui, à vrai dire, ne rend pas moindre le danger pour le lecteur.

De même, le voisinage des constellations essentielles propres aux deux livres implique qu'ils ne pouvaient que se dérober face au problème de la loi. Il me semble que la conscience supérieure de cette question règne encore une fois plutôt chez Baeck. Mais pas plus que Brod, Baeck ne voit que le point critique réside dans le fait que l'essence du judaïsme qu'il admet est davantage *essence* du judaïsme qu'essence du *judaïsme*. Et il lui arrivera sans doute la même chose qu'à Brod sur ce point touchant à l'action issue de la foi : le lecteur chrétien le suivra sans réfléchir, tandis que le lecteur juif sera rebuté. Que Baeck dise sur la question de la loi des choses très subtiles, mais justement en passant et sans leur donner un poids central, doit être souligné tout comme ceci que ce rabbin libéral, et surtout dans la deuxième édition, a à dire sur le peuple juif et l'histoire juive des choses d'une portée profonde que n'atteint pas ce que dit à ce sujet l'écrivain sioniste. Sans doute l'actualité juive ne présente-t-elle pas de symptôme plus riche d'espoir que cette inversion des rôles.

IV

Mais, en fait, pour quelle raison le terme d'apologétique est-il affecté d'une si mauvaise réputation? Il en va de lui comme de la profession apologétique par excellence, celle de l'avocat. Contre lui persiste très largement le préjugé qui voit dans le mensonge pour ainsi dire sa fonction légitime. Il est possible qu'une certaine routine professionnelle paraisse justifier un tel préjugé. Néanmoins, défendre peut être l'une des plus nobles activités humaines. Notamment quand cela va jusqu'au fond des choses et des âmes, et que, renonçant aux expédients mesquins du mensonge, défendre délivre de la présomption grâce à la vérité même, à toute la vérité. En ce sens éminent, l'apologétique littéraire peut, elle aussi, défendre. Elle n'enjoliverait rien, encore moins ne contournerait-elle un point susceptible d'être attaqué; au contraire, c'est précisément du point le plus menacé qu'elle ferait la base de la défense. Bref: elle défendrait le tout, et non un quelconque aspect singulier. En un sens ordinaire, ce ne serait pas du tout une défense, mais l'exposition sincère, non d'une cause quelconque, mais de la cause propre. Dans quelle mesure les deux livres discutés confinent à cette haute conception de l'apologétique, voilà qui ressort fort bien de ce que nous avons dit.

Ce sont deux réponses à des attaques. Ils se sont laissé définir leur thématique par ces attaques. Or ce thème, c'est l'essence propre. On pourrait penser qu'elle parviendrait ainsi à la plus haute conscience. Mais c'est précisément le caractère apologétique de la pensée qui l'interdit. En scrutant son intériorité la plus profonde, le penseur voit bien cette intériorité, mais ce n'est pas pour autant, loin s'en faut, qu'il se voie lui-même. Car lui-même, ce n'est pas ce qui lui est le plus intérieur, mais tout autant ce qu'il a de plus extérieur et, surtout, ce qui lie son intériorité et son extériorité, la voie où l'une et l'autre mutuellement commercent. Mais le penseur identifie tout simplement son intériorité et son soi, et ne devine pas que cette intériorité, plus elle est intime, est celle de *tout* homme. Ainsi parle-t-il, bien qu'il n'ait en vue que lui-même, de l'homme de tous les hommes. Et c'est ainsi que son soi demeure la liaison des éléments de l'humanité à cette connexion qu'il est lui-même, et qui est pour lui un secret. Cette limite, la pensée apologétique ne la franchit pas. L'ultime force de la connaissance lui est refusée, comme lui est épargnée l'ultime souffrance de la connaissance. Car l'ultime connaissance ne s'attache plus à défendre, l'ultime connaissance met en œuvre.

LES BÂTISSEURS[1]

Tous tes enfants seront les disciples de
l'Éternel, grande sera la concorde de tes enfants
(Isaïe LIV, 13)
Ne lisez pas « banayik », tes enfants, mais
« bonayih », tes bâtisseurs.

À Martin Buber.

Très cher ami,

En lisant les textes de vos conférences sur le judaïsme[2], s'étalant sur toute une décade et réunis en un petit volume, je suis stupéfait de voir à quel point vous êtes devenu le porte-parole et le défenseur authentique de nos générations, de la mienne ainsi que de celle qui me suit. Nous avions pu l'oublier maintes fois dans l'ardeur de la lutte, dans laquelle vos idées nous plongèrent quand nous les découvrîmes pour la première fois. À présent que nous les parcourons à nouveau calmement, en les considérant cependant sans objectivité, mais plutôt avec, si j'ose dire une émotion autobiographique, il apparaît clairement à quel point c'est à nos paroles que vous avez le premier donné forme.

(...) Vous savez, le problème qui me tient à cœur, vos huit conférences l'effleurent encore et encore jusqu'à ce que la huitième[3] enfin plonge en plein cœur du problème. Dans les premières conférences le problème proprement dit de la Loi n'est traité pour ainsi dire qu'au nom de la perfection systématique. Dans les deux dernières, on sent que, pour vos auditeurs du moins, sinon pour vous-même, il a gagné en actualité. Au bout du compte, il se trouve relié à son problème jumeau de l'Étude (*Lernen*) juive, dans la lumière actualisante de la question : que devons-nous faire ? Mais alors que le problème jumeau a déjà connu un développement visible qui a posé la question au moment même où la réponse venait à maturité, la

1. Nous reprenons la traduction de Monique Landau parue pour la première fois dans le n° 32 des *Nouveaux Cahiers* en 1973.

2. *Discours sur le judaïsme* (1923).

3. Conférence sur la jeunesse et la religion.

question de la Loi semble en 1919 être formulée comme elle l'était en 1909. À cause de ce contraste, je me permets une fois encore de réexaminer la réponse traditionnelle. Et même si, dans l'immédiat, on ne peut éclaircir le problème qu'en théorie seulement, cela aussi aura de la valeur. Dans cette perspective, ce que j'ai moi-même à en dire ne vient pas du sentiment que j'aurais d'avoir atteint le but, mais de l'expérience de quelqu'un qui cherche et qui est en chemin.

Le développement qu'a connu, selon moi, votre conception de l'Étude trouve sa source dans ce que vous appelez « le judaïsme invisible ». À l'origine ceci est traité en tant que concept cohérent ; quelque chose comme la Prophétie contre la Loi, la *Hassidut* contre la *Mitnagdut*[1]. Dans les conférences suivantes, cependant – ou suis-je dans l'erreur ? – il se met à ressembler à un réseau fluvial enchevêtré dans lequel les cours d'eau de surface semblent partout suivre ceux des profondeurs. Mais dans la conférence finale, dans la lueur fulgurante de la question qui actualise le problème, tout change : les fleuves visibles ne se distinguent plus des invisibles, et leurs flots profonds peuvent être atteints pourvu qu'il se trouve quelqu'un pour plonger suffisamment loin pour capter leur secret. Car vous avez formulé les buts de notre Étude Juive de telle sorte que rien de ce qui est juif ne peut nous être étranger. La distinction entre « l'essentiel » et « l'accessoire » qui nous a été imposée tout au long du XIXe siècle, cette distinction ne tient plus. À présent, nous devons apprendre à reconnaître l'essence cachée dans l'accessoire, et à accepter « l'essentiel », tel que nous le rencontrons dans les faits de la vie juive, dans laquelle il se révèle sous la même forme que l'accessoire, je dirai plus, lui empruntant souvent sa forme. En apparence alors l'essentiel et l'accessoire se fondent si intimement dans cette Étude que cette façon nouvelle de voir les choses – « le cela aussi » – dissout toutes ces distinctions internes que le libéralisme tenait à défendre et avant lui les mouvements éthiques et philosophiques des siècles précédents.

La force intérieure

Mais à présent, vous donnez un principe de sélection nouveau, à la lumière duquel le vaste domaine que vous dévoilez peut donner naissance à

1. On désigne par « mitnagdim » les opposants à la voie hassidique. Leurs critiques portaient notamment sur l'importance trop grande accordée par le hassidisme à l'aspect émotionnel du judaïsme au détriment de l'étude talmudique, sur la crédulité des hassidim et de facon générale sur tout l'aspect charismatique des rabbins hassidiques. Leur plus grand représentant a été le gaon Élie de Vilna (1720-1797).

nouveau à une véritable Étude; un principe plus convaincant qu'aucun de ceux que vous avez avancés jusqu'à maintenant. Vous introduisez le concept de *force intérieure.* La force intérieure c'est ce que vous exigez lorsque vous demandez à celui qui étudie d'investir dans l'Étude son être tout entier, afin de se muer en un chaînon de la tradition, et ainsi de devenir capable de choisir non pas grâce à sa volonté, mais grâce à sa capacité. Nous acceptons dans l'Étude ce qui nous parvient de la science accumulée des siècles, dans ses contradictions apparentes et surtout réelles. Nous ne savons pas à l'avance ce qui est et n'est pas Étude juive; quand on tente de nous le dire nous nous détournons indignés et sceptiques. Nous percevons dans l'histoire citée *ad nauseam* de Hillel et du prosélyte[1] la souriante raillerie du sage, et ce n'est pas à ses premières paroles que nous adhérons mais à son précepte final : va et étudie.

Dans cette nouvelle optique, l'Étude cesse d'être quelque chose que l'on peut étudier, quelque chose de « connaissable », dans le sens où c'est un « quelque chose » déjà existant, un contenu bien défini. Certes, ce contenu doit être étudié et connu et même d'une façon beaucoup plus large qu'aucun des partisans du « judaïsme sur un pied », ou de ceux de l'érudition traditionnelle l'ont jamais exigé. Car désormais les livres apocryphes, les livres interdits, « les livres des bonnes femmes » qui étaient considérés indignes de cette forme classique d'étude, sont acceptés dans le domaine de l'étude et sur un pied d'égalité. Mais tout ceci qui peut et devrait être connu n'est pas vraiment Étude ! Et tout ce qui peut et devrait être enseigné n'est pas enseigné ! L'Étude commence là où sa matière cesse d'être un objet extérieur pour se transformer en force intérieure.

Le chemin de l'Étude traverse ce qui est connaissable; du moins en ce qui concerne la grande route, la seule route que l'on puisse de bonne foi recommander à tous ceux qui posent des questions; de bonne foi et même avec une espérance raisonnable qu'ils la trouveront. Mais l'Étude en soi n'est pas connaissable. C'est toujours quelque chose qui est dans l'avenir, et celui qui s'en enquiert, par sa question même, peut offrir une réponse partielle qui pourra être donnée à quelqu'un d'autre demain, et fournit certainement la plus grande part de la réponse à donner aujourd'hui au questionneur lui-même.

Les siècles précédents avaient déjà réduit l'Étude à une pauvreté de bon ton, à une poignée de concepts fondamentaux; ce fut au XIXᵉ siècle que fut dévolue la charge de parachever cette évolution méthodiquement et avec le

1. Un jour un païen vint trouver Hillel (Iᵉʳ siècle de notre ère) et lui dit : « Convertis-moi à condition de m'enseigner toute la Tora pendant que je me tiendrai sur un pied ». Hillel tui répondit : « Ne fais pas à autrui ce que tu ne voudrais pas qu'on te fasse à toi-même ». C'est là toute la Tora, le reste n'en est que le commentaire. Va et apprends » (Shabbat 31 a).

plus grand sérieux. Vous avez libéré l'Étude de cette sphère limitée, et ce faisant, vous nous avez protégés du danger imminent qui était de faire dépendre notre judaïsme spirituel de la possibilité ou de l'impossibilité où nous étions d'être les élèves de Kant.

QUE FAIRE ?

C'est pourquoi, il n'en est que plus curieux, qu'après nous avoir libérés et montrés le chemin vers une nouvelle Étude, votre réponse à l'autre volet de la question, celle concernant la Loi – « Que devons-nous faire ? » – dut laisser cette Loi dans les entraves qui lui furent imposées, ainsi qu'à l'Étude, par le XIXe siècle. Car est-ce bien avec la Loi juive que vous essayez de parvenir à un accord, et n'y parvenant pas, est-ce bien à cette Loi que vous tournez le dos simplement pour vous dire à vous-même et nous dire à nous qui attendions de vous la réponse que notre seule tâche doit être de prendre connaissance de cette Loi avec révérence – une révérence qui n'affecte en rien nos personnes ni notre façon de vivre ? Est-ce bien la Loi juive, cette Loi millénaire étudiée et vécue, scrutée et célébrée, la Loi de chaque jour et du jour dernier, méticuleuse et cependant sublime, sobre et cependant tissée de légendes ; une Loi qui connaît à la fois la flamme des bougies du Chabbat et celle des bûchers des martyrs ? La loi qu'Akiba fortifia et entoura d'une barrière, celle qu'Akher[1] foula aux pieds, le berceau d'où Spinoza lança ses appels, l'échelle qu'escalada le Baal Shem, la Loi qui s'élève toujours au-delà d'elle-même, que l'on ne peut jamais atteindre – et qui cependant garde toujours la faculté de devenir vie juive, d'être reflétée par des visages juifs ? La Loi dont vous parlez n'est-elle pas plutôt la Loi de l'orthodoxie occidentale du siècle passé ?

Ici encore sans doute, le procédé simplificateur qui consiste à tout réduire à des formules ne fut pas inventé par le XIXe siècle. Aussi bien les formules auxquelles le libéralisme des réformateurs voulait réduire l'esprit juif, que les raisons données par Samson Raphaël Hirsch à son « Yisroel-Mensch »[2] pour conserver la Loi, peuvent être retrouvées dans le passé. Mais nul avant Hirsch et ses disciples ne tenta jamais sérieusement de construire la vie juive sur les fondations étroites de ces raisons : car y eut-il un seul juif avant cette époque pour penser réellement, sans qu'on lui eut posé la question, qu'il gardait la Loi, de même que la Loi le gardait,

1. Cf. *supra*, note 1, p. 189.

2. L'expression « Ysroel-Mensch » désigne chez Hirsch l'ideal de l'homme juif éclairé qui observe les commandements.

uniquement parce que Dieu l'imposa à Israël sur le Sinaï? En fait, confronté à cette question, il eût pu penser à une telle réponse, et les philosophes auxquels cette question fut posée, parce qu'ils étaient soi-disant des penseurs « professionnels », se sont toujours complus à donner cette réponse même.

Depuis Mendelssohn, tout notre peuple s'est soumis à la torture de cette embarrassante question; ce que chaque individu avait de conscience juive, s'est trouvé concentré sur la pointe aiguë de ce « pourquoi ». Certes, il était grand temps qu'un architecte arrivât pour convertir ce fondement en un mur, derrière lequel le peuple pressé de questions puisse chercher refuge. Mais pour ceux qui vivaient sans question, cette raison précise pour laquelle l'on devait garder la Loi, n'était qu'une parmi d'autres et probablement pas la plus convaincante. Il ne faisait aucun doute que la Tora, écrite et orale, avait été donnée à Moïse sur le Sinaï; mais ne fut-elle pas créée avant la création du monde[1]? Écrite sur un fond de feu brillant en lettres de flammes sombres? Et le monde ne fut-il pas créé par elle? Et Seth, le fils d'Adam, ne fonda-t-il pas la première Maison d'étude pour l'enseignement de la Tora? Et les patriarches ne détinrent-ils pas la Loi pendant un demi-millénaire avant le Sinaï? Et – quand elle fut enfin donnée sur le Sinaï – ne fut-elle pas donnée dans les soixante-dix langues parlées dans le monde? Elle a 613 commandements, nombre qui pour commencer se moque de toute tentative pour dénombrer ce qui est innombrable, mais nombre qui en lui-même (plus les deux commandements entendus des lèvres mêmes du Tout Puissant) représente la valeur numérique du mot Tora, et la somme des jours de l'année et les articulations du corps humain. Ces 613 commandements de la Tora ne comprenaient-ils pas tout ce que l'examen minutieux et la pénétration des érudits postérieurs, qui « firent honte » à Moïse, notre maître lui-même, découvrirent dans les petites couronnes et les pointes des lettres[2]? Et tout ce que l'étudiant laborieux pourrait jamais espérer découvrir dans tous les temps à venir? La Tora que Dieu lui-même apprend jour après jour!

Et pouvons-nous réellement imaginer qu'Israël garda la Loi, cette Tora, simplement à cause du seul « fait qui excluait la possibilité d'erreur », à savoir que les six cent mille entendirent la voix de Dieu sur le Sinaï? Certes « ce fait » joue son rôle, mais pas plus important que tout ce que nous venons de mentionner, et que tout ce que nos ancêtres perçurent dans chaque « aujourd'hui » de la Tora : que les âmes de toutes les générations à

1. Dans toute la suite de ce passage, Rosenzweig fait allusion à des traditions du Talmud et du Midrach.

2. Il s'agit de petites ornementations (couronnes) ou de petits points portés par certaines lettres ou certains mots dans la Tora.

venir se tenaient sur le Sinaï avec ces six cent mille, et entendirent ce qu'ils entendirent. Pour une conscience juive qui ne pose pas de question et à qui l'on n'en pose pas, tout ceci est aussi important que le « fait », et « ce fait » nullement plus important que ces autres considérations.

Dès lors que vous aviez appris à voir, le « seulement » de l'orthodoxie ne devrait pas nous effrayer ni nous éloigner de la Loi, pas plus que le « seulement » du libéralisme ne pouvait nous barrer le chemin vers l'Étude. Le judaïsme inclut ces « seulement » mais pas dans le sens de « seulement ». Le problème de la Loi ne peut être expédié par un simple acquiescement à, ou refus de, la théorie pseudo-historique de son origine, ou de la théorie pseudo-juridique de son pouvoir contraignant, théories dont l'orthodoxie de Hirsch fit le fondement d'un système rigide et étroit, laid malgré toute sa magnificence. Pas plus que l'Étude ne peut être expédiée en acceptant ou en refusant la théorie pseudo-logique de l'unité de Dieu, ou la théorie pseudo-éthique de l'amour de son prochain, avec laquelle le libéralisme de Geiger[1] a peint la façade des boutiques et des appartements de la juiverie émancipée. Ce sont là des motifs pseudo-historiques, pseudo-juridiques, pseudo-logiques, pseudo-éthiques ; car un miracle ne constitue pas l'histoire, un peuple n'est pas un fait juridique, le martyre n'est pas un problème arithmétique et l'amour n'est pas social. Nous pouvons atteindre à la fois l'Étude et la Loi seulement en prenant conscience que nous sommes encore dans la première partie du chemin et qu'il *nous* appartient de choisir d'aller en avant. Mais quel est donc le chemin – qui mène à la Loi ?

Le chemin de la Loi

Quel était-il dans l'Étude ? C'était un chemin qui menait à travers le royaume entier du connaissable, mais réellement *à travers lui,* un chemin qui ne se contentait pas d'effleurer quelques auteurs d'où l'on avait une belle vue, mais qui continuait avec peine là où les époques précédentes n'avaient même pas jugé utile d'ouvrir une piste, et n'eût cependant pas donné à celui qui l'aurait parcouru sur toute sa longueur le droit d'affirmer qu'il avait dès lors atteint son but. Un tel homme même devait se contenter de dire qu'il avait parcouru tout le chemin, mais que même pour lui le but se trouvait un pas au-delà – dans l'inaccessible. Alors pourquoi l'appeler chemin ? Est-ce qu'un chemin mène à l'inaccessible ? N'importe quel chemin ? Quel avantage a-t-il, celui qui a parcouru le chemin, sur celui qui dès le début tenta le saut qui doit venir finalement dans tous les cas ? Un très

1. Cf. *supra*, note 4, p. 190.

mince avantage, que beaucoup jugeront ne pas valoir tant de peine, mais qui selon nous justifie la plus grande. Car ce détour laborieux et sans but à travers le Judaïsme connaissable nous donne la certitude que le saut ultime de ce que nous connaissons jusqu'à ce que nous avons besoin de connaître à tout prix, le saut dans l'Étude, nous a mené à l'Étude *juive.*

Cette sorte de besoin n'est pas ressentie chez les autres peuples. Quand un des leurs enseigne, il enseigne du sein de son peuple et à son peuple, même s'il n'a rien appris. Tout ce qu'il enseigne devient possession de son peuple. Car les nations ont un visage, qui se cherche encore – chacune le sien. Aucune d'elles ne sait dès la naissance ce qu'il sera exactement ; leur visage n'est pas modelé alors qu'elles sont encore dans le sein de la nature. Mais notre peuple, le seul qui ne vînt pas des entrailles de la nature qui porte les nations, mais qui – et ceci est inouï ! – fut tiré « nation au milieu d'une autre nation » (Deutéronome IV, 34) – notre peuple se vit imposer un sort différent. Sa naissance même devint le grand moment de sa vie, le simple fait d'être était déjà lourd de sa destinée. « Avant même d'être fondé », il était « connu » comme Jérémie son prophète[1]. C'est pourquoi celui-là seul qui se rappelle cette origine déterminante peut lui appartenir ; alors que celui qui ne peut ou ne veut plus prononcer sa nouvelle parole « au nom du premier orateur », celui qui refuse d'être un anneau dans la chaîne d'or, celui-là n'appartient plus à son peuple. Et voilà pourquoi c'est à condition qu'il apprenne ce qui est connaissable que ce peuple pourra apprendre ce qui est inconnu. Ses vastes connaissances doivent d'abord devenir siennes avant d'être créatrices.

Tout ceci est également vrai de la Loi, de l'action. Sauf que ce qui est faisable et même ce qui n'est pas faisable, mais doit être fait néanmoins, ne peut pas être connu comme le savoir, mais ne peut qu'être accompli. Mais si, pour l'instant nous mettons de côté cette différence considérable, le tableau est le même. Là, le chemin menait à travers tout ce qui est connaissable ; ici, il conduit à travers tout ce qui est faisable. Et la sphère de « ce qu'on peut faire » s'étend bien au-delà de cette sphère des devoirs que prône l'orthodoxie. De même que dans l'Étude, la différence stricte entre l'essentiel et l'accessoire, telle que l'a soulignée le libéralisme, ne devrait plus exister, de même, dans le domaine de ce qui peut être fait, la différence entre le défendu et le permis, telle qu'elle a été fixée, non pas pour la première fois, mais jamais avec autant de cohésion et d'efficacité par l'orthodoxie d'Europe occidentale du XIXᵉ siècle, doit cesser d'exister.

1. Cf. Jérémie I, versets 4 et 5 : « La parole de l'Éternel me fut adressée en ces termes : "Avant que je t'eusse formé dans le sein de ta mère, je te connaissais ; avant que tu fusses sorti de ses entrailles, je t'avais consacré, je t'avais désigné comme prophète des nations" ».

LE DÉFENDU ET LE PERMIS

La ligne de démarcation entre le défendu et le permis avait dessiné un cercle juif à part à l'intérieur de la vie que l'on menait : tout ce qui était extérieur à ce cercle, tout ce qui était non juif, était en termes juridiques « permis »[1], tout ce qui restait à l'intérieur constituait le domaine juif avec ses commandements et ses interdits. La méthode qui consistait à fonder les « tolérances » sur le texte de la Loi permettait d'accroître le domaine du « permis » tant que les normes valables pour le domaine intérieur étaient respectées. Ce procédé, reconnu légitime au cours des âges, n'avait cependant été transformé en système que dans les temps modernes.

Au cours des périodes précédentes, lorsqu'il en allait de la sécurité de la vie des juifs, cette frontière avait été reconnue, et son extension temporaire avait été acceptée comme son complément nécessaire. Dans la période contemporaine, quand la survie juive fut jugée perpétuellement en jeu, cette approche de la Loi se vit donner un statut permanent. L'avenir ne doit plus reconnaître cette frontière, cette méthode, pas plus que la distinction générale décrite ci-dessus. Dans le domaine de la Loi, il ne devrait *a priori* rien y avoir de « permis ». Plus précisément, ces choses « permises » par l'orthodoxie doivent recevoir une forme juive. Hors de la sphère juive, on trouve le domaine qui devrait être formé par la « coutume », c'est-à-dire par un principe positif, et non pas par le concept négatif de ce qui est simplement « permis ». Là où le judaïsme était vivant, il en avait toujours été ainsi ; mais tandis que ce fait avait été auparavant critiqué ou traité avec une légère ironie, il devra à l'avenir être traité avec sérieux. Pas un seul domaine de la vie ne devrait être exclu. Pour illustrer ces deux possibilités auxquelles je pense : pour ceux qui mangent des plats juifs, toutes les coutumes traditionnelles du menu, telles qu'elles sont transmises de mère à fille, doivent être aussi irremplaçables que la séparation du lait et de la viande ; et celui qui s'abstient d'ouvrir une lettre d'affaires le jour du chabbat ne doit pas la lire même si quelqu'un d'autre l'a ouverte pour lui. Partout la coutume et l'intention originelle de la Loi doivent avoir même rang d'inviolabilité que la Loi elle-même.

Même ce qui se trouve à l'intérieur du domaine du judaïsme sera influencé par le fait que celui-ci n'est plus séparé du domaine de « ce qui est simplement permis ». Contrastant avec celui du « permis », le domaine du judaïsme était essentiellement celui où régnait l'« interdit ». Même le commandement positif avait en quelque sorte reçu un caractère négatif.

1. Le domaine du « permis » désigne ici chez Rosenzweig le domaine non réglementé par la loi juive.

Le terme hébraïque classique pour « accomplir son devoir », expression que l'on peut rendre par « se défaire de ses obligations » eut une implication qui n'aurait pas été possible, si quitter le domaine de certaines obligations eût signifié pénétrer dans le domaine d'autres obligations – conséquence qui cependant devait être tirée quand tout autour de la sphère limitée du devoir juif s'étendait le domaine informe du « permis ». Comme dans le domaine de l'Étude, où ce qui n'était pas essentiel l'étant devenu, l'essentiel lui-même reçoit quelques-unes des caractéristiques de ce qui n'est pas essentiel, dans le domaine de la Loi, après que les coutumes se seront parées de la dignité de la Loi, la Loi partagera le caractère positif des coutumes. Ce qui dominera dans la Loi sera le positif et non le négatif. Même les interdits peuvent alors révéler leur caractère positif. On ne travaille pas le chabbat à cause du commandement positif sur le repos; lorsqu'on ne mange pas de nourritures interdites, on a la joie d'être capable de se conduire en juif même dans la vie de tous les jours, et plus généralement dans les aspects humains de la vie matérielle. Chaque acte de restriction devient un acte positif.

Et la frontière est ainsi abolie entre les deux mondes. Le monde juif des interdits et le monde non juif de « ce que l'on peut permettre » se fondent l'un dans l'autre. La disposition parallèle des actes juifs et non juifs disparaît; dans les deux sphères, la liberté se trouve naturellement accrue. La sphère de l'activité permise, de ce qui est faisable, est devenue une. C'est ici qu'est contenue la forme qui (même dans ses contraintes) conduit à une expérience de liberté. Mais ici, la liberté, même quand elle semble gaie et insouciante, doit se couler dans une forme et mener à un « Tu dois ! ». Dans cette sphère unifiée du faisable se trouve, par exemple, l'exclusion juridique de la femme de la communauté religieuse; mais c'est là aussi, et avec une force égale, que se trouve sa place prépondérante au foyer, que lui confère une tradition millénaire, célébrée par l'époux le vendredi soir dans le chant biblique de la « Femme vaillante »[1]. Dans cette sphère, on trouve également l'interdiction des images, conçue une fois de plus non pas en fonction de ce qui doit être extirpé, mais en fonction de ce qui doit être fondé et entretenu : le sens du caractère incomparable de l'Un aussi bien que l'habillement aux mille facettes infinies des mélodies que le cours des siècles a tissé autour de l'Invisible et de Son service. Là se trouve la séparation stricte d'avec les autres peuples, que la Loi fixe jusque dans les détails de la vie quotidienne, mais encore une fois non pas conçue comme un isolement extérieur mais plutôt comme une union interne. Et cependant, la loi historique de l'assimilation s'y trouve également, et aucune autre nation

1. Proverbes XXXI, 10 : « Heureux qui a rencontré une femme vaillante. Elle est infiniment plus précieuse que les perles ».

n'y est assujettie si activement et si passivement que le peuple messianique. Les deux aspects nous imposent des responsabilités égales entravant nos énergies et en libérant de nouvelles. Le champ de l'action est un.

La Loi et le commandement

Et de nouveau, il nous faut prendre conscience qu'avec cette unification et cet élargissement de ce qui est faisable par un juif, rien n'a vraiment été encore fait. Tout ce qui peut et doit être fait n'est pas encore action. Tout ce qui peut et doit être ordonné n'est pas encore commandement. La Loi *(Gesetz)* doit de nouveau redevenir commandement *(Gebot)* qui cherche à se transformer en action au moment même où il est perçu[1]. Elle doit regagner cette réalité vivante *(Heutigkeit)* qui a été, dans tous les grands moments de l'histoire juive, le garant de son éternité. Comme l'Étude, elle doit lucidement commencer là où son contenu intérieur cesse d'être simple contenu pour devenir force intérieure. Cette force intérieure qui à son tour s'ajoute à la substance de la Loi. Car même si l'on devait souhaiter faire « tout » ce qui est possible, l'on n'accomplirait pas encore la Loi – on ne l'accomplirait pas de manière à ce que la loi devienne commandement; commandement que l'on devrait accomplir simplement parce qu'on ne pourrait pas supporter de le voir négligé, comme l'a jadis exprimé Akiba dans sa célèbre parabole des poissons[2].

C'est pourquoi ce qui compte ici de nouveau, ce n'est pas notre volonté, mais notre capacité à l'action. Ici aussi, ce qui est décisif, c'est la sélection que notre capacité – indépendamment de notre volonté – opère dans l'abondance des actes possibles. Puisque cette sélection ne dépend pas de la volonté mais de notre capacité, elle est très personnelle; en effet, alors qu'une loi générale peut imposer ses exigences à la volonté, la capacité porte en elle-même sa propre loi, il n'y a que ma capacité, la tienne, la sienne et reposant sur elles, la nôtre; et non pas celle de n'importe qui. C'est

1. Par *Gesetz* Rosenzweig désigne la Loi dans son aspect strictement juridique, froid et objectif. Par *Gebot*, il désigne la Loi comme parole vivante de Dieu qui demande à être assumée par l'homme dans sa vie.

2. Lors de la persécution romaine qui interdit l'étude juive en Palestine, Rabbi Akiba fut pressé par ses collègues, préoccupés du danger qu'il courait, de s'arrêter, d'étudier et d'enseigner la Tora. Il leur raconta alors la parabole du renard qui avait invité un poisson à venir se réfugier sur la rive, loin des filets des pêcheurs. Le poisson répondit : « Si nous craignons pour nos vies dans l'élément dans lequel nous vivons, combien plus aurions-nous à craindre si nous sortions de cet élément. C'est alors à coup sûr que nous mourrions ». Il en est de même avec nous, dit Rabbi Akiba, pour l'étude de la Tora, dont il est dit qu'« elle est notre vie et la prolongation de nos jours ».

pourquoi, qu'il soit fait beaucoup ou peu, ou bien qu'il ne soit rien fait demeure sans poids au regard de l'exigence unique et inéluctable : que tout ce qui s'accomplit, vienne de cette force intérieure. De même que la connaissance de tout ce qui est connaissable n'est pas encore la sagesse, ainsi l'accomplissement de tout ce qui est faisable n'est pas encore action. L'action apparaît à la frontière de ce qui est simplement faisable, là où la voix du commandement fait jaillir l'étincelle qui transforme le « je dois » en un « je peux ». La Loi est construite sur de tels commandements et seulement sur eux.

L'Actualité de la Loi

Le progrès de la Loi est ainsi confié une fois encore à nos soins aimants. Personne ne devrait avoir le droit de nous dire ce qui appartient à son domaine, tout comme nul n'avait le droit de nous dire ce qui appartenait au domaine de l'Étude. Nous ne devrions même pas souhaiter le savoir d'avance, même si nous le pouvions. Nos désirs pas plus que nos connaissances ne devraient anticiper ce choix. Nous pouvons connaître le domaine du faisable par avance; nous pouvons souhaiter d'avance que nos actes trouvent leur place à l'intérieur de ce domaine; mais qu'ils y trouvent vraiment leur place ne dépend ni de nos connaissances, ni de nos désirs, quelles que soient la façon et l'intensité avec lesquelles nous les situons dans ce domaine. Il n'existe pas d'autre garantie que notre action soit juive, aussi bien à l'intérieur qu'à l'extérieur des limites du faisable. Dans le second cas, les frontières en seront reculées. Dans les deux cas cependant, ce sera la loi vivante d'aujourd'hui et en même temps *la Loi*. Car voici ce qui manque, pensons-nous, dans la loi telle qu'elle nous est présentée par ses nouveaux zélateurs : à savoir que l'ancienne loi n'est pas aussi la nouvelle. Ce manque d'actualité, de vivante réalité, a été accepté quand la ligne de démarcation que j'ai mentionnée, rendait la vie quotidienne « permise ».

Ce faisant la loi se vit refuser toute actualité. Les paroles audacieuses de Moïse prononcées devant la génération qui n'avait pas vécu l'événement du Mont Sinaï (Deutéronome V, 3) « Ce n'est pas avec nos pères que l'Éternel a contracté cette alliance, c'est avec nous-mêmes, nous qui sommes ici, aujourd'hui, tous vivants ». Ces paroles (dont le paradoxe fut vivement ressenti par les commentateurs de jadis) étaient tombées dans l'oubli. C'est à nous d'accepter le défi de cette audace. La ligne de démarcation intérieure a perdu sa netteté, et il doit y en avoir une extérieure, car chaque acte qui ne parvient pas à trouver sa place dans la loi qui nous est connue n'en élargit pas pour autant ses frontières, de même que chaque élément de notre connaissance ne devient automatiquement partie de l'Étude. Mais après tout nous ne pouvons pas savoir si cela ne se produira pas. Nous ne connaissons pas la frontière, et nous ne savons pas jusqu'où les piquets de la tente de la Tora peuvent être étendus, pas plus que nous ne savons lequel de nos actes est destiné à accomplir un tel élargissement. Mais nous pouvons être sûrs qu'ils sont étendus par nous ; car est-il possible qu'une chose, quelle qu'elle soit, reste à l'extérieur pour toujours ? Si cela se pouvait, la frontière acquerrait un caractère qu'elle ne devrait pas avoir ; aussi rigide et immuable que la distinction entre le défendu et le permis, qui a été rejetée. Soudain elle se serait transformée à nouveau en une frontière intérieure, et nos actes auraient été privés d'un héritage des plus nobles : à savoir que selon les paroles du Talmud, il nous suffit d'être des fils, pour devenir des bâtisseurs.

Mais cette parole talmudique par laquelle nous concluons toute réunion d'étude, ne nous pose-t-elle pas la question la plus ardue ? Oui, à nous, tout particulièrement. Car si nous ne sommes pas encore des fils, pouvons-nous de nouveau le devenir ? Et n'est-ce pas là que réside la différence la plus marquée entre l'Étude et la Loi : nous pouvons retourner à celle-là, car ce n'est que le retour de la conscience, la contemplation de soi, mais nous ne pouvons retourner à celle-ci, car ce retour ne peut être accompli par la conscience seule, mais doit être accompli par l'action, et l'action ne peut se permettre un retour, elle doit toujours aller de l'avant ; si elle regarde en arrière, elle ne connaît pas d'approfondissement, comme il en va du savoir, mais devient enthousiasme romantique ou, en termes moins courtois, mensonge. Ce serait même le plus dangereux des mensonges – un mensonge en action ! Un mensonge énoncé peut aisément être réparé : on peut le reprendre, mais un acte ne peut être repris. Mais je ne souhaite pas présenter cette question de façon peu sérieuse ; elle se profilait derrière tout ce que j'ai dit jusqu'à présent. Je ne crois pas à l'innocuité d'un retour dans le cas de la conscience. Une pestilence mentale telle que le romantisme n'est pas abolie par la destruction du terrain qui l'a produite. Un mensonge énoncé est aussi peu révocable qu'un mensonge accompli. La route de la pensée ne peut pas plus se retourner que la route de l'action. La pensée aussi, doit suivre la loi du progrès. Dans la vie de l'esprit, il est rare qu'elle puisse regarder en arrière sans dommages, au moment même où cela pourrait être justifié pour elle de le faire. La contemplation de soi peut conduire au suicide intellectuel. Quand le retour est-il justifié et quand est-il dangereux ?

La vie de l'esprit poursuit son cours inexorable et elle produit en route de la matière morte ; c'est seulement à ce prix que le rajeunissement lui est assuré. Toute naissance implique une mort. Cette matière morte peut longtemps être charriée dans le fleuve, c'est seulement par accident qu'elle peut être rejetée sur les rives. Or puisque toutes les vagues du fleuve de l'esprit ne se déplacent pas avec la même rapidité – car certaines sont bien en avance, alors que d'autres restent en arrière – il est de l'intérêt de l'ensemble que celles qui sont en tête s'arrêtent de temps en temps et, regardant en arrière, attendent celles qui sont à la traîne. Il en va de même de la contemplation de soi de l'individu et du groupe culturel. Le danger de regarder en arrière provient du fait que quoique l'on attende les uns et les autres, l'on ne parvient pas à distinguer les déchets morts dans le courant qui entraîne ceux dont la vitesse réduite est due au fait qu'ils sont plus proches de la source. En conséquence, cette masse morte considérée vivante entrave le courant et le fait stagner. C'est pourquoi il est de la plus haute importance pour l'esprit – dans la « vie contemplative », comme dans la « vie active » – qu'il ait le calme instinct de distinguer ces masses mortes des vivantes.

VIVRE DANS L'ÉTERNITÉ

Ainsi le danger pour la connaissance n'est pas moindre que pour l'action ; mais les perspectives également sont les mêmes. Elles sont dans ce que je viens de nommer l'instinct de la vie et de la mort. Il se peut que cet instinct se trompe, mais ses erreurs sont rarement fatales à jamais pour les peuples du monde, car dans leur histoire, le retour a rarement une importance vitale définitive. Avec notre peuple, il en va autrement. Car notre vie ne s'écoule pas régulièrement comme la leur. Notre indépendance par rapport à l'histoire, en termes positifs, notre éternité, confère une simultanéité à tous les instants de notre histoire. Se retourner, ressaisir ce qui est resté derrière, est ici une nécessité permanente et vitale. Car nous devons être capables de « vivre » dans notre éternité. Le mur protecteur des instincts, suffisant pour les autres peuples du monde qui ne sont menacés qu'occasionnellement ne nous suffit pas. Nous avons besoin d'une protection plus puissante que celle de nos instincts. Cette protection nous vient de ceci, dont nous avons déjà dit l'importance décisive : la mesure de notre aptitude à l'action. Se référer à une telle cour d'appel n'est pas désinvolture, mais chose extrêmement sérieuse quand on déchiffre à nouveau la libre acceptation de la parole de Dieu « sous » le Mont Sinaï, comme une acceptation sous la contrainte, la contrainte de Dieu : « Il souleva la montagne comme un panier, jusqu'à ce qu'ils acceptent », disent les Sages. Nous avons beau faire ce qui est en notre pouvoir pour écarter les obstacles ; nous pouvons et devons libérer notre capacité et notre pouvoir d'action. Mais le choix ultime ne dépend pas de notre volonté ; il est confié à notre capacité.

Il est vrai que capacité signifie : ne pas pouvoir faire autrement – être obligé d'agir. Dans notre cas, il n'appartient pas à un instinct, agissant par tâtonnements, de lutter contre les dangers d'un retour : notre être tout entier y est engagé. Car c'est là le sens de l'appel à la capacité. De la même façon que c'est notre être tout entier qui est à tout moment placé devant la tâche de se retourner et non pas seulement certaines couches et régions de notre être, ou certains moments seulement de notre histoire, comme il en va des autres peuples, ainsi l'acceptation de la tâche doit être faite également par notre être tout entier. Une décision fondée sur la capacité ne peut être fausse, puisqu'elle ne choisit pas, mais écoute et par conséquent se contente d'accepter. Pour cette raison, nul ne peut faire pression sur un autre pour qu'il agisse, bien qu'il puisse et doive le faire apprendre ; car moi seul je sais ce que je peux faire ; mon oreille seule peut percevoir la voix de mon être propre avec lequel je dois compter. Et il se peut que l'incapacité d'un autre fasse plus pour l'élaboration à la fois de l'Étude et de la Loi que ma propre capacité. Nous savons seulement que nous avons tous des capacités potentielles d'action. Car si, pour les autres peuples, c'est une tâche ardue que de faire retour sur soi dans le flot fougueux de la vie – parce qu'ils se considèrent unis par le temps et l'espace, et que c'est seulement exceptionnellement, les jours de fêtes et aux grandes heures de leur histoire, qu'ils se sentent membres d'une chaîne de générations – ceci est au contraire la base même de notre vie commune et individuelle : ce sentiment d'être les enfants de nos pères, les ancêtres de nos petits-enfants. C'est pourquoi nous pouvons justement nous attendre à nous retrouver, à un moment ou à un autre, dans chaque parole et chaque acte de nos pères, de même que nos propres paroles et nos propres actes auront quelque sens pour nos petits-enfants. Car nous sommes, selon l'Écriture, « des enfants », et, selon la Tradition, des « bâtisseurs ».

II. La Maison d'étude de Francfort

IL EST GRAND TEMPS…
(Psaume 119, v. 126)
Réflexions sur le problème de la formation juive aujourd'hui

À Hermann Cohen,

Monsieur le Conseiller, si je prends la permission de m'adresser très respectueusement à vous par écrit dans les réflexions et pensées qui suivent, c'est parce que la perspective de vous les présenter oralement dans un avenir proche est limitée et incertaine. Je ne puis plus longtemps les garder par devers moi. La vie est courte et l'instant précieux. Je les dépose donc entre vos mains, entre les mains d'un homme qu'à ce jour la grande majorité des Juifs allemands, lesquels envisagent peu ou prou de déployer leur judaïsme dans le cadre de la communauté nationale-étatique allemande, considère comme leur chef spirituel. Que cette vision du judaïsme soit approuvée ou déniée, elle demeure le seul présupposé valide si l'on veut connaître ce qu'exige l'instant présent. C'est sur le « sol des circonstances actuelles » et sur lui seul qu'on pourra faire ce que les pensées que je vous soumets veulent et doivent expressément faire : de la politique.

Le problème d'une éducation juive se réduit au problème du cours de religion juive dès lors qu'il se pose sur le sol des conditions allemandes dominantes, jusqu'ici du moins. Pour l'essentiel, ce dernier se réduit à son tour, étant données l'extrême urbanisation et la stratification sociale originale de la judaicité allemande, à la question du cours de religion juive dispensé dans les établissements scolaires moyens et supérieurs, le lycée, le collège, le cours complémentaire. Dans de vastes et souvent influents milieux, les choses en sont venues à un point où les deux heures de

« religion » assurées pendant bien peu d'années constituent pratiquement, avec quelques sermons prononcés à l'occasion des fêtes religieuses, l'unique source du « savoir juif » des futurs cadres de la justice, de la santé ou du commerce. L'urgence de remédier à cet état de choses est reconnue depuis longtemps et la tâche est prise au sérieux dans les derniers temps. Toutefois, à ce qu'il me semble, sans le sentiment plein de ses spécificités et, par conséquent, sans la clarté et l'intelligence foncières qui conviendraient.

Les résolutions de l'assemblée des rabbins qui a traité de ces affaires à l'été 1916 se fondent consciemment ou inconsciemment sur la représentation selon laquelle, à part les inconvénients organisationnels extérieurs, la seule difficulté en la matière serait celle qui est en fait la difficulté propre du cours d'enseignement religieux chrétien : parvenir à un développement de l'âme par des moyens qu'on dira quoi qu'on en ait pédagogiques, bref par une influence exercée sur l'intelligence. En vérité, le problème du cours de religion juive est tout autre. Il ne s'agit pas de créer un centre affectif autour de quoi s'organiserait le cercle des choses mondaines dans lequel les autres disciplines introduisent l'élève. Il ne s'agit de rien moins que d'une introduction à une « sphère juive » propre et essentiellement autonome par rapport au reste du monde de la culture et de la formation. Pour les pans de la judaïcité allemande qui sont ici en question, ceux qui, au cours de l'une ou l'autre des trois dernières générations, ont renoncé au caractère consciemment juif du foyer, cette sphère n'existe encore que dans la Synagogue. La tâche du cours de religion ne peut consister qu'à produire, entre les institutions publiques du culte et l'individu singulier, le contact qui n'existe plus par lui-même, qui n'est plus un « foyer ».

Comparée au concept élevé de l'« éducation religieuse », cette tâche pourra d'abord apparaître médiocre et limitée. Pourtant, qui sait vraiment le rôle simultané de filtre et de réservoir qu'ont pu jouer nos institutions cultuelles face à tout ce qui s'est avéré fécond et vigoureux au sens juif le plus intime au cours de notre histoire spirituelle trimillénaire, celui-là saura que tout ce qui est souhaitable est contenu dans le cercle apparemment étroit décrit par la tâche que nous indiquions plus haut. Il se peut bien en effet que les écrits bibliques de l'Antiquité, pour en rester aux témoignages littéraires, soient la source et le fond de tout judaïsme vivant, et que nous considérions comme son encyclopédie les textes talmudiques et rabbiniques et comme sa sublimation la plus fine les textes philosophiques ; mais il n'en demeure pas moins que le *siddour* et les *mahzorim*[1] restent le compendium et le résumé, le manuel et le mémorial de tout ce judaïsme historique. Celui pour qui ces volumes ne sont pas des livres scellés aura saisi et

1. Le *Siddour* est un bréviaire des prières et le *Mahzor* un livre de la liturgie des fêtes.

plus que saisi « l'essence du judaïsme » qu'il possèdera intimement comme un morceau de vie, qu'il détiendra comme un « monde juif ».

Ceci nous oblige à aller plus loin. Quand bien même on possède un monde juif, on est en tout état de cause entouré d'un autre monde, d'un monde non-juif. À celui-ci, à sa factualité, on ne peut rien changer et rien ne doit y être changé, du moins selon la volonté de la majorité d'entre nous. Le premier en revanche, et sa possibilité, doivent devenir effectifs, ils le doivent à nouveaux frais, et ceci selon la volonté de cette même majorité. Mais « posséder » un monde ne signifie pas le posséder à l'intérieur d'un autre qui enserrerait le possesseur lui-même. Ainsi il est possible à l'Allemand de posséder une culture étrangère, antique ou moderne, parce que et dans la mesure où elle appartient simultanément au monde global qui l'entoure ; il pourra donc se l'approprier sans avoir à sortir de son monde propre, voire sans même comprendre sa langue ; car il accueillera toujours cette culture dans une traduction, entendue au sens intellectuel, il la traduira dans la « langue » de son monde ; l'expérience ne cesse de montrer que ce ne sont justement pas les spécialistes des langues et des lexiques qui « possèdent » en ce sens les cultures étrangères. Mais il en va tout autrement s'agissant de notre question. Il est vrai que le monde qu'il s'agit de s'approprier appartient aux forces fondamentales du monde environnant, en un certain sens qui est hautement significatif, mais justement il ne doit pas l'être en ce sens-là. Nous ne devons pas faire l'expérience de notre monde juif originaire[1] comme propédeutique ou élément de cet autre monde qui nous entoure. D'autres le peuvent ou parfois le doivent, nous pas. Pour nous, le judaïsme est davantage qu'une force du passé, il est une merveille du présent et le but de tout avenir. Parce qu'il est avenir, il est un monde propre. Sans dommage et sans considération pour le monde qui nous entoure. Et parce qu'il est un monde propre, il est enraciné dans l'âme individuelle par une langue propre. L'Allemand, et tout autant l'Allemand dans le Juif, peut lire et lira la Bible en allemand, celui de Luther, de Herder, de Mendelssohn. Le Juif ne peut l'entendre qu'en hébreu. À la rigueur, une juxtaposition de possibilités pourra ici encore valoir puisqu'il s'agit d'un bien commun aux deux. Mais pour la langue de la prière juive, il n'y a ni doute ni ambiguïté, elle est intraduisible. En l'occurrence, on ne pourra guère transiger et s'en tenir à la transmission du matériau littéraire. La salle de classe ne sera jamais que l'antichambre de la participation au culte de la communauté. L'intelligence vivante et active du service divin est le fil autour duquel peut se déposer et se cristalliser ce qui fut de tout temps indispensable au judaïsme pour sa perpétuation : un monde juif.

1. L'originaire désigne ici un archi-propre (*ureigen*), un monde à venir à partir de son archi-origine.

À partir de ces considérations préalables, tentons d'esquisser pour commencer une image de cet enseignement, de la façon dont il pourrait prendre forme et se structurer. Non pas que je puisse le moins du monde songer à établir des choses définitives, mais seul un choix résolument unilatéral, même provisoire, tranchant dans la diversité du possible peut garantir l'intelligibilité requise pour une bonne compréhension du problème. Que cette image et cette esquisse soient avancées et suivra alors tout ce qui relève de son effectuation dans les conditions actuelles –et qui n'est pas mince, nous le verrons.

Au fondement, nous ne posons rien d'autre que ce qui existe déjà plus ou moins : deux semaines, soit 80 heures d'enseignement par an pour une scolarité de neuf années allant de l'âge de neuf ans à l'âge de dix-huit ans. Nous mentionnerons une première et très importante requête, nouvelle et purement extérieure, la seule qu'il faudra imposer de toute façon au système scolaire public existant. Comme il est bien peu probable que le système scolaire allemand connaisse rapidement une restructuration interne générale, nous présupposons l'enseignement secondaire tel qu'il existe, avec une langue étrangère enseignée dès la première année, ce qui importe ici. Nous supposons également que l'élève de sixième a acquis à l'école élémentaire une certaine connaissance de l'« histoire biblique », de telle sorte que notre enseignement peut commencer sans préalables particuliers. La colonne vertébrale du cours de sixième et des années suivantes sera constituée par l'ordonnancement par où s'exprime aujourd'hui de la façon la plus sensible l'autonomie du monde juif : le calendrier juif, l'« année liturgique » propre. Initié à la semaine juive et au calendrier annuel des fêtes, l'enfant pourra dans la foulée recevoir toute une série d'explications sur les principaux usages cultuels et, par association immédiate, suivre une présentation de l'histoire biblique sous forme de figures librement tirées de l'Écriture et de la *Aggada*[1]. Quant à ce que la *Haggadah* de *Pessah*[2] a effectué dans le temps de sa genèse, ceci ou d'autres choses analogues encore, l'enseignant devra l'exposer en relation avec le traitement du *chabbat* et des fêtes. L'exhaustivité importe peu ici, c'est la vie et son caractère vivant qui sont en jeu. Il est inutile et d'ailleurs impossible de fournir des directives détaillées. Il faudra proposer dès le début de ce cours des petits fragments en hébreu, lentement et progressivement, si possible sans explications grammaticales, en suivant simplement la bonne

1. Le terme désigne l'ensemble des parties du Talmud qui ne relèvent pas de la *Halakha* (sentences et prescriptions destinées à régler la vie quotidienne) et qui est constitué de commentaires, d'apologues et de récits.

2. Narration de la sortie d'Égypte, assortie d'hymnes, de psaumes et de commentaires, lue le soir de la Pâque.

vieille méthode de la traduction mot à mot. Il suffira que l'élève, au cours de ce premier semestre, ait « traduit » de cette façon très primaire des morceaux du *shéma*[1], l'introduction et la conclusion des *Shmoné esseré*[2], quelques bénédictions, en particulier parmi celles du vendredi soir, certains fragments des prières dites à l'ouverture et à la fermeture du *Séfer Tora*, ainsi que de petits extraits des prières des fêtes correspondant à la période où se tient le cours, tel fragment du *Maôz tsour*[3], le *Ma nichtana*[4], les Dix Paroles, l'*Aquéda*[5], l'*Abinou malkénou*[6]. Il y a une double raison pour ne pas commencer tout de suite par l'approche grammaticale, bien plus rationnelle. D'une part, il est préférable que la résolution des difficultés naturellement liées à l'apprentissage d'une première langue étrangère soit réservée à l'enseignement général et ne vienne pas encore surcharger le cours de religion. D'autre part, ce mode traditionnel, en dépit de ses inconvénients et de la faible imprégnation de ses résultats, présente l'avantage non négligeable d'introduire l'enfant à la langue sainte non pas comme à un édifice grammatical figé mais, d'une certaine façon, comme à une langue vivante, par l'usage – ce qui fournit en outre une certaine réserve de références pour le cours de grammaire. La différence entre l'approche grammaticale de sa propre langue et celle d'une langue étrangère réside en effet en cela que dans le premier cas l'élève va de l'application à la règle et dans le second de la règle à l'application. Notre souhait, c'est que l'élève, lorsqu'il doit apprendre les conjugaisons par exemple, puisse se remémorer un fonds linguistique déjà intériorisé, même sans compréhension grammaticale, ainsi « je t'ai fait sortir », « tu aimeras », « il nous a donné », « nous avons péché », « vous servez des dieux étrangers », « ils cheminèrent ensemble », pour suivre les exemples scripturaires mentionnés plus haut. Toutefois il serait bon de commencer le cours de grammaire pendant la seconde moitié de la première année d'enseignement et d'avoir assimilé, à la fin de cette même année, l'essentiel à propos du substantif, du pronom et des verbes réguliers. Dans la première moitié de la seconde année, il faudrait poursuivre et terminer, en voyant les verbes irréguliers en particulier. Ainsi, le temps perdu au début par la traduction purement mécanique pourra-t-il aisément se rattraper grâce à l'allègement du cours de grammaire rendu possible par le support des exemples. Globalement, il

1. « Écoute Israël » (Deut., 6, 4), profession de foi qu'on retrouve en particulier dans quatre prières quotidinennes.

2. Prière des dix-huit bénédictions dite aussi *Âmida*.

3. Cantique chanté par les Juifs achkénazes pour la fête de Hanouka.

4. « En quoi cette nuit se distingue-t-elle des autres nuits ? » : question posée quatre fois dans la Haggadah de la Pâque.

5. « Ligature » (d'Isaac, Gn, 22,2), prière dite au Jour du Pardon, Yom Kippour.

6. « Notre père, notre roi », prière dite au Yom Kippour.

n'y a pas lieu de croire qu'il y aurait là des difficultés vraiment massives pour peu qu'on renonce à s'étendre sur les exceptions et les irrégularités et qu'on expose dans sa systématicité l'armature nue des règles et des schémas – le reste venant par surcroît par la pratique et l'exercice. Aussi n'est-il pas exagérément ambitieux d'estimer que cette grammaire systématique pourrait tenir dans une petite partie des deux fois 40 heures, disons un quart d'heure à chaque fois; en gardant cette limite, le matériau en serait aisément réparti sur 70 ou 80 « mini-leçons » de ce type.

Dans sa deuxième année de scolarité, l'élève disposera donc d'un certain stock de connaissances hébraïques qui lui permettront de lire des extraits du premier livre de la Tora à un rythme progressivement accéléré. On trouvera en outre le temps de lire les parties principales du *siddour*, au moins les prières quotidiennes et celles du *chabbat*. Les textes présentant des difficultés de langue ou de contenu particulières, comme certains Psaumes, les Maximes des Pères, etc., seront laissés de côté. On peut ensuite associer au matériau choisi tout ce qui peut sembler souhaitable. Une « histoire biblique » particulière est superflue pour autant que l'enfant a été confronté avec les nobles figures des Patriarches dans leur propre langue; les grands moments du récit l'imprègneront dans leur puissante authenticité et non selon une pâle imitation, au lieu de l'inerte « où es-tu ? » du Jardin d'Éden, au lieu du « me voici » de l'*Aquéda*, l'éternelle pénétration des primes sonorités de l'hébreu. Il est insensé, il est absurde de vouloir transmettre à des enfants juifs, dans leur vie même, les maximes les plus profondes de leur foi en traduction allemande ! Telle langue, tel sens. Et c'est vraiment ne pas prendre la mesure de l'intimité du lien qui unit le christianisme et la langue allemande depuis Luther, et même bien avant, que de croire qu'il est possible de communiquer des contenus juifs en langue allemande sans leur adjoindre les tonalités d'une foi étrangère. Le pire est d'emplir systématiquement les mémoires de pareille tisane. En vérité, il n'est guère plus difficile pour une tête d'enfant fraîche et légère de retenir un Psaume dans sa langue originelle que dans un « allemand » par ailleurs fort douteux, celui que proposent à cet effet les traductions tant prisées chez nous.

L'étude du calendrier est repoussée au terme de cette seconde année, étant données les distributions programmatiques indiquées. La nécessité de traiter précisément de l'histoire des Patriarches et du cycle quotidien et hebdomadaire des prières y contraint. Le comput prédominera en revanche à partir de la troisième année d'enseignement. À compter de ce niveau, le cours suivra autant que possible le rythme des lectures hebdomadaires. Désormais âgé de onze ans, après deux années d'enseignement, l'enfant est plus ou moins en mesure d'étudier couramment la Tora. Mais bien sûr il ne saurait être encore question d'exhaustivité, on ne travaillera que sur des choix de textes. Je ne saurais dire dans quelle mesure il serait avisé de prescrire ce choix à l'enseignant à partir d'une édition scolaire de ces textes. Durant cette troisième année, seront associés au *siddour*, en fonction des fêtes, des extraits choisis des *mahzorim* et de la *Haggadah* de *Pessah*. Il convient désormais, et ceci est important, de donner à l'élève, suffisamment préparé et ayant en vue sa *bar-mitzvah*, l'occasion de prendre part à l'office du *chabbat*. Ceci suppose évidemment une certaine bonne volonté du côté de l'école. Les établissements secondaires de la ville ou d'un arrondissement dans les très grandes villes doivent convenir d'un accord sur les emplois du temps, lequel placerait l'une des deux ou trois heures hebdomadaires de religion chrétienne le samedi matin, et ceci de la troisième à la cinquième année au moins – et si possible plus longtemps encore mais cela dépend du nombre d'enseignants de religion chrétienne travaillant dans l'école. Cela libèrerait une heure pour les élèves juifs, voire un peu plus avec une organisation bienveillante des pauses, ce qui leur permettrait d'assister à l'office; la communauté juive devra veiller à deux choses: d'une part, si cela ne va pas de soi, faire en sorte que le lieu des offices ne soit pas éloigné de plus de dix minutes de toutes les écoles de l'arrondissement, d'autre part organiser ces offices de telle façon qu'en une heure on puisse sortir et remettre le *Sefer Tora* dans son armoire, ce qui est parfaitement possible. S'il convient que cet office soit l'office principal pour la communauté, tant mieux. Sinon, étant donnée la tendance à la simplicité « démocratique » de notre culte, un petit office parallèle ne fera pas moins impression sur de jeunes âmes qu'un service « officiel » et davantage en tout état de cause qu'un office artificiellement organisé pour « les jeunes », lequel n'effectuerait justement pas sa fonction, à savoir introduire à la vie communautaire. En aucun cas il ne faudra contraindre à la participation. Le stimulus devra provenir de l'enseignement et la possibilité en être donnée par l'école. Il va par ailleurs de soi, eu égard à l'étroite connexion entre enseignement et synagogue qu'on a décrite, que la prononciation de l'hébreu travaillée en cours s'orientera en fonction de l'office synagogal. Ainsi seulement pourra naître ce sentiment de chez-soi d'où sort la conscience de posséder un monde juif propre.

La travail sur le calendrier reprendra à un autre niveau l'année suivante, soit en quatrième. L'enfant de onze ans étudiait la Tora toute seule. Celui de douze étudiera la Tora avec Rachi[1] – inutile de préciser là encore qu'il ne s'agira que d'un choix d'extraits. Le grand commentateur national qui a

1. Le rabbin champenois Rachi (1040-1105) a commenté la Tora, et plus largement la Bible, et le Talmud (qu'il a véritablement élucidé) avec un remarquable souci pédagogique associant l'argumentation, la transmission et l'organisation du savoir.

transmis au second millénaire de l'Exil le trésor accumulé au cours du premier tissera insensiblement pour l'élève son lien avec le monde intellectuel des écrits talmudiques et midrachiques, lequel est devenu déterminant pour le caractère juif, bien plus que nous ne le savons ou l'avouons. L'enseignant seul estimera, dès ce niveau, opportun ou non de distendre ce tissu avec beaucoup de prudence et de respect et d'ouvrir à l'élève des aperçus sur les forces du judaïsme qui se sont constituées en bonne part après Rachi et lui furent étrangères. Le bon niveau de langue atteint par l'élève en cette quatrième année lui permettra de passer assez vite du texte vocalisé utilisé au début au texte sans signes de vocalisation. La lecture cursive des fragments les plus importants des Livres narratifs de Josué jusqu'à Néhémie sera intégrée dans cette quatrième année et clôturera ainsi l'histoire biblique. Ajoutons que c'est en principe au tournant de cette année et de la suivante que l'élève entre en *bar-mitzvah* dans la communauté. Il faut convenir que l'ensemble propédeutique qu'on vient de décrire rendra à cet acte une signification qu'il a très vite perdue au cours des dernières décennies dans les milieux juifs concernés et qui mérite véritablement d'être maintenue, dans sa solennelle simplicité, à l'abri des notes d'examen, morales et intellectuelles.

Il faudra configurer les deux années suivantes, les cinquième et sixième du secondaire, comme une sorte de terme du cycle tout entier car, dans les conditions qui prévalent aujourd'hui avec le système de l'attestation annuelle, un groupe important, les futurs commerciaux, quittera vraisemblablement l'enseignement à ce moment-là. Au cours de la première de ces deux années, on indiquera, par le cycle des *haftarot*[1], le lien avec la récurrence des *chabbat* tout au long de l'année. Ceci permettra aisément, s'agissant de passages plus particuliers des Prophètes, de donner même très sommairement notre point de vue par rapport à celui du christianisme. On pourra étudier également dans cette même année les Maximes des Pères : ce qui, d'une part, est le noyau même de l'éthique juive et qui constitue d'autre part, associé à des extraits choisis de la Michna[2] et de tel ou tel codificateur, l'attestation classique de toute une série de rites parmi les plus importants. Ceci donc pourra achever à un premier niveau la connaissance du judaïsme pratique. La seconde de ces deux années terminales clôturera de pareille façon la connaissance intellectuelle du judaïsme. Ce sont surtout les Psaumes, pour autant qu'ils ne sont pas déjà connus par le *siddour*, ainsi que des passages non encore lus de l'Écriture et dont le choix est laissé à la

1. Une *haftara* (pl. *haftarot*) est un extrait des Prophètes lu pendant le *chabbat* en raison de sa proximité avec la section de la Tora de la semaine (*paracha*).

2. Compilation de la Loi orale mise par écrit par Juda ha-Nassi au IIe siècle de notre ère, elle constitue, avec la Guémara, le noyau textuel du Talmud.

discrétion de l'enseignant, qui en formeront le point d'appui. Également au programme de cette année, un aperçu abrégé, et pas davantage, sur le développement spirituel du judaïsme en relation avec les destinées générales du peuple. Il me semble pour finir que l'élève ne devra pas quitter ce cycle d'études sans avoir un peu regardé par lui-même ce qui est le produit le plus singulier et sous certains aspects le plus considérable de cet esprit : le Talmud de Babylone. Je suis bien conscient de ce que peut avoir d'audacieux cette dernière requête. Elle me paraît pourtant incontournable. À la longue, il serait pour le moins malsain que notre communauté ou en tout cas ses cadres dirigeants aient pratiquement perdu tout contact vivant avec ce livre auquel ils doivent jusqu'à ce jour leur cohésion et leur constitution – d'autant plus qu'on peut présumer sans exagérer que la plus grande partie des Juifs cultivés n'ont même jamais vu ce livre. Par ailleurs, la transmission d'une connaissance aussi générale dans un temps limité à environ 25 heures de cours, pour 40 heures consacrées à la lecture biblique et 15 à l'aperçu d'histoire juive, n'est pas aussi difficile que cela peut en avoir l'air. Le bon niveau d'hébreu déjà atteint permettra de rapidement traiter les spécificités de l'araméen talmudique comme des « cas particuliers de l'hébreu » et la lecture de certaines parties araméennes de la Bible y aidera aussi. Il sera suffisant de parcourir certains échantillons, si possible faciles et caractéristiques à la fois, de cette « Encyclopédie » classique du judaïsme. Il suffira que l'élève se fasse une idée de la particularité du mode d'enseignement talmudique et qu'il acquière une vague représentation de la multiplicité des objets traités. En raison de son étrangeté par rapport à la pensée et au savoir habituels, le Talmud fait partie de ces domaines où le saut de l'ignorance à la connaissance superficielle est plus grand et, sous une bonne direction, plus riche que celui qui fait passer d'une connaissance superficielle à une familiarité profonde.

Ceux qui resteront après l'obtention de leur attestation annuelle, il faut les considérer d'une certaine façon comme la crème des effectifs. Alors que du groupe de ceux qui ne poursuivent pas la seconde des deux dernières années émergeront les soutiens actifs de l'existence matérielle de notre communauté, demeure donc ensuite le reste dont la vocation est de marquer les idées et « l'opinion publique », s'il est permis d'ainsi parler au sein de la communauté. Par conséquent, l'enseignement dispensé dans les trois dernières années prendra plus nettement encore en compte la future destination universitaire du public scolaire. Dans la première de ces trois années, l'introduction au Talmud, précédemment entamée, devra être approfondie. En même temps, la convocation de la littérature talmudique en un sens élargi, en particulier des *midrachim*[1], pourra aider à revenir sur l'année juive après la pause de l'année précédente. La connaissance de ce qu'on pourrait appeler cette mythologie scientifique tout à fait singulière est le préalable d'une compréhension en profondeur de l'esprit juif. À côté de cette source en quelque sorte populaire de l'univers de pensée du judaïsme, il faudra faire place à ce niveau à une vision d'ensemble des fondements de son point de départ classique, la prophétie. Aux textes prophétiques déjà lus au cours des années précédentes, il faut ajouter un choix cohérent d'extraits d'Amos et Osée jusqu'à Malachie et Daniel et y consacrer au moins la moitié du temps d'enseignement de cette année. J'estime qu'alors environ un cinquième de l'ensemble des textes pourrait avoir été lu et cela suffit si le choix est judicieux. À partir de cet ensemble essentiel de notre Écriture qui est un vrai point critique, un vrai carrefour de l'histoire religieuse, on pourra exposer solidement le rapport au christianisme, déjà abordé ici ou là auparavant.

Les fondements intellectuels ainsi posés par strates successives, l'année suivante pourra apporter une sorte de panorama anthologique sur toute la littérature exilique. L'élève sera ainsi conduit de Philon[2] et Saadia[3], en passant par Gabirol[4], ibn Ezra[5], Juda Halévi[6], Maïmonide[7], Gersonide[8] et Albo[9], jusqu'à Caro[10], Isserlès[11], et même Mendelssohn et Zunz[12], voire plus loin encore selon les inclinations de l'enseignant. Il se trouve alors devant un matériau disponible en large part, mais pas totalement, en traduction. Le charme secret de la parole hébraïque n'est pas congénital à la plupart de ces productions, et moins encore aux plus importantes d'entre

1. Un midrach est un commentaire rabbinique de la Bible, destiné à élucider ou à enseigner.

2. Philon d'Alexandrie (entre 20 et 15 av. notre ère-entre 40 et 50 ap.) est en particulier l'auteur d'un immense commentaire allégorique de la Bible.

3. Saadia Gaon (882-942) est l'auteur de plusieurs commentaires et d'un important ouvrage philosophique de facture rationaliste, *Le livre des croyances et des opinions*.

4. Salomon ibn Gabirol (1020-1070), l'Avicebron des Latins, est à la fois poète et philosophe (« le poète des philosophes et le philosophe des poètes » dira H. Heine), auteur de la *Source de Vie* (Livre III. *De la démonstration de l'existence des substances simples*, trad. fr. F. Brunner, Paris, Vrin, 1950) et de *La couronne royale*.

5. Voir note 1, p. 241.

6. Voir note 1, p. 237.

7. Voir note 3, p. 237.

8. Levi ben Gershom (env. 1288-1344), auteur de commentaires philosophiques et théologiques, en particulier des *Guerres du Seigneur*.

9. Voir note 2, p. 237.

10. Joseph Caro (1488-1575) est en particulier l'auteur d'un code de la Loi qui fait encore autorité, le *Choulkhan Aroukh*.

11. La rabbin Moché Isserlès, le *Réma* selon son acronyme, est le grand décisionnaire du XVIe siècle (1520-1573) : il a annoté le *Choulkhan Aroukh*.

12. Voir note 3, p. 240.

elles. La traduction en allemand n'est donc pas un obstacle On peut voir beaucoup de choses en une année. 80 heures, ce n'est pas rien, c'est autant qu'un cours annuel de trois heures hebdomadaires à l'Université; et il faut les compter toutes car un enseignant qui croirait devoir faire « faire des interrogations écrites » à des jeunes gens de seize et dix-sept ans et sur un pareil matériau se disqualifierait d'emblée.

À la vison d'ensemble succède l'approfondissement. La dernière année sera essentiellement consacrée à la philosophie. Il faut alors laisser pleine liberté aux préférences de l'enseignant. C'est à lui de voir s'il veut étudier tel passage du *Kuzari*[1], des *Ikkarim*[2], du *Moré*[3] ou encore des *Hovot ha-Levavot*[4] ou s'il s'aventure avec ses élèves jusqu'au Zohar ou à Louria. Il ne s'agit plus comme au cours de l'année précédente d'insister sur l'impressionnante richesse historique de la littérature dans son ensemble mais d'approfondir concrètement tel ou tel point. Il se peut qu'un enseignant ait le désir d'étudier Job ou le Kohélet, il faut qu'il soit pleinement libre de le faire. Les impressions fortes et profondes conviennent parfaitement au futur bachelier. Il ne faut pas seulement qu'il considère le judaïsme comme un monde qui lui est propre, il doit aussi le connaître dans sa force intellectuelle et le garder en vie.

Tel est donc le programme. Séduisant, mais apparemment sans perspective de réalisation. La scolarité étalée sur neuf ans telle que nous venons de la présupposer se heurtera à une première objection. Car ce qui est ainsi expressément requis, c'est que chaque classe fasse vraiment l'objet d'un enseignement propre. Le système, si l'on peut nommer ainsi le simple résultat d'une perplexité, le système qui consiste à regrouper plusieurs classes en un « niveau » signifie la mort de tout enseignement vivant, lequel s'appuie idéalement sur un échange continu et réciproque entre l'enseignant et l'ensemble des élèves présents. Les deux tiers passifs des élèves doivent être un indicateur de mesure pour un bon professeur, c'est-à-dire pour un professeur dont l'enseignement tire sa signification des regards braqués sur lui. Sans rien dire du fait qu'une petite économie réalisée sur les salaires des enseignants se solde en fin de compte par un gâchis de temps pour les élèves. Et pourtant cette difficulté pourrait être facilement surmontée avec un peu de bonne volonté. Il suffit de regrouper les cours de l'ensemble des établissements secondaires de la ville ou de l'arrondissement jusqu'à composer des groupes d'une trentaine d'élèves,

1. *Le Kuzari. Apologie de la religion méprisée* de Juda Hallévi (1075-1141).
2. *Le livre des principes* de Joseph Albo (1360-1444).
3. *Le Guide des égarés* de Moïse Maïmonide (1138-1204).
4. *Introduction aux devoirs des cœurs* de Bahya ibn Paquda (seconde partie du XIe siècle).

effectif qui se réduira mécaniquement dans les classes supérieures. Il n'est pas exagéré ni inconvenant de demander aux établissements de dégager des heures dans l'après-midi mais il faudra sinon choisir des horaires moins favorables. Les heures du matin, en tout état de cause, il ne faut guère y compter. Il est préférable en règle générale de ne pas trop attendre de la bienveillance des autorités publiques et de tabler sur sa force propre. Il est inutile de se braquer sur l'obtention d'une obligation légale ou réglementaire d'assistance à nos enseignements ; certes, ce serait une belle et souhaitable preuve d'« égalité des droits », mais d'un autre côté ceci renforcerait l'influence étatique sur notre jeune institution d'enseignement juif plus qu'elle ne pourrait le supporter. Nous devons donc compter d'abord sur nos propres performances matérielles et pédagogiques tant pour le financement que pour le recrutement des élèves. La position centrale de l'hébreu dans notre enseignement (encore que la langue ne soit nullement pour nous un objectif pédagogique mais l'indispensable support de toute la formation) sera sûrement une écharde dans la chair des autorités. Bien que les volumes horaires qui y sont consacrés soient modestes – deux heures par semaine alors que les cours particuliers de musique prennent de quatre à six heures, exercice compris –, on fera certainement valoir l'objection de la surcharge, objection moins prise au sérieux par les « têtes juives » que par les autres. Et sans doute aura-t-on encore des inquiétudes plus profondes et difficilement avouables. Car il ne faut pas se cacher que c'est justement l'aile libérale de la politique allemande en direction des Juifs – de Dohm à Hardenberg et Humboldt[1] – qui n'a jamais eu qu'une idée : faire de l'émancipation le moyen de résoudre la question juive dans le sens d'une assimilation que même le plus assimilé d'entre nous et le plus partisan de l'assimilation ne pourrait guère reconnaître. Aussi ne pouvons-nous compter que sur un soutien mesuré, lequel proviendra plus probablement des conservateurs, qui se méprennent évidemment sur nos objectifs et nos raisons, que des libéraux. S'agissant de la question de la position du professeur dans l'équipe enseignante, il en va exactement comme pour les questions d'organisation scolaire. Là aussi, inutile de gaspiller dans la lutte pour le droit et la justice une énergie bien plus utile ailleurs. Ici comme toujours, il vaut mieux construire sur ses propres bases, de la cave au grenier. Une fois que l'édifice est là, impressionnant, alors les autorités publiques ne

1. C.W. Dohm, haut-fonctionnaire prussien, est l'auteur d'un ouvrage, *De la réforme politique des Juifs* (1781, trad. fr., Stock, 1984), qui eut en très grand retentissement en Europe. K.A. von Hardenberg est l'un des restaurateurs de l'État prussien. Rosenzweig se réfère ici à la note sur la réorganisation de la Prusse qu'il rédigea à l'intention du roi Frédéric-Guillaume III et qui prévoyait entre autres choses que l'égalité civique soit accordée aux Juifs. Fondateur de l'Université de Berlin, W. von Humboldt fut également l'un des artisans de ce renouveau prussien, dans ce même esprit.

manquent pas d'elles-mêmes et dans leur propre intérêt de lui concéder des droits officiels et de se ménager ainsi une influence en bonne et due forme.

Avec cette question des enseignants, nous entrons dans le vif du sujet et allons au cœur des problèmes concrets. C'est là que le bât blesse et c'est donc là qu'il faut faire porter l'attention. Il ne s'agit pas du tout de mettre en cause l'ensemble des enseignants de judaïsme pour les niveaux élémentaires. Pour des raisons personnelles et à partir de ses propres expériences d'enfant, l'auteur de ces lignes a le plus grand respect pour le souci pédagogique qui les anime, son sérieux et ses réussites. Ces enseignants n'ont pas démérité. Il faut toutefois affirmer et expliquer dans ce qui suit, davantage d'ailleurs à partir de points de vue juifs généraux que pour des raisons pédagogiques, le point suivant: l'enseignement tel que nous l'esquissons ici devra, dans toute la mesure du possible, être dispensé par des enseignants ayant reçu une formation universitaire. Et il ne suffit pas de confier cet enseignement, accessoirement, à un mathématicien ou à un philologue juifs – d'ailleurs on n'en trouverait évidemment pas assez, depuis la fin de la guerre, qui pourraient assurer la charge, en plus de leurs travaux, d'un cours de dix-huit heures. De toute façon, nous avons besoin d'un corps d'enseignants théologiquement formés de manière autonome, nous avons besoin d'une théologie scientifique indépendante de toute considération relative aux devoirs attachés à la fonction rabbinique.

Il n'est guère contestable que le rabbinat occidental moderne représente une nouveauté dans le cours de l'histoire des Juifs. On peut certes encore discerner le lien qui unit cette nouveauté aux temps plus anciens mais, de plus en plus, certains traits se font jour par où l'on voit le savant appointé d'autrefois qui était de quelque façon le représentant théologique de sa communauté se transformer en « ecclésiastique », voire pour certaines fonctions, en particulier dans les communautés « libérales », en prêtre d'aujourd'hui. Il n'est pas question de se perdre en vaines critiques de cette évolution. La nouveauté répond dans une certaine mesure à des besoins inédits. Ce qui peut être funeste, c'est que l'ancien soit éliminé sans que lui soit assurée une vie continuée, à côté du nouveau. De l'état de choses antérieur a complètement disparu ce qui est justement essentiel : le rabbin d'autrefois, comme c'est encore le cas dans les communautés de l'Est, s'il se singularisait dans sa fonction, ne le faisait guère dans sa culture, sans même parler de son mode de subsistance. À part les responsabilités liées à a charge, il n'était qu'un savant parmi d'autres dans la communauté, parmi de nombreux autres souvent. Ses titres, il les partageait partout avec un grand nombre des membres de la communauté, un peu comme le titre de docteur de nos jours. Mais alors que le doctorat ne distingue pas un groupe particulier dans la communauté à laquelle, par ce titre même, appartient le rabbin, la dignité de *morénou*[1] créé au sein de la communauté un cercle de savants juifs et au sein de la judaïcité le noyau d'un public. Et c'est justement cela qui fait défaut aujourd'hui, un public juif élargi dont l'ampleur correspondrait à celle, remarquable, de ceux qui s'intéressent de façon générale aux choses spirituelles. Ce manque se fait cruellement sentir. Dans nos communautés, le spécifiquement juif, au lieu d'être l'affaire de tous, est devenu la spécialité d'un tout petit nombre, voire de quelques-uns. L'intérêt juif se porte pour l'essentiel vers les affaires extérieures de la communauté et vers le rapport, également extérieur eu égard aux questions internes, à l'État et à la société. Le niveau de nos revues spécifiquement juives n'a été que ce qu'il pouvait être en fonction de cette situation. Et si on peut noter dans les derniers temps un tournant, il ne concerne que l'une des deux publications en cause qui n'est l'expression que d'un groupe minoritaire, bien qu'hautement représentatif; l'autre, par son manque saisissant de toute harmonique commune, ne fait que refléter cette absence de public dont nous parlions. Un organe où se ferait entendre à la fois l'unité d'un ton et la multiplicité des voix qui s'y expriment, un peu comme la *Christliche Welt*[2], n'existe pas chez nous et il n'est même pas concevable qu'on puisse en créer de pareil, étant donnée la situation présente. L'aplatissement intellectuel des associations qui se fixent pour tâche de produire et d'affermir un public juif de ce type, des cénacles littéraires et de certaines loges, n'est pas contestable. Ce n'est pas par des conférences sur tout ce qu'on voudra « et » les Juifs qu'on parviendra à approcher la sphère propre du judaïsme. Leur en faire le reproche serait inconvenant car elles tentent l'impossible et ce qu'elles souhaitent n'est absolument pas réalisable par des conférences et des associations s'il manque la base, s'il manque l'école. Voilà ce qu'on peut dire à propos du problème considéré du côté du récepteur, du public comme moteur, échangeur et chambre de résonance du développement.

L'autre côté, c'est la production scientifique elle-même. À l'heure actuelle elle est si bien avancée – cent années se sont écoulées depuis que le fondateur de la Science du « Judaïsme » est entré à l'Université[3] – que la guette le danger immédiat d'être chassée de son domaine le plus propre par la concurrence non-juive à laquelle, de toute façon, elle n'a jamais fait face à égalité de considération dans le champ de la recherche biblique. Autant ceci ne serait pas un grand malheur du point de vue général de la science (à y regarder de plus près, ce serait plutôt le contraire), autant cela peut être

1. Littéralement « notre maître », titre rabbinique.

2. Organe du protestantisme libéral, édité depuis 1886 et suspendu en 1941.

3. Leopold Zunz (1794-1886) s'inscrivit à l'Université de Berlin en octobre 1815 pour y étudier les sciences de l'Antiquité, la philosophie et les mathématiques.

dangereux pour nous. Il n'est pas nécessaire de s'étendre beaucoup plus sur ce point. Les expériences que nous avons faites en un siècle de traitement protestant de l'« Ancien Testament » parlent d'elles-mêmes. Si le christianisme modernisé doit être le critère scientifiquement reconnu même pour le « judaïsme post-biblique », alors on peut aussi bien laisser les choses à elles-mêmes. L'évolution de l'intérêt scientifique dans les cercles théologiques protestants est mûre pour cela. Des savants qui ne pourront jamais transmettre affectivement les propriétés de la pensée religieuse juive, quelles que soient leur finesse et leur sagacité, utiliseront leurs méthodes sur la *halakha* et la *haggadah*, sur la philosophie et la Kabbale et ensuite ils nous serviront des merveilles de la critique discriminante comme le sont par exemple la séparation entre le « chauvinisme juif » et l'« universalisme prophétique », « inconciliables » dans le Psaume 72 ou encore l'arrachement de la figure du serviteur souffrant de Dieu à la grande prédiction messianique de l'histoire du peuple et de l'humanité qu'on trouve dans Isaïe, 40 et suivants. Il y a bien des phénomènes relevant du domaine encore réservé à la Science du Judaïsme qui attendent la découverte protestante de leur « inconciliabilité ». Nous admirons évidemment nous aussi les réalisations de cette Science et lorsque nous parlons de « Isaïe, 40 et suivants ». nous reconnaissons notre dette envers elle, contre les suggestions elliptiques d'Ibn Ezra[1]. Et le fait que notre propre travail sur l'Écriture n'ait rien produit de comparable à ses résultats ne laisse pas de nous faire honte; d'autant plus que nous devons bien voir que nous n'avons vraiment pas manqué de « critique radicale » et qu'elle ne s'est exercée que sur d'autres objets. Nous devons donc au moins assurer ou conquérir une place, à côté de la science du protestantisme, à celle du judaïsme en tant qu'elle représente un point de vue disons indigène, intime et familier sur ces choses. Cette multiplication des points de vue bénéficiera en fin de compte tout autant à la première. Mais en l'occurrence nul signe et nul espoir ne sont en vue.

La raison de cette absence actuelle de perspectives est identique à celle de l'absence d'un public juif : l'aggravation dans la formation théologique des futurs rabbins. Ceci entraîne quasi-mécaniquement un appauvrissement spirituel ou tout au moins une unilatéralisation. Certes les facultés de théologie des Universités ont pour tâche à peu près exclusive de former les prêtres; mais leur grand nombre fait que, prises ensemble, elles constituent une masse propre d'édification et de sens collectif. Ainsi s'est développé en leur sein un corps enseignant relativement exempt de souci pédagogique et plus ou moins animé d'un esprit scientifique pur. Ce genre

1. Abraham ibn Ezra (1089-1164) est l'auteur de commentaires de tous les livres bibliques remarquables par leur écriture ambivalente.

de choses fut beaucoup plus difficile pour la Science du Judaïsme en raison, déjà, du faible nombre de ses représentants. Aussi les performances scientifiques y restèrent-elles toujours individuelles et n'aboutirent pratiquement jamais à la formation d'écoles, lesquelles seules assurent aux idées une influence universelle. Le vaste cercle créé par le grand nombre de facultés de théologie des Universités doit être produit par d'autres moyens chez nous. Pour parvenir à ce but, le développement d'un cercle d'activité scientifique propre et suffisamment large, s'offre à nous le même chemin que celui qu'il était requis d'emprunter pour la question de l'enseignement scolaire : créer un corps enseignant propre et théologiquement bien formé.

C'est moins la formation que l'entretien d'un tel corps qui semble inimaginable au vu des moyens existants. S'agissant de la formation, les séminaires rabbiniques actuels devraient finalement suffire. Évidemment une faculté de théologie dans le cadre d'une Université allemande demeure un objectif essentiel, la chose la plus importante peut-être que nous pourrions obtenir de l'État dans la phase actuelle, si nous consentons nous-mêmes aux indispensables sacrifices matériels. Sans même parler de l'atmosphère stimulante de la vie universitaire dans laquelle le théologien juif verrait ses recherches transférées, ce serait pour toute la judaïcité allemande un inestimable résultat que de posséder, par une faculté, une représentation spirituelle visible et prestigieuse – selon la conception allemande elle-même du rapport entre vie sociale et vie spirituelle qui est en l'occurrence la même que la conception juive. Ce ne sont pas les difficultés internes qui mettront en péril ce programme. La dualité des « orientations » religieuses est parfaitement surmontable. Il faut simplement prévoir un double enseignement par matière et donner ainsi une fondation à la division des matières : deux titulaires pour les textes bibliques, rabbiniques et philosophiques –bien sûr chacun de ces deux spécialistes se concentrera sur des objets différents dans le cadre de la spécialité elle-même ; pendant que le « bibliste libéral » travaillera sur la critique du Pentateuque, son collègue « orthodoxe » traitera du développement de l'exégèse, pendant que le professeur « libéral » de pensée rabbinique étudiera le Talmud en tant qu'objet de recherche qui lui est propre, le professeur « orthodoxe » se consacrera aux codificateurs, pendant que le philosophe « libéral » enseignera la science systématique des religions, l'« orthodoxe » travaillera sur l'âge d'or médiéval. Ainsi, étant donnée l'étendue des domaines, se disposera une division du travail naturelle, malgré le double enseignement. Un nombre point trop réduit de chargés de cours assurera les cours relatifs aux questions socio-historiques et éthico-pratiques ainsi qu'aux disciplines linguistiques. Ce n'est pas seulement l'araméen talmudique qui devra trouver sa place malgré le cadre universitaire, mais aussi certains domaines de l'arabe, la terminologie philosophique en particulier. Alors qu'il faut évidemment prendre en compte et tenter d'équilibrer l'opposition des orthodoxes et des libéraux en tant qu'elle est une opposition spirituelle, comme c'est le cas dans la gestion communautaire, l'autre grande opposition de notre époque qui coupe d'ailleurs la précédente, l'opposition entre le judaïsme national et le judaïsme confessionnel, devra être délibérément ignorée en tant qu'elle est une opposition essentiellement politique. Les questions de parti doivent être interdites –tel est le principe de tolérance interne de notre faculté de théologie. D'autres difficultés qui résulteraient des relations avec les institutions de formation des rabbins pourront s'aplanir avec un peu de bonne volonté. L'œuvre infiniment importante de notre enseignement ne doit pas être mis en échec par tout cela. Rassembler en notre sein les moyens requis à cette fin ne devrait pas être trop difficile. En revanche l'agrément du gouvernement, malgré des paroles d'amitié convenue, demeure problématique. Aussi la question devrait-elle être laissée de côté et nous comptons sur les établissements de formation préparatoire au rabbinat, techniquement suffisants tels qu'ils existent. On pourra leur confier la formation des enseignants, ils s'adapteront à cette nouvelle mission. Mais à présent se pose la grande question : quoi ensuite ?

Il ne suffit pas que le séminaire rabbinique nous fournisse des enseignants formés et prêts à l'emploi. On a déjà expliqué que nous n'avons pas seulement besoin de professeurs, mais aussi de savants actifs, d'un groupe de plusieurs centaines de personnes qui donneront à la science juive l'amplitude productive nécessaire, déchargés des tâches externes et surtout internes de leur fonction rabbinique. Et le savant et l'enseignant doivent tous deux loger dans une seule et même personne dont l'existence matérielle reposera sur ces deux piliers de son travail. Ce que nous demandons ici n'est réalisable que par les voies de l'auto-assistance, sans chercher à obtenir une participation de l'État. Il est vrai que les moyens nécessaires sont considérables, un multiple de la somme indispensable pour assurer le fonctionnement d'une faculté. Nous n'avons besoin de rien moins que d'une Académie pour la Science du Judaïsme. Nous devons dès à présent l'envisager selon une échelle qui fera apparaître minuscules les éléments qui en existent déjà. Car son objectif n'est pas simplement l'organisation du travail scientifique pour laquelle la barre inférieure peut être mise assez bas puisqu'un petit résultat est tout de même un vrai résultat dans le domaine de la recherche. Elle doit aussi viser au regroupement intellectuel et matériel de l'ensemble des enseignants du supérieur, soit un groupe d'au moins 150 enseignants-chercheurs, pour donner un chiffre. Pour ce faire, un capital initial de 2500 marks est indispensable pour au moins 150 bourses, les boursiers étant tenus de collaborer à l'une ou l'autre des institutions relevant de l'Académie. Ces institutions seront dirigées par leurs membres. Si une faculté se met en place, ses membres constitueront le vivier de l'Académie, lequel pourra s'accroître par un système de cooptation en fonction de la croissance des besoins. Dans le cas contraire, ce vivier d'enseignants-chercheurs proviendra des chargés de cours des séminaires rabbiniques et en sera l'émanation sous la forme d'une commission élue qui s'élargira également par cooptation. Le montant requis s'élève au moins à dix millions, ce qui correspond à peu près au budget annuel de l'ensemble des communautés juives d'Allemagne ou, en évaluation par tête, aux contributions allemandes à la défense nationale pour l'année 1913. On pourrait d'ailleurs essayer de rassembler cette somme selon ce modèle, sous la forme d'une «contribution unique à l'enseignement» répartie sur trois ans et réalisée par une association des communautés. Ce ne serait pas un moindre succès de cette initiative si, parallèlement à son but propre, elle pouvait être l'occasion de stimuler l'union des communautés allemandes dans la forme d'une association générale intercommunautaire. L'autre voie serait la voie chez nous habituelle, celle de la collecte; il serait financièrement intéressant que des donations de 50 ou 60000 marks (à 4%) du capital initial puissent faire l'objet d'une reconnaissance éternelle –les publications nourries par cette manne portant sur leur couverture le nom à la mémoire de qui la donation aura été faite.

Les bénéficiaires des bourses, sans y être obligés, chercheront à travailler comme enseignants dans les communautés. Celles-ci devront payer pour les dix-huit heures d'enseignement hebdomadaire un traitement considérable par rapport à leurs dépenses pédagogiques générales mais cependant bien maigre par rapport à ce que versent l'État ou les villes aux enseignants du secondaire et du supérieur. Supposons que telle communauté paie 2500 marks, cela permet la création d'emplois à 5000 marks pour les boursiers de l'Académie, ce qui constitue un revenu très honorable si l'on considère que ces emplois peuvent être créés avant le milieu des années 20. Pour la communauté, les dépenses extrêmement élevées engagées pour l'enseignant s'avèreront d'un vrai profit également hors de l'école. La prise en charge du traitement d'un enseignant qui n'officiera que dans les écoles supérieures se justifiera, quand bien même les charges communautaires, dans la répartition socialement exemplaire de notre système de contributions, pèsent surtout sur les épaules de ceux qui envoient leurs fils dans les écoles supérieures. En tout état de cause, ces dépenses communautaires s'avèreront justifiées et bénéfiques. Essayons maintenant de nous représenter la position de ce nouvel enseignant.

Il se tiendra à côté du rabbin, dans son autonomie à lui et à égalité de formation théologique. Mais à la différence du rabbin, ou en tout cas de ce qui se passe dans la plupart des cas, son travail à l'Académie le plongera dans l'atmosphère féconde créée par une activité scientifique importante. Comme ses charges d'enseignement ne le requièrent que l'après-midi, et qu'elles sont moins lourdes que celles de son homologue du public, il disposera d'une vraie liberté pour ses travaux scientifiques. Sa position sociale reposera moins sur son professorat localement situé que sur son appartenance à un vaste corps d'enseignants-chercheurs qui embrassera tout le Reich, voire toute l'Europe centrale si les choses évoluent en ce sens après la conclusion de la paix. Collaborateur de l'Académie, il prendra en main l'organisation des conférences sur le judaïsme au sein de la communauté, en y participant lui-même en partie et fera souffler dans les cercles de littérature l'air frais d'une vie scientifique de grande envergure. Il ne manquera pas de s'occuper également des communautés des localités voisines, plus petites, par des manifestations occasionnelles. Au cours des ans, ses propres élèves finiront par constituer un public vivant et intéressé. Des bibliothèques communautaires où la salle de lecture est fréquentée par des lecteurs nombreux et qui s'y sentent chez eux, à l'exemple, unique jusqu'à présent, de ce qui se passe à Berlin, se développeront partout; et cela sera d'autant plus aisé que ne manquent pour ce faire que la volonté et l'impulsion et non la possibilité extérieure. Dans beaucoup d'endroits en effet, il faudrait simplement trouver l'énergie de rassembler les réserves et les fonds existants et dispersés et d'instituer sur une base partiellement bénévole un service de surveillance et de prêt et l'on pourrait reproduire le modèle berlinois, même dans une modeste mesure pour commencer. L'enseignant représentera aussi la vie intellectuelle et spirituelle de la communauté vers l'extérieur, beaucoup plus activement que cela n'était possible pour le rabbin. Dans les villes moyennes ou grandes où n'existe pas d'Université, il appartiendra, comme « orientaliste », au petit cénacle des coryphées scientifiques locaux. Comme elle ne reposera pas seulement sur les activités qui sont habituellement celles du rabbin, sa position sera comparable à celle du directeur du musée ou de la galerie de peintures, du conservateur de la bibliothèque, de tel ou tel professeur de lycée ou prêtre particulièrement actif sur le plan de la science, ou encore du directeur artistique du théâtre ou de l'orchestre municipal. Cet enseignant apportera donc, au-dedans comme au-dehors, une vie nouvelle dans l'existence de la communauté.

Nous avons besoin de cette vie nouvelle. Les espérances suscitées chez nous, dans certains cercles, au moment où la guerre a éclaté, qu'un nouveau temps s'annonçait pour les Juifs d'Allemagne, sont retombées. Ceci est heureux d'un point de vue sérieusement juif. Il n'est pas bon que les grandes mutations tombent d'en haut et du dehors dans le giron de l'excellence, à la façon d'un octroi. À l'excellence en effet, le temps ne doit rien offrir qu'elle n'ait elle-même porté à sa maturité. L'égalité tout extérieure des droits, si chèrement espérée aurait été un présent de ce genre. Nous aurions alors atteint individuellement ce qui aurait été collectivement refusé, soit au fond l'état de choses allemand tel qu'il prédominait déjà; à ceci près que ce qui revenait autrefois à quelques individus serait alors obtenu par beaucoup, et même par la plupart d'entre nous. Mais de nombreux individus, voire la totalité des individus, ne sont pas encore une communauté, laquelle est mieux sauvegardée à certains moments par le petit nombre que par le grand. C'est à elle qu'il revient de conquérir l'« égalité des droits », ou plutôt non de la conquérir mais de l'acquérir par un travail. Si nous obtenons pareille égalité des droits pour la communauté, pour le judaïsme, alors suivra naturellement l'égalité des droits des individus, de la judaïcité. Mais le chemin qui mène à cette égalité des droits de la communauté passe par l'organisation qui est le point où le travail conscient des individus trouve la voie vers l'esprit de la communauté.

Lorsqu'en Allemagne, dans la première moitié du siècle écoulé, on commença à promouvoir la participation à la vie commune du peuple et de l'État, on le fit en abattant par la loi les barrières qui empêchaient les individus d'approcher cette vie. Mais que cet individu à émanciper ait été lui-même entouré de barrières qui l'éloignaient d'une vie commune propre, cela semblait dans le moins mauvais des cas une difficulté de peu d'importance. Ouvrons-lui toute grandes les portes de la grande communauté nationale et politique et les chaînes tendues devant l'accès à la vieille communauté de sang et d'esprit tomberont d'elles-mêmes. Seuls les réactionnaires pensaient alors autrement. La législation sur les Juifs préparée par Frédéric-Guillaume IV[1] projetait également, à sa façon, de faire participer les Juifs à la vie de l'État, mais non pas sur la base du droit ouvert aux individus, mais au contraire sur la base d'une constitution corporative de la « juiverie ». Ceci correspondait aux conceptions de l'État de ces milieux, orientées vers une reviviscence de la structuration corporatiste du peuple. Or, par rapport aux Juifs justement et par rapport au mouvement d'acculturation individuelle et personnelle qu'ils avaient d'eux-mêmes engagé dans ces décennies, les mauvaises intentions régressives étaient par trop visibles sous le vêtement idéel d'une philosophie de l'État. Aussi ces projets sont-ils restés lettre morte. Et aujourd'hui même, personne d'un tant soit peu raisonnable parmi nous ne voudrait les voir réanimés. Mais les temps où prévalaient les représentations individuelles des droits, telles qu'elles ont vaincu au moins sur le papier, ont également bien changé. Nous avons

1. Le règne de ce monarque (1840-1861) est marqué par un ultra-conservatisme clérical, une volonté de revenir sur le statut des Juifs et l'hostilité à toute forme de parlementarisme.

appris que l'égalité juridique des individus, consignée dans le droit, est d'un maigre gain. Aussi longtemps qu'on permet à l'individu, sous certaines conditions, d'agir comme individu tout en fermant complaisamment les yeux sur le fait qu'il appartienne à la communauté, tout ce que l'individu obtient, même s'il ne renie pas son appartenance, est au mieux un bien pour la communauté d'un point de vue matériel, mais ce n'est pas un bien et c'est même carrément un mal du point de vue des idées. La communauté, en ordre compact, doit devenir visible à l'extérieur et agissante à l'intérieur afin qu'en dépit de notre fidélité personnelle, en nous présentant tels que nous apparaissons, elle ne soit pas regardée comme une marque qui nous distinguerait du monde extérieur, inoffensive au mieux. Il ne s'agit pas d'incorporer organiquement la juiverie, comme le souhaitaient les réactionnaires du milieu du XIXe siècle, mais le judaïsme. Il ne s'agit pas de créer des organisations issues de cette juiverie, mais des instances spirituellement juives. L'esprit du judaïsme exige des lieux où il puisse être chez soi et avoir souci de soi. Le problème de la formation juive, à tous les niveaux et sous toutes les formes, est la question juive vitale du moment présent.

De l'instant. Car en vérité, le temps d'agir est venu.

> « Il est grand temps d'agir pour le Seigneur : ils ont violé sa loi » (Ps. 119, 126)

(La deuxième édition[1] *de* « Il est grand temps... » *est précédée de la préface suivante :)*

Ce petit écrit est réédité quelques semaines après sa première publication, sans aucune modification. Il a recueilli bien des adhésions et bien des refus – les premières vont surtout aux réflexions sur l'Académie esquissées aux pages 10 et suivantes, les seconds au projet de programme d'enseignement religieux esquissé à titre d'exemple. L'auteur voudrait s'associer aux accords autant qu'aux désaccords qui se sont exprimés. Le *programme d'études* que j'ai esquissé n'avait pour but que d'illustrer la direction dans laquelle il convient d'aller, d'indiquer le mouvement que doit prendre notre enseignement. Que le but puisse être atteint entièrement ou moyennant de fortes réductions, qu'il faille y tendre dans toute son ampleur ou non, ceci relève de la décision des spécialistes. Qu'il faille en revanche chercher dans cette direction (celle d'une initiation aux sources elles-mêmes et non pas d'un enseignement à prégnance historique ou d'un catéchisme doctrinaire), j'en étais et j'en demeure absolument convaincu.

1. « *Il est grand temps...* » a été rédigé au début de l'année 1917. La première édition est parue à la fin de cette même année dans les *Neue Jüdische Monatshefte*. La seconde édition dont il est ici question date du printemps 1918. Le texte a été ensuite repris dans les *Kleinere Schriften* de 1937.

Voilà pour la question du programme. Les choses sont différentes quant à l'*idée d'une Académie*. Avec la création d'un corps strictement scientifique de théologiens qu'elle comporte en elle-même, je l'ai présentée comme la base indispensable de tout renouveau de l'enseignement de religion, quelque forme que prenne ce renouveau. En même temps, c'est ce programme-là et lui seul dont j'ai souligné qu'il requérait en tout premier lieu (et permettait) une réalisation. Si, comme il semble bien en ce moment, le judaïsme allemand faisait porter ses efforts les plus actifs sur cette tâche, alors nous serions déjà engagés sur la voie que mon petit écrit voulait indiquer.

FORMATION SANS FIN

Souhaits quant à la question de la formation juive actuelle, et particulièrement quant à la question de l'école publique supérieure
L'Ecclésiaste, XII, 12[1]

À Édouard Strauss.

« Les souhaits sont les messagers de la confiance »

Lorsque, il y a maintenant trois ans, j'adressai à feu notre grand maître, Hermann Cohen, mon appel, « Il est temps » – il est temps que quelque chose d'essentiel se produise dans la formation juive sur le sol allemand – je conclus par ces mots : le problème juif de la formation, à tous les niveaux et dans tous ses aspects, est, pour l'heure, la question vitale du judaïsme. L'heure est passée; la question subsiste. La nécessité exige l'action, toujours aussi impérieusement. Et il ne suffit pas de semer les graines qui ne germeront peut-être que dans un lointain futur et donneront alors leurs fruits. C'est aujourd'hui que la nécessité est urgente, c'est maintenant qu'il faut trouver le remède. Une thérapie recourant à d'artificiels détours n'est pas adéquate. Qui veut porter secours doit faire vinaigre faute de quoi ses patients auront perdu la vie.

Faire des livres est sans fin, dit l'Ecclésiaste. L'idée que j'exposais, à l'époque, à Hermann Cohen et à laquelle il donna vie avec toute la fougue de ses derniers jours, l'idée de rénover, sur le plan social et intellectuel, la situation de l'enseignement juif en Allemagne en le dotant d'un centre avec l'Académie pour la science du judaïsme, cette idée, entre temps, est devenue largement étrangère à l'intention de Hermann Cohen. L'Institut de recherche, qui a vu le jour à Berlin et qui est le germe de la future académie,

1. Le texte biblique dit exactement : « faire des livres en grand nombre serait sans fin et beaucoup d'étude est une fatigue pour la chair ».

poursuit directement et d'emblée d'autres buts dont on peut tout à fait se persuader de leur légitimité sans pour autant admettre leur urgence, la situation actuelle étant ce qu'elle est. Le visage du monde est tel aujourd'hui que l'on devra sans doute se résoudre à différer bien des choses en elles-mêmes très souhaitables pour, non pas des jours, mais des siècles meilleurs. Et qu'il puisse être urgent – qu'on me comprenne bien : urgent pour l'instant – de donner une organisation à la science du judaïsme, donc d'inviter des gens, peu importe qu'ils soient juifs ou pas, à écrire sans fin des livres sur des sujets touchant le judaïsme, personne, bien sûr, ne l'affirmera. Moins que jamais nous avons besoin de livres aujourd'hui; plus que jamais, non, autant que jamais, nous avons besoin d'hommes. Des hommes juifs : pour une bonne fois dire le mot d'ordre qu'il importe aujourd'hui de débarrasser des effluves partisanes qui y adhèrent. Car il ne faut pas entendre l'expression dans son sens qui n'est large qu'en apparence et, en vérité, bien trop étroit – je dirais même étroitement juif – où voudrait l'entendre un sionisme rien que politique, voire rien que national-culturel. Ici, au contraire, il est employé en un sens qui, certes, inclut ces acceptions sionistes, mais va aussi bien au-delà. L'homme juif – cela n'implique ici aucune délimitation face à d'autres formes d'humanité; aucune cloison ne saurait être érigée là; même au sein de chaque individu plusieurs sphères peuvent coexister ou s'interpénétrer; ce n'est pas autre chose que donne à constater la réalité que seul un entêtement obtus pourrait dénier. De fait, il semble qu'un tel entêtement et son pendant, la dénégation lâche, caractérisent tous deux l'image que donne le judaïsme actuel. Et si le problème était posé comme se le posent aujourd'hui les partis extrêmes des deux bords, les sionistes et les assimilationistes, c'est-à-dire sous la forme germanité et judéité, sa solution ne pourra, en fait, être que l'alternative suivante : entêtement ou dénégation. Mais on fait tort à la judéité de l'homme juif, lorsqu'on la met sur le même plan que sa germanité. La germanité se délimite nécessairement face à d'autres peuples. La germanité de l'homme juif exclut qu'il puisse être à la fois anglais ou français. L'allemand n'est précisément qu'allemand, et non pas simultanément anglais ou français de surcroît. La langue elle-même se hérisse de manière significative devant l'expression d'être humain allemand. L'Allemand est allemand, il n'est pas un « être humain allemand ». Il y a certes des rapports entre le fait d'être allemand et le fait d'être un être humain, des rapports sur lesquels des philosophes de l'histoire peuvent méditer et dont la réalisation est sans doute l'œuvre de l'histoire vivante qui progresse. Mais entre sa judéité et son caractère d'être humain, il n'y a pas de « rapports » qui dussent d'abord être découverts, médités, vécus, créés. Là, les choses sont différentes : en tant que juif, il est homme; en tant qu'homme, il est juif. On est un « enfant juif » comme on respire. C'est quelque chose qui court dans les veines de notre vie, selon un débit plus ou moins faible mais qui en tout cas les parcourt jusqu'au bout des doigts. Ce courant peut être d'un niveau très faible ; mais chacun devine qu'en lui le Juif n'est pas un élément à part, délimité par rapport à d'autres domaines circonscrits, mais une force, de grande ou de moindre ampleur, qui supporte tout l'être et l'envahit de sa pulsion.

Or cette force, puisqu'elle ne se limite pas au sein de chaque juif, ne le délimite pas non plus lui-même vis-à-vis de l'« extérieur ». C'est elle qui, précisément, en fait un être humain. C'est assez étrange pour un cerveau borné par le nationalisme : cet être-juif n'est pas une barrière qui délimite le Juif face à quoi que ce soit qui se délimite lui-même. Seul ce qui est limité trouve sa limite dans le limité. Ce qui n'est pas limité ne se délimite qu'en fonction de ce qui est illimité. L'être humain juif ne rencontre pas sa limite dans le Français ou l'Allemand ; il ne la rencontre que dans l'homme, qui est tout autant sans limite, tout autant… humain que lui : dans le chrétien, le païen. C'est uniquement avec ceux-là qu'il serait légitime de mettre sur un même plan l'homme juif. Avec eux, il rencontre des hommes qui revendiquent de la même manière d'embrasser toutes les dimensions de l'humain, et sont d'ailleurs tels : par-delà toutes les divisions en peuples et en États, toutes les distinctions selon les dons et les caractères (car ces derniers aussi tracent des frontières entre les hommes). Pour l'homme juif, son judaïsme ne doit pas être moins totalement englobant, moins totalement pénétrant, moins totalement adhérent que le christianisme pour l'homme chrétien, le paganisme pour le païen humain.

Alors de quoi s'agit-il ? Encore une fois et malgré tout de la vieille mélodie, épuisée d'avoir été jouée un bon siècle durant, qui présente le judaïsme comme une « religion », voire comme une « confession » ? Cette vieille conception d'un siècle qui a tenté de soigneusement diviser l'unité de l'homme juif en une « religion », destinée à quelques centaines de rabbins, et une « confession » bonne pour quelques dizaines de milliers de citoyens aisés ! Dieu nous préserve de vouloir faire de nouveau tourner ce disque qui ne dispense plus aucun son pur – l'a-t-il jamais fait ? Non, ce que veut dire pour nous le judaïsme, l'être-juif de l'homme juif, n'est rien qui pût être appréhendé dans une littérature « religieuse », pas même dans une « vie religieuse » ; et ce n'est rien non plus qui peut être « déclaré » à titre de « confession » face à un représentant de l'État. Car ce n'est précisément pas quelque chose, telle spécialité parmi d'autres, telle sphère de l'existence parmi d'autres, tout ce à quoi la félicité culturelle du siècle de l'émancipation a voulu le réduire, c'est, au contraire, dans l'homme dont il fait un homme juif, quelque chose d'imperceptiblement ténu et pourtant d'incommensurablement grand, son secret le moins accessible qui transpire néanmoins dans tous ses comportements, dans toutes ses paroles, et qui est le plus manifeste dans ce qui est le moins pris en compte. Cet être-juif auquel je pense n'est pas d'ordre « littéraire ». Il ne sera pas appréhendé par le fait de faire des livres ; pas davantage par la lecture. Il ne sera pas même l'objet d'une « expérience vécue » – puissent tous les esprits modernes me le pardonner ! Tout au plus sera-t-il vécu. Et peut-être pas même cela, car on l'*est*.

On l'est. Mais, bien sûr, *cela* est aussi. Et parce que cela est, parce que c'est déjà là, parce que c'était là, avant que je sois, et que cela sera même lorsque je ne serai plus, dans cette mesure – et uniquement dans cette mesure-là – c'est aussi de la littérature. C'est uniquement dans cette mesure qu'il y a des questions touchant la formation juive. Toute littérature n'est d'ailleurs écrite qu'au nom de ce qui est à venir. Et en raison de ce qui en chacun demeure toujours à venir. Le langage juif, qui ne connaît pas de « lecture » qui ne soit une « étude », divulgue ce secret de toute littérature. Car, pour ces temps, mordus de culture, étouffés par elle, c'est un secret, quoique dépourvu de tout voile, que les livres n'existent qu'afin d'offrir à ce qui est à venir ce qui a déjà eu lieu, mais que ce qui se situe entre ce qui a déjà eu lieu et ce qui est à venir, le jour actuel, l'aujourd'hui, le présent, la... vie, n'a pas besoin de livres. Si je suis, qu'ai-je besoin de m'interroger sur ce qui pourrait me « former » ? Je suis, en effet. Mais des enfants arrivent et posent des questions ; et en moi-même l'enfant s'éveille qui n'« est » pas encore, qui ne « vit » pas encore ; et il interroge, veut être formé, veut devenir : quoi ? Eh bien, ce qui est vivant, ce qui ... est. Et c'est là que la production livresque touche a son terme.

Car la vie se situe entre deux temps, c'est l'instant entre le passé et le futur. L'instant vivant lui-même est la fin de la production livresque. À lui se heurtent durement deux domaines de la production livresque, deux domaines de la formation culturelle. En eux, la production livresque est sans fin. La recherche du passé est sans fin, elle, pour qui l'instant n'a aucune valeur tant qu'elle ne l'a pas épinglé dans l'une des boîtes à papillons du passé, et qui ne veut connaître du futur que ce qu'elle peut s'en représenter par analogie avec le passé. L'enseignement de ce qui est à venir ne connaît pas non plus de fin, lui qui n'a besoin du présent que pour éclairer de ses braises les âmes sommeillantes du futur, et qui ne retient du passé que ce qu'on peut en enseigner, que ce qui trouve une place au sein des âmes éveillées de la génération nouvelle. La science ne connaît donc pas de fin, l'enseignement est sans fin. Mais, entre les deux brûle la flamme du jour ; elle ne se nourrit que du matériau limité de l'instant ; mais, sans ses braises, le futur resterait clos ; sans sa lumière, le passé serait invisible. C'est seulement de l'esprit affranchi de la lettre que proviennent, dans les sphères qui le limitent, celle de la recherche et celle de l'enseignement, que pénètrent dans la science et l'instruction, force et vie.

Recherche et enseignement, science et transmission : parmi nous, tout cela est mort. Cette phrase pourra sans doute heurter bien des oreilles, mais, en l'écrivant, je sais ne faire qu'un avec les meilleurs des jeunes gens et – Dieu merci ! car sans cela je n'aurais pas confiance en moi – des anciens aussi. Depuis Mendelssohn et Zunz, notre science n'a plus le courage d'être elle-même et court au contraire derrière celle des « autres » à distance respectueuse. À distance respectueuse. Ce qui, chez eux, est déjà *vieux jeu*[1] fait, chez nous, l'objet d'un étonnement empressé qui y voit encore le *dernier cri*[2] – chez nous, dans le cercle, à juste titre très restreint, de ceux qui portent attention à ce ballet d'ombres. Ce qui, dans l'Allemagne intellectuelle, est chanté par les moineaux sur tous les toits, passe, chez nous, pour une hérésie inouïe. En quittant le vieux ghetto, nous nous sommes le plus vite possible enfermés dans un nouveau. Avec cette seule différence que, désormais, nous ne voulons pas même le savoir, et que nous pratiquons une science qui, à très peu d'exceptions près, est aussi peu allemande *et* aussi peu juive que… eh bien les noms propres « allemands » dont s'affublaient nos arrière-grands-pères dans la première ivresse de l'émancipation.

Et l'enseignement n'est pas dans une situation meilleure. Je ne vais pas répéter ce que j'ai déjà dit, en détails, il y a trois ans[3]. On s'en est tenu à mon programme utopique d'enseignement qui, volontairement, dépassait les limites de ce qui était tout d'abord accessible, et on a souvent cru mettre ainsi un terme à la critique de la pratique actuelle de l'enseignement. Or elle est toujours valable, quand bien même toutes mes propositions de réforme seraient absurdes, ce qui n'est pas le cas. Ma critique disait ceci : la tentation du baptême, qui chaque année nous prive, non pas des pires en dépit de toutes les dénégations, mais des meilleurs, grève notre enseignement religieux. Les vers de Max Brod sur cette situation, dans son grand poème « Aux Juifs baptisés », sont aussi vrais que de la prose. Certes, les individus sont la plupart du temps innocents. Le problème forme un tout : nous n'avons pas d'enseignants parce que nous ne disposons pas du statut d'enseignant ; nous n'avons pas de statut d'enseignant parce que nous ne disposons pas d'un statut de savant ; nous n'avons pas de statut de savant parce que nous n'avons pas de science. Enseignement et recherche se sont l'un et l'autre étiolés. Ils ont dépéri parce qu'il nous manque ce qui seul rend vivants science et enseignement : la … vie.

1. En français dans le texte.
2. En français dans le texte.
3. Dans *Il est grand temps…*

La vie. Entre les deux sphères de la formation et sa production livresque illimitée s'est ouverte une faille, une lacune qui n'a pas été comblée depuis plus d'un siècle. Au judaïsme allemand émancipé, il manque une plate-forme de la vie juive qui rendrait justice au présent sans livres. Jusqu'à l'émancipation, cette plate-forme était l'existence encadrée par la loi traditionnelle juive, la vie domestique juive et le culte synagogal. L'émancipation a fait voler en éclats cette plate-forme. Bien sûr, des fragments de ces trois composantes existent encore, mais précisément parce qu'ils sont uniquement fragmentaires, ils ne sont plus ce qu'ils étaient jusqu'alors dans leur contexte cohérent : la seule plate-forme de la seule vie véritablement vécue au présent; ils avaient pour seule vocation de servir la science et l'enseignement dont, en retour, ils tiraient leurs meilleures forces.

Là, aujourd'hui, où la Loi est encore observée au sein du judaïsme occidental, on ne rencontre plus la « judéité » de la vie, obéissant en quelque sorte à chacun des paragraphes mais au demeurant simplement évidente ; la Loi a au contraire été dotée d'une pointe et – à l'encontre de son sens véritable – une pointe qui n'est pas d'abord tournée vers l'extérieur, mais vise, au sein du judaïsme, la grande majorité de ceux qui n'observent plus la Loi. Parmi nous, aujourd'hui, elle distingue davantage le Juif du Juif que les Juifs des non-Juifs.

De même que la Loi, parce qu'elle est expulsée de l'unité qu'elle formait avec la maison et le culte, n'est plus ce qu'elle était, de même les deux autres composantes. La maison juive, là où elle se maintient, n'est plus aujourd'hui le cœur dont tire sa dynamique le flux vivifiant de toute vie juive pour y retourner; lentement mais sûrement, la famille a perdu la position d'autorité qu'elle occupait au sein de la vie juive. La vie vient de l'extérieur et impose ses propres exigences : la maison juive peut s'imposer, et cherchera à le faire, face au monde extérieur, mais le point suprême auquel elle pourra parvenir est précisément s'affirmer. L'unité entre vie domestique et vie professionnelle est compromise sans espoir. Tout comme la plus sévère orthodoxie est contrainte d'introduire ses rejetons dans deux sphères culturelles, et se voit dans la nécessité d'exagérer, en lui donnant une nouvelle signification positive, l'opposition entre Tora et sphère profane *(derekh erez)*[1] qui avait peu de sens pour le judaïsme ancien, la maison n'est plus elle aussi qu'« une part » de la vie qui en a une « autre », juxtaposée – hors de la sphère domestique : cette autre part, la profession, l'activité publique n'est plus l'émanation naturelle de la sphère domestique rayonnant à l'extérieur, elle est au contraire subordonnée à des

1. « Tora et vie profane » fut le mot d'ordre de la Haskala, les Lumières juives, auquel, à la fin du XIXe siècle, s'opposa le rabbin Hirsch, tenant de l'orthodoxie et hostile également au courant de la « science du judaïsme ».

exigences spécifiques, à des lois propres; la maison n'est plus le lien qui assure l'unité de la vie juive.

La synagogue, enfin – elle semble être la source principale d'un courant de vie juive, bien que son débit soit misérablement ténu, qui traverse néanmoins le Juif même si elle ne l'imprègne pas. Même l'assimilationiste le plus assimilé garde la plupart du temps l'habitude, ne serait-ce qu'à l'occasion d'une « fête spirituelle » ou, du moins, lorsqu'il se marie, à tout le moins lorsqu'on l'enterre, de prendre encore part à la vie de la synagogue. Et il se gardera de la déprécier par ses propos, celui qui sait et a lui-même éprouvé à quel point même ce que j'appellerais le simple judaïsme de Kippour[1] peut receler de joyaux uniques et essentiels tirés du trésor de la tradition, quelles forces peuvent y sommeiller. Mais qu'elle puisse être pour notre communauté ce qu'elle fut, voilà qui est exclu pour la même raison que c'est également hors de question pour la maison et la Loi. Même s'il est possible – et je pense que ça l'est ! – en partant du petit reste qui, ici, pour bien des gens, est l'unique chose qui a subsisté, de regagner, fragment par fragment, un rapport au tout, cette totalité elle-même n'est plus un tout. Car elle ne se situe plus, facteur de parachèvement, dans la chair d'une vie vivante; le factotum de la communauté ne vient plus frapper aux portes des foyers pour appeler les hommes « à la Schul[2] »; et combien de synagogues des villes allemandes ont encore, de nos jours, une salle d'étude, avec les lourds in-folio de la Loi et de ses commentaires, qui jouxte directement la salle de prière? Au contraire, la synagogue est devenue, tout à fait dans le sens du XIXe siècle pénétré de culture et attaché à tout classer en rubriques, le « lieu sacré » de l'« édification religieuse » (ou bien elle prétend être devenue un tel lieu); la « religion » à qui la vie refuse un lieu – à juste titre ! Car elle se défend à bon droit de pareilles prétentions morcelantes et mortes ! –, se cherche un petit coin plus sûr où elle ne sera pas dérangée; vraiment un petit coin: la vie continue à s'écouler tranquillement passant au large. La synagogue n'est pas non plus en mesure de faire ce dont ni la maison ni la Loi ne sont capables, à savoir donner au judaïsme allemand une plate-forme de vie juive.

Qu'est-ce qui assure ou assurait depuis les débuts de l'émancipation la cohésion de la communauté juive allemande? Où se révèle ce que la vie actuelle a de commun et qui seul pourrait assurer la transition du passé révolu au futur de ce qui est en devenir? La réponse fait frémir. Il n'y a qu'une seule chose qui unisse la vie des Juifs allemands d'aujourd'hui

1. Rosenzweig fustige ceux qui ne vont à la synagogue que le jour du Grand Pardon ou ne la fréquentent qu'à l'occasion de tel ou tel moment important de l'année liturgique.

2. C'est-à-dire à la Maison d'étude (littéralement : « à l'école », synonyme de synagogue pour le monde yiddish).

depuis l'irruption de l'émancipation en en faisant une prétendue « vie juive » : l'émancipation elle-même, la lutte juive pour le droit. Elle seule rassemble tous les Juifs allemands, et elle seule n'inclut que les Juifs. C'est d'elle que devraient partir les forces actuelles qui pourraient ouvrir le passé au regard du chercheur, le futur à la volonté virile. Chacun sait ce qu'il en est de cette lutte. En fait, c'est là que gît l'ultime raison responsable de l'état déplorable de notre science, de notre enseignement. Car cette lutte pour la reconnaissance des droits, civiques et sociaux, est effectivement devenue l'unique force « vivifiante » jaillissant de la vie réelle et pénétrant la science comme l'enseignement. C'est pourquoi ni l'une ni l'autre n'ont pu s'affranchir des œillères de l'apologie. Au lieu de ressentir de la joie au contact de ce qui nous est propre et de l'enseigner, l'une et l'autre ont constamment voulu simplement excuser l'existence de ce qui nous est propre. Et c'est ainsi que nous en sommes arrivés à la situation qui est aujourd'hui la nôtre.

Le sionisme, diagnosticien de génie, thérapeute fort médiocre, a bien identifié le mal, mais a appliqué le mauvais traitement. Ce qu'il a discerné, c'est cette carence actuelle de vie juive propre, d'une vie qui devrait pouvoir faire état d'autres biens partagés que la propriété commune d'une érudition morte, que personne ne connaît, appelée « science du judaïsme », et la « défense commune contre l'antisémitisme ». Ce qu'en outre il a discerné en se montrant alors pathologiste et non plus seulement diagnosticien, c'est que la seule chose saine, la seule qui soit encore intacte dans l'homme juif, c'est l'homme juif lui-même. Le sionisme n'a cessé, explicitement et inconsciemment, de le dire et de le redire : ce qui, en vérité, assure depuis toujours notre cohésion, ce qui est le seul terrain ferme sur lequel les représentants historiques de la vie juive – aux temps anciens, la terre, l'État et le droit, aux époques ultérieures, la Loi, le culte et la maison – ont pu se développer, c'est l'unité de l'homme juif. Mais au moment où est formulée la grande question de savoir ce qui doit arriver et comment, sur ce terrain dévasté mais inaltérable, de nouvelles générations, remplaçant celles qui sont devenues stériles, pourront être mobilisées, et comment, greffés sur elles, les individus sentiront de nouveau la sève de l'ancien flux, inépuisable, les parcourir, à ce moment-là, le sionisme flanche. Il s'imagine lever les détresses européennes qui affectent le présent juif en ouvrant une échappatoire vers un avenir palestinien. Mais en restant obnubilé, comme envoûté, par cette manière d'échapper à l'Europe, il en revient sans cesse, pour l'homme juif de l'« entre-deux » – et le présent est toujours un « entre-deux » – à des tentatives de l'isoler le plus possible. Puisque tout le salut est imaginé provenir d'un État isolé, on isole – c'est ainsi que calcule le sionisme – d'abord ici l'homme juif. On lui forge artificiellement, en Europe, des formes intérieures et extérieures d'exterritorialité. On lui donne la possibilité de faire des randonnées juives, de faire de la gymnastique juive, de parler juif, de lire juif, *bien qu'*il vive en Allemagne. Au lieu d'une « patrie portative » – c'est ainsi qu'on appelait fort justement l'ancien tout constitué de la Loi, de la maison et du culte –, on est censé lui fournir une absence portative de patrie; en effet, tout cela, toute cette nouvelle mode juive, « vouloir vivre en juif envers et contre tout... » ne peut pas conduire plus loin qu'à un sentiment de *n'*être de toute façon *pas* chez soi en *Europe*; et, selon le projet sioniste, il n'est pas question que cela conduise au-delà. Ce serait aller tout à fait contre le sens de cette politique sioniste de l'exil *(Galutpolitik)*, si, par ce biais, surgissait soudain non plus un sentiment portatif, mais un véritable sentiment juif d'appartenance à la patrie, par exemple dans les cités-jardins juives du Brandebourg ou dans les installations agricoles de Franconie.

L'homme juif, tel seulement que la politique d'exil du sionisme entend l'admettre, n'est finalement, en dépit de toutes les modifications de détail qu'on pourrait vouloir lui accorder, qu'une figure négative, quelque chose qui est délimité, et, par conséquent, quelque chose qui n'est lui-même que limité. L'universalité, la totalité que le sionisme, lui aussi, du moins chez ses penseurs les plus mûrs, admet comme étant essentiellement propre à l'homme juif, ne sont censées lui être restituées qu'à une autre époque et dans un autre lieu. Le sionisme se renierait lui-même, s'il retirait à sa politique d'exil ce caractère provisoire. Qui veut travailler pour le moment présent, pour l'aujourd'hui, sans reporter au lendemain incertain la difficulté principale de la tâche, ne peut donc pas suivre les voies du sionisme. Il lui faut prendre en compte, ici et maintenant, l'homme juif, tout entier et dans sa totalité. Mais comment?

De la seule manière qu'il est légitime de commencer lorsqu'on a affaire à tout ce qui est vraiment grand, à tout ce dont on sait avec certitude qu'il ne pourra être que global ou qu'il ne sera rien, tout simplement. Ce qui obéit à une dimension limitée, il sera possible de l'édifier selon des plans limités, clairement exposés, on pourra l'« organiser ». Ce qui est sans limite se refuse à l'organisation. Ce qui est le plus éloigné ne peut être saisi qu'à l'aide du plus proche, de ce qui est le plus proche à chaque instant. Tout « plan » est alors d'emblée faux, parce que c'est... un plan. Car ce qui est le plus élevé ne saurait être planifié. Face à lui, il n'y a vraiment que la disponibilité et rien d'autre. Face à l'homme juif qui est en nous et auquel nous pensons, nous ne pouvons mobiliser que notre disponibilité et rien d'autre. Seule une toute imperceptible poussée de la volonté – le terme « volonté » est déjà presque excessif; vraiment cette toute imperceptible poussée que nous nous imprimons lorsque, dans un monde confus, nous proférons tranquillement, un beau jour, « nous autres, Juifs », et lorsqu'ainsi, pour la première fois, nous assumons cette caution infinie qu'implique le vieil adage : que chaque Juif soit pour l'autre sa caution. Aucun autre préalable que cette simple décision de dire une fois : « Rien de ce qui est juif ne m'est étranger » – et qui, là encore, est à peine une décision, mais presque uniquement une « imperceptible poussée », le fait de regarder autour de soi et en soi. Qui pourrait prédire à l'individu ce qu'il verra ?

Je ne me risquerai à prédire que ceci : il verra le tout. Car, de même qu'il est impossible de parvenir au tout autrement qu'en l'ajustant modestement à ce qui est le plus proche, il est, à l'inverse, également vrai qu'il est impossible que l'homme ne parvienne pas à la totalité qui lui est destinée s'il a trouvé ne serait-ce véritablement que la force de faire ce premier pas, ce très modeste premier pas. Qui s'est un jour affranchi de toutes ces absurdes exigences qui veulent lui imposer le juda-« ïsme » comme un canon d'« obligations juives » précises, cernables – l'orthodoxie vulgaire –, ou de « tâches juives » – le sionisme vulgaire –, voire (Dieu nous en garde !) d'« idées juives » – le « libéralisme vulgaire » –, qui s'est tout simplement rendu disponible à la rencontre *juive* de tout ce qui lui arrive, de l'extérieur et de l'intérieur, à aborder de manière juive sa profession, sa germanité, son mariage, et, si l'on veut, pourquoi pas si c'est indispensable, son juda-« ïsme », celui-là peut être certain qu'il sera effectivement « tout à fait juif » en prenant simplement la responsabilité de cette « caution ». En effet, il n'y a pas d'autre biais pour l'être tout à fait. L'homme juif ne surgira d'aucune autre démarche. Toutes les recettes, l'orthodoxe, la sioniste comme la libérale produisent, plus elles sont suivies comme des recettes, des caricatures d'autant plus ridicules. Une caricature de l'homme est aussi une caricature de l'homme juif ; en tant que Juif, on ne peut dissocier l'une de l'autre. Il n'y a qu'une recette : celle qui fait de l'homme un homme juif, et, puisqu'il est juif et donc destiné à une vie juive, un véritable être humain : la recette de l'absence de recette, telle que j'ai tenté de la bredouiller dans des termes dont je sens bien justement la faiblesse. Nos anciens avaient un terme magnifique pour le dire, et qui recèle tout : la confiance.

La confiance est le mot qui désigne la disponibilité, celle qui ne s'interroge pas en obéissant à des recettes, qui n'a pas sur la langue un « que dois-je faire maintenant et après ? » ni un « comment vais-je faire cela ? ». La confiance ne s'effraie pas du surlendemain. Elle vit dans l'aujourd'hui, elle franchi d'un pas insouciant les seuils qui conduisent vers demain. La confiance ne connaît que ce qui est le plus proche. Et c'est précisément pourquoi le tout lui est acquis. La confiance suit une voie directe. Mais, pour elle, sans qu'elle s'en aperçoive, le chemin qui, pour l'anxieux, se perd dans l'infini, se recourbe en un cercle tout à fait mesurable bien qu'infini.

Il n'est donc besoin que de disponibilité pour être un homme juif. Qui veut y aider quelqu'un ne peut lui offrir rien d'autre que les formes vides de cette disponibilité, formes vides qui se rempliront grâce à lui et uniquement grâce à lui seul. Qui offre davantage, lui donne moins. Seules les formes vides au sein desquelles quelque chose peut se produire restent disponibles – « l'espace et le temps », simplement. Vraiment rien d'autre que ceci : un lieu de parole, un temps de parole. C'est la seule chose qu'on puisse, par avance, « organiser ». En somme, très peu; pour ainsi dire, rien. Nos récentes revues juives, qui, dans ces dernières années ont de plus en plus adopté un caractère oral, ont subtilement découvert le sentiment d'un tel besoin. Elles sont ainsi devenues, et tout particulièrement la meilleure d'entre elles, *Der Jude* de Buber, de véritables puissances dans notre existence, peut-être les forces les plus vives. Le mouvement juif pour la création d'une « école publique supérieure » – une expression malencontreuse car elle suscite une analogie avec le mouvement allemand pour l'école publique supérieure qui poursuit nécessairement des objectifs tout différents –, ce mouvement très récent et sans doute tout à fait décisif au sein du judaïsme allemand d'aujourd'hui doit être bien conscient de ce qu'il veut. Il peut suivre la voie empruntée par la fondation berlinoise non sans succès à l'extérieur : en exploitant l'appétence sans borne du public des grandes villes pour les conférences, il peut combler l'immense lacune de la formation juive, rattraper ce que l'enseignement de la « religion » a négligé, ce que l'université n'offre pas. Il offrira alors si possible un système complet de cours, un programme d'enseignement de caractère presque encyclopédique – une formation. Et, finalement, étant donnée la situation actuelle, avec la meilleure volonté qui est la sienne – à la différence de l'enseignement sur le déclin –, il ne sera que le substitut de ce qui, normalement, devrait être proposé dans d'autres lieux et ne peut l'être parce que fait défaut la force vivante qui devrait mettre un terme à l'univers livresque sans fin de la culture et à laquelle seulement ce dernier pourrait puiser son origine vivante et non livresque : le point intermédiaire et séminal de la vie juive de l'homme juif.

Ou bien il cherche à être ce point germinatif. Il cherche à être la forme, certes simplement la forme vide, initiale – la toute première forme d'une telle vie. Il cherche à être un commencement. Au lieu d'établir un tout élaboré, doté d'un contenu entièrement planifié, auquel aspirent les assoiffés de savoir pour le parcourir progressivement – tout comme, dans les universités, l'étudiant se retrouve face à l'édifice d'une science, achevé dans sa totalité, en devenir dans ses branches particulières, c'est-à-dire quelque chose que l'étudiant n'est pas lui-même, mais dont il veut et doit se rendre familier –, au lieu d'établir un tel tout, il se fait modestement simple début, simple occasion de débuter. Et il commence par le simple commencement qui lui est propre : par un lieu de parole et un temps de parole [1].

Comment ? Rien d'autre ? Oui, rien de plus. Il suffit qu'on ait une bonne fois « confiance », qu'on renonce une bonne fois à tous les plans, qu'on se mette en attente. Des hommes viendront, des hommes qui, précisément parce qu'ils viendront dans les lieux de parole de l'école publique supérieure juive – qui me trouvera un meilleur terme ? ! – témoigneront ainsi du fait que, chez eux, l'homme juif est vivant. Car, sans cela, ils ne viendraient pas. Il suffit que, dans un premier temps, on ne propose... rien; qu'on écoute. Et de l'écoute surgiront des paroles, et les paroles croîtront ensemble pour se muer en souhaits. Et les souhaits sont les messagers de la confiance. Des souhaits qui se rencontrent : des hommes qui se rencontrent : des hommes juifs – il suffit de chercher à leur procurer ce qu'ils désirent. Cela aussi, en toute modestie. Car qui sait si de tels souhaits – des souhaits matures, effectifs et non dressés artificiellement selon un quelconque schéma de formation – *pourront* trouver à être satisfaits. Mais qui sait entendre la voix de tels souhaits effectifs, saura peut-être aussi leur indiquer le chemin qu'ils désirent. Ce sera le plus difficile. En effet, le maître capable de répondre à de pareils souhaits matures n'a pas même le loisir d'être un enseignant obéissant à un quelconque schéma; il doit être bien davantage et beaucoup moins : à la fois un maître et en même temps un élève. Il ne suffit absolument pas qu'il soit « savant » ni qu'il soit « capable d'enseigner ». Il doit « être capable » de tout autre chose : d'avoir lui-même des... souhaits. Il est nécessaire qu'ici soit enseignant celui qui « sait désirer ». Dans le même lieu de parole et dans le même temps de parole où se retrouvent les élèves, on découvrira aussi les enseignants. Et peut-être qu'une même personne, durant le même temps de parole, s'avérera maître et élève. Et c'est même lorsque cela se produira qu'on pourra être tout à fait sûr qu'une telle personne est capable d'être un enseignant.

La condition préalable est que le lieu de parole soit un même et unique espace, sans être... une salle d'attente. Le temps de parole doit être « public ». Celui qui arrive attend dans le lieu de parole même. Il attend jusqu'à ce qu'arrive le moment où il prend aussi la parole. Le temps de parole devient conversation. Celui qui est là et veut poursuivre seul avec un autre sa conversation peut se décommander. Le temps de parole implique la participation de chacun avec les autres. Car elle réunit chacun avec l'autre dans ce que chacun partage avec l'autre : ce qui leur est commun, la conscience, qui est encore si inchoative, si dissimulée, d'être un homme

1. Rosenzweig joue sur la double acception du terme *Sprechzeit* qui veut dire à la fois « temps de parole », au sens littéral, et désigne aussi, dans le lexique universitaire, les heures durant lesquelles un professeur est disponible pour recevoir ses étudiants.

juif. Qu'il puisse se retrouver sur ce point avec d'autres, qu'il puisse formuler en commun des souhaits, c'est ce dont il aura l'expérience vécue, même s'il arrive que le souhait demeure insatisfait. Car il faut compter avec cela. Exactement comme il peut arriver, dans le système inverse, dans le cadre « berlinois »[1], que des cours n'aient pas lieu faute d'élèves pour y participer, il faut qu'ici puisse se produire le cas où des souhaits restent insatisfaits par manque d'enseignants. Ce n'est en rien un inconvénient. Car aussi mort demeure un cours simplement annoncé dans le programme – il reste, en effet, présent dans l'intention d'un individu –, aussi vivant reste un souhait commun, demeuré insatisfait, car il rassemble beaucoup de gens. Et il s'agit en fait de cela, rien que de cela : de la vie.

C'est précisément le caractère public du temps de parole qui nous le garantit. Cette « publicité », en effet, est une atmosphère létale pour la puissance de la mort qui menace notre judaïsme allemand et – pour parler franchement – tout particulièrement les non-sionistes : pour le mandarinat. Tous ceux qui sont mandarinisés et tous ceux qui voudraient l'être, ces jeunes et vieux barbons, ne s'y risqueront tout simplement pas. Car, ici, on interroge ; et ils veulent des réponses informées ; ici on doute, et ils veulent des programmes ; ici on souhaite, et ils veulent des exigences. Le mandarin se fourvoiera tout aussi peu parmi les élèves – à moins qu'il n'opère un « retournement » et se défasse de sa redingote mandarinale – que le conférencier léonin parmi les enseignants. On a assez rugi. Le pupitre de conférencier a, chez nous, bien assez souvent été falsifié pour se muer en fausse chaire – la juste punition pour la condition des rabbins qui, dans leur majorité ont bien su, dans le meilleur des cas, faire de leur chaire un piètre pupitre. Celui qui, ici, est destiné à être choisi par les élèves pleins de souhaits comme enseignant doit avoir perdu l'intonation des convictions assurées. Car, celui qui n'est pas rassasié et plus que rassasié de cette intonation, aura du mal à trouver son chemin jusqu'à nous.

Mais qui donc alors ? J'entends déjà les voix qui s'élèvent : « Comme c'est vague, comme c'est flou, comme c'est nébuleux ». Ceux qui parlent ainsi, qu'ils restent tranquillement dans ce qui est établi, précis, dans la claire lumière de leur ordinaire, où ils se sentent si bien. Car cela ne leur apportera que bien peu d'accoler à la lucidité qu'ils possèdent déjà un « judaïsme » tout aussi lucidement ordinaire; et il ne leur arrivera rien d'autre, s'ils posent la question de cette manière-là.

J'entends aussi les voix de ceux qui disent : « Comme c'est peu ! ». Ceux qui s'exclament ainsi, qu'ils demeurent tranquillement dans l'« abon-

1. Allusion à l'Institut supérieur pour la science du judaïsme de Berlin où Hermann Cohen donna des cours auxquels Rosenzweig assista et à l'occasion desquels il fit sa connaissance.

dance» qu'ils possèdent. Car cela ne leur apportera rien d'ajouter à la collection de raretés de leur abondance un petit quelque chose très composite sur lequel ils colleront l'étiquette «mon judaïsme»; et ils ne trouveront rien d'autre s'ils posent la question de cette manière-là.

Mais peut-être tel ou tel exprimera un souhait, «comme c'est bien», en se demandant sur le mode dubitatif: «Si seulement ça existait». Au doute de *ceux-là,* je donne raison. Ils doivent douter. Mais qu'ils viennent. Ils doivent tenter de savoir si «cela existe». Car cela dépend d'eux et uniquement d'eux *que* cela soit; de la force qu'ils mettent dans leurs souhaits, de leur élan vers les questions, de leur courage pour affronter les doutes. C'est parmi eux que se trouvent les élèves, les maîtres. Ils doivent venir. S'ils ne venaient pas, le vieil ecclésiaste aurait alors encore une fois raison, même pour notre génération – faire des livres est sans fin.

UN *LERNEN* NOUVEAU

Chère assemblée,

Si, aujourd'hui, prolongeant le cycle des conférences populaires sur le judaïsme de l'été et de l'hiver passés, la Libre Maison d'étude juive ouvre ses portes, il ne me semble pas séant de traiter ici d'un thème emprunté au vaste domaine des sciences juives pour entrer en concurrence avec l'homme que nous respectons et qui, l'hiver dernier, inaugurait nos manifestations par un discours solennel. Ce n'est pas cela que vous attendez de moi qui suis le plus jeune, qui suis inconnu ; mais, à travers quelques paroles très simples, très sobres, j'aurai à vous rendre compte uniquement de la tâche que nous nous fixons et qui est à notre horizon.

Francfort possède plus que suffisamment d'*associations juives*. Si la société pour l'éducation populaire juive se bornait à vouloir en accroître le nombre, elle ne ferait qu'ajouter de l'eau au Main. Rien ne peut et ne saurait, ici, nous être plus étranger que de vouloir entrer d'une manière ou d'une autre en concurrence avec ces associations. La vie qui s'y développe, diversement selon [...], cette vie peut et doit, vue d'ici, être simplement considérée avec respect pour ce qui a été accompli, avec espoir pour ce qui le sera, ce qui, encore [...]. Ce qui donc peut être notre tâche [...] – et il faut que cette tâche soit d'éclairer, sinon seriez-vous tous réunis ici ? Un regard rétrospectif sur le passé juif jettera une lumière sur notre présent [...].

Étudier (lernen[1]*)* – il s'en trouvera parmi vous qui ne perçoivent plus la résonance particulière qui habite ce terme aujourd'hui dans la sphère juive.

1. Ce terme est un topos dans l'ère germanophone juive et dans la sphère du yiddish ; il désigne l'étude de la Tora et du Talmud, ainsi que des sources juives, mais, plus généralement, l'activité de ceux qui fréquentent les maisons d'études. C'est, en outre, le support de connotations plus vastes qui gravitent autour de la valeur très haute accordée à l'esprit savant : c'est aussi bien une sorte de considération sociale nimbant la personne du rabbin érudit que, plus profondément, un devoir d'étude qui n'est autre qu'une prescription sainte, et, enfin, la

C'est un *livre*, un livre dont il n'est pas vain que nous le maniions sous une forme qui, même extérieurement, n'a pas varié durant des millénaires (le seul livre antique qui se présente encore sous forme de rouleaux dans son usage vivant), c'est un livre qui nous a maintenus en vie. L'étude de ce livre sera l'affaire de tout le monde. Cette étude aura un double effet simultané : aristocratique et démocratique (*yikhous*[1], rompu par la connaissance de la Tora). Elle remplit les limites de la vie juive et les comble entièrement. Effectivement, tout y est. Il y a d'« autres livres », mais les étudier serait déjà le début d'un déclin. Il est parfois arrivé qu'on réussisse à nationaliser cette altérité – Aristote –; dans les derniers siècles, il semble que la force requise pour cela se soit épuisée. L'émancipation fait alors irruption.

D'une seul coup, elle élargit sans mesure le champ de vision, puis peu après, très vite, la sphère de la vie également. Et l'étude ne peut suivre avec la même rapidité cette extension extraordinairement véloce. La nouveauté ne réside pas tant dans l'effondrement des barrières extérieures; auparavant déjà, le ghetto avait bien hébergé la vie des Juifs sans néanmoins la renfermer, car ils se déplaçaient aussi à l'extérieur des limites du ghetto, simplement c'est là qu'ils trouvaient la tranquillité, c'est là qu'était leur chez soi, le chez soi de leur esprit. La nouveauté qui désormais faisait son apparition n'impliquait pas que les Juifs eussent le droit de porter leurs pas plus loin qu'auparavant – au Moyen Âge, en effet, le Juif n'est pas un élément spécialement contraint, mais un élément spécialement mobile *(mutatis mutandis)* de la société médiévale; au Moyen Âge (et les premiers siècles de l'époque moderne appartiennent encore, du point de vue de l'histoire sociale, à cette période), le ghetto ne représente pas un phénomène juif exceptionnel, mais un phénomène général, comme aujourd'hui encore en Orient. La nouveauté c'est ceci : le voyageur n'a pas à rentrer le soir, les portes du ghetto ne se referment plus sur lui, et il ne passe plus la nuit à étudier – pour le dire sans image, la nouveauté est qu'il trouve hors du monde juif des foyers pour son esprit.

[...] L'étude d'ancien style est impuissante face à cette émigration des esprits. C'est en vain – on est en droit de dire aujourd'hui, en s'appuyant sur les statistiques : c'est en vain que les courants orthodoxes et libéraux ont tenté de combler cet espace élargi. On aura beau gonfler autant qu'on voudra l'importance de la Loi – elle peut toujours encadrer et régir la vie interne –, face à la vie de l'esprit, elle n'a pas de force assimilatrice. Au

synonymie entre la connaissance de la Tora et l'amour pour Dieu. Lorsque Rosenzweig parle d'un *Lernen* nouveau, il entend bouleverser cette tradition en la régénérant.

1. Ascendant, noblesse, dignité : avoir dans sa lignée un ou plusieurs grands rabbins confère du *yikhous*. Rosenzweig veut insister sur le fait que la nouvelle manière d'étudier la Tora va rompre avec la « dignité » traditionnelle attachée au savoir *rabbinique*, à l'étude de la tradition.

montant de la porte, la *mésousa* peut encore saluer l'hôte, la bibliothèque contient tout au plus une étagère consacrée au judaïsme[1]. Le libéralisme lui-même, qui, au lieu de contraindre la vie grâce à cette arme de combat rapproché qu'est la Loi préférait tenter de le faire en ayant recours aux escadrilles plus mobiles des idées, lui non plus n'a pas connu de meilleurs succès. Car là aussi, la démarche n'était pas différente : il fallait à l'extrême diluer l'esprit du judaïsme, ou ce que l'on tenait pour tel, afin simplement d'à peine jalonner – on ne peut dire combler – tout l'espace de la vie de l'esprit. On maniait de manière très désinvolte ces grands mots – que le judaïsme ancien possédait tous, mais exprimait avec sage économie, car ils s'émoussent à force d'être trop souvent employés; on était fort prodigue de ces grands mots parce qu'on s'imaginait, grâce à eux – humanité, idéalisme, etc. –, embrasser toute la sphère du monde. Or le monde se rebelle face à pareil traitement superficiel. Il exige une démarche individuelle. On est encore fort loin d'avoir assimilé au judaïsme un quelconque domaine de la vie de l'esprit en désignant à la manière d'un mot d'ordre une parenté avec telle ou telle notion juive. Les problèmes que pose la démocratie ne se trouvent pas judaïsés du fait qu'on en appelle à cette formule de la Tora, « Qu'il n'y ait qu'un droit parmi vous », pas davantage ceux du socialisme en se référant à certaines institutions ou certaines revendications sociales de l'ancien Israël. Si nous nous en persuadons, tant pis pour nous. Car les grands esprits, les esprits créateurs issus de notre milieu ne s'y sont jamais laissé prendre. Hélas? Non, heureusement. Ils nous ont quittés. Ils sont allés un peu partout. Ils ont trouvé leur patrie spirituelle, et ont fondé pour d'autres des patries spirituelles. Seul, à vrai dire, le livre autour duquel, autrefois, nous nous rassemblions, se tient, solitaire, au sein de ce monde ; et même chez ceux pour qui c'est encore un devoir chéri que d'y retourner régulièrement, ce retour n'est précisément qu'un retournement, une

1. En 1920, Mandelstam se souvient, dans un récit, de la bibliothèque de son grand-père qui vivait à Riga : « Au cours des années, cette bibliothèque s'est sédimentée en strates géologiques qui ne devaient rien au hasard. Une coupe verticale pratiquée dans la petite armoire vitrée eût permis de déchiffrer l'histoire des efforts intellectuels de toute une génération comme du sang étranger qu'on lui avait transfusé. L'étagère du bas offrait à mes regards un chaos permanent; les livres n'y étaient pas rangés debout l'un à côté de l'autre, mais s'effondraient comme des ruines; il y avait là des volumes du Pentateuque aux couleurs passées, aux reliures en loques, une histoire russe des juifs, écrite dans la langue hésitante et gauche d'un talmudiste s'essayant au russe. C'était un chaos judaïque, qui avait sombré dans la poussière [...]. Au-dessus des ruines juives, commençait le front compact d'autres livres. C'étaient les Allemands – Schiller, Goethe, Kerner et des traductions de Shakespeare –, de vieilles éditions de Leipzig et Tübingen, petits volumes épais aux reliures rouge bordeaux de cuir estampé [...]. C'étaient les livres de mon père qui, ayant quitté les fourrés du Talmud, se frayait un chemin d'autodidacte vers le monde germanique. », cf. O. Mandelstam, *Le Bruit du temps*, Lausanne, L'Âge d'homme, 1972, p. 9.

manière de se détourner de la vie, de détourner les regards vers le passé. Leur monde demeure non juif, même lorsqu'ils jouissent encore d'un univers juif. L'antique manière de maintenir sa vie dans l'interdépendance avec le livre, l'étude, n'est plus en vigueur.

Vraiment ? Non seulement l'antique manière. Nous ne serions pas, en dépit de tout ce qui fait de nous des êtres problématiques et indigents, signe et miracle parmi les peuples, le peuple éternel si pour nous, et du sein de la morbidité même, le remède ne surgissait toujours. Et, aujourd'hui encore, c'est le cas. Ce qui a semblé porter un coup mortel à l'étude, le fait que l'enseignant de jadis ait émigré vers les terres des *spharim khizonim*[1], la science étrangère, la métamorphose des *talmide khakhamim*[2] d'autrefois en maîtres de conférence et professeurs des modernes universités européennes –, c'est justement cela qui nous donne force et légitimité neuves. Une nouvelle étude se fait jour, non, elle *est* déjà là.

Une étude orientée de manière inverse. Non plus une étude de la Tora vers la vie, mais, au contraire, une étude qui part de la vie, d'un monde qui ne sait rien de la Loi ou fait en sorte qu'il n'en sache rien, pour aller vers la Tora. C'est la signature de l'époque.

La signature de l'époque parce que c'est le paraphe de l'homme de cette époque. Il n'est personne aujourd'hui qui ne soit aliéné ou qui du moins n'ait en lui une part d'aliénation – quand bien même ce serait « Goethe ». Nous tous, pour autant que le judaïsme, l'être juif est redevenu le fait central de notre vie – et je sais que je ne parle pas ici pour moi seulement –, nous tous savons qu'il nous faut tout offrir à notre être juif sans que nous ayons le droit de rien sacrifier. De rien abandonner, de rien dénier, mais tout reconduire au judaïsme. De la périphérie au centre; de l'extérieur à l'intime.

C'est là une étude nouvelle. Une étude dont se montre le plus capable celui qui y apporte... le plus d'éléments étrangers. Donc, justement *pas* le spécialiste juif. En tout cas, pas le spécialiste juif en tant que spécialiste, mais lui aussi pour autant seulement qu'il est aliéné, qu'il est en quête d'un chez soi, qu'il fait retour vers chez lui.

Il ne s'agit pas de mettre au jour des « rapports » entre ce qui est juif et ce qui est extérieur au judaïsme – c'est ce qu'on a fait depuis bien longtemps. Ne pas se livrer à de l'apologétique. Mais trouver un accès au cœur de notre vie. Et avoir confiance dans le fait que ce cœur est un cœur juif. Car nous sommes juifs.

Cela sonne très simplement. Et ce l'*est* également. Il suffit, en fait, de rassembler des gens de toutes origines, et d'en faire des enseignants tout

1. Les apocryphes.
2. Les érudits ou les savants.

autant que des étudiants. Voyez notre programme ! Vous y trouverez, entre autres professions, un chimiste, un médecin, un historien, un artiste, un politicien. Deux tiers des enseignants sont des gens à qui, il y a vingt ou trente ans, dans l'unique siècle où l'étude juive devint l'affaire de spécialistes, on eût refusé l'autorisation [d'enseigner dans une maison d'étude juive]. Ils se sont rassemblés ici en tant que Juifs. Ils se sont retrouvés ensemble pour « étudier ». En effet, ce terme comprend aussi l'idée d'enseignement. Qui enseigne ici – je crois pouvoir dire cela au nom de tous ceux qui enseignent dans nos murs –, qui enseigne ici sait qu'il ne doit renoncer à rien de ce qu'il est dans la mesure où c'est ici qu'il enseigne. Qui rassemble – et nous rassemblons tous – doit saisir ceux qu'il faut rassembler là où il les rencontre. Plus encore : saisir lui-même là où il se trouve. Si nous voulions faire autrement, nous perpétuerions l'erreur d'un siècle entier, et nous pérenniserions l'échec de ce siècle : nous jetterions tout au plus quelques « rayons de lumière », échappés du Talmud ou d'autres sources, sur la vie, et nous la laisserions aussi non juive que nous l'avions trouvée. Mais non : nous prenons la vie telle que nous l'avons trouvée. Notre propre vie comme celle de nos auditeurs. Et nous portons cette vie de la périphérie, là où nous l'avons trouvée, vers le centre, peu à peu (ou tout soudain !), portés sans cesse par la confiance, certes indémontrable, que ce centre ne peut être qu'un centre juif.

Cette confiance demeure indémontrable. Elle porte plus loin que notre parole, elle nous porte au-delà de ce nous devons tout d'abord faire. Nous venons, en effet, de la périphérie. L'unité du centre n'est rien que nous posséderions de manière claire, nette, exprimable. C'était le cas pour nos pères. Il n'en va pas de même pour nous, aujourd'hui. Il nous faut chercher cette unité, et être confiants dans le fait que nous la trouverons. Vu de la périphérie, le centre n'apparaît pas comme formant une unité, au contraire, à chaque point de la circonférence le centre présente un aspect différent. De nombreux chemins conduisent de l'extérieur vers l'intérieur. Mais c'est pourquoi l'intérieur demeure un, uni. Au fond, chacun devrait alors parler de la même chose. Et qui parle correctement finira aussi par avoir effectivement dit la même chose sur ce dont parle chacun des autres. Seul le début, seul le point de départ seront différents pour tout un chacun. C'est de cette manière et uniquement ainsi que vous pourrez, vous aussi, bien comprendre les répartitions et les oppositions qu'offre notre programme. Les oppositions n'y sont présentes que pour être unifiées. Il y a sans doute aujourd'hui, au sein du judaïsme, une juxtaposition de ce qui est classique, historique et moderne; mais cela est censé ne plus être, et elle disparaîtra. Nous devons travailler à découvrir les fils qui relient ce qui est historique à ses racines dans ce qui est classique, à découvrir la fécondité de ce qui est classique dans de ce qui est moderne. Tout ce qui est juif de manière juste doit être les trois à la fois. C'est ce qui était le cas à toutes les époques fécondes du judaïsme. Et tenir pour *effectives* des oppositions comme celle entre la Tora et les Prophètes, entre la Halakha et la Aggada, entre le monde et l'homme, laissons cela à ceux qui restent à l'extérieur. N'est-il pas évident pour nous – à qui d'entre nous ne serait-il pas évident qu'il n'y aurait pas de Tora sans les forces prophétiques rassemblées en Moïse, père de tous les prophètes avant et après lui, et, d'autre part, qu'il n'y aurait pas de prophètes sans cette base des lois et des prescriptions au contact desquelles leurs prophéties reçoivent règle et mesure ? Et l'opposition entre Halakha et Aggada – chaque page du Talmud les montre, à celui qui étudie, indissociablement enchevêtrées, et chaque page de l'histoire juive présente un même front et un même cœur aux deux orientations : celle de la recherche et celle du sens, celle de la décision et celle de l'interprétation. Et, pour finir, le monde juif : qui irait penser qu'on pourrait le bâtir sans l'homme, sans l'homme juif ? Et qu'en sera-t-il, à la longue, de l'homme juif si, où qu'il se trouve, une atmosphère en quelque manière juive, si un monde juif ne l'environne pas ? (En effet, même un pays n'est pas juif pour cette seule raison que ses bornes frontalières sont peintes de rayures bleues et blanches).

Tout cela est uni de manière cohérente, plus encore, tout cela ne fait en soi qu'un, et c'est en tant qu'il est un qu'on vous le présentera ici. Les choses ne sont pas telles que vous parviendriez à un gain total, dès lors que vous « participeriez » à tout ce que nous vous offrons. Non, mais vous êtes censé prendre chaque cours ou communauté de travail, à quoi vous participerez, comme une part, comme la part d'un tout, et comme une part qui n'en est légitimement une qu'en raison de ce tout, qui ne peut vous être impartie qu'en raison de ce dernier.

C'est en ce sens que je vous souhaite maintenant, au moment où débute cette nouvelle année d'étude, bienvenue dans ces murs. Puissent les heures que vous passerez ici vous être des heures de souvenir, non au sens fade d'une piété morte, ce pour désigner quoi ce magnifique mot allemand a jusqu'à présent si souvent servi, mais des heures d'une autre mémoire, d'une remémoration intériorisante, allant de l'extérieur vers l'intime, d'une entrée qui, pour vous, croyez-moi, se muera nécessairement en retour chez vous. Entrez et retournez chez vous, vers ce qui est, le plus véritablement, votre être et votre vie !

DIRECTIVE POUR LA PENSÉE JUIVE

I

« Directive » – j'ai bien conscience d'entreprendre là quelque chose d'entièrement nouveau. Qui espèrerait apprendre ici quoi que ce soit à propos des « penseurs juifs » sera déçu. Nous voulons nous-mêmes penser, penser « juif ».

Y a t-il une pensée juive? La pensée n'est-elle pas quelque chose d'universellement humain? Certes, cela *devrait être* ainsi. Mais cela fut-il jamais le cas? Qu'en est-il par exemple de la « philosophie » ? A-t-elle été l'affaire des hommes? *Leur* affaire? L'affaire des femmes, par exemple? Ou alors *vraiment* une affaire d'hommes[1], en un sens sobre et sérieux, comme sont affaires d'hommes les affaires ou la politique? Non, à coup sûr non. (« C'était son affaire de parler à des hommes » : oui mais qui n'entend parler qu'à des hommes est puni en ne parlant *même pas* à des hommes).

Non, la philosophie ne fut pas universellement humaine. Ce qui fut, est et sera universellement humain, c'est le bon sens. Et la philosophie l'a d'emblée tenu en mépris. Il ne s'en est guère soucié, le bon sens, et la vie a suivi *grosso modo* son bonhomme de chemin. Mais à chaque fois que nous avons enfourché les grands chevaux de la « pensée », nous nous sommes égarés. Cette confiance dans la pensée n'est pas restée sans conséquences pour la vie. La vie n'a pas bonne conscience tant que la pensée lui tourne le dos. Et tant que le plus sain des bons sens n'est pas *tout à fait* sain, il désarme automatiquement devant certaines questions.

Quel est l'indice de cette auto-disqualification du bon sens? C'est le « au fond », à chaque fois qu'on dit « au fond ». « Au fond » est toujours un non-sens. Pourtant la philosophie a commencé en disant « au fond ». Au

1. « L'affaire des hommes » (*Menschen*, les êtres humains), « une affaire d'hommes » (*Männer*, les individus de sexe masculin).

fond, tout est eau : l'énoncé de Thalès est caractéristique (ça peut être l'eau, comme l'esprit ou la volonté ou le mouvement ou la matière ou l'idée ou Dieu)[1]. Le bon sens ne dit jamais « au fond ». Il s'en gardera non sans difficulté. Dites un peu « au fond » à un commerçant (dans sa boutique, pas dans sa loge) et il vous mettra dehors. Dites à votre femme « au fond », non, je ne vous le conseille vraiment pas.

Le tout, la vérité, ne veulent pas davantage être interpellés par un « au fond », ils vous mettront aussi dehors. La vérité veut qu'on lui parle directement, concrètement, nommément, tout comme vous-même vous adressez à votre prochain, avec votre solide bon sens. La philosophie dit : au fond tout est matière terrestre ou esprit céleste ou Dieu ou *a priori*. Mais la vérité ne se rend qu'à l'énoncé tout simple qui refuse tout « au fond » et qui rassemble toutes ces possibilités en n'en rapportant aucune à un quelconque « au fond » : au commencement, Dieu créa la terre et le ciel.

Est-ce cela, la pensée juive ? Oui. Et son opposé ? La pensée grecque. La pensée du « au fond ». Et les penseurs juifs ? En eux, la pensée juive a livré un combat (le plus souvent malheureux) contre la grecque, apprise et acquise. De Philon à Cohen en passant par Saadia. Dans les douze leçons qui viennent[2], nous voudrions essayer de stimuler le courage de penser « juif », de faire usage de son bon sens, au risque de faire de notre *extraction* de la philosophie grecque un *exode*. Le courage donc de donner la forme de pensées à ce qui allait de soi pour nos aïeux tant qu'ils *ne* philosophaient *pas* et sous cette seule condition. Et ce qui va également de soi pour nous pour peu que nous ne philosophions pas.

Faire en sorte que se comprenne ce qui se comprend de soi, telle doit être la tâche de cette philosophie du bon et sain sens commun. Renouer les fils coupés entre les jours de la semaine et les jours fériés. Refaire de chaque jour, de toute la semaine de travail de la pensée, une préparation du chabbat de la pensée. Et du coup élargir la quotidienneté. Donner son congé à la séparation d'immémoriale notoriété entre le réel et l'idéal, la contrainte et

1. Voir *Foi et savoir. Autour de* L'Étoile de la Rédemption, Paris, Vrin, 2001, p. 149 *sq*.

2. Les présentes notes ont servi de base aux treize cours donnés en soirée par Rosenzweig au *Freies Jüdisches Lehrhaus*, au début de l'année 1921. Le plan général de ces cours est ainsi résumé dans sa correspondance (*GS*, 1, II, p. 693), sous la rubrique « *Instant et éternité* » :

« *Directive pour la pensée juive.*
Un extrait de la philosophie dans son ensemble.
De l'usage du bon sens
Savoir et croire : « logique »
Fin et commencement : « méthodologie »
Règle et exception : « politique »
Faire et pâtir : « éthique »
Âme et corps : « esthétique »
Vivre et mourir : « métaphysique ».

la liberté, et tous les autres couples d'opposés. Transformer l'arrogance de la pensée en humilité, la mauvaise conscience de l'agir en une bonne. Marier la sensibilité féminine et la pensée masculine (le célibat des philosophes). Réconcilier en un mot la vie et la pensée.

Je vous promets que tout sera aisément compris. Mais ne vous attendez pas pour autant à passer des heures très agréables. Vous me *comprendrez* toujours mais *je vous agacerai* souvent, peut-être même *toujours*. En effet, vous êtes tellement philosophes, tellement grécisés et déjudaïsés, que je serai dans l'obligation de réduire en ruines des pensées qui vous sont devenues chères par la force de leur régularité, ce que je ferai en vous apprenant à penser en partant de votre *vie*. Je suis en droit de les ruiner car ce sont des pensées sans vie, des pensées *invécues*, des pensées que vous vous *contentez* de penser et auxquelles vous ne donnez aucune suite hors de votre pensée. Vous êtes accoutumés à en attribuer la faute à votre vie et à louer bien haut les mérites de « l'idéal ». Moi, j'en attribue la faute à l'idéal. Au cours de ces douze heures d'enseignement, je voudrais vous amener à ne plus utiliser le mot « idéaliste » comme un éloge, et, plus généralement, à ne plus considérer comme insoupçonnable une parole dite avec un trop bienveillant haussement d'épaules (« c'est malheureusement impossible »), à ne plus faire usage, même dans les « grandes questions », que de mots qui vous soient proches, je voudrais vous mettre ces mots dans la bouche et le cœur.

II

« J'y crois pas », dit l'apprenti cordonnier. « Je sais que je ne sais pas », dit Socrate. De nos jours, beaucoup qui ne sont ni apprentis ni Socrate, disent les deux choses à la fois. Mais il ne font que le *dire*. Pas un en vérité qui ne les fasse toutes deux. Notre folie seule voudrait nous convaincre que nous ne croyons pas, notre sagesse seule que nous ne savons rien. Nous ne voulons être ni fous ni sages. Nous ne voulons qu'être le milieu entre l'ange et la bête, ce que nous sommes effectivement.

Comment se fait-il que tous deux, de nos jours, la foi comme le savoir, soient tombés en discrédit ? La foi, bien sûr = aveuglement, entêtement, étroitesse, fanatisme, etc. Les hommes ont-il trop cru ?

En tout cas, ils ont trop su.

Et il s'agirait désormais de trouver la synthèse, une synthèse par limitation : « il me fallait dégager le savoir pour faire place à la foi »[1]. On

1. Rosenzweig cite approximativement la fameuse phrase de Kant dans sa Préface à la seconde édition de la *Critique de la raison pure*.

abandonna donc au savoir le monde, le monde « objectif », connaissable, débarrassé de Dieu (on est prié de déposer sa foi au vestiaire), le monde des laboratoires, etc. et on réserva à la foi le monde supraconnaissable de l'agir et du « sentiment ».

« Affaire de sentiment » – là encore un « au fond » (au fond tout est une vaste blague, mais pas le sentiment, l'affaire privée, le « comme si »).

Si Dieu n'existait pas...[1].

Eh bien : justement il n'existe pas, il n'existe que parce qu'*il faudrait l'inventer*. Et cela est pourtant un savoir, même si c'est un savoir devenu bien douteux. Un savoir limité qui ne tient sa vérité que sous une bonne douzaine de « conditions préalables » (causalité, espace, temps). Tu dois faire confiance à tes sens – bien sûr mais quel malheur si cela, il faut expressément le commander !

Quel était l'élément liant les deux doutes, celui de l'apprenti cordonnier et celui de Socrate ? Le cogito, le moi. Au moi de l'homme, on *croit*, car lui, le moi, semble bien être la seule chose assurément consciente. C'est donc à ce point, le moi, que les deux doutes s'articulent.

Nous voilà au centre même de l'esprit moderne. Nous touchons à sa pensée universelle et préférée.

Vous croyez ce qu'on peut *vous* prouver.

Vous voulez être vous-même présent à cette preuve.

Vous voulez décider vous-même.

Vous voulez vous marier vous-même.

Vous voulez déterminer vous-même si vous voulez procréer.

Vous voulez vous-même délibérer sur le fait de savoir si vous devez dire adieu à la vie.

Vous voulez n'être surpris par rien.

Vous voulez que rien n'arrive de soi-même.

Vous voulez être créatif, pas créature.

Vous voulez être libre.

Et si vous êtes obligé, vous voulez vous-même être celui qui sait la loi de cette obligation, en d'autres termes : vous ne voulez être obligé que dans un Cela, un « *sive* », un aimable Dieu-trait d'union, et pas par un הק׳ ולא אחר אני[2] (*natura sive Deus*, c'est אחר[3]).

An Schwager Chronos [...] ou bien *Prometheus*[4] [...] « comme *Moi* ». Dans son isolement, ce Moi écrit en capitales est l'héritier de la logique

1. En français dans le texte.
2. « Je suis Dieu et il n'y en a pas d'autre » (Deutéronome, 4, 35).
3. « L'autre ».
4. Poème et fragment dramatique de Goethe (qui sont l'un et l'autre des *lieder* de Schubert).

antique. Les lois du monde sont les lois de la pensée. Le monde n'était pas avant que je ne le crée. La tradition doit se justifier. *Vous*, vous *n'*avez *pas* à vous justifier. Ou à la rigueur devant vous-même. Le Moi est procureur, avocat et juge en une seule personne. La pensée pense sa propre justesse. À l'expérience, elle ne donne que le droit qu'elle veut bien *elle-même* lui donner. Elle se laisse instruire par « un *meilleur* », mais écouter, tout simplement écouter, devenir soi-même dans cette écoute avant tout savoir, avant toute condition, cela elle *ne* le veut *pas*. Nul nom ne vaut hors celui qu'elle a elle-même attribué. « Au fond » ne résident ni les traditions, ni les expériences, ni les noms. « Au fond » ne trône que *Lui*, le Moi.

La logique : logique de la défiance. Logique contre l'erreur. Logique pour le « fond ». Logique contre la langue[1].

Le Seigneur du monde : le monde, sa représentation ; Dieu, sa Création.

Lui veut savoir = avoir *vu*, et non pas « avoir reçu la vue de tout cela », אתה הראת לדעת[2]. Il méprise la tradition, il renonce à la grâce. Mais Goethe, chez qui, comme chez nous tous, le vrai se mêle au faux parce qu'il était aussi sain et malade que nous tous. Goethe le sait bien : à la source je me guéris…

III

Ne vous ai-je pas suffisamment parlé de « *logique* ». Concept, jugement, conclusion, fausse conclusion, que sais-je encore ! Pour aujourd'hui, commençons par le concept.

Histoire du concept (Socrate, aperçu de la métaphysique présocratique du concept, l'« Idée » platonicienne, la catégorie kantienne et l'Idée, l'Idée hégélienne comme catégorie ou comme « concept concret »).

…………………

Le concept est toujours (et de plus en plus au cours de son histoire) *mon* concevoir, cela que je saisis conceptuellement. Pourtant : avez-vous déjà *vu* un concept ? Vous-même, êtes-vous un concept ? Quand donc « comprenez-vous par concepts » – seulement tant que vous vous défiez, tant que vous « connaissez » seulement, tant que vous ne connaissez pas *effectivement*. Comment désignez-vous ce que vous connaissez effectivement ? « Allemagne », « Juif », « Elsa » – vous le *nommez*. Le nom va au-delà de tout concept. Pour toute la logique telle qu'elle a existé jusqu'ici, le nom, c'est sa *limite*. En vérité, le nom est le centre d'une logique de bon sens. Car il est le centre de votre connaissance effective, dans votre vie effective.

1. Cf. *ER*, p. 190-203, éd. 2003.
2. Deut., 4, 35.

Le nom ne vous apparaît comme « un *simple* nom » que parce que vous avez, chevillé au corps, le préjugé logique selon lequel la connaissance advient dans le concept. Et pourtant le nom se tient au commencement et à la fin de toute connaissance, le concept ne se tient qu'au milieu. La première chose que vous savez de quelqu'un, c'est comment il s'appelle. Ensuite vous apprenez sur lui toute sortes de généralités, lesquelles sont peut-être vraies, peut-être fausses. Et pour finir, vous abandonnez ces généralités qui, justement, ne *couvrent* pas l'homme et savez à nouveau comment il s'appelle.

Les choses se passent ainsi pour toute connaissance. Non seulement au début mais à la fin de toute science, il y a de la description (Weizsäcker ![1]). Ce n'est qu'entre les deux qu'il y a cet éloignement d'avec les « phénomènes » qu'on a exagérément surévalué. La science naturelle de Goethe n'est point primaire, elle est un lasso lancé pour connaître. Nous en sommes aujourd'hui beaucoup plus proches qu'il y a une cinquantaine d'années.

Mais qu'est-ce que ça veut dire, le nom ? Et quelle est la différence avec le concept ? Je *conçois* alors que je *suis* nommé. Je reçois mon nom. Plus exactement, je l'*ai* reçu. J'*écoute*.

(Il n'y a pas d'*essence* – ce serait un « concept » – du judaïsme. Il n'y a qu'un « écoute, Israël ». קראתיך בשמך לי אתה[2]). Du concept, le chemin va au jugement (jugement « sur » le concept). Du nom, il va à la parole, soit à l'écoute du discours, de la parole. Je ne parle que si je sens qu'on me parle. Le discours ne monte pas du néant, il ne monte pas de l'obscurité. Il monte du regard qui me regarde, de l'attente de mon désir de parler. Alors (me sentant regardé), je parle.

Le jugement peut être faux. Ne vaut comme vrai que la conclusion (la conclusion « de » jugements). (De même que le jugement « sur » le concept place le concept *sous* lui, de même la conclusion « de » jugements place le jugement *hors* d'elle. C'est le comble de l'abstraction).

Concept → Jugement → Conclusion
↑
Chose

IV

De la logique à la logique appliquée (en science on recherche aujourd'hui cette opposition comme celle de la nature et de l'esprit), à la « *méthodologie* ». Elle est fort prisée de nos jours parce qu'on fait de la

1. Viktor von Weizsäcker (1886-1957), médecin, directeur du département de neurologie de la Clinique de Heidelberg, auteur d'une « anthropologie médicale » publiée dans la revue *Die Kreatur* co-dirigée par Buber.

2. Isaïe, 43, 1 : « je t'ai appelé par ton nom, tu es à moi ».

science et de la connaissance du monde un *acte* humain (Rickert[1]). Premièrement l'affinage (concepts, mots), deuxième la dénaturation (atomes, centres).

La théorie des lunettes.

La lutte contre le matérialisme.

Il n'y a pas de réalité effective, il n'y a que les lunettes à travers lesquelles on la voit.

Contre cela, « Häckel »[2] a *raison.*

« Culture et civilisation ». on reconnaîtra là l'infamie de l'opposition entre esprit et nature.

Ou encore culture « intérieure » et culture « extérieure » ! Comme si elles n'étaient pas interdépendantes. Apprenez à vous méfier de quiconque ne se sent pas tenu à l'harmonie.

La nature de toutes ces divisions se tiendrait dans celle de la nature et de l'esprit. (Contre le christianisme, tout au moins contre le christianisme protestant, le catholique nous est plus proche). C'est une doctrine des deux mondes.

Qu'enseigne-t-elle ?

Elle ne rend justice ni à la *nature*, qui est bien plus spirituelle que ce qu'on veut laisser croire aux scientifiques, ni à l'esprit, qui est bien plus naturel, bien plus évident, bien plus « pain quotidien », simple besoin vital, que ce qu'on veut laisser croire aux hommes d'esprit. Il faut réapprendre à croire à la réalité effective des deux. À la constitution du ciel *et* de la terre. Pour quelle raison les termes de nature et d'esprit ne peuvent se dire dans la langue de la Bible ? Est-ce une pensée « primitive » que de ne connaître, comme la Bible, qu'*une seule* création ? Et vous, de quoi avez-vous connaissance ? Vous faites acquisition des deux, nature et esprit, l'un par l'autre. Le même « goût » unit les hommes, que ce soit dans l'élément physique ou dans l'élément psychique. Il n'y a pas plus de matérialiste que de spiritualiste. Il ne *doit* pas y en avoir. Pour être *les deux*, l'homme ne doit pas être successivement les deux. Toute coexistence *saine* et partagée repose sur cette base, sur cet effet de réciprocité *non* figé. Seule la coexistence maladive des hommes au sein d'une bande de brigands d'un côté, dans un cloître de l'autre, peut être purement matérialiste ou purement spiritualiste (et encore avec des limites). Mais cela ne vous convient pas : on vous a appris, tout de même, que le « spirituel » est ce qu'il y a de plus élevé !

Bien qu'aucun de vous ne vive conformément à ce principe, vous y croyez. Vous tenez tendrement à votre mauvaise conscience. Pourquoi ?

1. Heinrich Rickert (1863-1936), philosophe néo-kantien, analyste de la méthodologie des sciences philosophiques et, par ailleurs, de la structure de la sphère culturelle.

2. Ernst Haeckel (1834-1919), promoteur du darwinisme en Allemagne.

Il vous est plus commode d'avoir une mauvaise conscience tranquille (et statique) qu'une bonne conscience inquiète (et dynamique). J'entends vous donner bonne conscience, mais avec la dose nécessaire d'inquiétude. Il est bien plus difficile de vivre avec la certitude de l'unité qu'avec une dualité résignée.

Il est difficile d'aimer Dieu בכל לבבך[1].

Le discours (la parole) n'est pas faux, mais incomplet. Quelque chose manque. Toujours, la parole n'est que question quand bien même elle surgit sans point d'interrogation. La parole requiert *réponse*[2]. Dans la réponse seule se clôt le cercle. La réponse seule est la vérité de la parole, même d'une parole de vérité.

La logique n'est pas hors du temps. C'est le contraire. Elle est logique du connaître effectif, c'est-à-dire temporel.

Soit : J'ai été nommé / Je parle / J'obtiendrai réponse.

Tout connaître advient entre ces temps. Est-ce savoir ? Foi ? Vous voyez au moins une chose : ici nulle défiance ne vaut. Ici, vous vivez de la confiance. Vous ne pouvez entrer dans cette chaîne que si vous faites confiance. Confiance d'abord dans la tradition que vous trouvez déjà là, confiance ensuite dans votre propre pouvoir de parler, confiance enfin dans l'avenir (qui peut être l'instant immédiatement suivant) qui vous donnera réponse.

Tout ceci n'est rien d'autre que la connaissance quotidienne. Pas un seul instant, vous ne vous éloignez alors de la réalité effective. Vous n'êtes jamais « au-dessus » ou « hors » de quoi que ce soit, « sur » ou « à partir de ». Du début à la fin, vous demeurez auprès de la chose ou auprès des personnes. Vous voyez une enseigne, vous demandez, vous achetez. Ou encore : vous tombez amoureux, vous faites votre demande, vous épousez une femme. Mais vous vous jetez courageusement, la tête la première, dans le flux de l'événement. Vous faites confiance à l'effectivité des rapports et des hommes auxquels vous avez à faire. Vous parlez avec courage sans attendre d'autre autorisation que celle qui consiste simplement dans le fait que vous êtes vous-même. Et vous êtes confiant dans le fait que quelque chose (et la meilleure) va en sortir, s'en suivra. Vous faites confiance au passé, au présent et à l'avenir. À la création par laquelle vous êtes. À la loi dont vous vivez. À la promesse qui vous importe. Prenez tout ceci de façon non-théologique. Il n'y a rien de plus non-théologique que la théologie.

1. « de tout ton cœur », Deut., 6,5.

2. C'est-à-dire parole en retour, responsivité parlée (dans ces lignes, comme dans tel passage de l'*Étoile*, Rosenzweig joue sur *Wort* et *Antwort*, parole et réponse).

V[1]

[Contre l'énoncé kantien: « il me fallait dégager... pour faire place... »[2] (confisqué par tous les curés et c'est un juste retour des choses). Pas davantage pour le contraire. Bien plutôt : rien de nouveau sous le soleil. Pas sous, mais *sur*. Sur ? הידוש עולם[3], mais l'homme est jugé digne d'y avoir part. Par l'action ? Par l'« attente » ? Non, d'emblée par le fait d'être né.

La fécondité de cette conception (et des autres) ne peut s'attester que par sa menée au terme = menée-au-terme (en passant par les différents concepts). Et alors ce qui surgit devant nous, c'est :
la « *nature* » (Kurt Löwenbaum et Goethe : la nature est toujours de Dieu)
loi *naturelle* (« accomplir...selon des ... d'airain, éternelles »)

Cours de la recherche : vers la formule du monde.

Gigantesque abstraction. *Et pourtant digne de confiance à nos yeux, pourquoi* ? Technique.

Véritablement, la formule du monde – à quoi va correspondre évidemment un monde de la formule. Astrophysique.
Pas d'échappatoire (« lois *d'airain* »)

« *Devons*-nous tous nécessairement... accomplir ») « Devons-nous nécessairement accomplir *tous... les cercles* ») « Devons-nous nécessairement...*accomplir* »)	} Tous les hommes doivent mourir

La mort est la loi naturelle dont nous tous faisons en nous-mêmes l'épreuve, elle a les trois éléments qui font une loi : l'universalité du *tous* (grande égalisatrice, tyrannies rendues possibles par la crainte de la mort), la *nécessité*, l'*accomplissement* des contenus (formulabilité).

Ce n'est pas un simple hasard si nous ne pouvons étudier que sur les morts les « lois » de la vie biologique. La structure du corps, par exemple, à partir des produits de dégradation. La blague bien connue du cheval « mort autant qu'il a pu ». L'expérimentation établit toujours entre quelles limites la vie demeure encore possible. L'ultime réponse à tout « *que se passe-t-il lorsque... ?* » – et toute science de la nature questionne ainsi car elle tend à la production de lois –, c'est invariablement « mort... ». La mort est naturelle, la mort *définitive* seulement un cas-*limite*. Mais tout événement singulier en train de se passer, dès lors que nous le fixons comme la loi l'exige, à savoir comme un « *alors il se passe ceci ou cela* », se pétrifie, est un *non*

1. Sous cette partie V, le manuscrit renvoie à la partie II d'un autre manuscrit préparatoire à une conférence *(Glauben und Wissen)*, que nous donnons donc entre crochets.
2. Cf. *supra*, note 1 du point II.
3. *Hidouch haolam*, renouvellement du monde.

plus ultra. En ce sens, nous pouvons dire qu'à chaque instant la nature se pétrifie en « être éternel » (« l'Être est éternel »), elle est mort achevée (principe d'entropie !).

Nous sentons bien pourtant que nous ne saisissons ce faisant que la moitié de notre énoncé, le « alors il se passe ceci », mais pas son « lorsque ». Qu'en est-il de ce « lorsque » ?

Est-il vrai que notre vie n'est que pétrification ? Non, en vérité l'instant de la pétrification est aussi un renouveau. Face à la mort « définitive » se dresse la « naissance originelle ». Le « lorsque » de la loi est aussi un fait. Au commencement de la vie il y a un fait, comme vous le savez tous. Quelque chose qui est tout aussi effectif que la mort mais opposée à elle (universalité des destinataires, inévitabilité, accomplissement). Particulier. Indéracinable. Origine.

La merveille de toute naissance, la toute-nouveauté qu'aucune préhistoire ne peut exclure du monde parce qu'elle est incluse *au sein* du monde, de tout homme.

Tout comme la mort nous emplit d'*effroi*, la naissance ne cesse de nous *étonner*. Elle est, en notre vie, la « merveille », tout comme la mort en est la loi.

Et à chaque instant de la vie merveille et loi s'entremêlent. Une vraie science de la nature voudra toujours embrasser les deux : Goethe contre Newton, la synthèse unanimement réclamée aujourd'hui de la loi et de la description, le sentiment du *primat* de la description. Les physiciens *eux-mêmes* qui renversent aujourd'hui Newton et enseignent la *limitation* du monde (bien que physiquement infini) assurent sans le savoir le sacre de Goethe. La formule de Dubois-Reymond[1] n'est pas seulement impossible, elle n'est même plus un idéal. Les « constantes » gagnent incroyablement en intérêt, les maxima et les minima, l'originaire insondable et économiquement recevable.

Et l'homme *n'a pas à* seulement « recevoir » sans passion. Il a le droit de trembler, de s'étonner – de trembler devant la loi de mort, de s'étonner devant la merveille de la naissance.

On n'a *pas le droit* d'ôter aux enfants la croyance à la « légende » des bébés qui naissent dans les choux. Elle dit la vérité, elle dit qu'il y a là de quoi s'étonner, quelque chose de merveilleux, le miracle de la création.

Ainsi (pas autrement, ainsi vraiment), la récit biblique de la Création fera valoir son droit face à toute « explication » « naturelle ». Des éclaircissement de ce genre ne font qu'obscurcir la vérité. La vérité, c'est qu'il y a là quelque chose d'inexplicable. Non pas quelque chose d'*inconnaissable*,

1. Emil Dubois-Reymond, physiologiste allemand (1818-1896).

mais quelque chose d'*irréductible*. Un commencement. *Où* ce commencement se tient, voire *quand*, autant de questions annexes. Du temps et des chiffres, il y en a eu bien assez.

La loi de la mort n'est nullement déniée. Elle demeure. Mais elle requiert pour son entrée en scène (et afin qu'elle ne reste pas pure formule mathématique*) le miracle de la naissance : accomplir…selon de grandes lois éternelles. La vérité de la fin, la vérité explicable, présuppose la vérité du commencement, la vérité inexplicable, l'accomplissement du savoir présuppose le « au commencement » de la foi. La fin n'est explicable que parce que le commencement est inexplicable. Et inversement : זה המות מאוד[1]. Pas deux lunettes, mais une vie une.

VI

Jusqu'ici lutte contre l'idéalisme *scientifique* (le subjectivisme de la logique, le méthodologisme de la doctrine de la science). À présent, venons-en à l'idéalisme des conceptions de la vie (dans les deux dernières parties).

Conception de la vie – personne ne veut appartenir au seul parti de ses intérêts. On veut être « convaincu », on veut être individualiste, socialiste. Monsieur Strecker à Florence[2]. Tout doit être en dernière instance affaire de « conception du monde » ou plus modestement de « conception de la vie ». Que Dieu nous garde de n'être qu'un homme avec ses contradictions ! (Qu'ont fait alors les partis ? Eh bien, ils se sont gardés, et même *mieux* gardés ainsi ; mais, s'agissant de la langue de bois des partis, ce serait « d'autant plus grave »).

Qu'est-ce qu'un individualiste ? Problème de « l'histoire de l'individualisme » et du « début de la modernité ». Nécessité de reculer toujours davantage le début puisqu'on interprète comme « individualisme » des territoires de plus en plus vastes de l'individualité naturelle. L'homme médiéval était très *homme*. Mais l'« individu », c'est autre chose. Comment Burckhardt[3] est-il parvenu à ce résultat ? Équivalence du XIXe siècle (le judaïsme contre l'État) et du XVIe (le judaïsme contre l'Église). L'hostilité du XIXe siècle à la nature a tenté de tous nous contraindre à devenir

* Une loi sans constante serait une plaisanterie, et pas une loi naturelle ! [note de F. R.].

1. *Méod zé ha maot*, « Très, c'est la mort » Midrach Rabba sur Genèse 1, 31. Voir l'interprétation rosenzweigienne de cet « enseignement des Anciens » in *L'Étoile* …, éd. cit., p. 223.

2. Probablement l'historien Karl Strecker.

3. Jacob Burckhardt (1818-1897), historien des civilisations et de leurs expressions esthétiques. Rosenzweig songe ici probablement à *La civilisation de la Renaissance en Italie*.

des -istes. Son politicisme et son socialisme, contre lesquels Nietzsche à dû lutter. Hegel le mauvais esprit du début de siècle, Nietzsche le mauvais esprit de la fin de siècle.

Et aujourd'hui ? Nombreux sont ceux qui croient qu'ils doivent apurer l'ancien combat en prenant parti. Ou en tentant des « synthèses ». Deux -ismes synthétisés ne font qu'un nouvel -isme. Il faut pouvoir sortir de *tous* les -ismes. Et entrer dans ce que l'on *est*.

Car il n'y a pas à *choisir* d'abord.

L'évolution des partis est pleine d'enseignements. Ils oscillent apparemment entre des -ismes opposés (le libéralisme et le conservatisme dans les cent-vingt dernières années). On pourrait dire que ce ne sont pas les mêmes partis. Ils le sont pourtant, ils ont leur tradition close, leur mémoire de partis. Ce sont des essences réelles. Ou semi-réelles. C'est beaucoup plus clair pour les essences *tout à fait* réelles. Les « religions » par exemple. Leurs porte-parole changent d'idéologie, individualiste, socialiste, comme de chemise. Elles-mêmes demeurent pourtant nues dans leurs chemises. Leur conception de la vie, c'est leur vie réelle. Comment vivent-elles réellement, *effect*ivement – l'homme nu ? Où passent les mots d'ordre lorsque vous entendez de travers et vous méprenez, non pas sur votre *programme*, le programme pour lequel vous avez voté et dans lequel vous vous reconnaissez, mais sur votre vie, la vie que vous vivez *nolens volens* ? Ëtes-vous individualiste ou socialiste ? Nous allons répondre à cette question la prochaine fois, en nous donnant les uns aux autres la réponse (nous le ferons dans la forme d'une doctrine des âges de la vie qui signifie une individualisation jusqu'à un certain tournant puis, à partir de là, une socialisation de la vie. Mais qu'est-ce que ce tournant lui-même ? L'exception grâce à laquelle la double règle du développement, de la croissance, est seulement rendue possible).

(Ensuite, l'éthique à partir de l'*instant* et la prière seulement comme *contenu* de l'instant).

VII

« Comme au jour… ». Individualité de la naissance. Amplification de cette individualité par le défi des années de croissance. Le secret (ce que ça signifie, lorsque les enfants ont leurs premiers « secrets ». Il dépend des parents que ces secrets soient de bons secrets). Il vient un temps où ces secrets doivent devenir publics. C'est le plus grand tournant de la vie. Jusque là, les secrets deviennent de plus en plus secrets *(individuum est ineffabile)*. L'événement le plus individuel, finalement : le mariage (peu